网络犯罪原理

王肃之·著

THE PRINCIPLE OF CYBERCRIME

人民法院出版社

图书在版编目（CIP）数据

网络犯罪原理 / 王肃之著. -- 北京：人民法院出
版社，2019.11
　　ISBN 978-7-5109-2710-2

　　Ⅰ.①网…　Ⅱ.①王…　Ⅲ.①互联网络—计算机犯罪
—研究—中国　Ⅳ.①D924.364

中国版本图书馆CIP数据核字（2019）第260544号

网络犯罪原理

王肃之　著

责任编辑	李安尼　张　怡	
出版发行	人民法院出版社	
地　　址	北京市东城区东交民巷 27 号（100745）	
电　　话	（010）67550691（责任编辑）　67550558（发行部查询）	
	65223677（读者服务部）	
客 服 QQ	2092078039	
网　　址	http://www.courtbook.com.cn	
E－mail	courtpress@sohu.com	
印　　刷	三河市国英印务有限公司	
经　　销	新华书店	
开　　本	787 毫米 × 1092 毫米　1/16	
字　　数	407 千字	
印　　张	27.5	
版　　次	2019 年 11 月第 1 版　2019 年 11 月第 1 次印刷	
书　　号	ISBN 978-7-5109-2710-2	
定　　价	88.00 元	

序 言

走向本土化与教义化的网络犯罪理论

自改革开放以来，我国的刑法学研究不断发展，所探讨问题的深度与广度，以及产出的成果数量，均呈现出令人欣喜的繁荣。但无论是传统的苏联理论，还是日渐兴盛的德日理论，我国的刑法学理论还处于研习和模仿之中，未形成本土化的体系与范式。正像孟德斯鸠在《论法的精神》一书中所述，法的精神与国家和民族的政治、地缘等因素密不可分，各国理应根据本国具体情况探索理想法治的模式。比如，正当防卫，我国和德国的刑事立法中均规定了该正当化事由，但在是否可以为了保护国家、公共利益实施防卫行为采取了不同的立场，这一差异背后则是关于公共法益与个人法益关系的不同选择。即便是公认沿袭德国的日本刑法理论也在诸多方面进行了具有特色的探索和发展，否则二者也难以成为并称的经典大陆法系刑法理论范式。实现刑法理论的本土化，逐步构建与我国犯罪治理实际相适应的科学范式，仍是需要刑法学者长期关注和思考的问题。

随着网络社会的发展，信息技术全面冲击了传统刑法理论，如何恰当地进行回应成为刑法研究难以回避的现实命题。有的学者基于理论的焦虑，提出"网络刑法""网络刑法学"等主张；有的学者则对于传统教义学理论予以扩大使用，导致了一些问题解释的不适。科学技术的革新始终伴随着刑法教义学理论的难题与发展，早在工业社会，旧过失论面临适用的困境，新过失论与超新过失论（危惧感说）相继被提出。经理论探讨的扬弃，超新过失论被放弃，新过失论的理论正当性被逐渐认可，被允许的危险与信赖原则更成为重要的理论创新。对于网络犯罪的刑法理论问题，理应完成其理论层面的教义化，使网络犯罪成为推动刑法教义学发展和形塑的重要理论场域。

王肃之博士所著《网络犯罪原理》即是探索网络犯罪理论本土化与教义化的学术专著，定位于通过刑法教义学研究网络犯罪的新兴刑法理论问题。网络犯罪有很多问题与传统理论契合，通过既有的教义学理论可以得到充分的阐释，该书仅聚焦于法益类型、犯罪对象、行为结构、行为主体、主观罪过等领域网络犯罪衍生的新理论命题。同时，该书着眼于刑法教义学层面的网络犯罪基础理论问题，而非犯罪学层面、刑事政策学层面的问题。目前学界不乏网络犯罪防治等方面的研究著作，但是较为缺乏系统、全面地从教义学层面进行研究的著作。与以往的网络犯罪研究专著相比，该书具有如下特点：

第一，注重理论的体系化和协同化。该书共分为八章，其中第一章围绕网络犯罪研究的理论前提进行探讨，第二章至第四章分别围绕网络犯罪对于法益、对象和行为类型的理论冲击进行分析，第五章和第六章围绕主体和罪过展开，第七章和第八章围绕不作为和作为形式的网络犯罪参与行为进行个别分析。各个章节之间也注重体系化的衔接，如从信息法益到以信息为中心的犯罪对象、行为类型是一脉相承的，网络服务提供者的身份地位与不作为主体的论述是相互衔接的，罪过层面的明知与网络犯罪参与行为的认识要素的阐释是一致的，等等。此外，该书还注意刑法与其他部门法之间的协同，如在阐述行为类型时注重和我国参与网络犯罪国际法律机制的立场协同，在阐述网络服务提供者的信息网络安全管理义务时注重和行政法的规定协同。

第二，注重研究的全面性。该书撰写过程总共参考近二十年网络犯罪中文核心论文一千余篇，全景式地勾勒出我国网络犯罪的研究轨迹。该书还强调理论的比较研究，系统对比了近二十本德日重要学者的原版体系教科书，以及相关代表性专著、论文，绝大部分为近几年出版或出刊，很多文献系在国内首次披露。在全面介绍前述研究成果的基础上，该书进行了系统的梳理和述评，便于读者清晰、明确地了解网络犯罪研究的来龙去脉。在重论文、轻著作的网络犯罪研究领域该书确实难能可贵，不失为系统了解该领域理论研究现状的重要参考书。

第三，注重结合我国刑事法治实践提出创新性观点。该书在对照德日网络犯罪最新立法的基础上，基于我国立法、司法解释和指导案例分析网络犯罪规制的重要刑法命题，直面我国实践中的具体问题，并提出颇具新意的观点。比如，该书认为我国是以信息为中心构建的网络犯罪规范体系，与德国的以数据为中心的网络犯罪规范体系不同，并且从信息视角探索了构建网络犯罪理论体系的可能性；在探讨网络服务提供者不作为时没有人云亦云地沿用保证人理论，而是指出根据我国刑事立法，作为真正不作为犯的网络服务提供者不适用不真正不作为范畴的保证人理论；在探讨人工智能体的主体地位时，没有基于刑法的技术焦虑急于提出创设规范的观点，而是深入和审慎地思考刑法的应然立场和实然回应；在探讨网络犯罪参与行为的性质时没有简单因循共犯行为正犯化、预备行为实行化等理论，而是基于网络犯罪参与体系的发展和我国刑事立法的规定追寻其正犯性依据。以上观点虽不乏再进行学术探讨的空间，但是其探索性值得肯定。

"不变求是心，不倦拓新路。"肃之在求学期间就致力于网络犯罪研究，该书可谓他长期关注和思考网络犯罪理论问题的集成之作，既体现了求知不倦的学术热情，也体现了踏实勤奋的研究态度。毕业之后，肃之到了实务部门工作，我更期望他以此为起点，不断探索刑法理论和司法实务的有机结合，在我国法治建设的浪潮中书写更为灿烂的浪花。

是为序。

莫洪宪[①]

2019 年 11 月于珞珈山

[①]　中国刑法学研究会副会长、武汉大学刑事法研究中心主任、教授、博士生导师。

凡　例

为便于行文和读者阅读，本书对相关法律和司法解释采用缩略语表述，详见下表：

1. 法律文件名称中的"中华人民共和国"省略，例如《中华人民共和国刑法》，简称为《刑法》。

2.《最高人民法院、最高人民检察院关于办理利用互联网、移动通讯终端、声讯台制作、复制、出版、贩卖、传播淫秽电子信息刑事案件具体应用法律若干问题的解释（一）》（法释〔2004〕11号），简称为《淫秽电子信息解释（一）》。

3.《最高人民法院、最高人民检察院关于办理侵犯知识产权刑事案件具体应用法律若干问题的解释》（法释〔2004〕19号），简称为《侵犯知识产权解释》。

4.《最高人民法院关于审理破坏公用电信设施刑事案件具体应用法律若干问题的解释》（法释〔2004〕21号），简称为《电信设施解释》。

5.《最高人民法院、最高人民检察院关于办理利用互联网、移动通讯终端、声讯台制作、复制、出版、贩卖、传播淫秽电子信息刑事案件具体应用法律若干问题的解释（二）》（法释〔2010〕3号），简称为《淫秽电子信息解释（二）》。

6.《最高人民法院、最高人民检察院、公安部关于办理网络赌博犯罪案件适用法律若干问题的意见》（公通字〔2010〕40号），简称为《网络赌博意见》。

7.《最高人民法院、最高人民检察院、公安部关于办理侵犯知识产权刑事案件适用法律若干问题的意见》（法发〔2011〕3号），简称为《侵犯知识产权适用解释》。

8.《最高人民法院、最高人民检察院关于办理诈骗刑事案件具体应用法律若干问题的解释》(法释〔2011〕7号),简称为《诈骗解释》。

9.《最高人民法院、最高人民检察院关于办理危害计算机信息系统安全刑事案件应用法律若干问题的解释》(法释〔2011〕19号),简称为《危害计算机信息系统安全解释》。

10.《最高人民法院、最高人民检察院关于办理盗窃刑事案件适用法律若干问题的解释》(法释〔2013〕8号),简称为《盗窃适用解释》。

11.《最高人民法院、最高人民检察院关于办理利用信息网络实施诽谤等刑事案件适用法律若干问题的解释》(法释〔2013〕21号),简称为《网络诽谤解释》。

12.《最高人民法院、最高人民检察院、公安部关于办理电信网络诈骗等刑事案件适用法律若干问题的意见》(法发〔2016〕32号),简称为《电信诈骗意见》。

13.《最高人民法院、最高人民检察院关于办理侵犯公民个人信息刑事案件适用法律若干问题的解释》(法释〔2017〕10号),简称为《侵犯个人信息解释》。

14.《最高人民法院、最高人民检察院关于办理非法利用信息网络、帮助信息网络犯罪活动等刑事案件适用法律若干问题的解释》(法释〔2019〕15号),简称为《新型网络犯罪解释》。

目　录

第一章 网络犯罪的基本立场

　　时至今日，网络犯罪研究早已从刑法学研究的新兴领域转变为热门领域，然而在为数众多的研究成果中，对于网络犯罪的基本前提与刑法[①]立场的研究既不充分，也未达成共识。比如，关于"双层社会"、网络社会、网络空间的用语交杂使用，在其特征描述上诸如虚拟性（隐蔽性）、跨时空互动性（跨地域性与即时性）、开放性（扩散性与辐射性）、复制性、聚焦性、技术依赖性等表述颇为随意且缺乏阐释，对于网络犯罪的结构嬗变也未充分展开探讨，网络犯罪研究的共识基础远未达成。此外，与广受关注的网络犯罪各类行为的入罪讨论相比，关于网络犯罪的刑法理念、边界的探讨却较为缺乏，诸如预防性刑法、前瞻性刑法与网络犯罪的关系研究也是浅尝辄止，理论前提的缺失正在增加网络犯罪研究走向零散化、片面化的可能性。

　　探讨网络犯罪首先需要明确如下基础问题：第一，网络犯罪研究的社会前提。即基于网络社会、网络犯罪以及二者之间关联的探讨，确定网络犯罪结构嬗变的基本维度，为具体理论问题的研究奠定基础。第二，网络犯罪的刑法理念。即基于预防性刑法与谦抑性刑法、回应性刑法与前瞻性刑法在网络犯罪规制中的博弈与选择展开，明确网络犯罪的刑法理念立场。第三，网络犯罪立法与司法解释的向度。即在全景式回顾与归纳的基础上，对立法与解释的立场、模式等问题进行探讨，确立基于教义学视角研究网络犯罪的规范基础。

---

①　本书中"刑法"指部门法意义上的刑法。

第一节　网络犯罪的结构与范畴

一、网络社会与网络犯罪的结构变迁

网络社会再构了整体社会的形态与模式，也对其中的各类网络行为产生了巨大的影响。这种影响作用于犯罪行为，使得网络犯罪的结构与传统犯罪相比发生了实质性的改变，有待刑法理论进行关注和回应。

（一）网络社会的崛起

从最一般的意义上而言，无论犯罪人还是犯罪行为的判断均以社会性为前提，无论我国还是德日的立法与理论均基于此。然而，学界关于网络犯罪的探讨却未对社会性这一基本前提予以足够的关注。

比如，在刑法学界广为人知的"双层社会"理论就未充分进行社会性的讨论。有学者认为，"网络社会"和"现实社会"并行存在，由此形成"双层社会"，而基于网络社会所形成的网络空间已成为人们生活的"第二空间"，不仅提供了真实的活动场所，而且几乎所有现实生活中的活动均可以在网络空间完成。网络空间不但具有独立于现实空间的社会秩序，而且其中妨害社会秩序的犯罪更为严重，却难以通过传统规则予以充分保护。[①] 但是

---

① 参见于志刚：《"双层社会"中传统刑法的适用空间——以"两高"〈网络诽谤解释〉的发布为背景》，载《法学》2013 年第 10 期，第 106 页；于志刚、郭旨龙：《"双层社会"与"公共秩序严重混乱"的认定标准》，载《华东政法大学学报》2014 年第 3 期，第 135 页。

以上观点仅是强调了"网络社会"的现实性，既无明确指出社会分层的具体依据，也未说明社会分层的现实意义。此外，从前述学者强调的网络社会和现实社会之间的融合性来看，反而有与"双层"的概念背道而驰的意蕴。尽管这一理论在刑法学领域对于启发学者关注网络社会的独立价值具有重要意义，却难以为网络犯罪研究提供充分的理论基础。网络犯罪的社会性与其他犯罪有何不同？网络社会又为网络犯罪带来何种根本性的改变？以上问题对于刑法理论如何回应网络犯罪具有重要的导向价值。应理应回归网络社会进行基础性讨论，具体研究其与网络犯罪的关联。

网络社会作为特定学术概念源于荷兰学者狄杰克（Jan van Dijk），而被广泛关注和研究则是归功于美国社会学家曼纽尔·卡斯特尔（Manuel Castells），其1996年出版的《网络社会的崛起》（*The Rise of the Network Society*）（信息时代三部曲的第一部）一书使"网络社会"成为一个世界性的概念。卡斯特尔认为，在这一特定社会形态中，权力的流动优越于流动的权力。网络中的在场或缺场以及每个网络与其他网络相互对应的动态关系，成为社会中具有控制和改变作用的关键资源。因此，我们可以恰当地称这个社会为"网络社会"（Network Society），其特征是社会形态相比于社会行动（Social Action）具有优越性。[①]

"网络社会"的概念在学界并不具有唯一性，其通常具有两种含义：一种是基于社会网络的连接，形成新的社会结构形态，其经典表述是"network society"（网络化社会）；另一种是被理解为经由互联网构建起来的新的社会空间，其经典表述是"cyber society"（互联网社会）。[②]基于网络犯罪的范畴，网络社会是指互联网社会，即"cyber society"。但这两种网络社会的概念也有内在的一致之处：第一，网络化社会的产生与发展和互联网社会并行。卡斯特尔在论述网络化社会的形成过程中，也是基于信息技术范式及"真实虚拟"的普遍构建。第二，互联网社会是网络化社会的经典形态。网络化社会

① See Manuel Castells, *The Rise of the Network Society*, Blackwell Publishing, 2010, p. 500.
② 参见郑中玉、何明升：《"网络社会"的概念辨析》，载《社会学研究》2004年第1期，第13页。

的经典结构描述与特征在互联网社会中被充分地适用和发展。由此，本书所探讨的网络社会可以概括为具有网络化结构的互联网社会。由此，网络社会概念可以基于网络化结构具有充分的延展性，即智慧社会以及未来其他具有网络化结构的社会形态也属于广义的网络社会。

网络社会与现实社会之间的关系是一种交融关系而非层次关系：第一，网络社会日益具有独立的社会内涵。随着互联网的发展，在"0"与"1"构成的"比特"①之间，构建起庞大的社会关系网络，网民、网络群体、网络组织、网络社区等新兴社会事物成为日臻成熟的概念，"数字化生存"②的可能性与延展度不断扩大。第二，网络社会与现实社会日益交融。诸如网络购物、网络支付等网络行为无一不和现实社会发生联系，由此衍生的快递、第三方支付等行业更是重组了现实社会的资源分配。即便是持"双层社会"观点的学者也认可网络社会对人们生活空间的巨大改变，在网络成为基本生活平台的同时，网络空间与现实空间日益交叉融合，网络行为也具有更强的社会意义。③由此，网络社会与现实社会是一种既独立又交融的特殊关系，这种关系也影响着其中的网络行为结构，包括犯罪行为结构。

（二）网络犯罪的结构嬗变

有学者曾经将网络犯罪的发展分为三个基本类型：网络作为"犯罪对象"的网络犯罪、网络作为"犯罪工具"的网络犯罪和网络作为"犯罪空间"的网络犯罪。④网络社会虽然确实对犯罪对象、犯罪工具等要素进行了重塑，但是往往是交叉进行的。比如，在犯罪对象层面，无论是早期的虚拟

---

① 比特（BIT，binary system），源于对英文"BIT"的音译，二进制数字中的位（包括 0 和 1），也是信息量的度量单位和最小单位。

② 数字化生存，最初是由美国学者尼葛洛庞帝在其 1996 年出版的《数字化生存》（*Being Digital*）一书中提出的，按其解释人类生存于一个虚拟的、数字化的生存活动空间，在这个空间里人们应用数字技术（信息技术）从事信息传播、交流、学习、工作等活动。

③ 参见于志刚：《"双层社会"中传统刑法的适用空间——以"两高"〈网络诽谤解释〉的发布为背景》，载《法学》2013 年第 10 期，第 105 页。

④ 参见于志刚：《网络犯罪的代际演变与刑事立法、理论之回应》，载《青海社会科学》2014 年第 1 期，第 4~10 页。

财产作为对象，还是晚近的人工智能体作为对象，都是对犯罪对象理论的发展，作出如上绝对区分的意义较为有限。应回归网络社会的核心特征对犯罪产生的影响，客观和系统地剖析网络犯罪的结构嬗变。

网络社会构成与（现实）社会构成应当属于结构同源，具有同样的机制。网络通过符号互动形成社会态势，通过社会化过程中人们的自我存在和社会性存在构成社会。网络社会具有以下特性：跨时空互动性、去中心化、信息共享、沟通中的过滤性、兼容性与张扬个性、记录（可再现）性、开放性和自由性。[①] 以上特征是网络社会的各类特征，其中真正对于网络犯罪结构产生影响的是跨时空互动性、去中心化、信息共享和记录（可再现）性四项。

第一，跨时空互动性。通过互联网，万物互联正在走向现实，通过网络所构建的社会系统正在创造人类历史上前所未有的联系结构。在跨越时空通信的基础上，相关主体既可以在同一时间与多个对象实施互动行为（如群体视频通话、网络直播），也可以通过一个行为在多个时空产生影响。由此带来网络犯罪的行为和侵犯法益的变化：在行为层面，"点对点"的行为日渐减少，"点对面"的行为成为网络犯罪的重要形态。有学者曾就共犯中的上述形态进行论述："传统共犯一般是'一对一'的关系，而网络共犯通常表现为'一对多'的关系。由于帮助对象的数量庞大，网络犯罪利益链条中的帮助行为实际上往往成为获利最大的环节，按照共犯处理，也难以体现其独特危害性。"[②] 在法益层面，"点对点"向"点对面"的变化也产生了深远的影响。以《刑法》第 253 条之 1 侵犯公民个人信息罪为例，行为人虽然侵犯的是公民的个人信息，但往往针对成千上万公民实施，侵犯公民个人信息罪侵犯法益的公共性十分明显。[③] 由此，也引发了学界就其法益公共性与个人性的广泛探讨。

第二，去中心化（扁平化）。去中心化意味着通过节点的互联，任何一

---

① 参见郭玉锦、王欢：《网络社会学》，中国人民大学出版社 2017 年版，第 4~11 页。

② 于志刚：《网络空间中犯罪帮助行为的制裁体系与完善思路》，载《中国法学》2016 年第 2 期，第 11 页。

③ 参见王肃之：《被害人教义学核心原则的发展——基于侵犯公民个人信息罪法益的反思》，载《政治与法律》2017 年第 10 期，第 35 页。

个节点都可以和其他节点相联系，不存在绝对的中心节点。在社会层面，去中心化带来的是社会权力结构的解体与再构，身份、地位、阶层在相当程度上被超越，传统的金字塔式的社会治理结构日趋走向扁平化。去中心化对网络犯罪参与行为产生了巨大影响，其日趋从阶层式的塔状结构向扁平化的链状结构转变。传统的共同犯罪理论以正犯为核心构建了庞大而复杂的体系，在这一体系中正犯对于犯罪整体具有支配作用，共犯因对于正犯的加功而对犯罪整体具有意义。换言之，传统的共同犯罪体系是以正犯为核心、为上位角色而构建的金字塔式的特定结构。而在网络社会去中心化影响下，网络犯罪正在逐渐脱嵌于这样的结构。在网络犯罪参与过程中行为人仅是各自实施相应的行为，只需行为相互关联即可构成犯罪链，既不需要对犯罪整体有充分的了解，也不需要对自身行为后续的、可能的危害后果有充分的明知，传统的正犯与共犯的角色与分工难以在网络犯罪参与行为中寻得踪迹。由此，如何对网络犯罪参与行为的上述变化进行理论回应学界进行了广泛的讨论。

第三，信息共享。互联网的关键技术特征即为信息传递，信息的分享成为互联网赖以生存和发展的前提，否则任何互联难以发挥作用。而这对判定行为是否侵犯对特定信息内容享有专属法益时产生了巨大影响，最为典型的适例即为著作权的刑法保护。当一个网民基于信息共享理念侵犯他人著作权时，其行为在刑法上应该如何判断？如网络上无偿提供他人享有著作权的数字化作品，其行为并非基于营利目的实施，而是基于"共享精神"或者其他原因。[①] 关于互联网的共享性和作者著作权之间博弈的讨论在刑法学界进行了近二十年，"营利目的"的存废也成为网络犯罪主观罪过问题的焦点问题之一。

第四，记录（可再现）性。互联网上的信息数据一旦产生便会长期存在，即便特定主体将其提供给他人，该主体也仍然占有这些信息数据。这首先涉及刑法上"信息财产"的财产性判断问题，即对于虽然可能有价值但是不具有唯一性的"信息财产"是否应当通过刑法予以保护？以网络游戏装备为例，既有观点认为："（应）在立法上和刑法理论上及时承认计算机网络

---

① 参见王敏敏：《论网络著作权的刑法保护》，载《中州学刊》2014年第6期，第58页。

空间的虚拟财产的合法性问题，加强有关于此的理论前瞻性研究，进而对此种虚拟财产建立独立的法律保护体系。"① 也有观点认为："它实际上是计算机的功能软件（或电子数据、电磁记录），拥有这种功能软件的游戏运营商可以进行大量的复制，取得游戏装备等财产性利益并非对其独占控制。"②

因此，网络社会对于犯罪结构产生了巨大的影响，很多问题涉及刑法教义学的根本问题，为刑法理论的调适提出了现实的诘问，本书将对这些问题一一进行分析。

二、网络犯罪的范畴

与网络社会的发展相对应，网络犯罪的范围与类型也受到学者的关注和探讨，但是由于界定网络犯罪本身十分困难，上述探讨并未取得实质性进展和一致认识。

（一）网络犯罪的范围

有学者从犯罪学的层面将网络犯罪作为发生于网络空间的犯罪总称，并将其视为与"性犯罪""枪支犯罪"等相类似的犯罪类型划分："网络犯罪，是指在网络空间中实施的犯罪行为，在范畴上它可能包括真正意义上的电脑犯罪，也可能包括引起传统型犯罪，例如网络传播淫秽物品犯罪等。"③ 而在刑法学层面，界定网络犯罪范围的努力并未停止，但却难以达成共识。有学者指出，网络犯罪或许是刑法学领域面目最为模糊与凌乱的亚犯罪类型，并归纳了"对象说""工具说""对象兼工具说""空间说"四类共十余种网络犯罪的界定。④

---

① 于志刚：《论网络游戏中虚拟财产的法律性质及其刑法保护》，载《政法论坛》2003 年第 6 期，第 131 页。

② 任彦君：《网络中财产性利益的刑法保护模式探析》，载《法商研究》2017 年第 5 期，第 115 页。

③ 于志刚：《网络刑法原理》，台湾地区元照出版公司 2007 年版，第 49 页。

④ 参见徐剑锋：《互联网时代刑法参与观的基本思考》，载《法律科学》2017 年第 3 期，第 115~118 页。

随着网络社会的崛起，网络犯罪的影响领域早已不限于信息网络范围，盗窃罪、诈骗罪、诽谤罪等几乎所有的犯罪都可以通过网络方式实施[①]，网络犯罪已经成为类似于一般意义"犯罪"的庞大概念。虽然直接划定网络犯罪的范围是极其困难的任务，但是可以描述网络犯罪范围的如下特征以指导理论的回应：

第一，延展性。网络犯罪的范围并不是一个封闭的概念，具有网络结构的新犯罪形态也可以纳入网络犯罪的范畴。其典型适例为人工智能犯罪，人工智能体系是联网的计算机系统，该类犯罪可以通过网络犯罪相关理论和立法进行分析，而不必急于创设新的规则。

第二，跨类罪性。与财产犯罪、环境犯罪等传统具有的类型性限定的犯罪不同，网络犯罪内容广泛，其可能侵犯公共法益或个人法益，也可能侵犯人身法益或者财产法益。基于网络犯罪跨类罪性的现实，为其设立一般规则时必须慎重对待法益问题与行为问题。比如网络犯罪参与行为，面对其关联行为具有跨类罪性的现实，在行为之间难以存在对应性、共同性的情况下，必须重新考虑传统犯罪中以共犯方式回应参与行为这一路径的妥当性，确立恰当的回应路径。

（二）网络犯罪的类型

关于网络犯罪的类型，普遍认为区分为狭义的网络犯罪与广义的网络犯罪。其依据网络犯罪的对象是否指向计算机系统或系统信息进行划分，狭义的网络犯罪即计算机犯罪，其犯罪行为仅指向计算机系统、计算机信息系统数据；广义的网络犯罪则是包括计算机犯罪和利用信息网络实施的其他犯罪。这一分类被学界长期采用，早在作为网络犯罪的前身的计算机犯罪阶段，就普遍区分为针对计算机信息系统实施的犯罪和利用计算机信息系统实施的犯罪，并在 1997 年现行《刑法》制定时予以确认，以第 285 条、第 286 条规定独立的（狭义）计算机犯罪，以第 287 条规定利用计算机实施其

---

① 由于网络社会具有缺场性，一些需要行为人身体直接介入的犯罪难以仅通过网络方式实施，其典型犯罪为强奸罪。

他犯罪的提示条款。及至智慧社会，学者也对人工智能犯罪作出类似区分："第一，直接对人工智能的智能系统实施犯罪。第二，利用人工智能技术实施传统犯罪。第三，对人工智能产品未尽安全生产、管理义务的犯罪。"①

但是随着网络犯罪的发展，上述类型的不周延性日益凸显，学者就其与计算机犯罪、信息犯罪之间的类型关系也提出了新的观点。有观点将网络犯罪作为计算机犯罪的下位概念，其认为："如果网络犯罪独立于计算机犯罪，其实是把计算机犯罪等同于计算机单机犯罪，这显然与计算机犯罪概念的基本内含相矛盾。因此只能承认网络犯罪是计算机犯罪的一种形式，甚至是最重要的一种形式。"② 或将网络犯罪作为信息犯罪的下位概念，具体认为："互联网作为信息传播的载体，首先改变的是信息传播方式，进而改变人们的交往方式，因而犯罪的形式也必然发生转变，而行为人对信息的运用成为网络犯罪的基本特征，从这个角度讲，网络犯罪也是一种广义的信息犯罪。"③

结合以上关于网络犯罪范围和类型的探讨，本书认为网络犯罪是基础犯罪类型，其包括通过网络方式实施的以下具体犯罪类型：第一，计算机犯罪。随着网络社会的发展，通过网络方式实施已经成为计算机犯罪的基本形态，脱离网络探讨计算机犯罪已不具有现实意义。特别是随着计算机日益从网络犯罪的主要领域向实施载体转变，其对于网络犯罪的从属性越发凸显。第二，信息犯罪。基于信息数据的价值彰显，以侵犯个人信息犯罪为代表的信息犯罪日渐进入刑法视野，而且通过网络方式实施的信息犯罪成为基本形态，信息作为网络犯罪的对象类型逐渐被理论和实践认可。第三，人工智能犯罪。人工智能系统本质是计算机信息系统，无论是深度学习还是自动运转均离不开网络支持，其在智慧社会发挥作用的基本前提是网络化运算，与之有关的犯罪也和网络密不可分。第四，传统犯罪。一直以来，通过网络实施的传统犯罪也在网络犯罪的研究范畴，而且随着网络犯罪的发展不断面临新的理论问题。

---

① 高铭暄、王红：《互联网+人工智能全新时代的刑事风险与犯罪类型化分析》，载《暨南学报（哲学社会科学版）》2018年第9期，第7~8页。

② 董玉庭：《再论计算机犯罪概念》，载《当代法学》2005年第6期，第71页。

③ 时延安：《网络规制与犯罪治理》，载《中国刑事法杂志》2017年第6期，第14~15页。

第二节　网络犯罪的刑法理念

一、预防性刑法与谦抑性刑法

一直以来，谦抑性作为刑法的基本理念，确立了刑法的有限调整性与最后手段性，从而使刑法立法理念与其他部门法相区别。随着风险社会的到来，预防性刑法逐渐为学者所重视和探讨，其与谦抑性刑法的选择也成为网络犯罪立法理念的重要命题。

（一）预防性刑法对谦抑性刑法的冲击

谦抑性刑法是对基于谦抑理念确立的刑事立法的归纳，在此语境下，立法者只有在无其他适当替代方法的情况下才将特定行为作为犯罪行为，并动用刑罚进行处罚。有德国学者从辅助原则的角度予以论述，认为辅助原则是宪法中比例原则派生的指导性立法原则，基本内涵限于将刑法的任务界定为辅助性的法益保护，亦即如果国家有对公民负担更小的手段实现法益保护的，就没有必要动用刑法。[①] 日本学者也认为刑法是保护法益的手段，但是保护法益的手段并不限于刑罚。特别是刑罚由于其严厉性，应尽量避免适用。刑法的保护领域或者说犯罪化的领域，必然是有限的（刑法的片段

---

① Vgl. Claus Roxin, Strafrecht Allgemeiner Teil. Band I: Grundlagen. Der Aufbau der Verbrechenslehre, 4.Auflage, C.H Beck, 2006, S.45.

性）。① 对其价值蕴涵，我国学者概括为："第一，刑法的紧缩性，刑法的作用仅限于维持社会必要的生存条件。第二，刑法的补充性，刑法更大程度上作为行政法的补充法。第三，刑法的经济性，指以最少的刑法资源投入，获取最大的刑法效益。刑法的谦抑性又具体包括犯罪范围的谦抑性和刑罚限度的谦抑性。"② 在此意义上，谦抑性刑法强调刑法手段尽量避免使用，作为其他立法的保障手段、最后手段，强调刑事立法的消极面向。

与之相反，预防性刑法则强调刑法的积极面向，积极维护社会安全，扩张犯罪圈。预防性刑法的观念可以追溯至风险社会。自近代以来，在工业革命推动人类社会发展的背景下，人们在不断享受科学技术带来的各种便利的同时，也不得不面对随之而来的各种风险，从计算机病毒、核辐射到交通事故，从转基因食品、环境污染到犯罪率攀升等。③ 风险社会④ 理论基于风险的出现来重新解读自 20 世纪中期以来人类社会的转型，这一理论与后工业社会（Post-Industrial Society）⑤ 有密切关系。在此语境下，安全成为连接风险与刑法的节点，排除或预防危险成为刑法的基本目的。而基本目的的变化也关系着刑法价值取向的重大转变，走向预防转向的刑法体系突出强调社会保护，并推动刑法理论与实践的辩护发展。由此，有学者就相关刑法观念的刑法表述提出："严格说来，用风险刑法理论来指称风险社会中刑法体系所经历的变化并不准确，预防刑法或安全刑法是更为合理的称法。"⑥ 在这一安全优先的价值导向下，面对新型、复杂的犯罪（如网络犯罪），犯罪预防被从刑罚

---

① 参见［日］山口厚：《刑法总论》（第 3 版），有斐阁 2016 年版，第 5 页；［日］前田雅英：《刑法总论讲义》（第 6 版），东京大学出版会 2015 年版，第 18~19 页；［日］大谷实：《刑法讲义总论》（新版第 4 版），成文堂 2012 年版，第 9 页。

② 参见陈兴良：《刑法的价值构造》，中国人民大学出版社 2006 年版，第 292~355 页。

③ 参见劳东燕：《公共政策与风险社会的刑法》，载《中国社会科学》2007 年第 3 期，第 127 页。

④ 风险社会的概念最早由德国学者 Ulrich Beck 正式提出。Vgl. Ulrich Beck. Risikogesellschaft: Auf dem Weg in eine andere Moderne, Suhrkamp, 1986.

⑤ 卡斯特尔等网络社会学者也是在后工业社会的基础上讨论网络社会的结构与发展，在此意义上，网络社会和风险社会具有结构上的渊源。

⑥ 劳东燕：《风险社会与变动中的刑法理论》，载《中外法学》2014 年第 1 期，第 73-82 页。

处罚的附随效果提升为国家刑事政策主动追求的目标，也即刑法的功能。[①]

由此，预防刑法作为风险社会作用于犯罪治理的刑法理论，并产生重大影响。以日本为例，在理论层面，事前预防刑法观与事后处理刑法观已成为相对的刑法观念。事前预防刑法观认为，刑法的本质机能是法益保护，其实现的是对于社会成员的行为的统制和管理。通过对行为是否违法明确预告和事前预防，将具有法益侵害或危险化的无价值事态事前予以确定，并成为实质违法性判断的中心课题。这一立场可以说是接近于规范的违法观的行为无价值论，指向大政府的刑法观。事后处理刑法观认为，刑法的本质机能是法益保护，对于其实现应是待具有法益侵害或危险化的无价值事态确实发生，通过事后的处理确立实质违法性判断的中心课题。这一立场可以说是接近于物的违法观的结果无价值论，指向小政府的刑法观。在实践层面，预防刑法观也对刑法规则产生了巨大影响。科学技术的高度化、专门化，社会制度的复杂化、多层化，经济活动的集约化、行业化，危险的高度化、累积化、不可视化，传统的共同体不断解体，丧失了管理和控制危险的力量。另外，人际关系日益稀薄，个体的社会成员越发孤独，社会成员渴望安全感、安心感，通过法律除去危险、管理危险，特别是刑事制裁的公共介入也毫不畏惧。因此，在刑法领域中也产生了因法益保护的稀薄化导致的处罚扩散现象。具体表现为：第一，处罚单纯行为犯的规定；第二，处罚预备、阴谋的规定；第三，处罚抽象的危险犯的规定；第四，未遂视同既遂的规定；第五，共犯独立处罚的规定。[②]

总体而言，在现代社会中，预防性刑法的观念已经深刻地冲击了谦抑性刑法的观念。德国刑法已经面临"零碎化"（Fragmentarischen）的问题[③]。日本学者也基于此提出了两个命题。第一，刑事立法的活性化。有学者明确提出："新的刑罚规定的创设，或者现有犯罪法定刑的提高，意味着'刑事立

[①] 参见劳东燕：《风险社会与功能主义的刑法立法观》，载《法学评论》2017 年第 6 期，第 19~21 页。

[②] 参见［日］关哲夫：《讲义刑法总论》，成文堂 2015 年版，第 53~54 页。

[③] Vgl. Claus Roxin, Strafrecht Allgemeiner Teil. Band I: Grundlagen. Der Aufbau der Verbrechenslehre, 4.Auflage, C.H Beck, 2006, S.45.

法活性化'的时代。有组织犯罪、毒品犯罪、交通犯罪等频发，不知何时会成为犯罪受害者的不安心理正在扩散，表现为处罚的早期化、处罚的严厉化、处罚的扩大化。"① 还有学者认为有必要立足时代发展全面修改刑法。② 第二，法益保护的抽象化和法益保护的早期化。有学者指出："现代刑法的特色即为在近代刑法向现代刑法发展的过程中，'法益保护的抽象化'和'法益保护的早期化'相互补充作用，抽象危险犯的增多（进而）导致刑法规制范围的飞速扩大。"③

（二）网络犯罪立法理念的立场

由于网络社会的特质，预防性刑法与谦抑性刑法的对立在网络犯罪领域更加突出。网络社会变化发展十分迅速，网络犯罪的行为结构发生实质变化，刑事立法的调整成为必须解决的基础性问题。如何看待和处理安全保护、风险防控与刑法谦抑、罪刑法定之间的关系，关系着网络犯罪刑事立法的发展方向。有学者将其概括为"法益侵害社会化与刑事责任个别化的冲突"。④ 本书认为，虽然法益侵害社会化与刑事责任个别化的冲突是其中的重要命题，但作为网络犯罪立法的立场还是应回归到预防性刑法与谦抑性刑法层面展开探讨。就这一问题，学界主要形成以下三种观点：

第一，预防性说认为应以预防性刑法的立场重构网络犯罪立法。有学者将预防性刑法作为专属于网络犯罪的刑法立法理念，认为风险刑法理论与网络刑法理论在产生背景、根本任务、主要应对策略等方面具有内在的一致性，安全刑法观是网络刑法学的内容与表现。据此，"预防性刑法理念与技术是刑法立法层面最为鲜明的知识标签，是完全基于网络技术风险特性与网络空间社会属性所形成的专属刑法立法理念。"⑤ 另有学者借鉴德日理论，认

---

① ［日］高桥则夫：《刑法总论》（第 2 版），成文堂 2013 年版，第 28 页。

② 参见［日］大谷实：《刑法讲义总论》，成文堂 2012 年版，第 34 页。

③ ［日］曾根威彦：《刑法原论》，成文堂 2016 年版，第 15 页。

④ 参见敬力嘉：《网络参与行为刑事归责的"风险犯"模式及其反思》，载《政治与法律》2018 年第 6 期，第 42 页。

⑤ 孙道萃：《网络刑法知识转型与立法回应》，载《现代法学》2017 年第 1 期，第 118-129 页。

为从我国网络犯罪立法来看，刑事立法活性化已经成为现实，《刑法修正案（九）》相关的网络犯罪立法定位已经由消极立法、被动立法和谦抑立法转向积极立法、主动立法和扩张立法。据此，"刑事立法的活性化已经是我国刑法学不可回避的一个立法走向，必须承认在总体上具有客观必然性，符合信息社会网络治理的实践理性"。①

第二，谦抑性说认为在网络犯罪立法过程中应坚持谦抑性刑法。如有学者从网络的基本价值出发，认为网络的核心理念是自主、开放与共享，网络社会本质上是人的自由的扩展秩序，而网络社会的未来发展具有不可预测性。在此情形下，对刑法而言，谦逊与冷静是最好的姿态，更应解释刑法、激活刑法，而非批评刑法、解构刑法。据此，"不是刑法谦抑价值已经在互联网时代日渐式微，恰恰相反，互联网时代比历史上以往任何时代都应当更加旗帜鲜明地捍卫和追逐刑法的谦抑价值，这种谦抑价值的昂扬或者说整个社会的去管制化、刑法的去工具化乃是互联网精神的题中应有之义"。②

第三，折中说认为刑法谦抑性的具体内容随网络犯罪的发展而变化，应在与预防性刑法观念结合的基础上适用。如有学者认为，不同于其他国家的非犯罪化进程，我国刑法的主要任务是犯罪化，在网络犯罪领域更是如此。特别是对于网络犯罪，实行法益保护的早期化势在必行。比如计算机犯罪，不可待至严重后果发生才对该行为予以规制，无论对于非法侵入行为还是对于针对计算机信息系统功能、数据、程序实施的尚未造成严重后果的行为予以规制均具有现实的必要性。因此，"我国刑法应当从'限定的处罚'转向'妥当的处罚'"。③

本书认为，折中说的观点较为妥当，即应当兼顾谦抑性刑法与预防性刑法理念。原因如下：

第一，传统的罪刑条款仍然在相当程度上可以适用于网络犯罪，并非所

① 梁根林：《传统犯罪网络化：归责障碍、刑法应对与教义限缩》，载《法学》2017年第2期，第10页。

② 徐剑锋：《互联网时代刑法参与观的基本思考》，载《法律科学》2017年第3期，第121页。

③ 张明楷：《网络时代的刑法理念——以刑法的谦抑性为中心》，载《人民检察》2014第9期，第12页。

有网络犯罪都需要设立新的罪刑规则。对此有学者指出："网络空间中的多数犯罪，仍然只是传统犯罪的网络再现，只是由于技术性因素的介入而在一些方面发生了变化，通过刑法理论和解释规则的'与时俱进'，套用传统犯罪的罪刑条款完全可以解决问题。只有极少数情况是侵犯到了一种全新法益，需要设置新的罪刑条款。"① 虽然"极少数情况"的表述值得商榷，但是这一观点总体而言具有合理性。

第二，由于网络犯罪的变化发展，刑法必须作出适当的调整，在相当程度上肯定预防的必要性。比如，由于去中心化的影响，阶层式的网络犯罪参与模式转向扁平化的网络犯罪参与模式，对其打击不能仅依赖于具体实施的盗窃、诈骗等行为，而是需要溯源至非法提供公民个人信息等行为，法益保护的早期化在一定程度上不可避免，坚持绝对的谦抑性刑法显然难以有效回应网络犯罪嬗变。

第三，刑法的谦抑性仍应当作为刑法的基本理念予以坚持，并对其内涵予以发展。比如，学界之前对于刑法的谦抑性多关注其消极面向，即刑法作为最后保障法，对侵犯法益的行为只进行有限的、必要的规制。但是基于网络犯罪的发展，理应关注其积极面向，即通过刑法规制特定的网络犯罪行为，从而避免对该行为的过度处罚以及对其他行为的过度规制。其典型行为类型为侵犯个人信息犯罪行为，将其从犯罪产业链中予以独立处罚，确立适当的独立规则，避免了依附于产业链中的其他行为进行定罪处罚，同时也说明打击范围界定于产业链中类型化、定型化的犯罪行为，明确了对于网络犯罪的打击节点与范围。至于预防性刑法观念，其确实和网络犯罪立法之间有内在的一致性，但是这一观念显然并非专为网络犯罪所创设，论者也认可预防性刑法适用于恐怖犯罪、网络犯罪、腐败犯罪、食品药品犯罪、环境公害犯罪、公共秩序犯罪（民事行政违法行为的犯罪化）等犯罪类型，不应过分扩大二者之间的关联。②

---

① 于志刚：《网络犯罪与中国刑法应对》，载《中国社会科学》2010 年第 3 期，第 123 页。
② 参见高铭暄、孙道萃：《预防性刑法观及其教义学思考》，载《中国法学》2018 年第 1 期，第 168~169 页。

二、前瞻性刑法与回应性刑法

网络犯罪刑事立法沿用传统犯罪的回应性刑法理念，导致法律实践遭遇困境。应立足于网络社会的变迁，以一种前瞻性的刑法理念来指导刑法，推动网络犯罪刑法规制的有效化、科学化。

（一）回应性刑法理念的困境

参考传统的回应性刑法理念，对于新生网络犯罪一般在刑法中类似章节选择相关罪名增设"之一"的条款，对于新出现的行为作出规定，并且行为模式一般以实行行为为中心构建。对此有学者指出，这样一种回应性的刑法理念仅是"头痛医头，脚痛医脚"的立法修补，没有实现对现行《刑法》中网络犯罪立法的系统性的完善。[①] 通过不断打补丁的方式规制网络犯罪，往往缺乏对法益变迁的深刻思考、对犯罪行为变化的必要预见，以及对犯罪结构的改变的足够关注，最终难以有效规制网络犯罪。

第一，无法有效建构体系化、科学化的网络犯罪立法。随着网络社会的崛起，互联网已经渗透到社会生活的各个方面，网络犯罪所侵害的法益也不断扩张。我国现行《刑法》制定于 1997 年，当时网络犯罪的发生较为有限，所以在立法时将相关罪名设置在《刑法》分则第六章"妨害社会管理秩序罪"中，主要保护计算机信息系统以及其中的数据、程序等，《刑法修正案（七）》沿用回应性的刑法理念，在增设相关罪名时选择在第 285 条之后增设条款，通过"打补丁"的方式将网络犯罪继续按照原有计算机犯罪处理。然而有学者指出："对于移动互联网犯罪、大数据犯罪、云端犯罪等新问题，理论研究的前沿性、超前性受阻，有失于立法的战略性、规划性和长久性。"[②] 在回应性刑法理念的影响下，相关网络犯罪的规范体系虽然经《刑

---

① 参见皮勇：《我国网络犯罪刑法立法研究——兼论我国刑法修正案（七）中的网络犯罪立法》，载《河北法学》2009 年第 6 期，第 52 页。

② 孙道萃：《网络安全刑事保障的体系完善与机制构建》，载《华南师范大学学报（社会科学版）》2017 年第 5 期，第 121 页。

法修正案（七）》《刑法修正案（九）》等修正日渐完善，但是其结构性、体系性仍显不足。随着网络犯罪的扩张和发展，沿用回应性的刑法理念越发难以完成网络犯罪立法体系的科学构建。

第二，在应对网络犯罪变迁过程中难免顾此失彼。就网络犯罪立法而言，往往是某种网络犯罪行为的法益侵害性过于严重，便以"打补丁"的方式在相关法条作出规定或者修改，然而类似行为却很快脱逸于该条规定的范围；或者是某种网络犯罪行为中几类主体较为典型，于是对其在《刑法》中进行规定，但是不久之后却发现其他主体同样实施该种行为。由于网络犯罪变化频繁，刑事立法在回应网络犯罪时始终未能摆脱亦步亦趋的状况。对此，有学者指出："立法机关主要采取'就事论事'的策略，对已经大量出现、情势严峻、现实呼吁强烈的部分问题予以立法。这种'选择性'的立法策略，充分暴露中国网络犯罪的立法观念远未成型，与网络技术代际、网络犯罪形势的发展有所脱节。"[1]

第三，难以有效维持网络犯罪刑法规范的稳定性。在回应性立法的情况下，刑法稳定性与犯罪变化性之间的矛盾在网络犯罪领域更加突出，使网络犯罪立法规定的实效面临新的考验。对此，有学者指出："在网络犯罪立法中经常出现这样的情况，当一国的立法经过复杂而冗长的立法程序将某种网络行为纳入本国法律进行规制时，却惊奇地发现该种行为在网络上已经趋于销声匿迹了，代之而起的是新型的、法律尚未关注的行为，法律生效后很快就实质性失效的情况在网络中更易发生。"[2] 因此，鉴于网络犯罪的变化发展极其迅速，沿用回应性的刑法理念无疑会导致刑法规范的频繁修改，减损其效力。

（二）前瞻性刑法理念的提出

基于回应性刑法理念的困境，本书认为确有必要探索网络犯罪规制的前

---

① 王燕玲：《中国网络犯罪立法检讨与发展前瞻》，载《华南师范大学学报（社会科学版）》2018年第4期，第131页。

② 李怀胜：《三代网络环境下网络犯罪的时代演变及其立法展望》，载《法学论坛》2015年第4期，第101页。

瞻性刑法理念，对于法益变迁、行为主体和行为范围扩展以及犯罪结构变化的现状与发展作出考虑与预见，使刑法条文能够适应当前和未来一段时期的网络犯罪治理，在打击网络犯罪与维持刑法稳定两者之间实现恰当的平衡。[①]关于前瞻性理念可从以下三个方面予以理解：

第一，前瞻性刑法理念的主要内容。从回应式立法转向前瞻性理念是刑法有效治理网络犯罪的应然选择，其内容重点包括：对网络犯罪侵犯法益的变迁作出前瞻，基于其法益的变化与趋势，在网络犯罪立法时选择恰当的章节、条文增设规定，改变选择形式上相似罪名的方式，有效保护新的法益类型。对网络犯罪行为主体和行为范围作出前瞻，可以在立法时划定更为恰当的主体和行为范围，预留必要的缓冲与解释空间，防止刑法的频繁修改。对网络犯罪结构作出前瞻，通过法益保护前置化规制特定网络犯罪行为，同时改变以实行行为为中心的网络共同犯罪规制结构，对网络犯罪产业链中的重要行为作出独立的规定，更全面、更妥当地规制网络犯罪。对此有学者提出："即使需要对新的危害行为增设新的罪刑规范，刑法也应避免落入'为现象立法'的窠臼，而是应当在纷繁芜杂的生活事实中提炼最一般的类型化行为，努力寻找各种需要入罪化行为的'最大公约数'，这样才能更好发挥刑法的规范机能，节省立法成本。"[②]虽然不存在绝对意义上的"最大公约数"，但是可以借鉴这一观点，寻找刑法概念与条文的合理边界，通过规范层级与内容具体程度的反比配置，优化网络犯罪刑法规范体系。

第二，前瞻性刑法理念的意义。前瞻性理念既是回应网络犯罪的应然选择，也是维持刑法自身稳定性和效力的应然选择。刑法作为其他法律的保障法，作为公法中规定处罚最严重的部门法，理应具有相当的稳定性。然而按照回应式的刑法理念，关于网络犯罪的条款频繁增设、频繁修改，各种司法解释接踵而至，破坏了刑法的安定性。从回应式立法向前瞻性理念进行转变，既立足于网络犯罪的已然变化，也考虑网络犯罪的未来发展，才能使刑

[①] 参见王肃之：《从回应式到前瞻式：网络犯罪刑法立法思路的应然转向——兼评〈刑法修正案（九）〉相关立法规定》，载《河北法学》2016 年第 8 期，第 155~164 页。

[②] 于志刚：《网络犯罪与中国刑法应对》，载《中国社会科学》2010 年第 3 期，第 113 页。

法条文更有效地应对网络犯罪，增强刑法条文的生命力。

第三，前瞻性刑法理念与刑法的泛化适用之间的关系。前瞻性理念并不等同于盲目扩大犯罪圈，不会导致刑法的泛化适用。一方面，前瞻性理念并不一定等于扩大犯罪圈，其意味着根据网络犯罪的变化及趋势，在兼顾现实与将来的基础上作出规定，有可能反而对于一些犯罪行为的范围予以限缩；另一方面，刑法规制范围的扩展固然值得警惕，但是目前我国刑法的规制范围存在双向不足，即有些犯罪行为的危害性减小，或者有些行为原本可以通过其他部门法予以规制，譬如部分金融犯罪，其犯罪圈应当缩小；有些犯罪，譬如网络犯罪，其犯罪圈的范围远远难以适应网络犯罪的巨大危害及扩张速度。有学者指出，我国当前乃至今后相当长时期的侧重点仍然是犯罪化，而不是非犯罪化。[1] 本书认同这一观点，对于网络犯罪，犯罪化应当是其刑法规制的重点。当然，在对网络犯罪作出前瞻性规定时应当予以适当限制，重点对于有关国家安全、公共安全、重大人身和财产安全等方面的网络犯罪作出必要的前瞻性规定。

此外，也应注意前瞻性刑法观念与网络犯罪新发展的结合。以人工智能犯罪为例，应注重对于人工智能犯罪相关概念、对象立法界定的前瞻。目前有关人工智能犯罪的理论问题仍然处在探索之中，对丁人工智能及其犯罪行为等相关概念仍然缺乏统一认识。应通过适当的方式，使之既契合当下人工智能犯罪治理的现实，也符合未来人工智能犯罪治理的需要。具体需要做到以下两点：其一，对于人工智能犯罪相关概念、对象的立法界定必须充分把握其实质，从而使之与相关的概念、对象有效区别，为科学和恰当地治理人工智能犯罪提供基础；其二，在国家立法层面对于人工智能犯罪相关概念、对象的立法界定不应过细，应为相关下位立法和司法解释预留必要的空间，从而更好地适应人工智能技术的发展阶段。[2]

---

① 参见张明楷：《犯罪定义与犯罪化》，载《法学研究》2008 年第 3 期，第 144 页。

② 参见王肃之：《人工智能犯罪的理论与立法问题初探》，载《大连理工大学学报（社会科学版）》2018 年第 4 期，第 60 页。

第三节 网络犯罪立法的模式

一、网络犯罪立法的进程

网络犯罪立法的进程是立法模式的纵向脉络，即网络犯罪立法模式的沿革变迁与理论思考。《刑法》中有关网络犯罪的规定经历了一个变化发展的过程，在阶段的演进过程中也体现了立法内容与重心转变，体现了我国网络犯罪立法回应过程中的探索与实践。[①]

（一）第一阶段："两点一面"的立法

此一阶段为 1997 年现行《刑法》颁布至《刑法修正案（七）》出台之前。《刑法》分则第六章"妨害社会管理秩序罪"第一节"扰乱公共秩序罪"中对计算机犯罪作出规定，在第 285 条规定了非法侵入计算机信息系统罪，在第 286 条规定了破坏计算机信息系统罪，在第 287 条作出利用计算机实施有关犯罪的提示性规定。有学者将其概括为"两点一面"的网络犯罪立法结构："第一，计算机信息系统是刑法保护的对象，特定领域的计算机信息系统受到更高程度的保护，网络犯罪的网络化特点没有受到重视。第二，对《刑法》第 285 条、第 286 条规定的行为之外的其他涉及计算机、互联网的

---

① 参见王肃之：《在行为与法益之间：我国网络犯罪立法路径的反思与超越》，载《澳门法学》2017 年第 3 期，第 236~239 页。

犯罪行为，按照刑法其他规定处理，不与传统犯罪相区别。"①

"两点一面"的立法模式实际上确立了我国《刑法》中网络犯罪早期立法的基本路径——以规制犯罪方式为中心（通过计算机的方式实施），即不论该网络犯罪行为的性质，只要其符合了非法侵入计算机信息系统罪、破坏计算机信息系统罪的构成要件，就可以按照这两个罪名定罪处罚；不涉及侵入或破坏计算机信息系统的其他网络犯罪行为，按照其他犯罪的相应规定处罚。对此可从以下几点予以理解：第一，以规制非法侵入、破坏的方式为指向。如第 285 条非法侵入计算机信息系统罪，其对计算机信息系统的要求条件为"国家事务、国防建设、尖端科学技术领域的计算机信息系统"，侵入上述系统的行为相当程度上会危害国家安全；而第 286 条破坏计算机信息系统罪中的"计算机信息系统"则没有上述要求，实际上将侵犯不同法益的非法侵入、破坏行为因其手段行为的非法统一规定为特定种类"扰乱公共秩序"的犯罪行为。第二，以计算机犯罪行为为主要规制对象。在 1997 年现行《刑法》出台之时，中国正式接入国际互联网才三年时间②，因而当时立法主要针对计算机犯罪展开，在保护计算机信息系统安全的框架下，对于其中"存储、处理或者传输的数据和应用程序"予以保护，对"制作、传播计算机病毒等破坏性程序"的行为予以打击，这在当时网络犯罪的发展阶段无可非议，对现在而言当然显得范围极为狭窄。第三，秉持传统犯罪适用于网络犯罪的基本态度。第 287 条所作的利用计算机实施有关犯罪的提示性规定，实际上明确了网络犯罪除了和计算机信息系统相关，均按照传统犯罪的罪名处理，从而为以规制网络犯罪方式为中心的立法路径提供了法律衔接的方法。总体来看，"两点一面"所确立的规制网络犯罪方式的立法路径相对于当时中国网络犯罪的状况是匹配的。

---

① 皮勇：《我国网络犯罪刑法立法研究——兼论我国刑法修正案（七）中的网络犯罪立法》，载《河北法学》2009 年第 6 期，第 50~51 页。

② 1994 年 4 月 20 日，中国成为第 77 个国际上正式承认真正拥有全功能互联网的国家。

（二）第二阶段："双轨三点四线"的立法

2009 年《刑法修正案（七）》基于十二年间网络犯罪的新发展，对于原有《刑法》规定作出较大幅度的修改，在第 285 条增设了第 2 款规定了非法获取计算机信息系统数据、非法控制计算机信息系统罪，第 3 款规定了提供侵入、非法控制计算机信息系统程序、工具罪，此外还在第 253 条之 1 规定了出售、非法提供公民个人信息罪以及非法获取公民个人信息罪。有观点指出上述修改基本上体现了刑法的三个转向，即从单纯保护特殊领域计算机信息系统转向保护所有计算机信息系统、从单纯保护计算机信息系统安全转向同时保护计算机数据安全、从单纯制裁直接侵害计算机信息系统安全犯罪转向同时制裁为非法侵入、控制计算机信息系统非法提供程序、工具犯罪。[1] 基于《刑法修正案（七）》，有学者将这一阶段的网络犯罪规范体系概括为"双轨三点四线"。"'双轨'的意思是专门用于制裁计算机犯罪的《刑法》第 285 条、第 286 条两个条文，与专门用于制裁传统犯罪网络化的《刑法》第 287 条，形成刑法应对网络犯罪的双轨并行的基本思路：前者指向纯粹的计算机犯罪，后者用于解决传统犯罪的网络化现象；'三点'是指刑法在思维上的观测点仅仅限于'计算机软件''计算机系统''计算机数据'三类犯罪对象；'四线'是指三类犯罪对象映射在刑事立法中表现为有限的四个'线性'罪名，即《刑法》第 285 条、第 286 条规定的四个独立的网络犯罪罪名：'非法侵入计算机信息系统罪''非法获取计算机信息系统数据、非法控制计算机信息系统罪''提供侵入、非法控制计算机信息系统程序、工具罪'和'破坏计算机信息系统罪'。"[2] 该观点对于"双规"和"四线"的概括大致妥当，但是"三点"的表述可以调整。应该将侵犯公民个人信息犯罪也纳入上述体系，因为该类犯罪侵犯的也是信息数据，并且不属于"传统犯罪网络化"的犯罪类型，因此"三点"的范畴需要调整，或许表述为"软

---

[1] 参见冲：《网络犯罪罪名体系的立法完善与发展思路——从 97 年刑法到〈刑法修正案（九）草案〉》，载《中国政法大学学报》2015 年第 4 期，第 41 页。

[2] 于志刚：《网络思维的演变与网络犯罪的制裁思路》，载《中外法学》2014 年第 4 期，第 1056 页。

件""系统""信息数据"更为妥当。

"双轨三点四线"的立法阶段实际上延续了"两点一面"阶段确立的以规制网络犯罪方式为中心的立法路径，并在此基础上有所发展。可从以下几点予以理解：第一，依旧采取以计算机犯罪为中心的立法路径。《刑法修正案（七）》规定的非法获取计算机信息系统数据、非法控制计算机信息系统罪，以及提供侵入、非法控制计算机信息系统程序、工具罪，实际上是在非法侵入、破坏行为的基础上增设有关非法控制、非法获取、提供程序工具行为的规定，仍旧是秉持不论实际侵犯法益的类型，按照行为方式的非法予以处罚的路径。第二，"双轨三点四线"的立法模式实际上与"两点一面"的立法模式一脉相承。"双轨"中一轨指向"两点"，即第 285 条、第 286 条有关计算机信息系统的犯罪；另一轨指向"一面"，即第 287 条利用计算机实施有关犯罪的提示性规定。只不过"双轨"的内涵因《刑法修正案（七）》更为充实，并据此构建出"双轨三点四线"的体系。第三，针对侵犯法益严重的网络犯罪予以单独回应。《刑法修正案（七）》虽然依然采用了计算机犯罪的范式来规制网络犯罪，但是将出售、非法提供公民个人信息罪以及非法获取公民个人信息罪的罪名单独设立，从而体现了对于个别法益侵害严重的网络犯罪跨出计算机犯罪的范畴进行单独规制的探索。总体而言，在这一阶段以规制计算机犯罪为中心的立法仍旧可以发挥应有的作用，但是规范上有所松动。

（三）第三阶段：一般化的网络犯罪立法

2015 年通过《刑法修正案（九）》中有关网络犯罪的条文在很多方面都突破了原有《刑法》规定，在第 286 条之 1 增设拒不履行信息网络安全管理义务罪，在第 287 条之 1 增设非法利用信息网络罪，在第 287 条之 2 增设帮助信息网络犯罪活动罪，对于网络服务提供者的不作为行为以及一般主体的网络犯罪参与行为予以规制。此外，《刑法修正案（九）》也在第 253 条之 1 完善了侵犯公民个人信息罪，在第 291 条之 1 增设了编造、故意传播虚假信息罪，并且扩大了单位犯罪的适用范围。

《刑法修正案（九）》的上述修改，实际上使网络犯罪的立法全面突破了计算机犯罪的藩篱，延展到一般主体以及一般行为，扩大了打击范围与力度，网络犯罪立法的规模与层次正在提升。其"一般化"具体表现在以下三个方面：第一，行为类型的一般化。拒不履行信息网络安全管理义务行为具有不作为属性，非法利用信息网络行为与帮助信息网络犯罪活动行为均具有网络犯罪参与行为属性，是关于各类网络犯罪行为适用的规则，而非某一类网络犯罪行为适用的规则。第二，法律后果的一般化。拒不履行信息网络安全管理义务罪、非法利用信息网络罪、帮助信息网络犯罪活动罪这三个罪名均设置了独立的刑罚后果，改变了第 287 条准用规定的模式。第三，行为主体的一般化。前述三个罪名中除了拒不履行信息网络安全管理义务罪有网络服务提供者的特定主体限制，非法利用信息网络罪、帮助信息网络犯罪活动罪的犯罪主体均为一般主体，而且《刑法修正案（九）》还在第 285 条、第 286 条分别增加单位犯罪条款作为第 4 款，全面推动了网络犯罪主体的一般化。

　　随着网络犯罪立法的一般化，在网络犯罪的规制走向全面化、有效化的同时，也引出了新的理论问题，有待关注和研究：第一，如何对以上条款从法益、行为等角度作出妥当阐释。比如法益问题，前述三个罪名的法益该如何在社会管理秩序的框架下结合其一般性立法的特点予以阐释，学界尚缺乏对于这一基础问题的关注。第二，如何阐释这样一种"一般化"立法的特色。比如，第 286 条之 1 增设拒不履行信息网络安全管理义务罪这样在刑法中为网络服务提供者设立专门义务的规定在德日刑法中难以寻得踪迹，如何恰当地理解和适用引发了理论界的广泛讨论。第三，如何理解网络犯罪参与行为的立法规定。比如，第 287 条之 2 帮助信息网络犯罪活动罪，是从共犯视角还是正犯视角予以理解，尚存有认识上的分歧。与之类似，关于第 287 条之 1 非法利用信息网络罪，是从预备视角还是实行视角理解也未取得一致认识。

二、网络犯罪立法的立场与结构

网络犯罪立法的立场与结构是立法模式的横向脉络，即我国网络犯罪立法模式与德日相比有何不同。其中，网络犯罪立法立场讨论的是宏观层面我国和德日等国家在网络犯罪立法中对于相关问题的态度，特别是对于《网络犯罪公约》的态度；网络犯罪立法结构讨论的是具体层面我国和德日等国家网络犯罪立法规范体系的内在差异。

（一）网络犯罪的立法立场

关于网络犯罪的立法立场的分歧源于《网络犯罪公约》。《网络犯罪公约》（Convention on Cybercrime）是于 2001 年 11 月由欧洲委员会的 26 个欧盟成员国以及美国、加拿大、日本和南非等 30 个国家的政府官员在布达佩斯所共同签署的国际公约，系全世界第一部针对网络犯罪行为所制定的国际公约。2003 年 1 月 23 日，欧盟在斯特拉斯堡通过了《网络犯罪公约补充协定：关于通过计算机系统实施的种族主义和排外性行为的犯罪化》（Additional Protocol to the Convention on Cybercrime, Concerning the Criminalisation of Acts of a Racist and Xenophobic Nature Committed through Computer Systems）。《网络犯罪公约》包括 4 章，共计 48 个条文。第 1 章"术语的使用"，包括第 1 条。第 2 章"国家层面上的措施"，包括第 2 条至第 22 条。第 3 章"国际合作"，包括第 23 条至第 35 条。第 4 章"最后条款"，包括第 36 条至第 48 条。其中第 1 章"术语的使用"，第 2 章第 1 节"刑事实体法"部分第 2 条至第 13 条网络犯罪的具体类型和处置规则，均对缔约国的网络犯罪刑事立法产生了重大影响。[1]

关于我国在网络犯罪刑事立法过程中是否应当以《网络犯罪公约》为蓝本和指南，学界形成了不同的观点：

一种观点认为，我国应当以《网络犯罪公约》为蓝本，完善网络犯罪刑

---

[1]　刑事实体法条文的具体分析见本书第四章的相关内容。

事立法。如有学者认为："《网络犯罪的公约》是一部历经近 20 年才制定的反网络犯罪的国际公约，在立法的完善性方面尚没有任何国家、国际组织的相关立法能出其右，而且，该部公约已经在 2004 年 7 月 1 日生效，是目前国际上影响最大的、已生效的反网络犯罪的国际法律文件。借鉴该公约中的网络犯罪立法能迅速提升我国网络犯罪立法的完善程度。"[①] 或认为："应当根据《网络犯罪公约》和我国现有立法的不足，重新调整网络犯罪行为模式的立法布局。"[②]

另一种观点则认为，我国完善网络犯罪刑事立法不应照搬《网络犯罪公约》，应该坚持自己的立法主张。这一论断的基础主要在于以下两个方面：第一，对于网络犯罪国际立法规则的博弈。有学者指出："目前国际社会对欧洲网络犯罪公约的态度已经逐渐分化为两大对立的立场。一方面，西方发达国家极力推动将《网络犯罪公约》上升为全球性公约，另一方面，中、俄以及广大的发展中国家都主张制定全新的网络犯罪国际公约。"[③] 进而认为，在推动网络犯罪国际公约领域呈现出"美欧"与"中俄"两大阵营的对峙。[④]第二，网络犯罪类型的分歧。有学者指出，《网络犯罪公约》在犯罪类型上难以适应以我国为代表的发展中国家打击网络犯罪的立法需求："公约规定的网络犯罪罪行侧重于技术性犯罪，即以网络为犯罪对象的犯罪（如非法入侵、非法拦截、数据干扰、系统干扰、设备滥用等），与当前'传统犯罪网络化'的形势不相适应。除上述技术性犯罪外，公约规定的其他罪行，包括网络儿童色情、侵犯知识产权犯罪等，多为美欧发达国家关切的罪行，而发展中国家重点关注的网络成人色情、网络赌博等罪行均未纳入公约。"[⑤] 由此，

---

① 皮勇：《我国网络犯罪刑法立法研究——兼论我国刑法修正案（七）中的网络犯罪立法》，载《河北法学》2009 年第 6 期，第 57 页。
② 孙道萃：《移动智能终端网络安全的刑法应对——从个案样本切入》，载《政治与法律》2015 年第 11 期，第 78 页。
③ 于志刚：《缔结和参加网络犯罪国际公约的中国立场》，载《政法论坛》2015 年第 1 期，第 98 页。
④ 参见于志刚：《虚拟空间中的刑法理论》，社会科学文献出版社 2018 年版，第 360 页。
⑤ 胡健生、黄志雄：《打击网络犯罪国际法机制的困境与前景——以欧洲委员会〈网络犯罪公约〉为视角》，载《国际法研究》2016 年第 6 期，第 26 页。

中国的网络犯罪立法不应按照《网络犯罪公约》进行修改，而应基于独立自主的视角展开。

　　本书同意后一种观点，即认为我国网络犯罪立法应该基于自身的立场进行。虽然《网络犯罪公约》在国际刑事立法的许多方面开创了先例，被各国立法所参考，但是其不宜作为我国制定网络犯罪立法的蓝本。第一，《网络犯罪公约》制定于 2001 年，早已落后于网络犯罪的发展。《网络犯罪公约》所界定的仅为"计算机系统""计算机数据""服务提供商"和"业务数据"等概念，但是诸如关键信息基础设施、僵尸网络、个人信息等关键概念于制定时并未出现或显著性有限，其也无法作出规定。第二，《网络犯罪公约》所规定的犯罪类型难以全面契合我国实际。比如，我国全面规定了色情犯罪和赌博犯罪，而《网络犯罪公约》只规制网络儿童色情犯罪，且未规制赌博犯罪。第三，我国既未加入，也未计划加入《网络犯罪公约》。我国一直反对将《网络犯罪公约》作为打击网络犯罪的国际标准，相反，倡导在联合国框架下制定全球性公约，以及通过亚非法协等平台建立区域网络犯罪治理规则。此外，归根结底各国网络犯罪具体情况各不相同，其网络犯罪立法理应根据该国实际情况制定，不应削足适履。

　　不少刑法学者提出依照《网络犯罪公约》完善我国刑事立法的观点，某种程度上也与我国的参照范本有关。随着传统的苏联理论在刑法学界的式微，德日理论开始成为刑法理论的显学。这两个国家是《网络犯罪公约》的缔约国，因此难免在选择倾向上受到一定程度的影响。然而我国和欧洲国家的刑法传统和犯罪治理需求并不完全一致。比如，《网络犯罪公约》基于欧洲国家刑事立法趋近的现实，欧洲学者讨论的是具有跨国效力的刑法该选择合作模式和超国家模式①，而这一前提的基础显然与我国现实并不契合。也有学者指出，我国对于网络秩序型犯罪的归罪模式，是当前中国刑法不同于国外刑法的重大差异。②虽然该归纳是否妥当仍可商榷，但是思考和研究我国

---

①　Vgl. Ulrich Sieber, Die Zukunft des Europäischen Strafrechts –Ein neuer Ansatz zu den Zielen und Modellen des europäischen Strafrechtssystems– , ZStW 121（2009）, Heft 1, S.17.

②　参见于志刚：《中国网络犯罪的代际演变、刑法样本与理论贡献》，载《法学论坛》2019 年第 2 期，第 7 页。

网络犯罪立法的特色与模式确已成为理论研究的当务之急。

（二）网络犯罪的立法结构

关于我国网络犯罪立法应该采刑法典（《刑法》）与单行刑法并行二元结构还是仅采刑法典的一元结构，学界也进行了长久的讨论。

二元论的观点认为中国应在刑法典之外单独制定网络犯罪的单行刑法。早在计算机犯罪阶段，就有学者认为："在刑法典上设立惩治计算机犯罪的专门条款是必要的，但是应当在此基础上制定专门的反计算机犯罪的专门刑事立法。"① 及至网络犯罪阶段，又有学者提出两种单行立法方案。一种方案为制定网络犯罪单行刑法。即根据网络犯罪的发展及其和现实社会中犯罪行为的差异，改变单一的刑法典结构，对网络犯罪制定专门的单行刑法，形成"刑法典与单行网络刑法"并存的刑事立法格局。② 另一种方案为制定单独的网络犯罪防控法律。即着眼于网络犯罪的全方位控制，制定《中华人民共和国网络犯罪控制法》作为专门的网络犯罪刑事法律，规定网络犯罪的基本问题。③

在二元论的基础上，还有观点就二元结构的实现步骤以及相互关系进行了探讨。如有学者认为，二元结构可以分三步实现："第一步，针对网络犯罪的主要类型修订《刑法》；第二步，修改《刑法》，将网络犯罪扩大为专章，同时修订有关行政法规中对现有或即将出现的网络犯罪惩治的条款；第三步，制定惩治网络犯罪的特别法律。"④ 另有学者基于双层社会的理念探讨了刑法典和网络犯罪单行刑法之间的关系，认为应形成一种主辅结构："顺应双层社会的理念，传统刑法典针对现实生活中的犯罪问题进行规制，单行

---

① 赵秉志、于志刚：《计算机犯罪及其立法和理论之回应》，载《中国法学》2001 年第 1 期，第 156 页。

② 参见卢建平、姜瀛：《犯罪"网络异化"与刑法应对模式》，载《人民检察》2014 年第 3 期，第 9 页。

③ 参见史振郭：《网络犯罪刑事立法探析》，载《东南学术》2003 年第 5 期，第 129 页。

④ 刘守芬、房树新：《八国网络犯罪立法简析及对我国立法的启示》，载《法学杂志》2004 年第 9 期，第 19 页。

网络刑法则针对虚拟空间中的犯罪问题进行规制，各司其职但又有联系与交叉，从而使得对虚拟空间的规制建立一种以'单行网络刑法为主、刑法典为辅'的立法结构"。①

一元论的观点认为中国应将网络犯罪条款均规定于刑法典中。学者主要从以下两个角度进行论述：第一，随着传统犯罪的网络化，通过刑法典的更新完善来规制网络犯罪具有重要的优势。由于网络犯罪与传统犯罪日益交织在一起，很多时候网络犯罪与传统犯罪并没有明显的界限，通过刑法修正案的方式回应网络犯罪具有保持刑法稳定性、适应性的优势。基于此，"在当前刑事立法过程中，仍然应当坚持通过刑法修正案的方式，在刑法典中增设网络犯罪罪名或者对现有网络犯罪罪状进行扩大，而不宜在现行刑法典之外，制定单独的网络刑法"。②第二，网络犯罪具有跨犯罪类型的特点，和其他具体类型的犯罪存在不同，不宜通过单行刑法规制。网络犯罪与经济犯罪、环境犯罪等行为类型特定的"平面性"犯罪不同，具有"立体性"的特点，几乎各类犯罪都可以在网络空间实施。基于此，"所谓的网络刑法和目前作为刑法子部门法的环境刑法、经济刑法等特别刑法就不是同一个思考维度的问题，制定单行网络刑法显然是对网络犯罪的平面化考量，不具有基本的体系科学性"。③

本书认为，一元结构的观点更为妥当。二元结构的观点部分基于对德日等国家网络犯罪立法的实践提出，但是难以契合我国的犯罪治理实践。比如，有学者认为："我们不妨借鉴国外的'一步到位'的立法结构——在条件成熟时，对因特网上的犯罪，宜在附属刑事立法的同时，径直设定法定刑。"④但是我国与其他国家在刑事立法体例上有所不同，德国和日本除了在刑法典中规定网络犯罪的有关条款，也会在有关的单行法律中规定刑罚条款。我国则统一将刑法规范条款规定于刑法典中，自1998年《全国人民代

① 张阳：《空间失序与犯罪异化：论虚拟空间的犯罪应对》，载《河南社会科学》2018年第5期，第71页。

② 单奕铭：《我国网络犯罪立法现状及其应然方向》，载《河北法学》2018年第6期，第147页。

③ 徐剑锋：《互联网时代刑法参与观的基本思考》，载《法律科学》2017年第3期，第119页。

④ 屈学武：《因特网上的犯罪及其遏制》，载《法学研究》2000年第4期，第99、100页。

表大会常务委员会关于惩治骗购外汇、逃汇和非法买卖外汇犯罪的决定》颁布之后，再未以单行刑法的形式规定犯罪及刑事责任。2016 年通过的《网络安全法》在其第六章"法律责任"中规定的责任也限于行政责任。对此有学者指出："西方各国看似成型的网络刑事法治，即使在该国网络治理中成效显著，也不能生搬硬套到中国来。中国网络治理不应当全盘移植西方刑事立法，而应当基于自己的特殊国情，建构起符合中国实际的涉网刑罚体系。"① 这一观点很有道理，我国网络犯罪治理必须基于我国的实际情况展开，应当借鉴域外经验，但是不可盲目移植。总而言之，网络犯罪的立法结构不应超越我国的刑事立法体系，应在一元框架下求得妥当的实现。

　　此外，也有学者关注到了一元结构下的两种立法模式："所谓'一元模式'，是指在既有法条（包括款项）中增加行为类型与行为对象，使既有法条包括新类型的网络犯罪，对传统犯罪与新型网络犯罪适用相同的法条。所谓'二元模式'，是指在既有法条之外增加新的法条（包括款项）规制新类型的网络犯罪，对传统犯罪与新型网络犯罪适用不同的法条。"② 随着网络社会的深化，网络犯罪不仅开拓了计算机犯罪等独立的犯罪领域，而且已经成为几乎涵摄所有犯罪的犯罪类型，既需要对网络犯罪的独立领域设置专门的规则，也需要对通过网络实施的传统犯罪确立恰当的规则。因此，这两种模式的并行是十分必要的。

---

① 黎慈：《网络非法行为入罪风险评估及其规避》，载《广西社会科学》2017 年第 12 期，第 86 页。
② 张明楷：《网络时代的刑事立法》，载《法律科学》2017 年第 3 期，第 76 页。

第四节　网络犯罪刑法解释的立场与实践

一、网络犯罪的解释立场

与其他类型犯罪相比，网络犯罪立法与解释之间的关系更为微妙。在互联网跨时空互动性、去中心化等特征的影响下，网络犯罪的变化相比其他犯罪更加迅速，相关司法解释不断出台，刑法解释的定位和作用成为被实践推动所出现的重要理论问题，解释立场更是其中基础性的问题。

在传统刑法学教义学范畴内，刑法解释的经典问题是解释方法与解释技巧。对于法条为何不能完全按照字面意思进行解释，日本学者指出，法条用语的目的是通过保护法益来实现维持社会秩序，因此用语本身的解释并不重要，刑法解释的首要任务是理解该用语所具有的法律意义的认识，即用语只有在法条以及与其他条款的关系中才具有规范性的意义，所以有必要进行文理解释、论理解释。[①]

根据我国经典教材按解释的方法分类，将刑法解释可分为文理解释和论理解释："文理解释，就是对法律条文的字义，包括单词、概念、术语，从文理上所作的解释。论理解释，就是按照立法精神，联系有关情况，从逻辑上所作的解释。"[②] 有学者进一步提出解释方法与解释技巧两分的刑法解释理论框架："将解释方法中的平义解释、宣言解释、扩大解释、缩小解释、反

---

① 参见［日］大谷实：《刑法讲义各论》(新版第 4 版补订版)，成文堂 2015 年版，第 2 页。
② 高铭暄、马克昌主编：《刑法学》，北京大学出版社、高等教育出版社 2016 年版，第 24 页。

对解释、类推解释、比附、补正解释等（条文的适用方法），称为解释技巧；将解释方法中的文理解释、体系解释、历史解释、比较解释、目的（论）解释等（解释的参照事项），称为解释理由。"[1]在这种两分的框架下，对于刑法条文中特定概念的解释只能采取一种解释技巧，但是可以采取多种解释理由。

然而网络犯罪面临和传统犯罪不同的刑法解释场景，解释立场开始成为比解释方法与解释技巧更为基础的命题。对于传统犯罪而言，具体犯罪的类型和要素是确定的，刑法解释的问题往往是具体性的问题，无论是对于特定行为、物品还是身份等问题的解释，都是针对某一"点"问题的解释，因而解释重心在于解释什么的问题。对于网络犯罪而言，涉及的犯罪类型和要素是多元的，刑法解释的问题是关联性的问题，所需面对的解释命题是"线"甚至是"面"的问题。比如，网络诈骗犯罪所需面对的解释命题不仅局限于诈骗犯罪，而且涉及侵犯个人信息犯罪、计算机犯罪等。由此，网络犯罪的刑法解释可谓"牵一发而动全身"，在此背景下明确解释的立场尤为重要，否则就可能导致解释方向与结果的偏离。

在刑法解释立场上，有主观解释论与客观解释论之争，以及形式解释论与实质解释论之争。有观点在研究刑法解释立场问题时将二者予以并合，即认为主观解释论与形式解释论等同，客观解释论与实质解释论等同。但是另有学者指出："主观解释论和客观解释论之争主要解决的是刑法条文的含义应不应该随着时间、外部世界以及人们的价值观念的变化而流变的问题，而形式解释论与实质解释论之争主要解决的则是解释的限度问题，即解释是否只能严格遵循刑法条文的字面含义的问题。"[2]本书认同这一区分判断，以下将从主观解释论与客观解释论，以及形式解释论与实质解释论两个维度展开。

（一）主观解释论与客观解释论

主观解释论与客观解释论的立场区别在于是依照立法者愿意进行解释还

---

[1]　张明楷：《刑法学》（上），法律出版社 2016 年版，第 34 页。

[2]　陈兴良：《形式解释论的再宣示》，载《中国法学》2010 年第 4 期，第 27~28 页。

是依照现实进行解释。亦即，"主观解释论要求按照立法者的立法意图来解释刑法，而坚持客观解释论的学者强调法律本身的独立性，要求按照社会客观需要来解释刑法，探求和阐明法律内在的意义和目的"。[①]

由于犯罪的复杂多变性，其变化发展往往容易脱逸于刑法条文的处罚范围，因而客观解释论在理论和实务中占据优势地位。"通常所说的论理解释方法也都是立足于客观解释立场而进行的，如扩张解释和限制解释、当然解释、反面解释、目的论解释等。"[②] 在客观解释论的范畴内，有学者提出"激进的客观解释论"，即认为立法者原意只是虚构的概念，法律一经颁行即与立法者无关，如果要求按照其原意予以解释，势必要求普通公民也按照难以接触到的琐细立法资料进行解释，显然会导致人们无法认识法律。[③] 相比而言（缓和的）客观解释论更为妥当，即关于立法者原意的理解未必采取机械的方式，从立法者对于犯罪治理的态度和限度进行解释未必不会得出扩大解释的结论，只是在刑法解释时肯定客观解释论的优位地位。

本书认为，对于网络犯罪相关概念采取客观解释论的立场是妥当的。主观解释论强调立法者意图，但是且不论传统刑法解释理论所讨论的立法者意图是否存在，网络犯罪的变化发展使得纯粹的主观解释论无法存在。比如，1997 年现行《刑法》制定时，我国正式接入国际互联网才不过三年，在《刑法》第 285 条至第 287 条对于计算机犯罪作出规定已经是立法者预见的极限，《刑法修正案（七）》和《刑法修正案（九）》对于网络犯罪立法进行如此大的修改完善更是始料未及，网络犯罪的刑法解释无法完全按照主观解释的路径完成。相比而言，客观解释论基于网络犯罪的现实变化，对于相关问题及时进行契合现实的解释，更具科学性。对此已有学者指出："在新问题层出不穷的网络时代，探究多年前立法者的立法本意的主观解释论无异

---

①　董邦俊：《刑法解释基本立场之检视》，载《现代法学》2015 年第 1 期，第 118 页。

②　参见王政勋：《论客观解释立场与罪刑法定原则》，载《法律科学》2011 年第 1 期，第 53~55 页。

③　参见陈京春：《信息时代对刑法解释论的究问——ATM 机盗窃案和"艳照门"事件引起的法律思考》，载《法律科学》2008 年第 6 期，第 164 页。

于刻舟求剑。"①

　　此外，近年来也有学者关注到客观解释论的缺陷，就网络犯罪提出了"主观的客观解释论"。主观的客观解释论首先肯定网络时代对于传统刑法概念进行客观解释的现实性和合理性，在此基础上指出客观解释论存在一定缺陷：第一，客观解释论虽然否认立法者原意，但其实是按照解释者的原意展开的，其虽以客观现实为基础，但是在文本真实含义的探求过程中具有更强的主观性，是更为典型的主观解释。第二，客观解释论根据社会现实需要展开，在解释过程中往往不仅违反立法者原意，也可能违法罪刑法定原则，从而减损刑法的原则性与确定性。第三，客观解释论以现实发展为依据进行解释，导致其通常演变为扩大解释。进而提出，应当以主观性纠偏过度的客观性，以"主观的客观解释论"重新塑造客观解释论。其将"主观的客观解释论"的最终目标定位为："在'立法者当初的价值取向'和'刑法条文之语言原意解释'的最大射程内来探求刑法规范在现实生活所具有的规范意义，客观解释不得脱逸立法者与条文语言原意之范围。"②

　　在网络犯罪领域，以"主观的客观解释论"重新塑造客观解释论具有启发意义。第一，对于网络犯罪相关问题进行纯粹的客观解释确实有可能使解释结果脱逸立法条文的原本含义，在一定程度上存在违反罪刑法定原则的风险。但二者也并非不可协调，已有学者提出在罪刑法定原则的框架下，坚持客观解释论。③第二，在正确理解"立法者当初的价值取向"和"刑法条文之语言原意解释"的最大射程的基础上可以为客观现实与刑法条文之间的衔接构建有效的理论桥梁，从而有利于网络犯罪相关刑法条文安定性的维持。第三，将"立法者当初的价值取向"和"刑法条文之语言原意解释"的最大射程作为相对客观的解释标准，可以在一定程度上避免因解释主体的随意性而导致解释结果的不确定性，从而为网络犯罪相关问题的解释走向一致提供某种可能。

---

① 刘仁文：《网络时代破坏生产经营的刑法理解》，载《法学杂志》2019年第5期，第55页。
② 参见刘艳红：《网络时代刑法客观解释新塑造："主观的客观解释论"》，载《法律科学》2017年第3期，第93~100页。
③ 参见陈洪兵：《双层社会背景下的刑法解释》，载《法学论坛》2019年第2期，第81页。

与此同时，"主观的客观解释论"也并非没有风险，混用主观解释论和客观解释论很可能由于"立法者当初的价值取向"难以查明而导致解释立场的混乱，或者受限于"刑法条文之语言原意解释"的最大射程（比如计算机犯罪的条文语言原意难以涵盖全部网络犯罪），最终难以完成解释。对此，或许可以基于对"立法者原意"或者"立法者当初的价值取向"的再阐释进行修正，将其具体明确为对于立法者网络犯罪治理的态度和限度，即对于该类网络犯罪行为是持严厉或轻缓的打击态度，以及原立法条文和立法体系对于该类网络犯罪行为的打击限度综合予以判断，据此进行解释。

当然，在肯定客观解释论理论和实践合理性的基础上，基于其不足和缺陷如何进行完善，以确立科学的网络犯罪刑法解释立场，仍然是一个开放的命题。

（二）形式解释论与实质解释论

形式解释论即要求对于刑法条文必须按照其字面含义进行刑法解释，实质解释论即要求对于刑法条文应当按照法律适用需要进行契合现实的解释。相比于主观解释论与客观解释论的划分，形式解释论与实质解释论的划分更具法解释学基础。在法解释学的层面本就有形式解释论与实质解释论之争，这一分歧反映在刑法层面即为形式的（刑法）解释论与实质的（刑法）解释论。[①]

此外，也有学者在探讨形式解释论与实质解释论问题时将讨论范围延展至构成要件论与刑事政策的关系维度。[②]本书并未在这一层面展开，而是在刑法解释的立场展开，除了形式论与实质论本身具有立场分歧之外，原因还在于：第一，从构成要件论与刑事政策关系的角度讨论形式解释论与实质解释论的命题已经形成较为一致的认识。这一视角源于德日教义学理论，传统意义上的形式解释论与实质解释论分歧，与法律适用应仅依靠逻辑三段论还是加入价值判断相关。随着德日刑法中规范的构成要件要素和概括性条款增

---

① 参见苏彩霞：《实质的刑法解释论之确立与展开》，载《法学研究》2007 年第 2 期，第 38 页。
② 参见张明楷：《刑法的基本立场》，中国法制出版社 2002 年版，第 93~131 页。

设，单纯的事实判断已经无法完成法律适用的任务，需要通过刑事政策目的制约构成要件解释，在此意义上进行实质解释已经成为学界的共识。当代的形式解释论也并非强调构成要件不考虑价值因素，只是强调构成要件解释不受刑事政策的影响。① 第二，关于犯罪论体系的宏观构建，对于本书而言既非网络犯罪新兴理论问题的重点，也非只言片语能解决的问题，故以下章节更多地是在要素的层面展开，而非强调犯罪论体系的阶层。因此对于形式解释论与实质解释论的探讨基于刑法条文的要素判断展开。

我国学者也围绕形式解释论与实质解释论的问题进行了讨论：

第一，形式解释论的核心理由在于对罪刑法定原则的坚守，即罪刑法定原则的形式理性可以为形式解释论提出充分支撑，形式解释论也是贯彻罪刑法定原则的重要方式，有利于维护刑法的安定性。实质解释论将法律规定之外的情形作为入罪的解释根据，会导致网络犯罪范围的不当扩张，甚至动摇罪刑法定的根基。②

第二，持实质解释论的学者占多数，其多从刑事法治的目标、罪刑法定原则、犯罪概念、犯罪构成体系阐释理由：其一，形式解释论强调罪刑法定与刑法的安定性，但是实质解释论代表刑法研究方法的变迁方向，是刑法安定性的必要保证，否则刑法条文的失效不可避免。③ 其二，形式解释论只强调罪刑法定原则的形式侧面，实质解释论则体现了罪刑法定原则的形式侧面与实质侧面。其三，实质解释论与我国形式和实质相统一的犯罪概念、犯罪构成体系相契合。④

第三，也有学者认为应在实质解释论的框架下提倡形式解释论，其认为目前我国刑法文化生态环境倾向于实质解释论，但基于社会理论的现实批判

---

① 参见劳东燕：《刑法解释中的形式论与实质论之争》，载《法学研究》年第 3 期，第 124~125 页。
② 参见陈兴良：《形式解释论的再宣示》，载《中国法学》2010 年第 4 期，第 48 页；庄乾龙、朱志炜：《"网络诽谤解释"之刑法解释论剖析》，载《吉首大学学报（社会科学版）》2016 年第 3 期，第 83 页。
③ 参见刘艳红：《走向实质解释的刑法学——刑法方法论的发端、发展与发达》，载《中国法学》2006 年第 6 期，第 179 页。
④ 参见苏彩霞：《实质的刑法解释论之确立与展开》，载《法学研究》2007 年第 2 期，第 43~47 页。

功能和学派意识，相反应当提倡形式解释论。[①]

本书认为，采取何种立场必须立足该国网络犯罪的现实状况和治理实践。日本学者就曾提出："应反思'德国型'的形式解释论，有意识地探索实质解释，刑法理论应在妥当解决具体问题的过程中，吸收日本固有的问题状况、国民规范意识。"[②] 就我国而言，应对网络犯罪相关问题采取实质解释论：其一，刑法的生命在于适用，如果按照形式解释，刑法条文将远远落后于网络犯罪治理实践进而导致无法适用，那么该解释就无任何实际效果，因此实质解释论对于维持刑法效力和保持刑法安定性具有不可替代的重要意义。其二，采取实质解释，并不意味着会突破罪刑法定原则的基本要求。实质解释也可能导致对网络犯罪特定问题进行限缩解释，在此意义上并不必然会带来扩大解释的结果。其三，采取实质解释有利于推动网络犯罪的规制路径从行为方式为中心转向以法益为中心。有学者曾指出，基于实质解释论，"对构成要件的解释必须以法条的保护法益为指导，而不能仅停留在法条的字面含义上"。[③] 目前网络犯罪理论的突出问题就在于以行为方式为中心，只强调具体行为方式的比照适用，而缺乏基于法益的体系考量，正确地进行实质解释无疑有利于匡正这一问题。

二、网络犯罪司法解释的发展与向度

不同于德日等传统大陆法系国家，司法解释是我国法律体系中颇具特色的解释形式。司法解释因兼具确定性与灵活性成为衔接法律条文与具体法律问题的中间桥梁，在应对复杂多变的网络犯罪时具有重要作用，其基本立场和主要内容决定着网络犯罪治理的实际效果。

---

① 参见周详：《刑法形式解释论与实质解释论之争》，载《法学研究》2010年第3期，第70页。
② ［日］前田雅英：《刑法总论讲义》（第6版），东京大学出版会2015年版，第64页。
③ 张明楷：《实质解释论的再提倡》，载《中国法学》2010年第4期，第49页。

（一）网络犯罪司法解释的发展

基于网络犯罪的发展，相关机关也在不断出台司法解释。其中专门针对网络犯罪出台的司法解释主要包括如下几个类型：第一，关于计算机犯罪的司法解释。最典型的即《危害计算机信息系统安全解释》，此外《电信设施解释》也涉及计算机犯罪的规定。第二，关于信息犯罪的司法解释。包括《侵犯个人信息解释》《淫秽电子信息解释（一）》《淫秽电子信息解释（二）》等。第三，关于网络方式实施传统犯罪的司法解释。如《网络赌博意见》《网络诽谤解释》《电信诈骗意见》等。第四，关于网络方式实施新类型独立犯罪行为的司法解释，如《新型网络犯罪解释》。此外，相关司法解释中也有涉及网络犯罪的条款，如《侵犯知识产权解释》《诈骗解释》等。

相较于传统犯罪，网络犯罪的司法解释具有显著的变化：

第一，由于网络犯罪所涉犯罪类型庞杂，司法解释的数量众多、内容广泛。前述司法解释涉及计算机犯罪、侵犯个人信息犯罪、网络淫秽信息犯罪、网络赌博犯罪、网络诽谤犯罪等众多犯罪类型，这在传统犯罪层面是不可想象的。如《最高人民法院、最高人民检察院、公安部关于办理非法集资刑事案件若干问题的意见》（高检会〔2019〕2号）等司法解释也仅是针对一类犯罪作出，像网络犯罪这样跨类罪进行解释在传统犯罪中并不多见。

第二，由于网络犯罪变化发展十分迅速，相关司法解释的更新很快。比如《淫秽电子信息解释（一）》和《淫秽电子信息解释（二）》之间的间隔仅六年，相较于传统犯罪的司法解释间隔很短。例如贪污贿赂犯罪，也是我国《刑法》中规定的重要犯罪类型，但是继《最高人民法院关于审理贪污、职务侵占案件如何认定共同犯罪几个问题的解释》（法释〔2000〕15号）颁布后，及至2016年后才根据《刑法修正案（九）》对于贪污贿赂犯罪的全面修改颁布了《最高人民法院、最高人民检察院关于办理贪污贿赂刑事案件适用法律若干问题的解释》（法释〔2016〕9号）。

第三，由于网络犯罪的结构嬗变，司法解释开始根据立法的不足新设一些适用规则。比如，根据《网络赌博意见》第2条第1款规定："明知是赌博网站，而为其提供下列服务或者帮助的，属于开设赌场罪的共同犯罪，依照刑法第三百零三条第二款的规定处罚。"《淫秽电子信息解释（二）》第3条规定："利用互联网建立主要用于传播淫秽电子信息的群组，成员达三十人以上或者造成严重后果的，对建立者、管理者和主要传播者，依照刑法三百六十四条第一款的规定，以传播淫秽物品罪定罪处罚。"①

第四，由于网络犯罪行为类型的独立化，司法解释的规则日益走向体系化。比如，《新型网络犯罪解释》除了对"情节严重"与"严重后果"等作出通常类型的解释外，还对犯罪主体（网络服务提供者）、犯罪目的（以实施违法犯罪活动为目的）、主观认识要素（明知）、特定犯罪前提（监管部门责令采取改正措施）等构成要件要素进行系统的解释，体现了网络犯罪司法解释规则日益走向完整。

关于网络犯罪司法解释与立法之间的关系争论由来已久。有学者肯定司法解释的重要性，认为："司法解释来源于制定法本身的局限，是立法与司法权力分立的产物。中国的司法解释是中国法律解释的组成部分，在整个法律解释体系中占有十分重要的地位。"② 但是也有学者提出质疑，认为："罪刑法定原则形式侧面之一法定性原则是指规定犯罪及其后果的法律只能是立法机关制定的法律。现实中最高人民法院刑事司法解释具有'立法化'的倾向。"③ 实际上，立法与司法解释共同构成犯罪规则体系，二者之间的关系表现为此消彼长。以司法解释的视角观之，可以归纳为司法解释是否应采取扩张立场介入立法未能及时调整的领域。

相对于传统犯罪，在网络犯罪治理过程中，司法解释承担了更为重要的职责，并且其扩张性日益凸显，由此也引发了一定的争议。有学者认为前述网络犯罪司法解释的规则具有"准立法"的性质："'两高'颁行的抽象性司法解释，名为'法律解释'，实则具有某种'准立法'的属性，形成了一种

---

① 就其确立独立规则的网络犯罪参与行为性质，本书在第八章具体进行阐释。
② 陈春龙：《中国司法解释的地位与功能》，载《中国法学》2003年第1期，第25页。
③ 李永升、张飞飞：《最高人民法院刑事司法解释法律渊源地位之证伪》，载《当代法学》2013年第4期，第34页。

'副法'体系。"① 就网络犯罪的司法解释是否违反了罪刑法定原则,理论界和实务界观点并不一致。以《网络诽谤解释》为例,理论界有学者认为该司法解释多个条文运用了类推的方法,将传统刑法规则通过解释的方法过分适用于网络犯罪,为了易于解决社会问题而突破罪刑法定原则,损害司法解释的正当性。② 与之相反,司法解释的制定机关则认为:"《网络诽谤解释》坚持罪刑法定原则依法进行解释,严格依照刑法规定的诽谤罪、寻衅滋事罪、敲诈勒索罪、非法经营罪等犯罪的构成要件进行解释,明确了这些犯罪定罪量刑的具体标准。"③

本书认为,对于网络犯罪司法解释应秉持研究性和宽容性的态度。网络犯罪的变化发展使刑事立法无力即时进行有效的回应,司法解释势必在网络犯罪治理过程中承担殊为重要的职责。其不仅可能补刑事立法之不足,还可以提供相对确定又相对灵活的规则,从而弥合刑事立法稳定性与网络犯罪多变性之间的矛盾,维持刑法的安定性。在此基础上,可重点关注以下两个问题:第一,推动对于司法解释规则的理解与适用。即应积极推动理论界和社会公众对于司法解释的理解,从解释、运用好司法解释规则的视角进行研究,而非一味批判司法解释。对此有学者指出:"认真对待司法解释,而不是随意嘲笑司法解释是亟须需倡导的法律意识和法律理念。这对于人们信仰和遵守法律、司法机关正确适用法律至关重要,对我们全面深化依法治国同样至关重要。"④ 第二,协调刑事立法与司法解释。有观点认为:"与其抨击司法解释过度扩张不具有实质合法性,不如赋予其相应的解释权,在立法上留有解释空间,从而使得司法解释至少在形式层面具有合法性,避免司

---

① 卢建平、姜瀛:《犯罪"网络异化"与刑法应对模式》,载《人民检察》2014年第3期,第8页。

② 参见欧阳本祺:《论网络时代刑法解释的限度》,载《中国法学》2017年第3期,第183页;胡岩:《司法解释的前生后世》,载《政法论坛》2015年第3期,第46页。

③ 最高人民检察院法律政策研究室:《〈关于办理利用信息网络实施诽谤等刑事案件适用法律若干问题的解释〉解读》,载《人民检察》2013年第23期,第22页。

④ 杨柳:《"诽谤信息转发500次入刑"的法教义学分析——对"网络诽谤"司法解释质疑者的回应》,载《法学》2016年第7期,第143页。

法解释在形式明显违法的情况下依然大行其道的尴尬。"① 但这只是其中一个方面，除了需要在刑事立法上为司法解释留有必要的空间外，还应不断优化司法解释的条文结构与处理规则，使之更好地衔接刑事立法与网络犯罪变化发展。

（二）网络犯罪司法解释的立场

与在解释理论上围绕主观与客观、形式与实质进行立场探讨不同，司法解释的解释立场往往与具体的解释边界相关，表现为扩张解释与限缩解释的对立。随着网络犯罪司法解释的出台和适用，也有学者围绕网络犯罪司法解释究竟该采取扩张立场还是限缩立场进行讨论。第一种观点认为，网络犯罪司法解释应当采取扩张立场。如认为，应通过扩张解释来回应网络犯罪，以推动传统法律规范的有效适用，避免进行罪名体系的更新。② 第二种观点认为，网络犯罪司法解释应当采取限缩立场。根据这一观点，对于网络犯罪相关问题的解释不能无视社会发展阶段与刑事法治现实，基于网络的特殊性超越立法规律进行解释。甚至有学者认为，在网络犯罪相关问题的解释上，"宁可保守不要冒进，宁可消极不能积极"。③ 第三种观点认为，应视情况进行扩张解释与限缩解释。这一观点区分三种情形分别对待：对于与传统犯罪一样的网络犯罪，采取扩大解释还是平义解释取决于网络犯罪行为可否涵摄于传统刑法规范语义范围内；对于相比传统犯罪产生"量变"的网络犯罪，应采取扩大解释的方法；对于相比传统犯罪产生"质变"的网络犯罪，应采取限缩解释的方法。④

本书认为，就这一问题可以分两个层面进行分析：在微观层面，应视情

---

① 陈家林、汪雪城：《网络诈骗犯罪刑事责任的评价困境与刑法调适——以 100 个随机案例为切入》，载《政治与法律》2017 年第 3 期，第 74 页。

② 参见于志刚：《网络、网络犯罪的演变与司法解释的关注方向》，载《法律适用》2013 年第 11 期，第 20 页。

③ 李晓明：《刑法："虚拟世界"与"现实社会"的博弈与抉择——从两高"网络诽谤"司法解释说开去》，载《法律科学》2015 年第 2 期，第 126 页。

④ 参见欧阳本祺：《论网络时代刑法解释的限度》，载《中国法学》2017 年第 3 期，第 174 页。

况进行扩张解释与限缩解释的观点是妥当的。基于网络犯罪的变化发展，相关刑法问题也处在变动之中，既有可能对某些问题进行扩张解释，也有可能对某些问题进行限缩解释。在宏观层面，应注意到网络犯罪司法解释的扩张是客观的趋势与需要。一方面，目前网络犯罪表现为对各种犯罪行为类型的广泛渗透，所涉的对象、行为、主体范围均不断扩大，在此意义上对于网络犯罪相关问题进行扩张解释并不意味着对犯罪圈予以扩大。另一方面，互联网也催生了一些新型的犯罪对象、犯罪行为，通过扩张解释予以规制也是基于网络犯罪治理的现实需要所进行的必要回应。

在此基础上，学界讨论了网络犯罪立法与司法解释的边界问题。如有观点在一元立法模式的框架下探讨网络犯罪立法和司法解释的关系，认为在可以采取解释的方式回应网络犯罪时就不应采取立法的方式，具体理由有二："第一，立法路径的成本很高，如立法需要花费很长时间，形成有效的刑法条文也相当困难，稍有不当就会造成严重的不良后果。第二，根据罪刑法定原则的要求，只要在刑法用语可能具有的含义内得出的入罪结论，没有侵害国民的预测可能性，就能够以旧的法条应对新类型的网络犯罪。"[①]在此基础上，另有学者对"法条用语的可能含义"与"一般人的预测可能性"标准进行多层次分析，认为这两条标准分别从不同的角度体现了罪刑法定原则的要求："'法条用语的可能含义'侧重于司法对立法的尊重，即司法只能在立法所采用的文义的最大范围内解释法律；'一般人的预测可能性'侧重于司法对行为自由的保障，即司法不能逾越一般人的预测可能性，否则就会过分限制人们的行为自由。"[②]

以"刑法用语的可能含义"和"国民预测的可能性"来划定刑法立法和司法解释的适用范围是妥当的，也可基于此明确扩张解释与类推解释的界限。扩张解释的范畴并未超过刑法条文用语的可能含义，虽然其比通常含义更广。类推解释则是在缺乏刑法明文规定的情况下，于刑法条文含义无法包括该事项时，基于事项的相似性而将该条文书用于缺乏刑法明文规定的其

① 张明楷：《网络时代的刑事立法》，载《法律科学》2017年第3期，第70页。
② 欧阳本祺：《论网络时代刑法解释的限度》，载《中国法学》2017年第3期，第170页。

他事项。^①但是不合理的扩大解释也可能超出国民的预测可能性，侵犯国民的自由，扩大解释与类推解释的界限也是相对的。^②这也更说明以这两项标准划定刑法解释边界的必要性："刑法用语的可能含义"作为扩张解释的形式界限，明确了网络犯罪司法解释对于相关概念的解释应在刑法用语的涵摄范围内，而不能跨刑法用语进行解释，在此意义上，"刑法用语的可能含义"也是辨别扩张解释与类推解释的具体界限。"国民预测的可能性"作为扩张解释的实质界限，以保证解释的规则与结果不侵害国民的自由。

"刑法用语的可能含义"和"国民预测的可能性"的判断标准可以追溯到罪刑法定原则的明确性要求。明确性原则要求刑法规范对于什么样的犯罪该处以何种刑罚必须基于一般国民可以预测的程度而明确地规定。具体包括犯罪（犯罪的成立要件）的明确性和刑罚的明确性。^③罪刑法定原则的明确性要求不仅适用于立法，也适用于解释，因此刑法解释必须以用语含义的边界作为界限。^④根据明确性理论，其具体标准在于："具有通常判断能力的一般人的理解，是否能判断出具体的场合下某一条文是否适用于该行为的一般标准。"^⑤因为如果事先规定的刑罚规范内容不明确，某一行为是否构成犯罪在条文和解释上不明确，就会剥夺国民的预测可能性，使其踌躇不前，产生所谓的"萎缩效果"，侵害国民的自由。^⑥在此意义上，当采取解释路径违反罪刑法定原则时，就只能回归立法路径来恰当地应对网络犯罪。^⑦

此外，还需要特别明确的一点是，"刑法用语的可能含义"和"国民预测的可能性"必须以本国用语和本国国民为判断基点。比如预测可能性，用

---

① 参见冯军：《论刑法解释的边界和路径——以扩张解释与类推适用的区分为中心》，载《法学家》2012 年第 1 期，第 75 页。

② 参见张明楷：《刑法分则的解释原理（上）》，中国人民大学出版社 2011 年版，第 95 页。

③ 参见［日］曾根威彦：《刑法原论》，成文堂 2016 年版，第 46~48 页；［日］高桥则夫：《刑法总论》（第 2 版），成文堂 2013 年版，第 38 页。

④ Vgl. Claus Roxin, Strafrecht Allgemeiner Teil. Band I: Grundlagen. Der Aufbau der Verbrechenslehre, 4.Auflage, C.H Beck, 2006,S.148–150.

⑤ ［日］前田雅英：《刑法总论讲义》（第 6 版），东京大学出版会 2015 年版，第 50 页。

⑥ 参见［日］大谷实：《刑法讲义总论》（新版第 4 版），成文堂 2012 年版，第 61 页。

⑦ 参见张明楷：《网络时代的刑事立法》，载《法律科学》2017 年第 3 期，第 73 页。

一般人的理解可能性、预测可能性来明确刑法用语的可能含义是正确的，但是预测可能性仍然是不确定的概念。① 之所以仍需说明这两项标准的判断基点，是因为采用不同的判断基点也会导致不同的解释结论。随着德日刑法理论在我国的盛行，学界在探讨网络犯罪概念时也有观点认为应沿用德日刑法的具体解释结论。如有学者在探讨回应网络犯罪时，提出仿照日本使用"妨害业务"的刑法概念以替代"破坏生产经营"的概念。② 但是"业务"一词作为核心刑法概念在我国缺乏必要的规范基础和国民理解基础，一国成熟的法律概念是和该国具体情况相关的，概念的直接移植颇具风险。在美国广泛流行的"隐私权"概念在学界探讨多年以后依然无法在我国的法律体系中寻得恰当的规范定位，反而基于"个人信息"所构建的规范体系已经形成，现行《刑法》中也规定了侵犯公民个人信息罪。尽管日本刑法体系参考了德国，其在进行刑法解释时也对一些问题按照该国情况进行了诠释。比如，盗窃电力，日本判例认为物不仅包括有体物，也包括具有管理可能之物，成立盗窃罪。而德国不承认电力为有体物，不成立盗窃罪。日本学者也将其称为"日本刑法解释的特色"。③ 我国也应充分考虑法律传统和社会认知，以我国用语和我国国民为基点构建具有我国特色的网络犯罪解释规则。

（三）网络犯罪司法解释的主要内容

学界就网络犯罪司法解释的主要内容也进行了一定程度的讨论，虽然尚不够充分，但是也形成了两种有代表性的思路。

第一种思路认为应基于网络作为犯罪对象、网络作为犯罪工具、网络作为犯罪空间三个阶段讨论司法解释的主要内容，并围绕"关键词"具体展开。当网络是犯罪对象时，比如黑客的攻击目标，主要是《刑法》第285条、第286条相关罪名规定的对象；当网络是犯罪工具时，信息财产等犯

---

① 参见付立庆：《刑罚积极主义立场下的刑法适用解释》，载《中国法学》2013年第4期，第152页。

② 参见张明楷：《网络时代的刑事立法》，载《法律科学》2017年第3期，第81页。

③ 参见［日］前田雅英：《刑法总论讲义》（第6版），东京大学出版会2015年版，第63页；［日］日高义博：《刑法总论》，成文堂2015年版，第27页。

罪对象以及开发外挂软件牟利等犯罪行为日趋凸显；当网络是犯罪空间时，"网络空间"解释为"公共场所"，从而肯定了对于网络空间秩序法益的保护。[1]这种思路认为首先应解决网络犯罪司法解释的"顶层设计"问题，确定司法解释的方向，基于此得出两点结论：第一，在宏观层面，"关于网络作为犯罪对象的司法解释在未来仍有必要，关于网络作为'犯罪工具'的司法解释在未来将会是主要内容，关于网络作为'犯罪空间'的司法解释是迫切需要投放的方向"。[2]第二，在微观层面，应通过与时俱进的扩大解释在网络空间构建与传统的刑法条文体系和罪名体系一样的新体系。其中，"对'公共秩序''公共安全''财产'等关键词内涵和外延的解释往往影响到对特定罪名的选择和适用，甚至有可能成为确定罪与非罪、此罪与彼罪的基本依据。"[3]

第二种思路认为不同类型的网络犯罪，刑法解释的大致方向也不同。具体包括：第一，区别纯正的网络犯罪与不纯正的网络犯罪。如对于侵犯计算机信息系统安全的犯罪，主要是关于计算机技术事实的描述性概念（财物等自然事实与公共场所等制度事实）进行解释。第二，区别特殊主体与一般主体的网络犯罪，如认为《刑法修正案（九）》新设的三个罪名即为特殊主体实施，刑法解释的主要任务在于确定处罚必要性的大小。第三，区别不同法益侵害性的网络犯罪，对于法益侵害性发生"质变"的网络犯罪应采取限缩解释的方法。[4]

本书认为，以上两种思路各有可取之处，但是也均存在不足。

第一种思路基于传统理论对网络作为犯罪对象、网络作为犯罪工具的划分，注意到互联网的社会化、空间化，进而强调网络空间的刑法地位，认为

---

[1] 参见刘艳红：《网络时代刑法客观解释新塑造："主观的客观解释论"》，载《法律科学》2017年第3期，第96~98页。

[2] 参见于志刚：《网络、网络犯罪的演变与司法解释的关注方向》，载《法律适用》2013年第11期，第22~24页。

[3] 于志刚：《网络犯罪的发展轨迹与刑法分则的转型路径》，载《法商研究》2014年第4期，第45页。

[4] 参见欧阳本祺：《论网络时代刑法解释的限度》，载《中国法学》2017年第3期，第171~173页。

应在司法解释中予以重视，这一理念应予肯定。但是这种思路也存在一定的问题：第一，"空间"本身并非刑法学的概念，而是犯罪学的概念。犯罪与犯罪空间具有特殊的内在联系已经成为犯罪学界的共识，目前对于犯罪空间的理解基于物态空间中的城市空间范畴，并据此构建了较为严密的理论体系。在此意义上，犯罪空间本身只是一个场域概念而非要素概念，即便将其延展至流动空间层面予以理解，在刑法教义学层面空间也难以和对象、工具并列，不宜成为司法解释的内容范畴。第二，未区分不同种类网络犯罪司法解释的内容。计算机犯罪的重心在于对计算机技术相关特有概念，以及特有犯罪行为进行解释。持该观点的学者认为："司法实践急需有权解释加快对'计算机病毒''恶性计算机病毒''应用程序''数据''计算机系统''计算机信息系统''侵入'等技术性较强的概念的解释，明确上述概念的内涵和外延。"[1] 通过网络方式实施的传统犯罪的解释重心则在于阐明与现实环境下实施的传统犯罪的异同。这一思路虽然也注意到了网络空间等问题，但是缺乏对不同种类网络犯罪解释重点与规则的详细研究。因此，本书认同如下论断："网络时代的刑法解释应当在不逾越'法条用语的可能含义''一般人的预测可能性'的前提下，重点分析网络犯罪的特性以及网络犯罪与传统犯罪的等价性。"[2] 第三，可能导致不同罪名司法解释之间冲突的问题。如持该种观点的学者认为："应当尽快出台司法解释，对同样没有解释的'数据'概念进行解释。将'计算机信息系统数据'调整为'网络数据'，以形成网络数据—个人网络数据—个人信息的完整保护体系。"[3] 然而当个人信息与计算机信息系统数据重合时，《危害计算机信息系统安全解释》的相关规定就面临和《侵犯个人信息解释》的规定如何协调的问题。

第二种思路注意到了区分不同种类网络犯罪司法解释主要内容的问题，值得肯定。至于特殊主体的网络犯罪与一般主体的区分，由于特殊主体的网

[1] 于志刚：《网络、网络犯罪的演变与司法解释的关注方向》，载《法律适用》2013年第11期，第23页。

[2] 欧阳本祺：《论网络时代刑法解释的限度》，载《中国法学》2017年第3期，第171页。

[3] 李源粒：《网络数据安全与公民个人信息保护的刑法完善》，载《中国政法大学学报》2015年第4期，第78页。

络犯罪附属于特定罪名，可以在前述区别中自然体现（如网络服务提供者附属于《刑法》第 286 条之 1 拒不履行信息网络安全管理义务罪）；区分不同法益侵害性的网络犯罪本身即是出台网络犯罪司法解释的原因和实际做法。总体而言，第二种思路的"区别范式"相比于第一种思路的"同一范式"具有更强的科学性。

但是完成范式的判定尚不足以为网络犯罪司法解释的主要内容提供全面指引，还需要确立若干方面的指导原则。具体而言，网络犯罪司法解释的主要内容应注意以下几个方面：

第一，注重网络犯罪司法解释的针对性。即区别不同类型的网络犯罪，就不同的重点内容进行有针对性的规定，从而加强司法解释的适用效果。如针对计算机犯罪，应重点围绕计算机信息系统、计算机信息系统数据、破坏性程序等网络犯罪特有概念，以及侵入、破坏等特有犯罪行为进行解释。通过网络方式实施的传统犯罪解释的重心则在于对通过网络实施的犯罪行为和现实环境下实施的犯罪行为进行异同阐释，如对于网络场所、网络聚众行为等问题。此外也应注意围绕侵犯不同法益的、不同主体实施的网络犯罪进行针对性的解释。

第二，注重网络犯罪司法解释的体系性。即在根据不同罪名的网络犯罪出台司法解释的过程中，不仅立足于解决某一类型网络犯罪的解释问题，也主要注意和其他类型网络犯罪解释的衔接协调。比如，在个人信息与计算机信息系统数据重合下，相关司法解释可以通过设置补充规定、设置参照规定等方式予以协调，并且注意术语的衔接和配套，避免司法解释层面的规则冲突。

第三，注重网络犯罪司法解释的兼容性。即网络犯罪司法解释应当尽最大可能与网络犯罪的快速变化和网络犯罪立法的稳定性双向兼容，做好"中间地带"，从而发挥司法解释在网络犯罪治理中的独特作用。具体而言，网络犯罪司法解释一方面应当及时回应网络犯罪的最新发展，不断释明刑事立法的规定，尽可能弥补刑法的滞后性；另一方面应当在坚持"刑法用语的可能含义"和"国民预测的可能性"前提下限制扩张解释的范围，寻求刑法解释的妥当性。

第四，注重网络犯罪司法解释的前瞻性。如前所述，网络犯罪司法解释的更新间隔比其他犯罪司法解释更短，但是频繁出台司法解释毕竟不利于刑法适用的稳定性。因此，基于立法前瞻性的立场，司法解释也应具有一定的前瞻性。比如，对于一些技术性概念可以采取侧重实质规定的方式，而不对技术表现形式过分苛求。对于一些新型网络犯罪行为的解释也应注意兼顾罪名类型的可能发展和刑罚规则的扩大空间。

第二章　信息法益的理论建构

　　既有的网络犯罪研究多关注各类犯罪行为，如计算机犯罪行为、侵犯个人信息犯罪行为、人工智能犯罪行为等，基础的法益研究却不够充分。其原因或许在于随着网络犯罪向各类犯罪的全面渗透，其法益内涵日益复杂，已不像当初的计算机犯罪可以进行完全独立、十分具体的法益归纳。然而从教义学的视角观之，脱离法益评价具体犯罪行为显然不符合刑法研究的基本思路，网络犯罪理论如果希望在教义学理论体系中取得实质的地位，相关法益的探讨和构建必不可少。

　　关于网络犯罪的法益问题，学界虽然有安全法益论、数据法益论、信息法益论等几种观点，但是学者们并未提出系统的理论。本书认为，信息与网络的结构类似于法益和行为的结构，基于实体性、内容性，"信息"的表述契合法益的形式和实体要求；基于结构性、动态性，"网络"的表述契合犯罪行为的结构和形态要求。此外，我国刑事立法和司法解释在罪名、对象等问题上也采取了颇具特色的信息范式。[①] 由此，信息法益与网络犯罪行为的对应关系更是对网络空间节点与网络关系在刑法教义学领域的再现。虽然信息法益可以成为网络犯罪侵犯的新法益类型，但是既有的信息法益概念过于单薄和局限，应基于我国理论和实务的探索明确信息法益的边界、结构和体系。

① 详见本书第三章的相关内容。

第一节　信息法益的产生与保护边界

一、法益与信息法益

随着德日刑法理论的引入，法益概念日渐被国内刑法学界关注和认可，法益侵害性成为阐释犯罪行为处罚的实质根据。网络犯罪不仅可能侵犯传统法益，也伴生了新型的法益形态——信息法益。

（一）法益的理论脉络

"法益"一词是从德日等国家引进的刑法概念，这一概念的核心要素在于法律保护性和利益性。比如，有学者认为："所谓法益是指个人或公众的生活利益、社会价值和法律上认可的利益，其由于具有特殊的社会意义因而法律予以保护。"[①] 类似的观点如："法益是法律上予以肯定评价的属性，比如人的生命、健康的保持或者行政管理的正常进行。"[②] "所谓法益是法所保护的利益，例如杀人罪的保护法益是人的生命。"[③]

从刑法教义学出发，学者一般将刑法的目的定位于法益保护，由此确立法益概念在刑法教义学中的关键地位。可从以下三个方面理解：第一，法益对于判断犯罪行为是否成立具有关键意义。如认为，犯罪是针对保护法益的

---

① Johannes Wessels, Strafrecht Allgemeiner Teil: die Straftat und ihr Aufbau, 46. Auflage, C.F. Müller, 2016, S.3.

② Urs Kindhäuser, Strafrecht Allgemeiner Teil, 8. Auflage, Nomos, 2017. S.38.

③ ［日］大谷实：《刑法讲义总论》（新版第4版），成文堂2012年版，第7~8页。

加害行为的类型，现实中加害行为造成了"结果"，犯罪即成立。① 或认为，由于行为规范是为了保护法益而设定的，因此在判断是否违反行为规范时也必须进行法益的关联判断。② 第二，法益对于犯罪论体系有着重要意义。如认为构成要件的出发点和指导原则是法益。③ 第三，法益对于犯罪化的问题有着指导作用。如认为，为了应对新的犯罪现象，在新设构成要件时，必须事先决定将何种法益作为保护对象。④ 我国学者也认为："法益的功能从早先的消极排除功能，即没有法益侵害或没有社会危害就不应当入罪，蜕变为积极地证立犯罪的功能，即只要有法益侵害或社会危害就有必要作入罪化的处理。"⑤

我国长期借鉴苏联的犯罪构成体系，将犯罪客体理解为刑法所保护的社会关系，作为构成要件的基础，随着德日等国家相关刑法理论的引进，法益问题的探讨逐渐被重视。⑥ 传统理论认为："犯罪客体是我国刑法所保护的、为犯罪行为所侵害的社会关系。"⑦ 近年来关于法益的讨论逐渐深入，并和各类具体犯罪结合，日益呈现出替代犯罪客体的趋势。就这一问题，有学者认为："法益是指根据宪法的基本原则由法所保护的、客观上可能受到侵害或者威胁的人的生活利益。其中由刑法所保护的人的生活利益，就是刑法上的法益。"⑧ 但也有学者提出，学习借鉴国外社会危害性理论（法益理论）过程中应增强主体意识，不应盲目移植法益理论。⑨

① 参见［日］山口厚：《刑法总论》（第 3 版），有斐阁 2016 年版，第 45 页。

② 参见［日］高桥则夫：《刑法总论》（第 2 版），成文堂 2013 年版，第 11 页。

③ Vgl. Hans-Heinrich Jescheck / Thomas Weigend, Lehrbuch des Strafrechts Allgemeiner Teil, 5. Auflage, Duncker & Humblot, 1996, S.256.

④ 参见［日］日高义博：《刑法总论》，成文堂 2015 年版，第 14 页。

⑤ 劳东燕：《风险社会与功能主义的刑法立法观》，载《法学评论》2017 年第 6 期，第 21 页。

⑥ 关于法益是否应当作为独立的犯罪成立要件学界也有争议，限于讨论重点与篇幅在此不再展开。

⑦ 高铭暄、马克昌主编：《刑法学》，北京大学出版社、高等教育出版社 2016 年版，第 53 页。

⑧ 张明楷：《刑法学》（上），法律出版社 2016 年版，第 63 页。

⑨ 参见孙燕山：《无法逐出注释刑法领域的社会危害性——社会危害性研究 40 年（1978—2018）的共识与再聚焦》，载《学术论坛》2018 年第 5 期，第 26 页。

（二）信息法益的产生与发展

随着网络犯罪日益包括各类犯罪，其侵犯法益的情况也趋向于复杂，主要包括以下情形：第一，通过网络方式实施的计算机犯罪、人工智能犯罪等，其所侵犯的法益内容无法为传统法益所涵盖，表现为信息形式的新型法益。第二，通过网络方式实施的传统犯罪，基于信息性的介入使得法益具有全新特征，无法在原有立法和理论框架中得到阐释。比如，关于网络社会中公共信息秩序是否存在的问题，目前学界虽有争论，但是其独立性已经在理论上得到充分的重视和研究。如有学者认为："《网络诽谤解释》尝试通过对'公共秩序'的含义作扩大解释，向全面承认网络空间秩序的现实性迈出了一大步。"[①] 第三，有些通过网络方式实施的传统犯罪，虽然在行为方式和危害后果等方面有了新变化，但是所侵犯的法益内容并没有根本性的变化。比如自杀，相关网站设置鼓动他人自杀或者参加网络自杀协议的栏目，属于损害他人生命权利的违法行为，其所侵犯的是（他人的）生命权，虽然以网络的方式实施，但是法益的内容并没有发生变化。[②] 本章所讨论的信息法益具体指前述第一种、第二种情形，即网络犯罪所侵犯的具有信息性质的新型法益。

与学界关于网络犯罪行为探讨的如火如荼相对，网络犯罪所侵犯的法益却未得到充分关注，关于信息法益的专门探讨更是屈指可数。在现有的研究中，有学者指出："信息作为一种重要的法益似乎已成为一种通识。"[③] 但是以上表述仅是一种事实判断，并未具体解释信息法益的内涵，而且信息虽有承载法益的可能性，但其本身应在犯罪对象范畴探讨，而非法益范畴。有学者提出相对具体的信息法益概念，认为信息法益是基于法律规定，信息权利主体对于信息所享有的受法律保护的各项权益。并将我国刑法保护的信息法

---

① 于志刚：《网络犯罪的发展轨迹与刑法分则的转型路径》，载《法商研究》2014 年第 4 期，第 53 页。

② 参见皮勇：《论网络自杀协议犯罪场与控制对策》，载《法学评论》2006 年第 6 期，第 129~130 页。

③ 高德胜、马海群：《信息犯罪新论》，载《求是学刊》2006 年第 3 期，第 96 页。

益类型概括为:"第一,信息专有权,是指信息专为特定主体所有,他人不得获得或利用该信息。第二,信息传播权,是指权利人有权将信息通过一定方式传播的权利,他人非经许可不得将该信息进行传播。第三,信息利用权,是指信息的权利人有权将信息所载明的客观事实予以实现的权利。第四,信息维持权,是指信息的权利人有权维持该信息内容,保障该信息不被灭失的权利。第五,信息获取权,有的信息自诞生之日起就应当被迅速地公之于众或汇报给特定的机构,公众和特定机构对于这些信息享有天然的获取权。"①

　　本书认为,前述关于信息法益的具体界定和类型探讨具有积极的意义,特别是明确了信息法益具有独特的属性,并且具有不同于传统法益类型的内涵,值得肯定。但是其对于信息法益主要类型的界定在今天看来则有一定的局限性:第一,未完成信息法益的教义化。信息专有权、信息传播权、信息利用权、信息维持权与信息获取权的类型概括并未采取法益的基本范式,导致这些概括虽不乏启发意义,却难以在法益理论中寻得恰当的界定和体系的地位。第二,未完成信息法益的类型化。其中信息专有权的范畴包括国家秘密、商业秘密和个人隐私,主体范围广泛,但是信息传播权却不易突破著作权的范畴②,而信息利用权、信息维持权与信息获取权是一般信息法上基于行为而概括的权利类型,以上概念未完成科学的类型化。此外,由于网络社会的飞速发展,信息法益也有了新的发展,亟须对其重新进行理论梳理。

　　就法益的传统类型,日本的通说是"法益三分说"。即刑法所直接保护的利益,应当区分为个人利益(个人法益)、社会公共利益(社会法益)、国

---

① 参见皮勇、黄琰:《试论信息法益的刑法保护》,载《广西大学学报(哲学社会科学版)》2011年第1期,第44页。

② 《著作权法》第10条第1款第(12)项规定:"信息网络传播权,即以有线或者无线方式向公众提供作品,使公众可以在其个人选定的时间和地点获得作品的权利。"此外,《侵犯知识产权解释》第11条第3款规定:"通过信息网络向公众传播他人文字作品、音乐、电影、电视、录像作品、计算机软件及其他作品的行为,应当视为刑法第二百一十七条规定的'复制发行'。"有学者认为司法解释的这一规定已经肯定了对于信息网络传播权的刑法保护。参见王俊平、孙菲:《论信息网络传播权的刑法保护》,载《中州学刊》2009年第1期,第85页;于志强:《我国网络知识产权犯罪制裁体系检视与未来建构》,载《中国法学》2014年第3期,第171页。

家自身的利益（国家法益）来进行认识，《日本刑法典》也是据此划分。[①]
我国学者也将犯罪行为侵犯的法益分为国家法益、公共法益以及公民个人
法益。[②]

以信息化为基础的网络化、智能化已经席卷世界，信息已经不再仅仅是
社会的记录方式，而且是逐渐成为社会的存在方式，信息法益的内涵也呈现
出日渐扩展的趋势。由此，信息法益与传统法益的关系日渐类似于网络犯
罪与传统犯罪的关系，信息法益开始在各个类型的传统法益中显现，而非局
限于某一类型的法益。信息法益的跨类型保护可以追溯至秘密信息，刑法对
于国家秘密、商业秘密等信息的全面保护体现了早期的跨类型信息法益。及
至网络社会，信息法益不仅贯穿于人身法益与财产法益，更全面涉及国家法
益、公共法益与个人法益，个人信息等概念所承载的法益内容亟须刑法理论
层面的讨论和定性，信息法益的体系化建构已经刻不容缓。

二、信息法益的本位

法益概念的立场关系着刑法理论的导向和内容，从何种立场出发阐释法
益的内涵即是法益的本位问题。对信息法益而言，其本位选择面临不同于传
统法益的新命题，需要从理论上进行定位和分析，以指导网络犯罪行为的规
制方向。

（一）信息法益本位的争议

"本位"作为法律概念被认可是在法哲学范式的领域，相关学者将其引
入权利义务关系的层面，具体认为："法律文化沿着义务本位模式向权利本
位模式变迁。从义务本位模式到权利本位模式是法律文化的历史进步和必

---

① 参见［日］大谷实：《刑法讲义总论》（新版第 4 版），成文堂 2012 年版，第 2 页；［日］松宫孝
明：《刑法各论讲义》（第 4 版），成文堂 2016 年版，第 6 页；［日］前田雅英：《刑法各论讲义》
（第 6 版），东京大学出版会 2015 年版，第 3~4 页；［日］斋藤信治：《刑法各论》（第 4 版），有
斐阁 2014 年版，第 3 页。

② 参见张明楷：《刑法学》（上），法律出版社 2016 年版，第 88 页。

然。"① 在刑法教义学范畴，德日学者虽然未使用这一概念，但实质上也涉及了法益本位的探讨，其典型适例即为关于法益的个人本位与集体本位的辨析。如日本学者认为，个人主义认为人类社会中一切价值的本源在于个人，国家应对这种具体的有生命的个人表示最大限度地尊重。基于此，刑法的各论体系可以理解为："第一，个人法益是应当通过刑法加以保护的各种利益的基础；第二，社会法益作为个人的集合体的公共利益，应当放在个人法益之后；第三，国家法益，在国家的存在、方式、职能都受制于全体国民的意愿，而且个人只有受到国家的保护才能追求幸福的意义上，具有保护的价值，换言之，它应当处在所有法益的顶点。"②

信息法益也面临依据何种本位展开的问题，这决定了信息法益的内涵、保护方向和范围。就这一问题国内形成了两种有代表性的观点。

第一种观点认为应以信息安全为本位确立信息法益。这种观点为目前的主流观点，其主要理由和依据来源于两方面：一方面在于我国法益传统和立法规定。我国刑法对于法益的划分虽然和德日一样采取了"法益三分说"，但是具体的概念选择有所不同，并未选择个人法益、社会法益、国家法益的表述，反而以国家安全、公共安全等概念来体现某类犯罪所侵犯的法益。此外，我国《刑法》第 285 条、第 286 条所规定的计算机犯罪的法益内涵也在很大程度上体现了安全法益。传统理论对其中各罪名的客体（法益）也从安全本位予以界定："第一，非法侵入计算机信息系统罪的客体是国家事务、国防建设、尖端科学技术领域的计算机信息系统安全。第二，非法获取计算机信息系统数据、非法控制计算机信息系统罪的客体是计算机信息系统的安全。第三，提供侵入、非法控制计算机信息系统程序、工具罪的客体是计算机信息系统的安全。第四，破坏计算机信息系统罪的客体是国家对于计算机信息系统的安全运行管理制度和计算机信息系统的所有人与合法用户的

---

① 张文显、于宁：《当代中国法哲学研究范式的转换——从阶级斗争范式到权利本位范式》，载《中国法学》2001 年第 1 期，第 73 页。

② ［日］人谷实：《刑法讲义各论》(新版第 4 版补订版)，成文堂 2015 年版，第 2 页。

合法权益。"① 另一方面在于预防刑法观（安全刑法观）的法益保护需求。有观点基于对风险刑法理论与网络刑法理论在产生背景、根本任务、主要应对策略等方面具有相似的判断，从安全刑法观出发，认为网络安全法益呈现出整体嵌入和置换传统刑法法益的重大趋势。具体表现为："第一，网络安全事关国家安全。第二，网络安全关系公共安全。第三，网络安全维系公共秩序"。②

第二种观点认为应以信息专有权为本位（权利本位）确立信息法益。这种观点认为，确立信息法益时应从安全本位走向权利本位，在现阶段只有信息专有权具有适格的信息法益形态。以侵犯个人信息犯罪为例，由于刑法处罚的危险应与所保护的法益关联，仅以侵犯公民个人信息数量巨大的理由无法解释所侵犯的法益内容，因此无法弥合法益侵害危险与风险之间的鸿沟。无论刑事立法还是司法均应以保护具备实质权利内涵的法益为导向，完成刑法规范在大数据时代的优雅转身。③ 而信息专有权的概念较为广泛，可以包括个人法益与公共法益，但应该具备重大的人身、财产或公共利益属性。在个人法益层面，"不应当再将权力支配型秩序作为刑法保护的法益，而应当以公民享有的独立信息权作为刑法保护的法益，使公民对公权力产生自主信赖，从而形成自主型秩序"。④ 在公共法益层面，"拒不履行网络安全管理义务罪保护的法益是具备公共利益属性的特定信息专有权，具体内涵以刑法明文规定为限"。⑤

① 参见高铭暄、马克昌主编：《刑法学》，北京大学出版社、高等教育出版社 2016 年版，第 532~534 页。
② 孙道萃：《网络刑法知识转型与立法回应》，载《现代法学》2017 年第 1 期，第 118 页。
③ 参见敬力嘉：《大数据环境下侵犯公民个人信息罪法益的应然转向》，载《法学评论》2018 年第 2 期，第 122~127 页。
④ 敬力嘉：《网络参与行为刑事归责的"风险犯"模式及其反思》，载《政治与法律》2018 年第 6 期，第 51 页。
⑤ 敬力嘉：《论拒不履行网络安全管理义务罪——以网络中介服务者的刑事责任为中心展开》，载《政治与法律》2017 年第 1 期，第 54 页。

（二）信息法益本位的选择

本书认为，以信息安全为本位确立信息法益更为妥当。原因如下：

第一，信息安全本位更契合我国刑法的传统。在某种意义上，信息安全的概念基于我国《刑法》章节和传统确立，是一种"自上而下"的建构范式，强调从公共、集体到个人；信息专有权则是借鉴德日刑法结构，强调个人法益先于公共法益（国家法益、社会法益），是一种"自下而上"的解构范式。而实际上对于公共法益和个人法益的关系，我国和德日的刑法选择并不一致。在日本的法益体系中社会法益、国家法益的基础是个人法益。如有日本学者指出："社会法益就是个人法益的抽象化或一般化，在此范围内形成了其单独的领域。所谓国家法益，就是国家的存在以及作用的安全，在保护社会一般利益这一点上，是社会利益的一种，但是，国家法益从保护、增进国民福利的国家权力机关的顺利运行的角度来看，值得保护，因此，有必要和社会法益区别开来进行认识。"① 我国也有学者受德日理论的影响，提出个人法益先于公共法益，如有学者认为："法益概念中的'人的生活利益'，不仅包括个人的生命、身体、自由、名誉、财产等利益，而且包括建立在保护个人的利益基础之上因而可以还原为个人利益的国家利益与社会利益。"② 但是我国刑事立法和司法实践却未采取这种立场，如对于正当防卫，《德国刑法典》第 32 条仅限于避免自己、第三人遭受正在实施的不法侵害的情形，而我国《刑法》第 20 条的规定的情形包括为了使国家、公共利益、本人或者他人的人身、财产和其他权利免受正在进行的不法侵害，对于信息法益的本位确立也应考虑我国和德日不同的法益观。

第二，信息安全本位更契合网络犯罪的治理需要。有学者指出，关键领域的信息系统安全，已经与公共生命、健康等核心利益关联，成为毫无争议的公共安全。例如，"已经成熟使用的机场导航、交通红绿灯等控制系统、银行等金融系统、医院等医疗保障系统等，都成为影响不特定多数人的生

---

① ［日］大谷实：《刑法讲义各论》（新版第 4 版补订版），成文堂 2015 年版，第 364 页。
② 张明楷：《刑法学》（上），法律出版社 2016 年版，第 63 页。

命、健康等核心利益的公共安全"。① 基于公共安全的范式，信息安全可以在
法益体系中被赋予高位的评价，从而对于重大信息安全进行前置的、重点的
保护，以实现刑法的法益保护目的，而这一效果至少目前的信息专有权范式
难以实现。

第三，信息专有权的内涵难以确定。有学者指出信息专有权的概念难以
为构成要件解释提供明确的方向："首先信息专有权这个概念就值得怀疑，
即使存在这种权利属性，也很难说该罪是专门为了保护信息专有权而设置
的，更不用说加上了'公益属性'以及'特定'这两个根本无法清晰判断的
限定条件。"② 如果某一概念的内涵尚不清晰，其也难以承载重要的教义学评
价功能，在此意义上信息专有权的概念虽不乏启发意义，但是难以作为信息
法益的本位概念。

此外，虽然应以信息安全为本位，但是也应充分借鉴和参考信息专有权
范式的理论优势。信息专有权范式注意到了应当警惕信息安全概念的扩大
化，通过教义限缩为刑法的预防性扩张设置安全的底线，坚持刑法的谦抑品
格。基于此，在坚持网络犯罪刑法理念的谦抑性和寻找扩大解释的妥当性之
间寻得平衡更显得尤为重要。

三、风险社会与信息法益的边界

由于网络社会在结构形态上具有风险社会的特质，因此在信息法益的刑
法保护中法益的抽象化、法益保护的前置化等命题不可避免。但是正如本书
第一章对于风险刑法的反思，对于信息法益的保护理应划定合理的边界，在
预防性与谦抑性之间寻得妥当的平衡。

---

① 于志刚：《网络安全对公共安全、国家安全的嵌入态势和应对策略》，载《法学论坛》2014 年第
　　6 期，第 11 页。
② 李世阳：《拒不履行网络安全管理义务罪的适用困境与解释出路》，载《当代法学》2018 年第 5
　　期，第 68 页。

（一）风险社会下的信息法益

信息法益保护的命题和风险社会密切相关。风险社会中的法益保护，强调并非待至法益受到侵害之后才动用刑罚，而是只要法益有可能受到侵害或威胁即动用刑罚。其具体表现在三个方面：第一，法益的抽象化，即风险领域中的法益内容越发抽象，并非具体个人人身、财产等生活利益的超个人法益日渐受到刑法的保护。第二，法益保护的前置化，即（大陆法系国家）刑事立法中抽象危险犯日益增多，增加了对于环境犯罪、恐怖主义犯罪等预备犯的处罚规定。第三，法益的非人本化，即基于非人本法益观，[①] 将法益的归属主体从自然人扩大到其他自然物，侵犯自然物的利益也可能构成犯罪。[②]

在以上问题中，虽然学者采用的具体表述有所区别，但对于各国理论和立法影响最大的是法益的抽象化与法益保护的前置化。如日本学者指出，在现代的法益论中"法益（保护）的抽象化"与"法益保护的早期化"现象显著："第一，作为刑法保护对象的法益一般化、抽象化，保护的范围在空间上扩散（法益保护的抽象化）。特别是国民经济的一般利益，'自由的经济秩序'和经济系统作为保护对象的经济刑法，'自然的生态多样性'和环境系统作为保护对象的环境刑法等，抽象的社会系统、社会制度本身就是值得法律保护的利益（法益）。这实际上导致了'法益概念的稀薄化'。第二，对于从离侵害相当遥远的时间认可刑法的介入，法益保护的时间范围扩大（法益保护的早期化）。保护的法益也成为'法律的平和''公共的平稳''公共秩序和安全'等淡漠暧昧的内容。"[③] 由此，日本学者学说的动向中最重要的是确定犯罪和刑罚是否能够得到国民的认可，（以及）何种侵害法益的行为是犯罪。[④] 我国学者也注意到为了保护抽象法益而动用刑法的"法益概念的抽象化"，以及将危险行为规定为犯罪行为的"处罚的早期化"。[⑤]

---

① 关于非人本法益观的内容见本书第六章第三节。

② 参见李国庆：《风险社会之法益：样态展望、保护限度与伦理基底》，载《暨南学报（哲学社会科学版）》2017 年第 12 期，第 44~47 页。

③ ［日］曾根威彦：《刑法原论》，成文堂 2016 年版，第 15 页。

④ 参见［日］大谷实：《刑法讲义总论》（新版第 4 版），成文堂 2012 年版，第 36 页。

⑤ 参见张明楷：《法益保护与比例原则》，载《中国社会科学》2017 年第 7 期，第 97~98 页。

　　法益的抽象化与法益保护的前置化也与信息法益密切关联。第一，信息法益面临法益保护前置化的问题。例如针对计算机信息系统实施的犯罪，通常只有实施了侵入行为，才能够实施后续的破坏行为，然而根据《刑法》第285条非法侵入计算机信息系统罪，只要行为人实施了侵入行为，即使未造成严重后果也应追究刑事责任（也有观点将其认定为行为犯）。[①] 第二，信息法益面临法益抽象化的问题。有学者认为，网络犯罪产生了巨大的社会风险，如果依然按照个人法益的理论难以对其予以有效规制，只有承认新出现的超个人法益才能使法益侵害原则继续发挥作用。[②] 在此还应进一步挖掘抽象化的信息法益内容，从现有理论探讨和司法实践来看，公共信息安全和公共信息秩序作为新的法益内容已然日益凸显。第三，信息法益的抽象化和前置化往往以结合的方式表现（公共法益保护的前置化）。"法益保护的提前化主要表现在刑事立法将特定风险领域的集体法益（又称超个人法益）作为对个人法益保护的前阶，直接作为刑法的保护对象。"[③] 对于信息法益而言，其典型适例即是对于不特定或多数人的公共信息安全予以前置化保护。

　　对于公共法益保护的前置化，学界有从集体法益的角度予以批判的观点。其认为因为需要前置化保护的法益往往具有公共性或者集体性，难以具体确定或者具体还原为个人法益，难免具有抽象化和模糊化的特征，不易纳入传统法益的范畴，所以面临两难选择："其一，如果认为在这些领域刑法所保护的利益不是法益，那就意味着这些领域规定的犯罪只是单纯地违反规范的行为，刑法立法的目的只是维持规范的有效性；其二，如果认为在这些领域刑法所保护的利益是法益，那就意味着这些领域规定的犯罪扩大了法益概念的范围，法益概念会因为包含了抽象化和模糊化的集体法益而稀释掉其

①　参见张明楷：《网络时代的刑法理念——以刑法的谦抑性为中心》，载《人民检察》2014第9期，第10页；米铁男：《基于法益保护的计算机犯罪体系之重构》，载《河南大学学报（社会科学版）》2014年第4期，第63页。

②　参见张道许：《风险社会背景下法益理论的变迁》，载《刑法论丛》2015年第2期，第216页。

③　王永茜：《论现代刑法扩张的新手段——法益保护的提前化和刑事处罚的前置化》，载《法学杂志》2013年第6期，第123页。

自身的客观性和明确性。"① 然而在公共法益保护的前置化问题上，尽管指责和质疑声不断，但是仍旧难以改变法益精神化、抽象化的趋势。②

（二）信息法益的边界

从集体法益的角度予以批判的观点虽不乏启发意义，但是信息法益的抽象化和前置化仍然是必要的。第一，对于公共化的信息法益确有前置保护的必要性。学界一般认为对于确有提前保护必要的重大法益，可采用以抽象危险犯为主要特征的法益保护前置化。③ 而不特定或多数人公共信息安全与公共信息安全显然符合这一要求。第二，应基于我国对于公共法益保护的重视确立保护规则。有观点基于集体法益的视角，认为我国应对公共法益的保护持慎重态度："在判断是否需要前置性保护集体法益以预防性保护个人法益时，必须对侵害行为出现的概率、后果进行充分评估，只有在具有必要性且其他法律干预手段无法发挥作用的情况下，前置性地保护集体法益才是正当的。"④ 但是我国刑法在法益概念采取的表述为"公共"而非"集体"，相对于"个人"具有一定的独立性，加之社会制度和文化传统的原因，对于信息法益的保护我国未采取由个人到集体的路径。比如，德国基于信息自决权确立了侵犯个人信息犯罪的个人性标准，而《侵犯个人信息解释》所确立的基本犯罪标准却是基于相当数量个人信息的公共性标准，因此信息法益的保护理应考虑我国对于公共法益保护的态度。

但同时也应为信息法益划定合理的保护边界，防止走向风险刑法观。因为如果放任信息法益概念的抽象化与保护前置化，将会使刑法这一"国之重器"过于轻易和频繁地使用，进而成为积极的政策手段，难以维持其稳定

---

① 王永茜：《论现代刑法扩张的新手段——法益保护的提前化和刑事处罚的前置化》，载《法学杂志》2013 年第 6 期，第 125 页。

② 参见舒洪水、张晶：《近现代法益理论的发展及其功能化解读》，载《中国刑事法杂志》2010 年第 9 期，第 17 页。

③ 参见姚贝、王拓：《法益保护前置化问题研究》，载《中国刑事法杂志》2012 年第 1 期，第 29 页。

④ 孙国祥：《集体法益的刑法保护及其边界》，载《法学研究》2018 年第 6 期，第 50 页。

性与法律效力。基于此，本书认为应当从以下三个方面划定信息法益的保护边界：

第一，基于刑法的谦抑性，一般只有公共信息法益才有必要予以独立保护（信息法益的公共性）。比如，抽象危险犯作为法益保护前置化的重要犯罪形态，德日也多规定于侵犯公共法益（如公共安全）的犯罪。危险犯是指将对特定法益造成危险作为构成要件要素的犯罪。[①] 德国学者认为，抽象的危险犯（abstrakten Gefährdungsdelikte）应与具体的危险犯（konkreten Gefährdungsdelikte）相区分，处罚这一不法行为是基于符合构成要件的行为对特定法益的抽象危险。[②] 在抽象危险犯罪的情况下，类型化的危险（typische Gefahrlichkeit）是行为受到处罚的原因，并不依赖于具体场合下实际危险的产生。[③] 例如放火罪的法益是公共安全，各国关于放火罪的刑法规定多包含抽象危险犯的条款。[④]《日本刑法典》第 108 条、第 109 条，在通过放火或者决水这种手段引起了烧损或者浸坏一定客体的结果之时，即可认定成立的犯罪，即为抽象危险犯。[⑤]

随着信息法益的全面化，其可能包括个人法益与公共法益，一般而言，只有更为重要的公共法益才应通过刑法予以保护。这与我国的入罪标准有关，不同于国外存在违警罪等轻微犯罪，我国纳入刑法规制的犯罪行为通常具有较为严重的法益侵害性，对于仅侵犯个人信息安全的行为通常不必独立作为犯罪处罚，只有侵犯公共信息安全的行为才有必要作为犯罪处罚。

第二，基于刑法的补充性，信息法益应限于其他法律手段无法保护的范

---

① ［日］大谷实：《刑法讲义总论》（新版第 4 版），成文堂 2012 年版，第 112 页。

② Vgl. Hans-Heinrich Jescheck / Thomas Weigend, Lehrbuch des Strafrechts Allgemeiner Teil, 5. Auflage, Duncker & Humblot, 1996, S.264. 该书中译本表述为"抽象危险犯是行为犯"，本书认为该书并未体现这一意思，参见［德］海因里希·耶塞克、［德］托马斯·魏根特：《德国刑法教科书（总论）》，徐久生译，中国法制出版社 2001 年版，第 322 页。

③ Vgl. Claus Roxin, Strafrecht Allgemeiner Teil. Band I: Grundlagen. Der Aufbau der Verbrechenslehre, 4.Auflage, C.H Beck, 2006, S.338.

④ 参见王永茜：《论现代刑法扩张的新手段——法益保护的提前化和刑事处罚的前置化》，载《法学杂志》2013 年第 6 期，第 129 页。

⑤ 参见［日］松宫孝明：《刑法各论讲义》（第 4 版），成文堂 2016 年版，第 335~336 页。

围（信息法益的重大性）。换言之，刑法应当在行政法、民法无法对信息法益（信息权利）予以充分保护的情况下才予介入。目前刑法对于信息法益的保护在一定程度上呈现出与行政法、民法脱嵌的情况，在民法侵权规则未明、行政法处罚规定缺失的情况下，刑法对于信息安全、信息秩序等法益的过度调整无疑会破坏原有稳定的法律适用层次，不利于法律体系的良性发展。基于此，应重申刑法的补充性，将信息法益的范围限于其他法律无法保护的范围。例如，对于破坏一般通信设施的行为交由行政法规制即可，但是破坏关键信息基础设施[①]的行为则应认为其侵犯了信息法益，应作为犯罪处理。

　　第三，基于法益的平衡，信息法益应有利于增进社会福祉（信息法益的有限性）。对此可以从两个方面予以理解：一方面是信息风险与信息效益的平衡。"刑法不能直接将科学技术中具有风险的探索活动予以禁止，也不能在科学技术所带来的风险实现以后，追究相关人员的刑事责任。"[②]对于有利于信息技术发展或对社会能够产生效益的行为（如信息技术研发与应用），即便具有风险性甚至危险性，也不应视为侵犯信息法益的行为。这一原理与过失论中被允许的危险原理有契合之处。另一方面是信息保护与信息流动的平衡。信息流动为网络社会发展所必需，不能因为过分强调信息保护而阻碍了社会的发展，但同时网络社会中的信息风险更为巨大，如果不对信息法益给予必要保护，也会导致网络社会的信息流动成为风险流动，最终阻碍网络社会的发展。因此，立足信息风险与信息效益、信息保护与信息流动的平衡，为信息法益划定保护边界是不可或缺的。

　　基于此，信息法益的独立性和重要性日益凸显，刑法保护的必要性也与日俱增，信息法益的抽象化与保护前置化是网络犯罪法益保护问题的应然结论。但是基于刑法的谦抑性、刑法的补充性和法益的平衡，应将独立保护的信息法益限于重大的、具有公共性质的法益范围，从而为其划定合理的边界。

---

① 《网络安全法》第 31 条将关键信息基础设施的范围限定为："国家对公共通信和信息服务、能源、交通、水利、金融、公共服务、电子政务等重要行业和领域，以及其他一旦遭到破坏、丧失功能或者数据泄露，可能严重危害国家安全、国计民生、公共利益的。"

② 陈兴良.《风险刑法理论的法教义学批判》，载《中外法学》2014 年第 1 期，第 110 页。

第二节　个人信息法益的公共化

一、"信息画像"与个人信息法益的内涵

个人信息法益有广义与狭义两种理解，狭义的个人信息法益仅指识别个人的信息所关联的法益，广义的个人信息法益还包括个人所享有的信息权益，这些信息权益并不以识别和关联个人为前提（信息财产也包括在内）。本节所讨论的个人信息法益在狭义层面展开。

（一）个人信息法益的理论争议

关于个人信息法益的问题，立法先行于理论，其原因为理论研究可以脱离法益仅就行为、入罪标准进行探讨，但是立法却势必在条文章节选择上面临法益问题的考量。比如，《刑法》第 253 条之 1 侵犯公民个人信息罪，该条最终增设于《刑法》分则第四章"侵犯公民人身权利、民主权利罪"第 253 条"私自开拆、隐匿、毁弃邮件、电报罪"之后。但是我国现行《刑法》中明确保护个人信息的罪名并不限于该罪，共包括两个罪名：《刑法》第 177 条之 1 第 2 款窃取、收买、非法提供信用卡信息罪，以及第 253 条之 1 侵犯公民个人信息罪[1]。学界一般均认可侵犯公民个人信息罪是保护个人信息的罪名，值得说明的是窃取、收买、非法提供信用卡信息罪。窃取、收

---

[1] 本书区别使用"侵犯个人信息犯罪"和"侵犯公民个人信息罪"，前者指侵犯个人信息的同类犯罪，后者指《刑法》第 253 条之 1 规定的具体罪名。

买、非法提供信用卡信息罪也是保护个人信息的罪名，原因在于：第一，信用卡信息可以识别个人，并且和个人法益直接关联；第二，窃取、收买、非法提供信用卡信息罪的行为类型与个人信息契合。

第 253 条之 1 侵犯公民个人信息罪的法益即是最为典型的侵犯个人信息犯罪法益，这是因为：第一，该罪名直接定位为"侵犯公民个人信息罪"，所保护的法益不言而喻。第二，侵犯公民个人信息罪规定于《刑法》分则第四章"侵犯公民人身权利、民主权利罪"中；与之相比，窃取、收买、非法提供信用卡信息罪规定于《刑法》分则第三章"破坏社会主义市场经济秩序罪"中，其法益具有一定的复杂性，显然侵犯公民个人信息罪侵犯的法益更具有刑法意义上的独立性。所以在此以侵犯公民个人信息罪为例进行分析。

虽然目前学界关于侵犯公民个人信息罪的讨论中心在于行为类型和构罪标准，但是在一定程度上也涉及个人信息法益的内涵，形成了如下几种观点：

第一种观点认为个人信息法益的内涵是人格权（人格权说）。其依据主要包括刑法条文的位置和民事领域个人信息保护路径。从刑法条文的位置看，目前《刑法》第 253 条之 1 侵犯公民个人信息罪位于《刑法》分则第四章"侵犯公民人身权利、民主权利罪"中，在无法归入民主权利的情况下应从人格法益的角度予以认定。从民事领域个人信息保护路径看，以《最高人民法院关于审理名誉权案件若干问题的解答》（法发〔1993〕15 号）第 7 条、《最高人民法院关于确定民事侵权精神损害赔偿责任若干问题的解释》（法释〔2001〕7 号）第 1 条和第 3 条作为佐证，认为从现有规范来看，对个人信息的保护也基本上采取了人格权保护的模式。[①]

第二种观点认为个人信息法益的内涵是个人信息权（个人信息权说）。其将侵犯个人信息行为入罪的依据归于对个人信息权（或公民信息权益）的侵害。[②] 由于个人信息权说并不强调个人的人身性，因此其范畴也可以涵摄

---

① 参见侵犯公民人格权犯罪问题课题组：《论侵犯公民个人信息犯罪的司法认定》，载《政治与法律》2012 年第 11 期，第 150 页。

② 参见付强：《非法获取公民个人信息罪的认定》，载《国家检察官学院学报》2014 年第 2 期，第 121 页；刘宪权、方晋晔：《个人信息权刑法保护的立法及完善》，载《华东政法大学学报》2009 年第 3 期，第 121 页。

财产权利和其他权利。如在个人信息权说的基础上，二重属性论认为："'公民个人信息'不仅具有人格权的性质，强调对于公民人格尊严的保障，同时也具有财产权的意蕴。因此，一种涵盖各种信息，包括积极使用并许可他人使用的权利和消极防御他人侵害的权利，并且兼具人格权与财产权的新型权利呼之欲出——个人信息权。"① 三重属论说认为："'公民个人信息'兼具人身特性、经济属性和社会属性。"②

第三种观点认为个人信息法益的内涵是信息自决权（信息自决权说）。如有学者认为侵犯个人信息犯罪的真正具体法益类型在于"个人信息自决权"："其中包括公民个人信息所涵括的个人对涉及自身信息的安全决定权、自由决定权、收益决定权、隐私决定权以及尊严决定权。"③ 基于信息自决权说，个人自决的信息范围不包括交于集体收集、利用的个人信息，据此集体对该个人信息再利用的行为不应属于侵犯个人信息的犯罪行为。

第四种观点认为个人信息法益的内涵是隐私权（隐私权说）。隐私权说又分为两种观点，一元论认为个人的隐私权益应作为个人信息权益的下位概念，只有其中涉及隐私权益的部分才值得作为犯罪处理，才具备法益的独立性。如有学者认为："在《刑法修正案（七）》将侵犯个人信息行为入罪之时，立法者将该类犯罪的两个罪名放在《刑法》第253条之1进行规制，体现着对个人隐私权保护的价值追求。"④ 二元论认为，应将隐私权与个人信息权并列规定，将隐私权作为重要和特别的权益类型保护。如有学者认为："对'网络隐私权'动用刑法保护并不违背刑法的'谦抑性'，应增设'侵犯隐私权罪'，构建普通罪名与特殊罪名的双规模式，能更全面地实现隐私权

① 于志刚：《"公民个人信息"的权利属性与刑法保护思路》，载《浙江社会科学》2017年第10期，第10页。
② 于冲：《侵犯公民个人信息罪中"公民个人信息"的法益属性与入罪边界》，载《政治与法律》2018年第4期，第20页。
③ 陈伟、熊波：《侵犯公民个人信息罪"行为类型"的教义分析——以"泛云端化"的信息现象为研究视角》，载《宁夏社会科学》2018年第2期，第63页。
④ 蔡军：《侵犯个人信息犯罪立法的理性分析——兼论对该罪立法的反思与展望》，载《现代法学》2010年第4期，第108页。

规制的效果。"① 更有学者认为应设专节规定侵犯公民隐私的犯罪群:"在《刑法》分则第四章中区分出'侵害私人生活和秘密罪'一节……增设侵犯他人隐私罪,出售、非法提供公民个人信息罪,非法获取公民个人信息罪等罪名。"②

(二) 信息画像视角下的个人信息法益

前述观点虽然各有千秋,但是未关注网络社会中个人信息的"信息画像"实质,难以充分阐释个人信息法益的内涵。随着互联网全面连接社会主体,信息化、大数据的浪潮席卷所有人,多种主体参与的信息服务与个人信息的产生、利用成为社会发展的必需形式。"信息画像"理论③认为个人信息并非个人可以直接支配的具体物或权利,而是在个人与其他社会主体交互过程中产生的信息形态的个人画像,且随着信息的法益化,其画像属性日渐由识别画像转向法益画像。信息产生于主体的交互,甚至在某种程度上可以认为所有的信息都是个人信息。④ 对此可从以下三个方面理解:第一,个人信息由个人与其他主体共享,而非个人独享。以与网络服务有关的个人信息为例,个人信息的产生与发挥作用基于网络服务提供者等主体和个人的互动,在此意义上该个人信息既与安全保护有关,也与网络服务活动开展有关。比如,移动电话通话记录,既是个人的通信信息,也是电信运营商的服务信息。在此意义上,"公民个人信息是关于公民个体的信息,而非属于公民个体的信息,不具备个体属性"。⑤ 第二,个人信息正由识别中心转向法益中心。

① 参见徐翕明:《"网络隐私权"刑法规制的应然选择——从"侵犯公民个人信息罪"切入》,载《东方法学》2018年第5期,第66~70页。

② 李婕:《刑法如何保护隐私——兼评〈刑法修正案(九)〉个人信息保护条款》,载《暨南学报(哲学社会科学版)》2016年第12期,第124页。

③ "信息画像"理论为笔者和敬力嘉博士于2017年7月7日在弗莱堡探讨关于个人以外的主体对个人信息享有的权利时共同提出的,其灵感来源于他人肖像作品中可同时包含他人和作画人的权利。

④ Vgl. Thomas Giesen, Euphorie ist kein Prinzip des Rechtsstaats, in: Stiftung Datenschutz (Hrsg.), Zukunft der informationelle Selbstbestimmung, Erich Schmidt, 2016, S.26.

⑤ 敬力嘉:《大数据环境下侵犯公民个人信息罪法益的应然转向》,载《法学评论》2018年第2期,第119页。

无论是我国的《网络安全法》还是《德国联邦数据保护法》《日本个人信息保护法》，均以个人信息的识别条款作为基础性条款。但是个人信息的真正价值在于和个人的人身法益、财产法益的关联性（比如身份证号码和个人各类账户的关联性），即个人信息保护的真正必要性来源于识别个人后可能对于人身、财产等具体法益造成一定的侵害或危险。第三，个人信息的关联法益类型日益复杂。个人信息已经不仅仅和个人的人身法益相关，在相当程度上也和个人的财产法益相关。比如个人的信用账户，其人身的法益关联性有限，却直接和个人的财产法益相关联，也具有充分的保护必要性。

　　还需明确个人信息法益和个人信息关联法益之间的关系。个人信息法益在性质上属于法益信息化，而非信息法益化，具有原始的他法益内容（个人的人身、财产法益），而非产生的新法益类型（在此意义上区别于商品性信息财产）。个人信息由于和个人的人身、财产法益相关联，所以有必要通过刑法予以保护，法益关联性成为刑法视野中的个人信息的根本属性。因此，个人信息法益是二次性的法益，其法益内涵来源于他法益的存在。反之，无法承载个人的人身、财产法益的个人信息则没有必要通过刑法予以保护，如个人单纯的姓名，在公开的录取、公示等名单上均广泛予以公开，在未与其他个人信息结合产生法益关联性的情况下没有通过刑法予以保护的必要。

　　基于此，以上四种观点均存在不足。第一，以上观点均未认识到个人信息法益由个人与其他主体共享，而非个人独享，从而将个人信息法益均归属于个人进行讨论。第二，除个人信息权说外，其他观点均未体现个人信息的法益关联性，更未体现其与个人人身、财产法益的关联性。

　　关于信息自决权说和隐私权说还需要说明法律移植和立法模式之间的关系。信息自决权说以德国法律所确立的信息自决权为基础。德国最早提出"信息自决权"系1983年德国宪法法院著名的"人口普查案"判决：在现代数据处理环境中，根据《德国基本法》第2条第1款（每个公民都享有自由发展人格的权利）与第1条第1款（人的尊严神圣不可侵犯），公民个人数据不被无限制地搜集、存储、使用与转让。[①] 其后德国法院通过一系列判决

---

① 　BVerfGE 65, 1 (Volkszälungsurteil).

最终确立信息自决权，使之成为个人对其个人数据搜集、使用和处理的决定权。即作为宪法法益的信息自决权，是公民个体享有、为宪法所保护的基本权利，是国家对公民选择与行为自由的具体保护。信息自决权与德国的刑法传统相契合，移植到我国作为个人信息法益的内涵则存在一定的障碍：第一，在犯罪入罪标准上德国采取的是定性模式，只要是具有法益侵害或危险的行为均作为犯罪，再经由法官的自由裁量权决定是否追诉；我国的犯罪入罪标准采取的是定量模式，必须具有相当法益侵害性的行为才作为犯罪，并且予以追诉。信息自决权只能在个人决定权的有无、边界上提供定性依据，而无法提供定量参考。第二，我国和德国关于法益体系的建构方式不同，德国采取的是从个人到集体的建构路径，因此将信息自决权作为个人信息法益的内涵有其合理之处，但是我国必须基于社会制度和现实，考虑个人法益与公共法益之间的统筹协调。与之类似，隐私权说也面临在我国法学理论体系中定位尴尬，难以提供有效的法益指引。

本书认为，应基于"信息画像"理论构建科学的个人信息法益内涵，将其理解为个人信息安全。第一，以个人信息安全为法益边界可以更好地实现利益平衡。个人信息保护必须平衡个人与公共之间的关系，既强调对于个人信息的必要保护，也应关注网络社会的良性发展。个人信息的使用权等权利也为他主体所享有，与完全强调个人意愿的信息自决权相比，将个人信息安全作为他主体相关权利行使的边界，更有利于实现个人信息保护与网络社会发展的平衡。对此，也有学者注意到个人信息不仅具有个人性，而且具有社会性和公共性，刑法对其保护并非为了保护信息本身，而是为了保护主体的相关权利。[①] 第二，以个人信息安全为法益实质可以更好地实现刑法的补充性。个人信息的法律保护并非均应当通过刑法实现，如《网络安全法》中规定了个人信息的删除请求权、更正请求权，民法层面也正在制定个人信息保护的具体规则，将个人信息安全作为个人信息法益的实质，也可以使刑法与

---

① 参见高富平、王文祥：《出售或提供公民个人信息入罪的边界——以侵犯公民个人信息罪所保护的法益为视角》，载《政治与法律》2017 年第 2 期，第 50 页；张勇：《个人信息去识别化的刑法应对》，载《国家检察官学院学报》2018 年第 4 期，第 101 页。

其他部门法之间形成良好的梯次关系，维持刑法的补充性。第三，以个人信息安全为法益范式有利于实现法益保护的抽象化、前置化与刑法谦抑性之间的平衡。通过赋予个人信息以实质的安全内涵，为法益保护抽象化、前置化提供实体的法益内容，防止走向法益的精神化或者抽象的"安全感"，从而在谦抑性的反制下划定合理的刑法边界。

二、个人信息安全的公共化

如前所述，我国对于犯罪采取定量标准，由此对侵犯个人信息行为的入罪标准提出更高要求。值得《刑法》加以评价的侵犯个人信息行为，有三种侵犯法益的情形：第一，行为人侵犯了大量的个人信息，虽然对于具体个人法益的侵害程度较低，但是总体的法益侵害性十分严重。第二，行为人不仅侵犯了个人信息，还同时侵犯了其他重要法益（比如金融管理秩序罪）。第三，行为人通过侵犯个人信息的方式侵害了个人的重要人身、财产法益，如利用个人信息实施杀人犯罪、诈骗犯罪。其中第三种情形的法益侵害性可以通过其他犯罪予以评价，在此主要讨论前两种情形。前两种情形实际上都是赋予了个人信息某种公共属性：第一种情形将个人信息安全转化为公共信息安全，进而作为刑法保护个人信息的实体法益，其典型罪名为《刑法》第253条之1侵犯公民个人信息罪。第二种情形则是将侵犯个人信息安全和危害金融等领域信息管理秩序的行为结合考虑，赋予法益以复杂性，其典型罪名为《刑法》第177条之1第2款窃取、收买、非法提供信用卡信息罪。此外，随着证件的信息化，《刑法》第280条之1使用虚假身份证件、盗用身份证件罪也有向此转化的趋势。本目将对于这两种情形分别予以分析。

（一）公共信息安全路径

传统理论认为，侵犯公民个人信息罪侵犯的客体是公民个人的信息自由和安全。[①] 但是基于数量要素超越个体进行法益评价的问题早在《侵犯个人

---

① 高铭暄、马克昌主编：《刑法学》，北京大学出版社、高等教育出版社2016年版，第482页。

信息解释》出台之前就被理论界和实务界所关注。如有观点认为，应分目的、数量两个层次予以考量，其中数量标准可设定为非法获取公民个人信息一万条以上的。[①]《侵犯个人信息解释》第 5 条第（3）项至第（5）项具体规定了侵犯不同种类个人信息的入罪标准："（三）非法获取、出售或者提供行踪轨迹信息、通信内容、征信信息、财产信息五十条以上的；（四）非法获取、出售或者提供住宿信息、通信记录、健康生理信息、交易信息等其他可能影响人身、财产安全的公民个人信息五百条以上的；（五）非法获取、出售或者提供第（三）项、第（四）项规定以外的公民个人信息五千条以上的。"此外，第（6）项还规定了数量未达到前述三项规定标准，但是按相应比例合计达到有关数量标准的情形。以上条款实际上肯定了侵犯公民个人信息罪所侵犯的对象不同于《刑法》分则第四章规定的其他犯罪，具有公共属性。

学界也有一些学者超越个人法益的藩篱关注和讨论侵犯公民个人信息罪法益的公共性，其代表观点主要有以下几种：

第一，公共信息安全说。如有观点认为，侵犯公民个人信息罪的法益具有公共安全性，具体从以下三个方面展开论证："首先，从犯罪对象与法益的关联性来看，侵犯公民个人信息罪所侵犯的信息不仅是自然人信息，还包括单位信息。其次，从法益重要性的角度分析，只有当某行为侵犯多数公民的信息安全时，其侵害的法益才能被认为具有相当程度的重要性而进入刑法视野，该行为才值得动用刑罚处罚。最后，从法益保护紧迫性的角度考量，网络空间涉及个人信息的犯罪呈产业化趋势，这必然导致犯罪对象的不特定，而不特定人的安全就是一种公共安全。"[②]

第二，个人信息的保有说与流转说。这种观点另辟蹊径，未从个人信息的权利主体与法益内涵界定出发，而是求诸个人信息的占有和流转来论述其法益的公共性。其中，个人信息的保有说认为，相关国家机关是提供服务

---

①　参见庄晓晶、林洁、白磊：《非法获取公民个人信息犯罪区域性实证分析》，载《人民检察》2011 年第 9 期，第 70 页。

②　张阳：《论网络空间中个人信息的刑法保护》，载《中州学刊》2018 年第 8 期，第 59 页。

的单位，其职责或业务性质均决定了大量保有公民个人信息，因此公民个人信息一旦泄露势必会损害公权主体及公权（益）关联主体的形象和公信力。基于此，"动用刑法手段保护公权及公权（益）关联主体对公民个人信息的保有，将出售、非法提供或者窃取、非法获取相关信息的行为规定为犯罪，是顺理成章的"。① 个人信息的流转说则认为，侵犯公民个人信息罪保护的是带有公共利益色彩的抽象犯罪客体，具体为公民个人信息的正常流转状态。②

第三，超个人法益次要说。这种观点认为公民个人信息不仅与个人法益具有现实的关联性，而且与社会公共利益、国家安全均具有重要的关联性，理解该罪的法益不应仅从个人法益的层面予以理解，即应认识到"'公民个人信息'的超个人法益属性"。然而这种观点认为："无论如何，'公民个人信息'首先是公民个人法益，然后才是超个人法益属性，二者之间的主次关系不能颠倒。"③

第四，超个人法益核心说。这种观点借鉴德日的法益理论框架，基于侵犯公民个人信息罪法益公共化的现实将其性质界定为包括个人法益的超个人法益，认为公众对信息网络安全的普遍信赖感值得法律保护。④ 有学者具体认为，个人法益只是判断超个人法益是否受到侵害的要素，对于个人法益的保护仅是对超个人法益保护所产生的射幸利益。基于此，"侵犯公民个人信息罪所保护之法益应该是个人信息安全的社会信赖，也即社会成员对个人信息安全的信赖。"⑤

---

① 赵军：《侵犯公民个人信息犯罪法益研究——兼析〈刑法修正案（七）〉的相关争议问题》，载《江西财经大学学报》2011 年第 2 期，第 111 页。
② 参见王飞：《侵犯公民个人信息罪若干实务问题探析——以犯罪客体为视角》，载《法律适用》2018 第 18 期，第 102~108 页。
③ 曲新久：《论侵犯公民个人信息犯罪的超个人法益属性》，载《人民检察》2015 年第 11 期，第 7 页。
④ 参见张勇：《个人信用信息法益及刑法保护：以互联网征信为视角》，载《东方法学》2019 年第 1 期，第 61 页。
⑤ 参见江海洋：《侵犯公民个人信息罪超个人法益之提倡》，载《交大法学》2018 年第 3 期，第 148~154 页。

第五，信息专有权说。这种观点基于信息的社会属性，认为侵犯公民个人信息罪的法益不应仅归于个人法益或公共法益，同时考量侵犯公民个人信息罪的法益个人性与公共性，将其理解为法定主体的信息专有权。并提出了三点价值："其一，基于公民个人信息的社会属性，侵犯公民个人信息所产生的危害结果兼具个体性与公共性。其二，以信息专有权为基点，能够通过个人信息类型化的路径，在刑法规范的层面为个人信息流动链条中多方主体及其权利的保护预留足够的规范空间。其三，选择信息专有权作为本罪法益，可以为公民个人信息的流动构建自主型秩序，以公民个体的信息自决为法理基础，为信息安全与信息流动自由之间冲突和解机制的构建，作出有益探索。"①

第六，社会管理秩序说。如有学者认为，刑事立法的初衷并非保护公民个人信息权，而是作为社会信息管理的内容考量，公民个人信息的内涵只有基于社会信息管理的视角才能完全阐释。基于此，"可以将侵犯公民个人信息罪的法益确立为社会信息管理秩序，并将其作为扰乱社会秩序的一种罪名来进行更为合理的设置"。②

本书持公共信息安全说。其一，个人信息的保有说与流转说实际上导致侵犯公民个人信息罪的法益无法确定，公权（益）关联主体的形象、公信力与个人信息的正常流转状态均无法在法益理论体系框架中寻得恰当的定位，难以发挥法益的机能。此外，保有状态也无法揭示个人信息法益的实质，个人信息法益的评价重心还应回归个人本身，即便"个人"应从公共属性予以考量。其二，超个人法益次要说与超个人法益核心说均是基于德日理论中超个人法益的法益范式提出，如前文所述，我国的法益理论框架不应套用德日的范式，而且将个人法益与公共法益作出如上划分难以确定各自的边界，这两种观点的同时出现本身也说明了其存在难以确定的问题。其三，信息专有权说采用不讨论个人法益与公共法益的方法，转而用信息专有权的概念予

---

① 参见敬力嘉：《大数据环境下侵犯公民个人信息罪法益的应然转向》，载《法学评论》2018 年第 2 期，第 122~125 页。

② 凌萍萍、焦冶：《侵犯公民个人信息罪的刑法法益重析》，载《苏州大学学报（哲学社会科学版）》2017 年第 6 期，第 71 页。

以统摄，无疑会导致信息法益内容的混同，无法基于主体特点发挥法益的解
释与批判作用，使得所谓"自主性秩序的构建"易于走向任意性刑法概念的
构建，诱发理论的分歧和模糊。其四，个人信息虽然不排除具有社会管理
秩序的属性，如在《刑法》第 177 条之 1 第 2 款窃取、收买、非法提供信用
卡信息罪，以及第 280 条之 1 使用虚假身份证件、盗用身份证件罪中法益可
能重合，但是第 253 条之 1 侵犯公民个人信息罪却不具备这种法益重合性，
对其法益还是应基于信息主体进行评价。相比而言，公共信息安全说更为
妥当：

第一，从法益平衡的角度，公共信息安全说有利于在保护信息安全与保
证信息流动之间取得平衡。网络社会中信息的流动是社会发展的基本需求，
同时信息安全的保护也是社会公众的基本诉求，获取信息的权利应受到法律
认可和保护。如果认为对所有个人、每一条信息的威胁都侵犯了法益，无疑
在根本上将刑事立法与网络社会发展对立起来。因此，需要基于法益保护的
视角确立平衡点，并为刑事立法所确认。公共信息安全说基于法益主体的划
分为个人信息的法益保护划定了明显而具体的边界，有利于达到上述平衡，
既实现对于个人信息安全的保护，也保证信息流动乃至网络社会的发展。

第二，在对个人信息侵害程度有限的情况下，公共信息安全才值得刑法
加以保护。"法益"的概念并不是刑法学科所专有，民法、行政法等学科也
会在一定情况下使用。如民法学科就有学者认为"民事法益概念的提出"有
利于"克服民事权利体系弊端"。[①] 有观点从超个人法益的角度进行论述："对
个体性利益侵害的制裁与救济，应首先依照民法加以解决，行政法的介入则
是其次的，而刑法的干预则是最后性的，即只有当这类行为造成的后果达到
一定的严重程度，刑罚权的出现才具有正当性。对于超个体利益侵害的制裁
与救济，则无法依照民法寻求救济。"[②] 虽然超个人法益的概念是否应当移植
有待商榷，但是上述对于刑法定位的判断不无道理。在各个部门法当中，刑

① 参见李岩：《民事法益基本范畴研究》，法律出版社 2016 年版，第 29 页。
② 时延安：《以刑罚威吓诽谤、诋毁、谣言？——论刑罚权对网络有害信息传播的干预程度》，载
　《法学论坛》2012 年第 4 期，第 14 页。

法居于保障法的地位，需要刑法加以保护的法益应为重要的法益。个人信息的法律保护是需要刑法与民法、行政法等部门法相互配合协调共同完成的任务，如果是对于某一公民个人信息的侵犯，一般可以通过民法或行政法的方式加以保护，只有侵犯公共信息安全的情况才应视为侵犯了刑法意义上的法益。

第三，司法解释和司法实践已经认可侵犯公民个人信息罪的法益为公共信息安全。《侵犯个人信息解释》第5条所确立的"五十条以上""五百条以上""五千条以上"的构罪标准，已经在正式规范文件中肯定了个人信息安全保护的公共性。司法实践也可为此提供佐证，根据2014年~2016年司法案例的分析，仅三年司法判决的案例中侵犯公民个人信息的数量就达24亿条，即便具体到每一个案件其平均数量也达389.66万（如下表），其法益被害的公共性十分明显。

侵犯公民个人信息犯罪案件信息数量统计表[①]

年份	案件数量（个）	个人信息条数（条）	平均数（条/个）
2014	282	1 627 044 593	5 769 661.7
2015	266	188 940 481	710 302.6
2016	78	623 332 152	7 863 235
合计	626	2 439 317 226	3 896 627.9

（二）信息管理秩序路径

与信息管理秩序结合也是个人信息法益公共化的路径之一，即有些侵犯

---

① 本表中的数据摘自武汉大学叶小琴副教授指导的、笔者带队的湖北第十一届"挑战杯"特等奖社会调查报告《大学生个人信息犯罪被害调查——基于1844份问卷、17例跟踪访谈、5个大数据中心实地走访、650份判决的研究》。感谢武汉大学硕士赵忠东、李双林在案例搜集和分析过程中提供的帮助。截至2016年11月11日，以北大法宝为研究平台，键入"个人信息"进行关键字标题精确检索，并且将筛选条件设定为"一审""判决书""普通案例"和"刑事案由"，共命中782项。经人工下载共得到2014年~2016年为期3年的共计654份判决书，将重复的和内容缺失的判决书予以删除，最后共得到650份有效的判决书。部分刑事判决书没有说明侵犯个人信息的数量，因此未作统计。

个人信息的犯罪行为同时侵犯了个人信息安全与信息管理秩序。基于社会的信息化，金融管理秩序也包括了金融信息管理秩序，其他领域也与之类似，信息管理秩序也可作为社会管理秩序领域的新型跨类法益形态。在此需要说明的是，个人信息安全与信息管理秩序可以兼容但却不能与公共信息安全兼容。个人信息安全与公共信息秩序是异质法益，在法益性质上分别是安全和秩序，一个犯罪行为在侵犯安全的同时完全可以侵犯秩序。个人信息安全与公共信息安全是同质法益，公共信息安全的评价已经包含对于个人信息安全的评价，因此二者无法兼容。

个人信息安全与公共信息秩序结合的典型罪名是《刑法》第177条之1第2款窃取、收买、非法提供信用卡信息罪。窃取、收买、非法提供信用卡信息罪保护个人信息安全的依据在于个人的信用卡信息属于个人信息。信用卡信息主要包括用卡人信息和发卡机构两方面的信息。具体包括：主账号、发卡机构标识代码、个人账户标识、校验位、个人标识代码等。其中个人标识代码是持卡人最重要的信用卡信息。① 此外，《侵犯个人信息解释》第5条第（3）项也明确规定了"征信信息"属于个人信息。

自《刑法修正案（五）》增设窃取、收买、非法提供信用卡信息罪后，关于窃取、收买、非法提供信用卡信息罪的法益学界也进行了一些讨论，主要有以下几种观点：

第一种观点认为该罪侵犯的客体（法益）是国家对信用卡信息资料管理秩序。② 根据这种观点，该罪只是对国家信用卡资料管理的侵犯，并不涉及对于个人法益的侵犯。这种观点也同该罪现有的刑事立法章节相匹配，因为目前其规定在《刑法》分则第三章第四节"破坏金融管理秩序罪"中。

第二种观点认为该罪侵犯的客体为复杂客体（法益），即持卡人的合法

---

① 参见石奎：《窃取、收买、非法提供信用卡信息罪的刑法分析》，载《吉首大学学报（社会科学版）》2014年第4期，第96页。

② 参见高铭暄、马克昌主编：《刑法学》，北京大学出版社、高等教育出版社2016年版，第401页。

利益和金融机构的信誉。[①]根据这种观点，窃取、收买或者非法提供他人信用卡信息罪所侵犯的法益主要为金融机构的信誉，不过同时也会对持卡人的法益造成一定的损害，虽然这两种法益同时存在，但是无疑金融机构的信誉为主要法益。

第三种观点认为该罪侵犯的法益为复杂法益，但是个人法益附属于金融管理秩序。如有学者指出："该罪名位于破坏金融管理秩序罪之中，其立法旨趣同妨害信用卡管理罪一样，均立足于对金融管理秩序的防护，只不过'顺带'实现了个人信用卡信息的保护。"[②]

第四种观点认为窃取、收买、非法提供信用卡信息罪侵犯的是复杂客体（法益），包括他人的信用卡信息安全和国家有关信用卡信息的管理秩序。[③]其认为就持卡人而言，个人的信用卡信息安全一旦被他人侵犯有可能导致个人重大法益损害；就国家而言，国家已经通过各种方式对信用卡信息予以管理，侵犯其信息安全显然会破坏国家相应的管理秩序。

本书认为，第四种观点的思路较为妥当，窃取、收买、非法提供信用卡信息罪的法益为个人信息安全与信息管理秩序。

第一种观点有其合理之处，信用卡的管理毕竟涉及社会公共管理主体，不同于完全归个人掌控的货币，其从公共法益的角度来探讨窃取、收买、非法提供信用卡信息罪有其现实基础。但是信用卡毕竟不同于其他金融单证。一般意义上金融单证具有无因性，一旦出具之后不再与出票人具有固定的联系，以此保证该单证的流通性。但是信用卡则强调和持卡人的关联性，并且信用卡的行使会带来个人财产法益的变动，这种观点未注意到信用卡的个人性。此外，司法解释也一定程度上肯定了窃取、收买、非法提供信用卡信息罪的个人性。《最高人民检察院、公安部关于公安机关管辖的刑事案件立案

---

① 参见利子平、樊宏涛：《窃取、收买、非法提供信用卡信息资料罪刍议》，载《河北法学》2005年第11期，第39页。

② 于冲：《侵犯公民个人信息罪中"公民个人信息"的法益属性与入罪边界》，载《政治与法律》2018年第4期，第16页。

③ 参见卢勤忠：《信用卡信息安全的刑法保护——以窃取、收买、非法提供信用卡信息罪为例的分析》，载《中州学刊》2013年第3期，第56页。

追诉标准的规定（二）》（公通字〔2010〕23号）第31条规定："窃取、收买或者非法提供他人信用卡信息资料，足以伪造可进行交易的信用卡，或者足以使他人以信用卡持卡人名义进行交易，涉及信用卡一张以上的，应予立案追诉。"该条规定确立了与《侵犯个人信息解释》就侵犯公民个人信息罪完全相反的数量标准，涉卡"一张"以上即构成犯罪，一定程度上体现了对个人信息安全的保护。基于此，第一种观点对于窃取、收买、非法提供信用卡信息罪法益的概括失之片面。

第二种观点注意到该罪对个人法益的侵害，并且从复杂法益的角度进行考虑，是其值得肯定之处。但是这种观点一方面未进一步探求"持卡人的合法利益"的实质内涵，更未从信息法益的角度进行深度分析，从而导致所涉个人法益的内涵不明；另一方面也未基于信息管理秩序展开，反而将金融机构的信誉作为法益内涵，未能准确定位该罪法益的公共层面。

第三种观点虽然注意到了该罪法益的复杂性，但是其强调只是"顺带"实现个人信用卡信息的保护。从窃取、收买、非法提供信用卡信息罪的对象和行为类型来看，均具有鲜明的个人信息指向[①]，而非类似于其他侵犯金融管理秩序犯罪，在理解该罪法益时如果忽视其个人信息属性确有不妥。

第四种观点则较为全面，其既注意到了个人法益的层面，并立足于"他人的信用卡信息安全"进行阐释；也注意到了公共法益的层面，从"国家有关信用卡信息的管理秩序"予以展开。其中"他人的信用卡信息安全"可以为个人信息安全所涵盖，"国家有关信用卡信息的管理秩序"也包括于信息管理秩序中。

此外，随着个人身份证等证件的电子化，《刑法》第280条之1使用虚假身份证件、盗用身份证件罪的法益中个人信息安全与公共信息秩序结合的可能性也日益增强。如eID（electronic IDentity），其是以密码技术为基础、以智能安全芯片为载体、由"公安部公民网络身份识别系统"签发给公民的网络电子身份标识，能够在不泄露身份信息的前提下在线远程识别身份。其既具有身份证件的属性，也具有个人信息的属性。学者对于使用虚假身份证

---

① 详见本书第三章、第四章的相关部分。

件、盗用身份证件罪的法益观点也不一致：管理秩序说认为，一般将该罪法益理解为国家对公民身份证件的管理秩序。[1] 信用说认为，该罪的设立是为了保护身份证件的公共信用[2]，或者为构建作为公共秩序基础的社会信用体系提供刑法保证。[3] 基于证件的信息化，使用虚假身份证件、盗用身份证件罪与个人信息安全的关联程度日益紧密，未来关于该罪法益内涵的发展仍有关注和研究的必要。

---

[1] 参见高铭暄、马克昌主编：《刑法学》，北京大学出版社、高等教育出版社2016年版，第529页。

[2] 参见张明楷：《刑法学》（下），法律出版社2016年版，第1043页。

[3] 参见魏昌东、张涛：《使用虚假身份证件、盗用身份证件罪法教义学解构》，载《首都师范大学学报（社会科学版）》2018年第6期，第59页。

第三节　公共信息法益的独立化

一、公共信息安全的独立化

基于信息法益的视角，本书采取了"公共信息安全"而非"公共网络安全"的表述。在网络社会的运转和发展过程中，节点的存在与连接构成其基本结构，每个节点都是独立的信息存在，每个连接都是信息的流动，从某种意义上讲信息是网络社会的微观结构与静态结构，[①] 网络是网络社会的宏观结构与动态结构。从法益的角度衡量，信息的描述与法益内容相关，网络的描述与法益变动相关。基于信息可以对公共安全的二元结构进行阐释：对于侵犯多数人个人信息的犯罪行为，由于个人信息的识别性，被害主体已经特定化，加之信息主体数量众多，个人信息安全的公共化指向多数人的信息安全。对于制作传播计算机病毒等针对不特定计算机信息系统实施的行为，由于对象的不特定性，其指向不特定人的信息安全。即便是造成网络中断等结果，其所针对的也是关键信息基础设施等重要计算机信息系统，[②] 最终应受保护的也是不特定人信息系统和信息数据的安全。因此，《网络安全法》虽然采用了"网络安全"的表述，但是行政法与刑法的保护对象、方式与程度有

---

① 有学者关注到大数据流动中的静态与动态问题，参见于志刚、李源粒：《大数据时代数据犯罪的类型化与制裁思路》，载《政治与法律》2016 年第 9 期，第 16 页。但是本书认为应进一步挖掘其结构形态与法益内容之间的关联，完成其教义化。

② 与德日不同，我国《刑法》赋予计算机系统以信息性，网络犯罪对象的信息范式也与信息法益相契合，见本书第三章的相关内容。

所区别，在行政法层面重点是为各主体划定权限，而从刑法的层面还应具体挖掘相关法益的具体内容。本部分内容将基于不特定人的信息安全展开。

（一）德日刑法中的公共信息安全

公共信息安全的问题并未在德日刑法中得到充分重视，根本原因在于德日刑法是以个人本位为基础制定，对于信息安全的保护也是基于个人法益保护从而实现公共法益保护。比如德国学者就将计算机犯罪的法益定位于计算机系统和数据的机密性、完整性、可用性（zum Schutz der Vertraulichkeit, der Integrität und der Verfügbarkeit von Computerszstemen und –daten）[1]，并未强调公共性的计算机系统。《德国刑法典》第 303 条 b 破坏计算机罪也未区分计算机系统的公共性或个人性。与之类似，《日本刑法典》第 234 条之 2 以破坏电子计算机等手段妨害业务罪也仅强调了电子计算机的业务相关性。《网络犯罪公约》第 2 条"非法访问"、第 5 条"干扰系统"也未对指向的计算机系统再区分公共性或个人性。

但是基于个人法益保护公共法益模式只能保护特定公共领域的计算机信息系统，却难以规制侵害或威胁不特定人计算机信息系统安全或信息安全的行为，最为典型的就是计算机病毒、木马相关犯罪。由于该类犯罪并非针对特定的计算机信息系统的已然犯罪，更多情况是针对不特定计算机信息系统的未然犯罪。考虑到这一情况，《网络犯罪公约》不得不改变规范模式，在第 6 条选取"滥用设备"这一表述来规定有关计算机病毒犯罪的条文。《德国刑法典》则是从突破网络犯罪实行行为的角度，从预备犯的层面规定了第 202 条 c 预备探知和拦截数据罪。

受到信息安全公共与个人二元结构冲击更为显著的则是日本刑法，肯定受侵害的法益具有社会性（公共性）逐渐成为日本学界的共识。第一，间接肯定信息安全法益的公共性。就《日本刑法典》第 234 条之 2 以破坏电子计算机等手段妨害业务罪的法益，有学者指出，与其说是对个别经营基础的保

---

① Vgl. Ulrich Sieber, Straftaten und Strafverfolgung im Intenet, C.H.Beck, 2012, S. 82.

护，不如说更接近于骚乱罪（第 106 条）那样"针对社会法益的犯罪"。① 此外，《日本刑法典》第 258 条毁弃公文书等罪、第 259 条毁弃私文书等罪均将文书范围包括了"电磁记录"，在间接层面肯定了公私二元结构。第 163 条之 2 至之 5 有关支付磁卡的电磁记录的犯罪，学者也普遍将其法益理解为对使用支付用卡进行支付系统的公共信用，② 或者卡的真实性及其系统的社会信赖，③ 肯定其法益的社会性。第二，直接肯定信息安全法益的公共性。《日本刑法典》基于《网络犯罪公约》第 6 条"滥用设备"增设了第 19 章之 2 有关非法指令电磁记录（计算机病毒）的犯罪，具体包括第 168 条之 2 制作非法指令电磁记录等罪、第 168 条之 3 取得非法指令电磁记录等罪。有学者认为，电子计算机的电磁记录被计算机病毒感染，会导致电子计算机损坏或（数据）删除，可以从个人法益的角度考虑。"然而，计算机病毒不仅带来个别的计算机被害，也会导致社会一般意义的甚至世界规模的重大损失，因此本节犯罪的法益是公众对计算机、网络安全的信赖，归属于社会法益。"④ 甚至有学者认为："计算机病毒的制作、提供，作为对社会法益侵害的犯罪处罚，即不是作为侵犯个人法益的器物损坏罪的预备罪处罚，而是电脑、系统社会的信赖的行为的抽象危险犯的处罚。"⑤

为回应公共信息安全刑法保护的命题，《德国刑法典》采取分设条款的方式对这两种基本形态予以保护。针对不特定人信息安全的危险，其第 202 条 c 预备探知和拦截数据罪从预备犯的层面作出规定（并在第 303 条 b 破坏计算机罪设置准用条款），将计算机病毒等程序相关犯罪纳入该条的规制范围。针对特定人信息安全的侵害，其第 303 条 b 破坏计算机罪针对破坏计算

---

① 参见［日］松宫孝明：《刑法各论讲义》（第 4 版），成文堂 2016 年版，第 174 页。

② 参见［日］大谷实：《刑法讲义各论》（新版第 4 版补订版），成文堂 2015 年版，第 493 页。

③ 参见［日］前田雅英：《刑法各论讲义》（第 6 版），东京大学出版会 2015 年版，第 366 页。

④ ［日］大谷实：《刑法讲义各论》（新版第 4 版补订版），成文堂 2015 年版，第 511 页。其他日本学者也多认可该节犯罪法益的社会性，参见［日］前田雅英：《刑法各论讲义》（第 6 版），东京大学出版会 2015 年版，第 406 页；［日］高桥则夫：《刑法各论》（第 2 版），成文堂 2014 年版，第 196 页；［日］山中敬一：《刑法各论》（第 3 版），成文堂 2015 年版，第 246 页；［日］中森喜彦：《刑法各论》（第 4 版），有斐阁 2015 年版，第 240 页。

⑤ ［日］山中敬一：《刑法各论》（第 3 版），成文堂 2015 年版，第 678 页。

机系统和数据的行为予以规制。值得说明的是,《德国刑法典》2007 年修正时在第 303 条 b 增设了情节严重条款,包括以下几种情形:"造成重大财产损失;作为职业或者犯罪组织成员继续实施破坏计算机罪;妨碍国民生活上的重大利益或服务供给,或德意志联邦共和国的安全。"[①] 上述情节内容也体现了对公共信息安全的保护。《日本刑法典》的规定较为简略,其于 2011 年增设第 19 章之 2 有关非法指令电磁记录(计算机病毒)的犯罪具体包括制作非法指令电磁记录等罪(第 168 条之 2)和取得非法指令电磁记录等罪(第 168 条之 3),规制造成不特定人信息安全危险的行为。但是对于造成特定人信息安全侵害的行为,则只能通过第 234 条之 2 损坏电子计算机等妨害业务罪等罪名予以间接保护。相比而言,德国基于个人性构建的公共信息安全刑法保护模式更具特色性和体系性。

(二)我国刑法中的公共信息安全

现行刑法在 1997 年规定计算机犯罪时将第 285 条至第 287 条规定在《刑法》分则第六章"妨害社会管理秩序罪"的第一节"扰乱公共秩序罪"中,但实质上确立了保护计算机信息系统及其数据的安全作为法益内涵。有学者区分宏观与微观层面予以阐释:"四类纯正计算机犯罪的保护法益从宏观上属于社会管理秩序,从微观上属于计算机信息系统的安全。"[②] 而传统观点一般将《刑法》第 285 条、第 286 条所规定的计算机犯罪的侵犯法益概括为计算机信息系统安全(或计算机信息系统及其中数据的安全)、计算机信息系统的安全运行管理制度和计算机信息系统的所有人与合法用户的合法权益。[③]

① 1997 年我国现行《刑法》颁行时已经就该类犯罪规定了情节犯,在规定时间上更早。

② 米铁男:《基于法益保护的计算机犯罪体系之重构》,载《河南大学学报(社会科学版)》2014 年第 4 期,第 63 页。

③ 参见高铭暄、马克昌主编:《刑法学》,北京大学出版社、高等教育出版社 2016 年版,第 532~534 页;周光权:《刑法各论》,中国人民大学出版社 2016 年版,第 349 页;皮勇:《我国网络犯罪刑法立法研究——兼论我国刑法修正案(七)中的网络犯罪立法》,载《河北法学》2009 年第 6 期,第 51~52 页。

此外,《新型网络犯罪解释》也明确了《刑法》第 286 条之 1 拒不履行信息网络安全管理义务罪对公共信息安全的保护。根据其第 1 条第 3 款的规定,利用信息网络提供电子政务、通信、能源、交通、水利、金融、教育、医疗等公共服务的单位和个人属于"网络服务提供者",应履行信息网络安全管理义务,如果拒不履行应承担相应的刑事责任。其第 6 条规定以下三种情形也符合《刑法》第 286 条之 1 第 1 款第(4)项的"有其他严重情节":"(四)致使信息网络服务、网络设施被用于实施网络攻击,严重影响生产、生活的;(五)致使信息网络服务被用于实施危害国家安全犯罪、恐怖活动犯罪、黑社会性质组织犯罪、贪污贿赂犯罪或者其他重大犯罪的;(六)致使国家机关或者通信、能源、交通、水利、金融、教育、医疗等领域提供公共服务的信息网络受到破坏,严重影响生产、生活的。"上述条款体现了对公共信息安全的保护意蕴。

本书认为,虽然归属章节的秩序法益与计算机犯罪的安全法益存在差异,但也并非毫无缘由。第一,社会管理秩序也与安全有关。"社会管理秩序,是指由社会生活所必须遵守的行为准则与国家管理活动所调整的社会模式、结构体系和社会关系的有序性、稳定性与连续性。"[1] 社会管理秩序的内容十分庞杂,包含社会生活各个领域的秩序,诸如国家安全、公共安全、经济秩序、人身与财产权利等均与社会管理秩序有关。[2] 第二,信息法益的发展具有阶段性。在 1997 年刑法修订时,我国正式接入国际互联网才不过三年,计算机犯罪方兴未艾,网络犯罪更是尚未形成的概念,由此立法只能根据重要性日益凸显的"安全"作为计算机犯罪的法益内涵,同时由于难以区分公共安全与个人安全,因此统一归入第六章第一节"扰乱公共秩序罪"中,确立了"两点一面"的立法模式和以行为而非法益为中心的立法路径。[3] 对于计算机犯罪的法益划分有学者指出,可以在犯罪客体或者法益侵害上将该种犯罪分成三大类:"第一是专门侵害国家法益的犯罪,具体是指非法侵

---

① 张明楷:《刑法学》(下),法律出版社 2016 年版,第 1030 页。
② 参见周光权:《刑法各论》,中国人民大学出版社 2016 年版,第 335 页。
③ 参见王肃之:《在行为与法益之间:我国网络犯罪立法路径的反思与超越》,载《澳门法学》2017 年第 3 期,第 236~239 页。

入计算机信息系统罪；第二是专门侵害个人法益的犯罪，具体指非法获取计算机信息系统数据、非法控制计算机信息系统罪；第三是涵盖侵害国家法益与个人法益的犯罪，具体指提供侵入、非法控制计算机信息系统程序、工具罪和破坏计算机信息系统罪，这一类犯罪侵害的法益既可以是国家法益，也可以是个人法益。"① 然而随着网络社会的变迁，网络犯罪向所有类型的犯罪渗透，侵犯公共法益的网络犯罪日益类型化，讨论公共信息安全的独立性越发必要。

公共信息安全的刑法保护应基于公共安全的内容。传统理论认为："社会的公共安全即不特定或多数人的生命、健康和重大公私财产的安全。所谓'不特定'，是相对其他罪危害的'特定'人和物而言，所谓'多数'，是相对于其他犯罪一般只危害少数人和物而言。"② 也有学者借鉴德日理论，认为："危害公共安全罪的保护法益，是不特定或者多数人的生命、身体的安全以及公众生活的平稳与安宁。"③ 不过在移植"平稳与安宁"的表述时应采取慎重的态度。我国刑法和德日刑法的法益体系不同。在德国语境下，安全本身不是法益，与所有其他犯罪构成要件（事实）一样，"安全"只是预先设置的法益保护的伴随现象和后果。④ 而在我国语境下，安全不仅作为法益的实体内容，而且作为同类犯罪的法益内容，因此在这一问题上传统理论的观点有其道理。

但是公共信息安全的不特定属性并不意味着其不能特定化，不特定性仅是公共信息安全在法益威胁阶段的特征，一旦造成了法益实际侵害即完成特定化（如造成严重后果），由此也构成了公共信息安全受侵犯的两种基本形态，即不特定人信息安全的危险和特定人多数人信息安全的侵害。

第一，特定人多数人信息安全的侵害。《危害计算机信息系统安全解释》

---

① 米铁男：《基于法益保护的计算机犯罪体系之重构》，载《河南大学学报（社会科学版）》2014年第4期，第63~64页。
② 高铭暄、马克昌主编：《刑法学》，北京大学出版社、高等教育出版社2016年版，第331页。
③ 张明楷：《刑法学》（下），法律出版社2016年版，第689页。
④ Vgl. Claus Roxin, Strafrecht Allgemeiner Teil. Band I: Grundlagen. Der Aufbau der Verbrechenslehre, 4.Auflage, C.H Beck, 2006, S.429.

的相关规定体现了对特定人多数人信息安全的保护。

其第1条规定了非法获取计算机信息系统数据或者非法控制计算机信息系统行为的"情节严重"（第1款）与"情节特别严重"（第2款），该条第1款第（3）项即为"非法控制计算机信息系统二十台以上的"，第2款相应规定了"数量或者数额达到前款第（1）项至第（4）项规定标准五倍以上的"。

其第4条规定了破坏计算机信息系统功能、数据或者应用程序行为的"后果严重"（第1款）与"后果特别严重"（第2款），该条第1款前两项为："（一）造成十台以上计算机信息系统的主要软件或者硬件不能正常运行的；（二）对二十台以上计算机信息系统中存储、处理或者传输的数据进行删除、修改、增加操作的"。第2款"后果特别严重"的规定，除了第（1）项明确"数量或者数额达到前款第（一）项至第（三）项规定标准五倍以上的"情形外，还规定了以下两项："（二）造成为五百台以上计算机信息系统提供域名解析、身份认证、计费等基础服务或者为五万以上用户提供服务的计算机信息系统不能正常运行累计一小时以上的；（三）破坏国家机关或者金融、电信、交通、教育、医疗、能源等领域提供公共服务的计算机信息系统的功能、数据或者应用程序，致使生产、生活受到严重影响或者造成恶劣社会影响的"。

这两个条款中，第1款虽然在一定程度上体现了对于公共信息安全的保护，但尚可在社会管理秩序层面予以解释；但是第2款基于被害对象数量的群体化和处罚标准的加重化则实际上体现了对于公共信息安全的具体保护，特别是第4条第2款另行规定两种具有公共法益属性的"后果特别严重"情形，已经具体体现了对于侵犯公共信息安全行为的规制。

第二，不特定人信息安全的危险。早在计算机犯罪阶段，即有学者提出部分计算机犯罪侵犯了公共信息安全。如有学者认为："随着全社会对计算机及网络使用的广泛化和依赖性的增加，计算机犯罪的社会危害性将变得越来越大，因而也将越来越具有危害公共安全的性质。"[①] 因此，"将部分犯罪由

① 赵秉志、于志刚：《计算机犯罪及其立法和理论之回应》，载《中国法学》2001年第1期，第151页。

妨害社会管理秩序罪这一犯罪群调整至危害公共安全罪这一犯罪群，或者在危害公共安全罪一章中设立有关计算机犯罪的独立罪种已经具有必要性和可行性。"①

之后学者将该类犯罪聚焦于制作、传播恶性计算机病毒罪的行为上，认为其侵犯了公共信息安全。这种观点又有两种不同的具体理解，一种理解认为，故意制作、传播恶性计算机病毒罪的行为侵犯了公共信息安全。如有学者认为："恶性计算机病毒一旦传播出来，可能危及数量很大、范围极广的计算机系统及通信网络，直接造成重大公私财产损失，或间接危害不特定、多人的生命安全和健康，因此，故意制作、传播恶性计算机病毒的犯罪行为本身已经具有很大的社会危害性，同时也具备危害公共安全罪的共同特征，应在危害公共安全一章独立成罪。"②另一种理解认为，制作、传播计算机病毒的犯罪行为本身即侵犯了公共信息安全。"计算机病毒与其他计算机破坏性程序比较，由于其具有侵害公众利益的特性，所以相比其他破坏性程序，其社会危害性更大，具有危害公共安全的属性。"③就后一种理解，有学者具体给出了三点理由：其一，计算机病毒与其他计算机破坏性程序比较，可以侵害公众利益，其社会危害性比其他破坏性程序更大，具有危害公共安全的性质。其二，制作、传播计算机病毒应为危险犯，被感染病毒的计算机系统随时都处于危险状态，如果等待计算机病毒发作造成严重后果才予以处罚，不利于实现预防犯罪的刑法目的。其三，制作、传播计算机病毒行为对社会公共安全的危害性并不比破坏公用电信设施行为小。④

本书认为，前一种理解更为妥当，即故意制作、传播恶性计算机病毒罪的行为侵犯了公共信息安全。原因在于：其一，基于我国入罪标准较高的现

---

① 于冲：《网络犯罪罪名体系的立法完善与发展思路——从97年刑法到〈刑法修正案（九）草案〉》，载《中国政法大学学报》2015年第4期，第50页。

② 皮勇：《论我国刑法中的计算机病毒相关犯罪》，载《法学评论》2004年第2期，第51~52页。

③ 宋亦青、郝文江：《计算机犯罪的刑事立法缺陷探微》，载《法学杂志》2006年第6期，第61页。

④ 参见黄泽林、陈小彪：《计算机犯罪的立法缺陷与理论回应》，载《人民检察》2005年第9期，第44~45页。

实，制作、传播恶性计算机病毒的行为才应认为危害了不特定人信息安全。恶性计算机病毒与普通计算机病毒其传播性、危害性更为显著，对于公共信息安全产生实质威胁。与之相对，制作、传播计算机病毒的行为，通过《治安管理处罚法》等行政法律予以规制已足[①]。其二，基于网络犯罪刑法理念的折中性，对于信息法益的保护应在谦抑性与预防性之间求得适当的平衡，不应过分扩大刑法调整范围，因此应当作出相对限缩的理解。

综上所述，公共信息安全是具有信息内涵的全新法益内容，但并不是可以随意扩张化和精神化的概念。不应过分扩大公共信息安全的范畴，而应坚守法益重大性的要求，恰当地遵循刑法的谦抑性。

二、公共信息秩序的独立化

除了公共信息安全的独立化，公共信息秩序也开始逐渐脱离传统公共秩序的法益范畴，开始具备独立的法益内涵，并经历了从司法解释的实体化构建到刑事立法的体系化构建的过程，成为亟须关注和研究的新型法益形态。

（一）公共信息秩序的实体化

秩序与法益有着密切的关联。德日学者虽然未直接将秩序作为法益类型化的内容，但是认可二者之间的联系。如德国学者认为，法益应理解为受法律保护的社会秩序的抽象价值。[②] 或认为，刑法通过保护法益的方式实现公共利益和维护法律秩序。[③] 日本学者也认为，刑法的目的是通过保护法益来

[①] 《治安管理处罚法》第 29 条第（4）项即规定了故意制作、传播计算机病毒等破坏性程序，影响计算机信息系统正常运行的情形。

[②] Vgl. Hans-Heinrich Jescheck / Thomas Weigend, Lehrbuch des Strafrechts Allgemeiner Teil, 5. Auflage, Duncker & Humblot, 1996, S.257-258.

[③] Vgl. Johannes Wessels, Strafrecht Allgemeiner Teil: die Straftat und ihr Aufbau, 46. Auflage, C.F. Müller, 2016, S.3.

维持社会秩序。^① 因此，国家就必须选择国家社会中要加以保护的利益，将侵害该种利益的行为作为犯罪予以禁止。这种利益就是刑法上的保护法益或称法益，法益最终是为了维持社会秩序而受到保护的。^② 我国则是在刑法中设置独立的章节，具体包括《刑法》分则第三章"破坏社会主义市场经济秩序罪"和第六章"妨害社会管理秩序罪"。

构建信息法益的前提即是其具有独立性，因此通过网络方式侵犯传统法益的情形并不属于本目讨论的范围。比如，有学者指出面对公众的网络裸聊或违背他人意愿进行的裸聊不仅仅是对道德的违反，还侵害了刑法所保护的个体或公众的情感，侵犯了公共安宁。^③ 该法益内容并不具有区别于传统法益的独立性，不在信息法益之列。

随着网络社会的现实化，关于公共信息秩序是否独立存在的问题学界也进行了长久的争论，其缘起在于一个司法解释和一个案例。

2013 年出台的《网络诽谤解释》有两处规定涉及公共秩序的问题：第一，第 3 条规定："利用信息网络诽谤他人，具有下列情形之一的，应当认定为刑法第二百四十六条第二款规定的'严重危害社会秩序和国家利益'，"其中第（2）项即为"引发公共秩序混乱的"。第二，第 5 条第 2 款规定："编造虚假信息，或者明知是编造的虚假信息，在信息网络上散布，或者组织、指使人员在信息网络上散布，起哄闹事，造成公共秩序严重混乱的，依照刑法第二百九十三条第一款第（四）项的规定^④，以寻衅滋事罪定罪处罚。"

其后，秦某某（网名"秦火火"）案按照《网络诽谤解释》第 5 条第 2 款予以处罚，也受到了学界的广泛关注。

---

① 参见［日］大谷实：《刑法讲义总论》（新版第 4 版），成文堂 2012 年版，第 41 页。

② 参见［日］大谷实：《刑法讲义各论》（新版第 4 版补订版），成文堂 2015 年版，第 1~2 页。

③ 参见高巍：《网络裸聊不宜认定为犯罪——与〈"裸聊行为"入罪之法理分析〉一文商榷》，载《法学》2007 年第 9 期，第 23 页。

④ 《刑法》第 293 条第 1 款第（4）项规定的情形为在公共场所起哄闹事，造成公共场所秩序严重混乱的。

秦火火诽谤、寻衅滋事案[①]

一、基本案情

法院认定的寻衅滋事的事实为，2011 年 7 月 23 日，甬温铁路浙江省温州市相关路段发生特别重大铁路交通事故（"7·23" 甬温线动车事故）。在事故善后处理期间，被告人秦某某为了利用热点事件进行自我炒作，提高网络关注度，于 2011 年 8 月 20 日使用昵称为 "中国秦火火 _f 92" 的新浪微博账户（UID 号：××09413）编造并散布虚假信息，称原铁道部向 "7·23" 甬温线动车事故中外籍遇难旅客支付 3000 万欧元高额赔偿金。该微博被转发 11000 次，评论 3300 余次，引发大量网民对国家机关公信力的质疑，原铁道部被迫于当夜辟谣。被告人秦某某的行为对事故善后工作的开展造成了不良影响。

二、裁判理由

被告人秦某某在重大突发事件期间，在信息网络上编造、散布对国家机关产生不良影响的虚假信息，起哄闹事，造成公共秩序严重混乱，其行为已构成寻衅滋事罪。

就开展公共信息秩序（其时学者多使用 "网络空间秩序" 的表述）讨论的理论前提，学者曾提出两种意见。第一种意见认为对网络空间秩序法益的保护属于对社会管理秩序保护。《刑法》分则第六章 "妨害社会管理秩序罪" 具有兜底性，基本上是将其他章节无法归类的罪名予以规定。[②] 第二种意见认为，刑法介入网络空间秩序有两个正当性要求：第一个要求是以对个人法益的保护为前提，第二个要求是对法益冲突的考量，基于此，维护秩序的存在本身并不天然具有正当性，只有秩序的存在是以保障公民个体自由与权利

[①] 参见北京市朝阳区人民法院（2013）朝刑初字第 2584 号刑事判决书。

[②] 参见苏青：《网络谣言的刑法规制：基于〈刑法修正案（九）〉的解读》，载《当代法学》2017 年第 1 期，第 20 页。

为目的时（才具有正当性），因此应提倡一元人本的法益观，对公共场所秩序这一集体法益进行人本的具体判断。① 第一种意见不当地否定了公共信息秩序的独立性，未基于公共信息法益独立化的现实进行考量，有公共信息法益不可知论的倾向。第二种意见则是未充分考虑我国公共信息法益的立法和现实，强行将德日个人本位的法益观移植，从而不当消解了公共信息法益的理论可能。总之，公共信息秩序的讨论确有必要。

1. 公共信息秩序的理论争议

学界基于前述司法解释的规定和案例，围绕网络空间是否可以构成"公共场所"，以及网络空间秩序是否为公共秩序进行了讨论，形成三种代表性意见。

第一种意见认为，网络空间可以构成公共场所，公共秩序包括网络空间秩序。其主要理由为：

第一，基于双层社会的形成，网络空间可以构成"公共场所"，其秩序可以成为公共秩序。这种意见认为，基于双层社会的形成，网络空间已经成为人类生活的"第二空间"，各种生活事务可以足不出户地通过网络完成。基于此，"人类社会的'公共秩序'被赋予了全新的含义，它包括网络公共秩序和现实公共秩序两个部分，破坏其中任何一部分都属于对公共秩序的侵害，刑事法律规则对于公共秩序的保护无疑也应当扩展到网络公共秩序"。② 在此语境下，"将诸如大型社交网站的博客、微博等平台理解为公共场所，是符合现实情况的，也是完全符合法理、情理与立法精神的"。③

第二，《网络诽谤解释》第 5 条第 2 款系合理的扩大解释。这种意见认为该款契合了网络空间作为公共空间的现实，而且网络空间也将发挥更为重要的作用，成为更重要的社会公共空间。基于此，《网络诽谤解释》第 5 条第 2 款的规定，"将'在公共场所起哄闹事'扩大解释为'在公共空间起哄

---

① 参见敬力嘉：《网络空间秩序与刑法介入的正当性》，载《刑法论丛》2017 年第 4 卷，第 105~115 页。

② 于志刚：《"双层社会"中传统刑法的适用空间——以"两高"〈网络诽谤解释〉的发布为背景》，载《法学》2013 年第 10 期，第 106~107 页。

③ 赵远：《"秦火火"网络造谣案的法理问题研析》，载《法学》2014 年第 7 期，第 87 页。

闹事'，既符合现实需要，也不会扩大打击面"。①

第三，《网络诽谤解释》第 5 条第 2 款没有超出刑法用语的可能含义和国民预测的可能性。对于这一理由，实务部门进行了详细的叙述："网络社会作为一种特殊的'虚拟空间'，实际上也是现实社会的一部分，网络公共秩序也是社会公共秩序的重要组成部分。公共场所是指属于社会的、公共公有的场所。公共场所既可以包括现实社会真实存在的'车站、码头、民用航空站、商场、公园、影剧院、展览会、运动场'等场所，也可以包括门户网站、面向公众开放的论坛等互联网上开放性的电子信息交流'场所'。将微博、门户网站等开放性的网络公共平台作符合信息社会形势变化的解释，没有超出刑法用语可能具有的含义，也未超出社会民众的预测可能性。"②

第二种意见认为，网络空间无法构成公共场所，公共秩序不包括网络空间秩序。其主要理由为：

第一，"公共场所"概念的扩大不应由司法解释完成。这种意见认为，《刑法》中规定的公共场所要求具有现实性，包括公用建筑物、场所及其设施。虽然公共场所具有开放性和非特定性，但是现实性是必不可少的。作为法律概念，及时对其进行扩大解释，这一过程也不应由司法解释完成，否则即为越权解释。③ 从权限上看，界定网络空间的"公共场所"特性应由立法机关完成，作为司法解释必须遵守"合法性原则"，否则就有扩大解释或类推解释之嫌。④

第二，《网络诽谤解释》第 5 条第 2 款的思路会导致网络空间中罪名适用

---

① 张向东：《利用信息网络实施寻衅滋事犯罪若干问题探析》，载《法律适用》2013 年第 11 期，第 14 页。

② 最高人民检察院法律政策研究室：《〈关于办理利用信息网络实施诽谤等刑事案件适用法律若干问题的解释〉解读》，载《人民检察》2013 年第 23 期，第 26 页。

③ 参见李晓明：《刑法："虚拟世界"与"现实社会"的博弈与抉择——从两高"网络诽谤"司法解释说开去》，载《法律科学》2015 年第 2 期，第 122 页；张智辉：《试论网络犯罪的立法完善》，载《北京联合大学学报（人文社会科学版）》2015 年第 2 期，第 93 页。

④ 参见李睿懿：《网络造谣法律规制问题》，载《法律适用》2016 年第 9 期，第 20 页；李晓明：《刑法："虚拟世界"与"现实社会"的博弈与抉择——从两高"网络诽谤"司法解释说开去》，载《法律科学》2015 年第 2 期，第 125 页。

的泛化。如有学者认为如果认定网络空间属于公共场所，网络空间秩序属于公共秩序，进而承认其独立的法益地位，不仅在网络上散布虚假信息会构成寻衅滋事罪，如聚众扰乱社会秩序罪、聚众扰乱公共场所秩序、交通秩序罪、故意杀人罪、抢劫罪等罪名都会有构成的理由，可能导致罪名适用泛化。[①]

第三，《网络诽谤解释》第 5 条第 2 款有偷换概念之嫌，网络空间秩序应限于计算机犯罪等范畴，不应扩大至公共秩序。如有学者认为："空间是场所的上位概念，'公共场所'，是公众（不特定人或者多数人）可以在其中活动的场地、处所，或者说是公众可以自由出入的场所。这里的'自由出入'并不是指言论的自由出入，而是指身体的自由出入。将公共场所提升为公共空间，将公共场所秩序提升为公共秩序，这已经不是扩大解释，而是用上位概念替换下位概念。"[②] 对于导致计算机系统及通信网络瘫痪等网络空间秩序混乱的行为，应按照破坏计算机信息系统罪或编造、故意传播虚假信息罪定罪处罚。[③]

第三种意见认为，网络空间可以构成公共场所，但是公共秩序不包括网络空间秩序。其主要理由为：

第一，"造成公共秩序严重混乱"系指现实社会公共秩序严重混乱。有观点认为，网络空间的本质属性不是公共属性，而是工具性。网络空间秩序只有对现实社会产生影响才会导致法益侵害，因此，对于网络空间秩序的规制仍应归回其现实影响，将现实的公共秩序作为保护法益。[④] 也有实务部门认同这一理由："网络空间是现实社会的组成部分，行为人在信息网络上散布虚假信息，起哄闹事，在导致网络秩序混乱的同时，往往会导致现实社会公共秩序的混乱，甚至引发群体性事件等。对此以寻衅滋事罪定罪处罚，于

---

① 参见孙万怀、卢恒飞：《刑法应当理性应对网络谣言——对网络造谣司法解释的实证评估》，载《法学》2013 年第 11 期，第 16 页。

② 张明楷：《网络时代的刑事立法》，载《法律科学》2017 年第 3 期，第 73~74 页。

③ 参见周光权：《刑法各论》，中国人民大学出版社 2016 年版，第 365~366 页。

④ 参见卢恒飞：《网络谣言如何扰乱了公共秩序？——兼论网络谣言型寻衅滋事罪的理解与适用》，载《交大法学》2015 年第 1 期，第 125 页。该文中论者虽然仍认为网络空间秩序不属于公共秩序，但是认可了网络空间属于公共场所。以及段启俊、郑洋：《网络诽谤犯罪若干问题研究》，载《湖南人学学报（社会科学版）》2016 年第 5 期，第 144 页。

法有据。"①

第二，网络空间秩序的概念难以确定，无法作为法益内容。有学者认为，寻衅滋事罪中"在公共场所起哄闹事，造成公共场所秩序严重混乱"的规定未对"公共场所"进行明确限定，因此，为将网络空间解释为公共场所提供了空间，并且未超出国民的预测可能性。然而网络空间秩序存在概念不明的问题，难以作为法益内容予以保护。秩序往往代表着稳定性、一致性，常以社会规范为依托。而网络空间缺乏一致规则，网络空间秩序概念缺少相应的社会共识基础。②

2. 公共信息秩序的实体性

基于公共信息秩序的视角，本书认为"公共场所"与"公共秩序"的问题应区别进行讨论。我国《刑法》分则第六章第一节为"扰乱公共秩序罪"，第 293 条寻衅滋事罪仅是扰乱公共秩序的犯罪之一。因此，网络空间是否构成"公共场所"未必和公共信息秩序是否存在有必然关系，即便网络空间不构成"公共场所"也未必不存在独立的公共信息秩序。在这一意义上，前述第三种观点具有启发意义。以下分别对于这两个层面进行讨论。

第一，网络空间可以成为公共空间，但是不宜认定为公共场所。空间的范围虽可进行扩大解释，但是场所的解释却应秉持慎重的态度。《德国刑法典》第 123 条所规定的场所范围虽然包括个人住宅、经营场所、土地，以及用于公共事务或交通的封闭公共场所，但是无疑均强调其现实性。此外，该条将公共场所置于个人场所之后，体现了个人场所保护的优先性与基础性。与之类似，在《日本刑法典》中侵犯住宅的犯罪"公共空间"也是作为第二性的保护对象，作为侵犯住宅犯罪的扩大类型。在《日本刑法典》中"场所"一词通常用于表述住宅。关于住宅的意义，日本学说存在以下观点的对立：（1）是供他人饮食起居的场所；（2）必须是他人所占据的、用于日常生

---

① 最高人民法院刑事审判第三庭：《〈关于办理利用信息网络实施诽谤等刑事案件适用法律若干问题的解释〉的理解与适用》，载《人民司法》2013 年第 21 期，第 24 页；参见廖斌、何显兵：《论网络虚假信息的刑法规制》，载《法律适用》2015 年第 3 期，第 39~40 页。

② 参见姜子倩：《网络造谣行为刑法规制的实证分析》，载《法学论坛》2015 年第 6 期，第 87~89 页。

活的场所；（3）为他人所占据的场所。虽然通说是第一种观点，但是无论哪种观点都将住宅作为场所看待。^① 日本学者虽未强调公共空间的场所性，但指出就允许不特定多数人出入的车站（候车室）等公共空间而言，对于平稳状态的出入，其管理者已经作出了概括的承诺。^② 基于此，出入的平稳状态可视为其法益内容，也间接承认了其场所性。我国虽然对于公共场所独立进行保护（《刑法》分则第六章的第 293 条寻衅滋事罪），并未与个人场所规定于同一章节（《刑法》分则第五章第 245 条非法侵入住宅罪）中，但是对于场所也大体采用了类似的观点，强调主体出入的属性。

网络空间虽然具有空间性，但是其属于流动空间，不同于传统意义的物理空间。流动空间是通过流动运作通过分时共享（time-sharing）^③ 完成社会实践的实体组织。^④ 网络空间作为网络社会的空间形式，其分时共享结构与网络社会的跨时空互动性、去中心化和信息共享密切关联，网络空间是基于时间共享所构建起来的多个分离但联系的子空间，其本身并不是集中、实体的空间。因此，网络空间和物理空间在时间要素上相同，在空间要素上相异。物理空间具有时空统一性，时间要素与空间要素是特定存在的，流动空间虽然时间是特定的，但空间是不特定的。这也决定了网络空间虽然具有空间性，但是不具有现实空间的全部内容。以"公共场所"为例，根据权威解释："公共场所是指具有公共性的特点，对公众开放，供不特定的多数人随时出入、停留、使用的场所，主要有车站、码头、民用航空站、商场、公园、影剧院、展览会、运动场等；'其他公共场所'，主要是指礼堂、公共食堂、游泳池、浴池、农村集市等；'公共场所秩序'，是指保证公众顺利地出

① 参见［日］大谷实：《刑法讲义各论》（新版第 4 版补订版），成文堂 2015 年版，第 131 页；［日］斋藤信治：《刑法各论》（第 4 版），有斐阁 2014 年版，第 64 页；［日］山中敬一：《刑法各论》（第 3 版），成文堂 2015 年版，第 182 页；［日］高桥则大：《刑法各论》（第 2 版），成文堂 2014 年版，第 143 页；［日］中森喜彦：《刑法各论》（第 4 版），有斐阁 2015 年版，第 78 页。

② 参见［日］松宫孝明：《刑法各论讲义》（第 4 版），成文堂 2016 年版，第 131 页。

③ 分时共享是利用多重程序（Multiprogramming）与多任务处理（Multitasking）等技术，使多个用户在同时间内分享相同的信息网络资源。

④ See Manuel Castells, The Rise of the Network Society, Blackwell Publishing, 2010, p. 442.

入、使用公共场所以及在公共场所停留而规定的公共行为规则。"①作为流动空间的网络空间显然无法具有类似的"供不特定的多数人随时出入、停留、使用"的特性。

值得讨论的是关于网络赌场的问题。《网络赌博意见》第 1 条第 1 款规定："利用互联网、移动通讯终端等传输赌博视频、数据，组织赌博活动，具有下列情形之一的，属于刑法第三百零三条第二款规定的'开设赌场'行为：（一）建立赌博网站并接受投注的；（二）建立赌博网站并提供给他人组织赌博的；（三）为赌博网站担任代理并接受投注的；（四）参与赌博网站利润分成的。"有学者基于该款规定认为赌场是公共场所，行为人开设赌场即为吸引不特定多数人参与赌博，不应将赌场概念局限于现实空间的场所。②而将开设赌博网站解释为开设赌场未超过国民的预测可能性，也未造成国民法感情的不适，因此应予肯定。③与之类似，就聚众淫乱罪中的"场所"能否在网络空间构成，学者也提出对其采取扩大解释不会伤害国民的可预测性。④

指导案例也对此予以肯定，最高人民法院发布的第 105 号、第 106 号指导案例即是针对网络开设赌场行为作出的。

其一，第 105 号指导案例将以营利为目的，通过邀请人员加入微信群的方式招揽赌客并进行管理，根据竞猜游戏网站的开奖结果持续组织网络赌博活动的行为认定为开设赌场罪。该类行为中，是将组织赌客的微信群和开猜的网站整体评价为开设的"赌场"。

① 郎胜主编：《中华人民共和国刑法释义》，法律出版社 2015 年版，第 514 页。

② 参见卢勤忠、钟菁：《网络公共场所的教义学分析》，载《法学》2018 年第 12 期，第 92 页。

③ 参见于志刚：《网络"空间化"的时代演变与刑法对策》，载《法学评论》2015 年第 2 期，第 116 页。

④ 参见王明辉、唐煜枫：《"裸聊行为"入罪之法理分析》，载《法学》2007 年第 7 期，第 50 页。

洪小强、洪礼沃、洪清泉、李志荣开设赌场案 ①

一、基本案情

2016 年 2 月 14 日，被告人李志荣、洪礼沃、洪清泉伙同洪某 1、洪某 2（均在逃）以福建省南安市英都镇阀门基地旁一出租房为据点（后搬至福建省南安市英都镇环江路大众电器城五楼的套房），雇佣洪某 3 等人，运用智能手机、电脑等设备建立微信群（群昵称为"寻龙诀"，经多次更名后为"（新）九八届同学聊天"）拉拢赌客进行网络赌博。洪某 1、洪某 2 作为发起人和出资人，负责幕后管理整个团伙；被告人李志荣主要负责财务、维护赌博软件；被告人洪礼沃主要负责后勤；被告人洪清泉主要负责处理与赌客的纠纷；被告人洪小强为出资人，并介绍了陈某某等赌客加入微信群进行赌博。该微信赌博群将启动资金人民币 300 000 元分成 100 份资金股，并另设 10 份技术股。其中，被告人洪小强占资金股 6 股，被告人洪礼沃、洪清泉各占技术股 4 股，被告人李志荣占技术股 2 股。

参赌人员加入微信群，通过微信或支付宝将赌资转至庄家（昵称为"白龙账房""青龙账房"）的微信或者支付宝账号计入分值（一元相当于一分）后，根据"PC 蛋蛋"等竞猜游戏网站的开奖结果，以押大小、单双等方式在群内投注赌博。该赌博群 24 小时运转，每局参赌人员数十人，每日赌注累计达数十万元。截至案发时，该团伙共接受赌资累计达 3 237 300 元。赌博群运行期间共分红 2 次，其中被告人洪小强分得人民币 36 000 元，被告人李志荣分得人民币 6000 元，被告人洪礼沃分得人民币 12 000 元，被告人洪清泉分得人民币 12 000 元。

二、裁判理由

法院生效裁判认为，被告人洪小强、洪礼沃、洪清泉、李志荣以营利为目的，通过邀请人员加入微信群的方式招揽赌客，根据竞猜游戏网站的开奖结果，以押大小、单双等方式进行赌博，并利用微信群进行控制管理，在一

---

① 参见最高人民法院指导案例第 105 号。

段时间内持续组织网络赌博活动的行为，属于《刑法》第 303 条第 2 款规定的"开设赌场"。被告人洪小强、洪礼沃、洪清泉、李志荣开设和经营赌场，共接受赌资累计达 3 237 300 元，应认定为《刑法》第 303 条第 2 款规定的"情节严重"，其行为均已构成开设赌场罪。

其二，第 106 号指导案例将以营利为目的，通过邀请人员加入微信群，利用微信群进行控制管理，以抢红包方式进行赌博认定为开设赌场罪。该类行为中，是将组织"抢红包"的微信群评价为开设的"赌场"。

谢检军、高垒、高尔樵、杨泽彬开设赌场案 [①]

一、基本案情

2015 年 9 月至 2015 年 11 月，向某（已判决）在杭州市萧山区活动期间，分别伙同被告人谢检军、高垒、高尔樵、杨泽彬等人，以营利为目的，邀请他人加入其建立的微信群，组织他人在微信群里采用抢红包的方式进行赌博。其间，被告人谢检军、高垒、高尔樵、杨泽彬分别帮助向某在赌博红包群内代发红包，并根据发出赌博红包的个数，从抽头款中分得好处费。

二、裁判理由

法院生效裁判认为，以营利为目的，通过邀请人员加入微信群，利用微信群进行控制管理，以抢红包方式进行赌博，设定赌博规则，在一段时间内持续组织赌博活动的行为，属于《刑法》第 303 条第 2 款规定的"开设赌场"。谢检军、高垒、高尔樵、杨泽彬伙同他人开设赌场，均已构成开设赌场罪，且系情节严重。

本书认为，赌场和公共场所虽然都具有一定的公共性，但是也有诸多不同之处：其一，赌场在我国性质为非法，不存在需要独立保护的公共场所秩序，依照《刑法》第 303 条第 2 款开设赌场罪，其评价重心在于开设赌场行

---

① 参见最高人民法院指导案例第 106 号。

为；公共场所则是合法场所，车站、码头、民用航空站等为社会生活所必需，其公共秩序是应当被保护的法益，因此《刑法》第293条第1款第（4）项评价的重心在于扰乱公共场所秩序的行为。仅基于《网络赌博意见》第1条第1款的规定不足以肯定赌场的场所性及公共秩序性。其二，基于赌场的非法性，对于开设赌场的行为予以严厉打击不会造成国民法感情的不适。但是公共场所是每个人日常生活的场域，如果对公共场所和公共场所秩序进行过于扩大的解释易引起国民法感情的不适。而现实中《网络诽谤解释》第5条第2款也确实引起了学界的广泛讨论和社会的广泛关注。

基于此，在缺乏相关立法的情况下，《网络诽谤解释》第5条第2款关于网络空间作为"公共场所"的规定具有探索和实践价值，但同时也面临网络犯罪立法和司法解释协调的问题。从长远来看，及时通过合理的刑事立法明确网络空间和物理空间的法律边界，从而使《网络诽谤解释》的权宜之计、平衡之策转化为科学的刑法规则仍有必要。

在这一前提下，在未来专设刑法条文规则时不宜从"公共场所"的角度完成网络空间的规范化，而应基于流动空间的视角设立专门的规则。理由如下：其一，作为流动空间的网络空间难以具备公共场所的空间特性。公共场所的空间性是固定的、特定的，网络空间则是时间共享、空间分享的，如果将网络空间界定为"公共场所"难以在"身体的自由出入"还是"言论的自由出入"等问题上提供实质依据。其二，将网络空间解释为"公共场所"虽然仍可在扩大解释的框架下论述，但是前述第一种意见、第二种意见实际上对此争论激烈，关于其可能超过国民预测可能性的观点也十分有力，在新设立法无须依托既有条文的前提下，建议通过更科学的规则设置解决这一问题。其三，将网络空间解释为"公共场所"有可能引起国民法感情的不适，这在《网络诽谤解释》第5条第2款与《网络赌博意见》第1条第1款社会回应的反差中可以得到体现。

第二，应肯定公共信息秩序法益的独立性。如果仅基于《网络诽谤解释》第5条第2款的规定探讨公共信息秩序易于失之片面。以下立法和司法解释条款也应当关注：其一，《刑法》第291条中的编造、故意传播虚假恐怖信息罪,其犯罪行为系"编造爆炸威胁、生化威胁、放射威胁等恐怖信息,或者明知是编造的恐怖信息而故意传播,严重扰乱社会秩序的";以及编造、故意传播虚假信息罪,其犯罪行为系"编造虚假的险情、疫情、灾情、警情,在信息网络或者其他媒体上传播,或者明知是上述虚假信息,故意在信息网络或者其他媒体上传播,严重扰乱社会秩序的"。其二,《网络诽谤解释》第3条,利用信息网络诽谤他人,具有下列情形之一的,应当认定为《刑法》第246条第2款规定的"严重危害社会秩序和国家利益",其中第(2)项即为"引发公共秩序混乱的"。以上条款均只称"社会秩序",并未限于"现实社会秩序"或"现实公共秩序"。

关于网络公共秩序和现实公共秩序是何种关系,前述第一种意见认为公共秩序包括网络公共秩序和现实公共秩序两个部分,而第二种意见和第三种意见认为公共秩序仅指现实公共秩序。实际上网络公共秩序和现实公共秩序不是非黑即白、非此即彼的互斥关系,而是交叉关系。本书第一章中已经阐明对于网络社会和现实社会的关系的理解是交融关系而非层次关系,在公共秩序上二者实际上也具有相当程度的交叉性。比如,有些网络犯罪侵犯的公共秩序即为现实的公共秩序,这在本章伊始也已说明。此外,有些网络犯罪所侵犯的公共秩序不是传统意义上的公共秩序所能涵盖的(如信息安全管理秩序),是需要独立予以评价的刑法法益,在此称之为公共信息秩序。与传统公共秩序相比,公共信息秩序具有信息性与独立性。

其一,信息性即意味着公共信息秩序必须是网络犯罪所侵犯的具有信息属性的公共秩序,而非传统意义上的公共秩序。由此,在网络上实施捏造、传播虚假事实,以及编造或传播虚假险情、疫情、灾情、警情的行为,如果由此导致网民纷纷跟帖、网络舆情出现危机等情形,则属于侵犯公共信息秩序。如果实施上述行为,导致社会动荡、骚乱等情形,则已经侵犯了现实公共秩序。

这里需要说明对公共秩序的理解问题。既有研究在探讨公共信息秩序是否具有独立性之时,常常将公共秩序与现实公共秩序混同,从而将问题的讨论错误地引向了公共信息秩序是否构成现实公共秩序。应将"公共秩序"(或者称为"真实公共秩序")作为上位概念,公共信息秩序与现实公共秩序均是其下位概念，只要侵犯了真实公共秩序即造成了法益侵害，只不过因是否限于秩序的信息性而区分为公共信息秩序与现实公共秩序。

其二，独立性即意味着公共信息秩序必须是网络犯罪所侵犯的难以为既有公共秩序所涵盖（如计算机犯罪）的新型公共秩序。前述反对公共信息秩序独立性的观点之一即认为公共信息秩序可以为计算机犯罪等网络犯罪类型所侵犯的社会管理秩序所包含。计算机犯罪本身虽然名为保护的秩序，实际上体现的是对安全的保护，将公共信息秩序纳入其范畴不妥。至于编造、故意传播虚假信息罪，其本身即体现了对公共信息秩序的认可。

通过公共信息秩序的理论构建，可以使其与现实公共秩序形成补集关系而非交集关系，避免网络领域秩序法益交叉的问题。在此基础上，基于公共信息秩序与现实公共秩序的二元界分，构建新的公共秩序法益体系。

（二）公共信息秩序的体系化

《刑法修正案（九）》新设了第 286 条之 1 拒不履行信息网络安全管理义务罪、第 287 条之 1 非法利用信息网络罪和第 287 条之 2 帮助信息网络犯罪活动罪，这也为公共信息秩序的体系化提供了契机。以上罪名被学界关注和讨论的重心虽然仍然限于行为领域，但是也有学者开始关注新生的公共信息秩序，并就其法益内容形成了不同的观点。

第一种观点认为，拒不履行信息网络安全管理义务罪、非法利用信息网络罪和帮助信息网络犯罪活动罪的法益（客体）都是信息网络安全管理秩序。[①] 这一观点基于拒不履行信息网络安全管理义务罪中"信息网络安全管理"的表述，并与《刑法》分则第六章"妨害社会管理秩序罪"的名称相组合，形成这一表述。另有学者认为，除了前述立法基础，这一表述也有事实基础："例如，电信网络诈骗犯罪内部有细致的产业化分工，有专门的犯罪群体以设立用于违法犯罪活动的网站、发布违法犯罪信息为生，以独立主体

---

① 参见高铭暄、马克昌主编：《刑法学》，北京大学出版社、高等教育出版社 2016 年版，第 535~536 页。也有学者就非法利用信息网络罪单一罪名认为其法益为信息网络安全管理秩序，参见孙道萃：《非法利用信息网络罪的适用疑难与教义学表述》，载《浙江工商大学学报》2018 年第 1 期，第 54 页。

身份与下游犯罪人进行非法交易，是犯罪链上的独立环节，不符合共同犯罪的构成条件。"①

第二种观点认为，拒不履行信息网络安全管理义务罪、非法利用信息网络罪和帮助信息网络犯罪活动罪的法益是网络安全秩序。其认为，《刑法修正案（九）》增设这三个罪名，对网络犯罪的预备行为实行化、帮助行为正犯化。"由此，前置性的网络安全秩序就成为这些犯罪的保护法益。"②

第三种观点认为，拒不履行信息网络安全管理义务罪的法益是网络虚拟空间秩序。其认为："既然将拒不履行网络安全管理义务罪设置在妨害社会管理秩序这一章之下的扰乱公共秩序这一节中，根据体系解释的原理，该罪所侵犯的法益首先可以确定到对公共秩序的扰乱这一层面。"③

第四种观点认为，拒不履行网络安全管理义务罪的法益是具备公共利益属性的特定信息专有权。通过将拒不履行网络安全管理义务罪中所规定的"信息网络安全管理义务"之"信息网络安全管理"限缩解释为信息传播的治理，可以明确这一法益属性。④"具备社会公共利益属性的用户信息专有权，也就是具备人格权和财产权属性的、不特定或者多数用户的信息专有权之集合。"⑤

讨论以上三个罪名的法益首先明确一个基础问题——其法益内容是同一的还是区别的。前述四种观点，前两种观点针对三个罪名总体的法益进行归纳，后两种观点对拒不履行信息网络安全管理义务罪的法益进行讨论，前提范畴并不一致。这几种观点的法益讨论也不充分：第一，前三种观点的表述相似，但是既未对其法益内涵进行实质阐释，也未明确用语区别的原因，难以赋予法益实质的内涵。第二，第四种观点虽然试图从实质上探求拒不履行

---

① 皮勇：《论新型网络犯罪立法及其适用》，载《中国社会科学》2018 年第 10 期，第 135 页。

② 孙国祥：《集体法益的刑法保护及其边界》，载《法学研究》2018 年第 6 期，第 42 页。

③ 李世阳：《拒不履行网络安全管理义务罪的适用困境与解释出路》，载《当代法学》2018 年第 5 期，第 69 页。

④ 参见敬力嘉：《论拒不履行网络安全管理义务罪——以网络中介服务者的刑事责任为中心展开》，载《政治与法律》2017 年第 1 期，第 53 页。

⑤ 敬力嘉：《信息网络安全管理义务的刑法教义学展开》，载《东方法学》2017 年第 5 期，第 88 页。

网络安全管理义务罪的法益内涵，但是信息专有权本身概念尚有待进一步论证，再在其基础上赋予主体的多元性、法益类型的多元性，无疑更难以指明清晰的法益内容。

本书认为，从整体上看这三个罪名都是侵犯的公共信息秩序。其理由在于：第一，这三个罪名均非针对特定个人人身或财产法益实施的犯罪行为；相反，关联行为的对象往往具有非特定性，其侵犯的法益具有公共属性。第二，这三个罪名规定于《刑法》分则第六章第一节"扰乱公共秩序罪"中，根据类罪法益的解释原理，也应将其法益理解为具有公共性质的秩序法益。

但是拒不履行网络安全管理义务罪由于行为主体和行为模式的特殊性，其法益内容和另外两个罪名并不一致。即在此采取区别论：

第一，拒不履行网络安全管理义务罪的法益是信息安全管理秩序。基于信息法益的视角，信息作为承载法益的实体，网络作为连接信息的形式，而且从《刑法》第286条之1的内容看，其所保护的也是信息安全管理秩序。在该条第1款所列的三种具体情形中，均是指向的信息管理而非网络管理：第（1）项指向"违法信息"，第（2）项指向"用户信息"，第（3）项指向"刑事案件证据"（也必然要求以其信息内容证明基本案情）。相反，如果指向网络安全管理秩序，则应是网络服务提供者未对系统、网络管理未履行相应义务，导致遭受攻击造成严重后果，而第286条之1的规定显然并非此意。

第二，非法利用信息网络罪和帮助信息网络犯罪活动罪的法益是公共信息管理秩序。① 与拒不履行网络安全管理义务罪不同，无论是为了实施违法犯罪设立网站、通讯群组和发布信息的非法利用信息网络罪，还是提供互联网接入、服务器托管、网络存储、通讯传输等技术支持或者广告推广、支付结算等帮助的帮助信息网络犯罪活动罪，其违法性的关键不在于未履行信息安全管理义务，而在于违反了信息发布或者信息服务的正当管理秩序，进而侵犯了公共信息秩序。

---

① 也有观点认为该罪的法益为现实社会的管理秩序，参见张尹：《非法利用信息网络罪的司法适用》，载《法律适用》2019年第15期，第15页。

信息安全管理秩序与公共信息管理秩序也在一定程度上探索了公共信息秩序的体系。在《刑法修正案（九）》颁布之前，虽然公共信息秩序的实体化日渐凸显，但是仅为基于特定罪名、特定司法解释条款的探讨，公共信息秩序只是基于司法解释的规定进行非全面、非定型的阐释，缺乏实体条款的依托，这一层次的公共信息秩序可称为非定型的公共信息秩序。随着前述三个罪名的增设，信息安全管理秩序与公共信息管理秩序开始作为定型的、具体的公共信息秩序出现，这一层次的公共信息秩序可称为定型的公共信息秩序。这两种形态的公共信息秩序延展了这一法益类型的体系。

第三章 网络犯罪对象的范式与发展

计算机（及其计算机系统）与数据（电磁记录）作为网络犯罪对象已经为《网络犯罪公约》和德国、日本刑法承认。《网络犯罪公约》第 1 条首先规定了计算机系统（computer system）和计算机数据（computer data），其中计算机系统强调"通过运行程序进行数据的自动化处理"，"计算机数据"包括了"适于使计算机信息系统进行某项功能的程序"。《德国刑法典》中使用的犯罪对象概念为数据（Daten）与计算机（Computer）。其主要保护计算机系统和数据的机密性、完整性、可用性（zum Schutz der Vertraulichkeit, der Integrität und der Verfügbarkeit von Computerszstemen und–daten）。① 《日本刑法典》中使用的犯罪对象概念为电子计算机。"所谓电子计算机，是指自动进行计算和数据处理的电子装置。"② 《日本刑法典》并未使用数据的概念，其第 7 条之 2 专门界定了"电磁记录"，指用电子、磁气及其他不能通过人的知觉认识的方式制作的供电子计算机进行信息处理所使用的记录。

　　与之不同，我国《刑法》虽然也使用了"计算机信息系统"和"计算机信息系统数据"的概念，但是无论对于计算机系统还是其中的数据均以"信息"作为限定。此外，我国《刑法》中多条条文还使用了德国、日本刑法中未出现的"信息"概念，如"个人信息""虚假信息"等概念。基于以上网络犯罪对象的范式区别，不少学者提出应借鉴德、日刑法的数据范式，但是从另外的角度考察我国刑事立法未尝不是形成了颇具特色的信息范式。

---

① Ulrich Sieber, Straftaten und Strafverfolgung im Intenet, C.H.Beck, 2012, S. 82.
② ［日］高桥则夫：《刑法各论》（第 2 版），成文堂 2014 年版，第 554 页。

第一节　信息数据与信息系统

一、信息与数据

　　传统教义学领域中犯罪对象又称为行为客体（或攻击客体），系符合构成要件的行为所作用的现实对象。[①] 德日一般在与法益区别的层面讨论，主要结论为：第一，法益是观念性的社会价值，犯罪对象是行为具体作用的"人"或"物"，二者应当予以区别。[②] 第二，法益和行为对象既可能重合，也可能存在区别。[③] 对于这类"行为客体"，我国学者一般称为犯罪对象，指犯罪行为直接作用或影响的作为社会关系主体和物质表现的具体的人或物。[④] 犯罪对象对于犯罪认定有重要作用，对此有学者指出："行为对象并非在任何犯罪中都受到侵害，但特定的行为对象是许多犯罪的构成要件要素，保护

[①]　Vgl. Hans–Heinrich Jescheck / Thomas Weigend, Lehrbuch des Strafrechts Allgemeiner Teil, 5. Auflage, Duncker & Humblot, 1996, S.259–260.

[②]　Vgl. Johannes Wessels, Strafrecht Allgemeiner Teil: die Straftat und ihr Aufbau, 46. Auflage, C.F. M ü ller, 2016, S.4. 参见［日］大谷实：《刑法讲义各论》（新版第 4 版补订版），成文堂 2015 年版，第 109 页；［日］曾根威彦：《刑法原论》，成文堂 2016 年版，第 129 页；［日］高桥则夫：《刑法总论》，成文堂 2013 年版，第 91 页；［日］日高义博：《刑法总论》（第 2 版），成文堂 2015 年版，第 109 页；［日］曾根威彦：《刑法原论》，成文堂 2016 年版，第 95 页。

[③]　Vgl. Claus Roxin, Strafrecht Allgemeiner Teil. Band I: Grundlagen. Der Aufbau der Verbrechenslehre, 4.Auflage, C.H Beck, 2006, S.33. 参见［日］前田雅英：《刑法各论讲义》（第 6 版），东京大学出版会 2015 年版，第 47 页。

[④]　参见陈兴良：《刑法哲学》，中国人民大学出版社 2015 年版，第 83 页。

法益本身不是构成要件要素。"①

一般认为，"犯罪对象是指《刑法》分则条文规定的犯罪行为所作用的客观存在的具体人或者具体物"。② 也有学者提出与前述定义稍有不同，但是并无本质区别的定义，如"犯罪对象是犯罪实行行为作用或影响的，可以反映犯罪客体的具体人或物及其属性、状态、特征"。③ 或"实行行为所作用的物、人、组织（机构）"。④ 总体来看，上述定义并无根本性的分歧，均认为犯罪对象必须是实体、必须被犯罪行为所作用、必须具有一定的社会意义。

信息与数据是我国刑事立法和司法解释均使用的刑法概念。比如，《刑法》第253条之1使用了"个人信息"的概念，第291条使用了"虚假恐怖信息"和"虚假信息"的概念。而第285条、第286条则使用了"计算机信息系统数据"和"数据"的概念。相关司法解释也均使用信息与数据的概念。比如，《危害计算机信息系统安全解释》第1条第1款规定的非法获取计算机信息系统数据的情形即包括：（1）获取支付结算、证券交易、期货交易等网络金融服务的身份认证信息十组以上的；（2）获取第（1）项以外的身份认证信息五百组以上的。其第11条第2款更明确指出，该司法解释所称"身份认证信息"，是指用于确认用户在计算机信息系统上操作权限的数据，包括账号、口令、密码、数字证书等。

以上对象概念的交叉使用虽然可以确保刑法对于网络犯罪的打击，但是也引发了对其概念边界的讨论。

一种观点认为，目前数据的概念范围过于狭窄。就我国《刑法》中规定了数据的第285条、第286条，分别有观点提出批评。有学者认为，《刑法》第285条第2款非法获取计算机信息系统数据罪所保护的数据，其范围限于"计算机信息系统内部的、侧重于信息系统自身功能维护的、以访问控制为主要考虑的数据"，该数据类型过于附属于计算机信息系统功能，未关注数

---

① 张明楷：《刑法学》（上），法律出版社2016年版，第165~166页。

② 高铭暄、马克昌主编：《刑法学》，北京大学出版社、高等教育出版社2016年版，第58页。

③ 许发民、康诚：《犯罪对象概念的反思与重构》，载《法学研究》2007年第5期，第123页。

④ 张明楷：《刑法学》（上），法律出版社2016年版，第163页。

据的价值与保护必要性，且范围过于局限于以验证为内容的数据。^①另有学者认为，《刑法》第286条破坏计算机信息系统罪中的数据是计算机信息系统中的数据，仅是该系统功能实现的载体，限于该系统内部的静态数据的安全，不符合大数据时代的要求，如"网页浏览痕迹、下载记录和关键词搜索记录等反映用户生活规律、消费习惯和经济状况的信息数据"，无法归入计算机信息系统数据的范畴。^②

秉承这种观点的学者围绕数据范围的扩大提出了具体的修改建议："其一，将'非法获取计算机信息系统数据罪'修正为'非法获取网络数据罪'。具体而言，修正《刑法》第285条第2款'非法获取计算机信息系统数据罪'，去除前提性的技术行为限定。其二，修正制裁履职过程中的数据犯罪的罪名。建议将罪状中的'将本单位在履行职责或者提供服务过程中获得的公民个人信息'中的'公民个人信息'，修正为'数据'。"^③

另一种观点则认为，目前数据的概念范围过于宽泛。主要理由有二：其一，数据和信息的范围会产生交叉。如有学者认为，作为犯罪对象的数据范围极其广泛，几乎涵盖了所有可在计算机信息系统中储存、显示、获取的权利客体，和各类信息的交叉不可避免。比如，"身份认证信息以个人真实信息显示时，'数据'和'个人信息'发生重叠而难以区分，直接导致部分原本应构成侵犯公民个人信息罪的行为被认定为非法获取计算机信息系统数据罪，典型的是获取考生信息系统中考生账号密码的案例"。^④其二，并非所有的数据均应作为犯罪对象保护。有学者认为应区分核心数据和非核心数据，破坏计算机信息系统罪中的数据必须是核心数据，进而为该罪划定合理的处

---

① 参见于志刚、李源粒：《大数据时代数据犯罪的制裁思路》，载《中国社会科学》2014年第10期，第103~104页。

② 参见黄晓亮：《从虚拟回归真实：大数据时代刑法的挑战与应对》，载《中国政法大学学报》2015年第4期，第59~60页。

③ 于志刚、李源粒：《大数据时代数据犯罪的制裁思路》，载《中国社会科学》2014年第10期，第117~118页。

④ 杨志琼：《非法获取计算机信息系统数据罪"口袋化"的实证分析及其处理路径》，载《法学评论》2018年第6期，第164~165页。

罚边界。[①]

以上讨论实际上关系到网络犯罪对象的一个基础性问题——采用信息范式还是数据范式。

（一）数据范式

德、日刑法采取的是数据范式。德国以数据（Daten）作为网络犯罪的核心犯罪对象，并以其他形式的对象作为补充。除了第 202 条 a 探知数据罪、第 202 条 b 拦截数据罪、第 202 条 c 预备探知和拦截数据罪、第 202 条 d 窝藏数据罪、第 303 条 a 变更数据罪等罪名外，第 303 条 b 破坏计算机罪也指向了数据处理。《德国刑法典》中的数据概念具有极强的包容性。第 202a 条中的数据概念超出了欧洲委员会《网络犯罪公约》和《关于攻击信息系统的理事会框架决议》的要求，因为访问数据也未必进入计算机系统，通过录音带、磁带、软盘、硬盘、记忆卡、芯片和存储卡、信用卡、CD 或 DVD 等均可获取数据。对于数据概念内涵，德国立法机关故意不公开有其道理，因为这样可以避免基于各种新的技术发展再次调整数据概念。[②]

《日本刑法典》采取了"电磁记录"的表述，从其第 7 条的表述来看，电磁记录是指电了、磁气及其他不能通过人的知觉认识的方式制作的供电子计算机进行信息处理所使用的记录。虽然从其概念来看，电磁记录有着数据的含义，如非法制作电磁记录罪与提供非法制作的电磁记录罪（第 161 条之 2）、第 18 章之 2 有关支付磁卡电磁记录的犯罪、第 19 章之 2 非法指令电磁记录相关犯罪等罪名直接规定了电磁记录，其他相关犯罪也规定了电磁记录。但是电磁记录并不是真正有独立意义的犯罪对象。比如，在《德国刑法典》中，数据概念虽然与信息相比强调形式判断，但是也具有独立的对象价值，可以被探知、拦截等。《日本刑法典》中独立的电磁记录并不作为犯罪对象保护，即便是第 163 条之 4 预备非法制作支付磁卡电磁记录罪规定了非

---

① 参见俞小海：《破坏计算机信息系统罪之司法实践分析与规范含义重构》，载《交大法学》2015 年第 3 期，第 151 页。

② Vgl. Daniel Schuh, Computerstrafrecht im Rechtsvergleich - Deutschland, Österreich, Schweiz, Duncker & Humblot, 2011, S.53-56.

法获取电磁记录信息的情形，也是要求供第 162 条之 2 非法制作支付磁卡电磁记录等罪之用，而予以附属规制。

在这一范式中，信息并不是作为类似数据的基础性犯罪对象概念，具体可以从以下三个方面理解：

第一，信息作为数据（或电磁记录）的内涵形式或者结构形式。《德国刑法典》中并未将信息作为犯罪对象，只是在第 176 条性虐待儿童罪中规定了"信息和通讯技术方式"（Informations– und Kommunikationstechnologie）。《日本刑法典》中电磁记录包括电磁记录信息，如在准备非法制作支付用卡电磁记录的犯罪，对象是"电磁记录信息"，即在使用支付用卡进行支付决算系统当中，成为其情报处理对象的一连串的信息，不是会员号、姓名等零碎的信息。而电磁记录本身的范围很广，计算机病毒都包括在"非法指令电磁记录"中。①

第二，信息在是否成为财产罪的客体层面进行讨论，而非人身犯罪层面。如日本学者一般认为，信息的保护必要性增大，但是不该作为财物看待，仅盗窃信息不能构成犯罪。② 无论从有体性说还是物理的管理可能性说，信息本身不是物理的存在，不过当信息被记录在文件、软盘、USB 等物理介质中时，存储信息的介质（信息化的物体）就是财物。③

第三，个人信息（个人数据）保护则是通过单行刑法的方式予以规定，在刑法典层面则是限于个人秘密、隐私的保护。比如，《德国刑法典》第 203 条侵犯个人秘密罪（Verletzung von Privatgeheimnissen）和第 204 条利用他人秘密罪（Verwertung fremder Geheimnisse），《日本刑法典》第 134 条泄露秘密罪（秘密漏示）均是基于个人秘密信息规定的。

① 参见［日］大谷实：《刑法讲义各论》（新版第 4 版补订版），成文堂 2015 年版，第 500~511 页。

② 参见［日］前田雅英：《刑法各论讲义》（第 6 版），东京大学出版会 2015 年版，第 147 页；［日］斋藤信治：《刑法各论》（第 4 版），有斐阁 2014 年版，第 342 页。

③ 参见［日］大谷实：《刑法讲义各论》（新版第 4 版补订版），成文堂 2015 年版，第 184~185 页；［日］高桥则夫：《刑法各论》（第 2 版），成文堂 2014 年版，第 209 页；［日］斋藤信治：《刑法各论》（第 4 版），有斐阁 2014 年版，第 91 页；［日］山中敬一：《刑法各论》（第 3 版），成文堂 2015 年版，第 255 页。

（二）信息范式

我国刑法采取的是信息范式。在广义而言，信息作为犯罪对象并不限于网络犯罪范畴。刑法已经规定诸多有关信息的犯罪。有学者认为，在我国现行法律体系中，明确了对七种类别的信息予以保护，分别是：国家秘密、军事秘密、国家情报、商业秘密、消费者个人信息、网络运营商收集的用户信息和公民个人信息。[①] 本书认为应进一步予以类型化，在内容上分为以下四类：第一类为有关国家信息的犯罪，包括第 111 条为境外窃取、刺探、收买、非法提供国家秘密、情报罪，第 398 条故意泄露国家秘密罪、过失泄露国家秘密罪[②]，第 431 条非法获取军事秘密罪与为境外窃取、刺探、收买、非法提供军事秘密罪，第 432 条故意泄露军事秘密罪、过失泄露军事秘密罪等。第二类为有关商业和知识产权信息的犯罪，包括第 161 条违规披露、不披露重要信息罪，第 180 条内幕交易、泄露内幕信息罪与利用未公开信息交易罪，第 181 条编造并传播证券、期货交易虚假信息罪与诱骗投资者买卖证券、期货合约罪，以及知识产权有关犯罪等。第三类为有关社会管理信息的犯罪，包括第 291 条之 1 编造、故意传播虚假信息罪，第 308 条之 1 泄露不应公开的案件信息罪与披露、报道不应公开的案件信息罪，有关计算机信息系统数据的犯罪等。第四类为有关个人信息的犯罪，主要包括第 177 条之 1 窃取、收买、非法提供信用卡信息罪，第 253 条之 1 侵犯公民个人信息罪等。

在网络犯罪层面应特别关注以下三点：第一，侵犯个人信息犯罪的增设。《刑法》第 253 条之 1 侵犯公民个人信息罪的增设与修改，第 177 条之 1 窃取、收买、非法提供信用卡信息罪的增设均选择了"信息"的表述，而没有沿用德国和日本刑法的"秘密"表述。第二，虚假信息犯罪的增设。第 291 条之 1 编造、故意传播虚假恐怖信息罪，编造、故意传播虚假信息罪的

---

① 参见于志刚：《"公民个人信息"的权利属性与刑法保护思路》，载《浙江社会科学》2017 年第 10 期，第 7 页。

② 在国家秘密意义上我国和德国刑法的规定立场相同，均强调信息的秘密性，参见《德国刑法典》第 93 条。

增设，都使用了"虚假信息"的概念，强调信息属性，不同于《日本刑法典》"虚假传闻"或"虚假事实"概念。^①第三，计算机信息系统数据的信息化解释。《危害计算机信息系统安全解释》第 1 条第 1 款第（1）项、第（2）项的解释实际上也是将计算机信息系统数据作出信息化的解释，将其具体为"身份认证信息"。我国实际上通过计算机系统的信息化实现对其保护，而非将其割裂开来，因此下述观点未能体现我国网络犯罪对象的保护模式："我国《刑法》计算机犯罪条文的一个显著问题是在系统和数据的关系上强调系统安全而不重视信息安全。"^②

采用信息范式还是数据范式与国家的社会价值观念和犯罪追诉标准有关。第一，在社会价值观念层面，德国和日本强调个人法益优先，隐私利益处于绝对的地位，无论是计算机系统和数据的"机密性"，还是个人数据的私密性，都强调秘密属性，因此，一旦数据形式上被侵犯，不论其内容，均通过刑法予以保护。我国与之不同，在计算机信息系统和个人信息层面均强调安全，更注重其实质内涵，故采用更体现内容属性的信息概念。但是这并不意味着我国对此的保护程度更低，如对公开的个人信息在我国也可以通过刑法予以保护，而其显然在个人秘密层面保护存在障碍。有学者认为："我国将来的刑事立法，应当将伪造、变造普通私文书、印章、署名与伪造、变造电子文书、电子署名（电磁记录）等行为，一并规定在同一法条中，从而保护私文书、印章、署名的信用。"^③这一观点实际上未充分考虑我国和德、日网络犯罪对象范式的本质区别。第二，在犯罪追诉标准层面，德国和日本的犯罪立法标准低，理论上任何侵犯法益的行为均构成犯罪，只是在司法层面由法官裁量是否予以追诉，因此通过更为具有形式意义的数据概念可以确保犯罪追诉。我国犯罪标准较高，凡是入罪的行为均具有相当程度的法益侵

---

① 参见［日］山中敬一：《刑法各论》(第 3 版)，成文堂 2015 年版，第 213 页；［日］松宫孝明：《刑法各论讲义》(第 4 版)，成文堂 2016 年版，第 168 页；［日］高桥则夫：《刑法各论》(第 2 版)，成文堂 2014 年版，第 181 页。

② 李源粒：《破坏计算机信息系统罪"网络化"转型中的规范结构透视》，载《法学论坛》2019 年第 2 期，第 43 页。

③ 张明楷：《网络时代的刑事立法》，载《法律科学》2017 年第 3 期，第 81 页。

害性，且达到法定标准均应予以追诉，因此，采用更为具有实质意义的信息概念可以确保刑罚发动的正当性和妥当性。

传统理论信息并不作为犯罪对象，如有观点认为："没有必要（将犯罪对象）解释为'信息'，把简单问题复杂化。"① 近年来，随着侵犯信息的犯罪日益增多，学界也逐渐认可了信息的犯罪对象性。如有学者认为，"信息可以成为行为对象（犯罪对象），在对信息的本质存在激烈争议的情况下，可以将信息视为物。"②

但是前述论述仍未解决根本问题，信息是否应从"物"的视角认可为犯罪对象有待商榷。有学者指出："计算机信息与传统的物具有显著差别，计算机信息不在刑法上的'物'的调整范围内。"③ 将信息作为"物"最大的障碍就是信息的可复制性："信息虽然可以成为被毁损的对象（被毁了以后的信息将无人能够持有），但是却不可能基于传统刑法理论而成为被窃的对象（因为被窃后，原持有者仍持有信息），因而与传统刑法存在冲突。"④ 传统上的物是具体的、确定的，物本身有确定的利益，物的流转会带来利益的变动，所以在民法和刑法理论中才有必要讨论占有的问题。而如果这一障碍未能得到根本解决，将信息作为"物"将始终面临难以进行适当刑法评价的问题。此外，也有学者认为应在"物"之外考虑网络犯罪的对象，如认为："在犯罪对象的分类中，如果按照表现形式来划分，可分为三种：人、物、虚拟之真实存在（数字化之真实存在）。"⑤

本书认为，应明确信息作为网络犯罪的对象。一般认为，一个事物能够成为犯罪对象，应符合以下三个条件："第一，犯罪对象是具体的人或物；第二，犯罪对象是犯罪行为直接作用的人或物；第三，犯罪对象是刑法规定

---

① 高铭暄、马克昌主编：《刑法学》，北京大学出版社、高等教育出版社 2016 年版，第 59 页。

② 张明楷：《刑法学》（上），法律出版社 2016 年版，第 163 页。

③ 皮勇：《网络犯罪比较研究》，中国人民公安大学出版社 2005 年版，第 29 页。

④ 于志刚：《论传统刑法与虚拟空间的冲突和衔接》，载《浙江社会科学》2004 年第 1 期，第 122 页。

⑤ 许富仁、庄啸：《传统犯罪对象理论面临的挑战——虚拟犯罪对象》，载《河北法学》2007 年第 2 期，第 128 页。

的人或物。"① 其中第一个条件和第三个条件已经满足，我国《刑法》已经规定四类信息犯罪，信息也是法定的犯罪对象。在此说明信息可以符合第二个条件，即可以犯罪行为直接作用。"（对信息而言）主体的犯罪行为直接作用或影响的不可能是无形的东西，必须借助于作为中介的信息载体。"② 但是即便借助载体，犯罪行为所作用的依然是信息，而非载体。比如，通过登录计算机信息系统破坏具有信息内容的数据，显然不同于直接将计算机硬件物理损毁。因此，信息可以满足全部条件，是适格的犯罪对象。

二、计算机信息系统

在概念表述上，《网络犯罪公约》和德、日刑法与我国有所区别。《网络犯罪公约》采用的是"计算机系统"，强调应用终端的系统性。我国则在系统前增加"信息"的前缀，表述为"计算机信息系统"。《德国刑法典》采用的是"计算机"的表述，《日本刑法典》采用了"电子计算机"的表述，指向具体的应用终端。

对于上述区别可从以下几个方面来理解：第一，电子计算机强调对于硬件和软件的双重保护，对此以物理形式破坏计算机的行为也属于破坏计算机。《德国刑法典》第 303 条 b 第 1 款第 c 项明确规定了"破坏""毁损"等物理方式。与之类似，日本学者一般认为，对于《日本刑法典》第 234 条中他人业务使用的电子计算机的破坏包括对其进行物理性的破坏，或消除磁盘等上所记载的信息之类的，使其失去其用途的一切行为。③ 第二，计算机系统强调对于系统、程序在软件层面的保护，《网络犯罪公约》所规定的犯罪行为也均为通过计算机（网络）的方式实施，不包括对其硬件的保护。第

---

① 高铭暄、马克昌主编：《刑法学》，北京大学出版社、高等教育出版社 2016 年版，第 59 页。

② 薛瑞麟：《关于犯罪对象的几个问题》，载《中国法学》2007 年第 5 期，第 121~122 页。

③ 参见［日］大谷实：《刑法讲义各论》（新版第 4 版补订版），成文堂 2015 年版，第 148~149 页；［日］前田雅英：《刑法各论讲义》（第 6 版），东京大学出版会 2015 年版，第 143 页；［日］高桥则夫：《刑法各论》（第 2 版），成文堂 2014 年版，第 197 页；［日］山中敬一：《刑法各论》（第 3 版），成文堂 2015 年版，第 247 页。

三，计算机系统处理的必然是信息，在此意义上，我国《刑法》中的计算机信息系统与《网络犯罪公约》中的计算机系统并无根本区别。但是体现"信息"的犯罪对象立场却和我国整体犯罪对象的选择有内在关联。

（一）计算机信息系统的范围

《危害计算机信息系统安全解释》第 11 条规定："本解释所称'计算机信息系统'和'计算机系统'，是指具备自动处理数据功能的系统，包括计算机、网络设备、通信设备、自动化控制设备等。"该司法解释也是将"计算机信息系统"和"计算机系统"作为同一概念把握。实务部门对此曾作如下说明："从技术角度看，区分不具实质意义。随着计算机技术的发展，计算机操作系统与提供信息服务的系统已密不可分。具备自动处理数据功能的设备都可能成为被攻击的对象，有必要将其纳入刑法保护范畴。总之，任何内置有操作系统的智能化设备都可能成为入侵、破坏和传播计算机病毒的对象。"[1] 但也有学者认为："现行《刑法》第 285 条、第 286 条所设定的数个计算机信息系统犯罪，都应为网络犯罪而非单纯的计算机犯罪。其危害对象因而只能是计算机信息系统而非任何计算机系统。"[2] 如前所述，计算机信息系统和计算机系统具有同一性，故本书采用司法解释的观点。

基于司法解释的以上规定，有学者指出手机智能终端也可以扩张解释为计算机信息系统，并且这一扩张解释没有超过国民的预测可能性。[3] 但同时也应注意防止计算机信息系统概念的扩分扩大，不应将一切具有信息处理功能的设备均定义为计算机信息系统（如电子表）。就此可参考日本学者的观点，（他人业务使用的）电子计算机以具备独立性并在某种程度上广泛地处理业务为必要，作为组成部分集成在家电产品、自动贩卖机、计算机等中的

---

① 陈国庆、韩耀元、吴娇滨：《〈关于办理危害计算机信息系统安全刑事案件应用法律若干问题的解释〉理解与适用》，载《人民检察》2011 年第 20 期，第 53 页。

② 屈学武：《计算机信息系统罪危害对象探微》，载《人民检察》2009 年第 19 期，第 14 页。

③ 参见孙道萃：《移动智能终端网络安全的刑法应对——从个案样本切入》，载《政治与法律》2015 年第 11 期，第 76~80 页。

微型计算机被排除。①

《刑法》第285条、第286条规定的计算机信息系统包括如下三种情形：第一，第285条第1款非法侵入计算机信息系统罪的犯罪对象为"国家事务、国防建设、尖端科学技术领域的计算机信息系统"；第二，第285条第2款非法控制计算机信息系统罪的犯罪对象为"国家事务、国防建设、尖端科学技术领域以外的计算机信息系统"；第三，第286条破坏计算机信息系统罪的犯罪对象是一般意义的"计算机信息系统"。

但是以上关于计算机信息系统的规定也存在问题，表现为第285条第1款和第285条第2款犯罪对象范围的不一致。"如果采用非法侵入以外的技术手段获取'国家事务、国防建设、尖端科学技术领域的计算机信息系统'中存储、处理或者传输的数据，就不构成犯罪。"②就这一问题的解决，主要形成以下三种观点：

第一种观点认为，应将"前款规定之外"作为表面的构成要件要素看待。如有学者认为，第285条第2款中的"前款规定之外"仅为表面要素或者界限要素，而非真正的构成要件要素。基于该款（非法控制计算机信息系统罪）的法定刑重于非法侵入计算机信息系统罪，如果将其作为真正的构成要件要素将会导致法条之间不协调与处罚的不均衡。③

第二种观点认为，应对于"国家事务、国防建设、尖端科学技术领域的计算机信息系统"的范围进行部分扩大。就扩大的范围，学者又有不同意见：第一种意见认为，应将特定领域（金融领域）的计算机信息系统纳入该条规定的范畴。因为金融系统的计算机信息系统在社会生活中具有相当重要的地位，应将侵入银行业金融机构计算机信息系统的行为纳入非法侵入计算

---

① 参见［日］松宫孝明：《刑法各论讲义》（第4版），成文堂2016年版，第182页；［日］高桥则夫：《刑法各论》（第2版），成文堂2014年版，第196页；［日］斋藤信治：《刑法各论》（第4版），有斐阁2014年版，第83页。

② 张智辉：《试论网络犯罪的立法完善》，载《北京联合大学学报（人文社会科学版）》2015年第2期，第92页。

③ 参见张明楷：《刑法学》（下），法律出版社2016年版，第1047页。

机信息系统犯罪的范围。① 第二种意见认为应将若干个领域的计算机信息系统纳入该条规定的范畴。如认为："应当扩大本罪的犯罪对象，将金融、医疗、交通、航运等重要领域的计算机信息系统也纳入本罪的保护范围，加强对计算机信息系统的刑法保护。"② 第三种意见认为应将公共部门的计算机信息系统纳入该条规定的范畴。如认为："证券股票交易系统，邮电、交通、医院、劳动与社会保障以及其他公共部门的计算机信息系统都涉及社会公众的合法权益，也同样需要刑法予以保护。"③

第三种观点认为，应取消"国家事务、国防建设、尖端科学技术领域"的限定，将第 285 条第 1 款犯罪对象的范围扩大为计算机信息系统。如有学者认为："我国《刑法》规定的非法侵入计算机信息系统罪只保护国家事务、国防建设、尖端科学技术领域的三类计算机信息系统，对其他计算机信息系统没有提供刑法保护，应将其修改为计算机信息系统。"④ 也有学者将理由归于公私财产的平等保护，认为不应忽视、放弃对"国家事务、国防建设、尖端科学技术"领域外的计算机信息系统的安全与正常活动的保护，否则，将与法治国家所内涵要求的平等保护公共财产、私有财产原则不符。⑤

本书认为，第三种观点较为妥当。第一种观点实际上超越了刑法规定进行解释，超越了条文表述的涵摄范围与国民的预测可能性，已经不是扩张解释，和其所坚持的"刑法用语可能具有的含义"⑥ 的解释限度背道而驰。第二种观点虽然对于该款犯罪的对象范围进行扩大，但是只是扬汤止沸，会面临新领域的计算机信息系统不断出现的现实，并没有从根本上解决问题，而且如何判断哪些领域的计算机信息系统应当予以保护也存在困难。第三种观

---

① 参见殷宪龙：《我国网络金融犯罪司法认定研究》，载《法学杂志》2014 年第 2 期，第 115 页。

② 周微：《试论我国网络刑法存在的缺陷和立法完善》，载《福建论坛（人文社会科学版）》2008 年第 12 期，第 152~153 页。

③ 黄泽林、陈小彪：《计算机犯罪的刑法规制缺陷及理论回应》，载《江海学刊》2005 年第 3 期，第 113~114 页。

④ 皮勇：《我国网络犯罪刑法立法研究——兼论我国刑法修正案（七）中的网络犯罪立法》，载《河北法学》2009 年第 6 期，第 56~57 页。

⑤ 参见徐澜波：《计算机信息犯罪研究》，载《社会科学》2004 年第 4 期，第 53 页。

⑥ 参见张明楷：《网络时代的刑事立法》，载《法律科学》2017 年第 3 期，第 70 页。

点则可以弥合《刑法》第 285 条第 1 款和第 285 条第 2 款犯罪对象范围的差距，构建完善的计算机信息系统保护体系。此外，还有一个因素应当考虑，《刑法》第 285 条第 2 款系《刑法修正案（七）》所增设，客观上反映了经过 12 年的发展，计算机信息系统的重要领域早已不限于 1997 年《刑法》第 285 条第 1 款设立时的"国家事务、国防建设、尖端科学技术领域"，后续立法修改应对此有充分的认识。

在此还需明确程序和计算机信息系统之间的关系。在计算机信息系统与信息数据二分的网络犯罪对象体系中，作为中间事物的信息程序该如何认定，对此各国国内和国际立法也不一致。《德国刑法典》第 202 条第 1 款 c 项、《日本刑法典》第 168 条之 2 和之 3 与《网络犯罪公约》第 6 条的立场一致，即仅对病毒等破坏性程序作出附属于信息数据的规定，未对具有正面效能的信息程序作出规定。我国《刑法》除了第 285 条第 3 款关于侵入、非法控制计算机信息系统程序、工具罪的规定，以及第 286 条第 3 款关于计算机病毒等破坏性程序的规定，还在第 286 条第 2 款将"计算机信息系统中存储、处理或者传输的数据和应用程序"作为破坏计算机信息系统罪的犯罪对象，从而确立了对具有正面效能的信息程序附属于计算机信息系统予以保护的立场。在这一问题上我国的做法具有积极的探索意义。

（二）计算机信息系统的认定

《危害计算机信息系统安全解释》第 11 条规定划定了计算机信息系统的具体范围，但是随着社会的网络化，计算机信息系统的应用领域越发广泛，一些具体情况下计算机信息系统的认定也存在争议。基于此，最高人民法院与最高人民检察院围绕计算机信息系统的认定发布了专门的指导案例。

1.附属计算机信息系统的认定

时至今日，大部分设备都内置具有自动处理数据功能的系统，就大型机械的 GPS 信息服务系统能否按照《危害计算机信息系统安全解释》第 11 条规定"自动控制设备"予以认定，最高人民法院在指导案例中专门予以明确：

徐强破坏计算机信息系统案[①]

一、基本案情

2014 年 5 月间，被告人徐强使用"GPS 干扰器"先后为钟某某、龚某某、张某某名下或管理的五台中联重科泵车解除锁定。具体事实如下：

1. 2014 年 4 月初，钟某某发现其购得的牌号为贵 A7×××2 的泵车即将被中联重科锁机后，安排徐某某帮忙打听解锁人。徐某某遂联系龚某某告知钟某某泵车需解锁一事。龚某某表示同意后，即通过电话联系被告人徐强给泵车解锁。2014 年 5 月 18 日，被告人徐强携带"GPS 干扰器"与龚某某一起来到贵阳市清镇市，由被告人徐强将"GPS 干扰器"上的信号线连接到泵车右侧电控柜，再将"GPS 干扰器"通电后使用干扰器成功为牌号为贵 A7×××2 的泵车解锁。事后，钟某某向龚某某支付了解锁费用人民币 40 000 元，龚某某亦按约定将其中人民币 9600 元支付给徐某某作为介绍费。当日及次日，龚某某还带着被告人徐强为其管理的其妹夫黄某从中联重科及长沙中联重科二手设备销售有限公司以分期付款方式购得的牌号分别为湘 AB×××5、湘 AA×××5、湘 AA×××7 的三台泵车进行永久解锁。事后，龚某某向被告人徐强支付四台泵车的解锁费用共计人民币 30 000 元。

2. 2014 年 5 月间，张某某从中联重科以按揭贷款的方式购买泵车一台，因拖欠货款被中联重科使用物联网系统将泵车锁定，无法正常作业。张某某遂通过电话联系到被告人徐强为其泵车解锁。2014 年 5 月 17 日，被告人徐强携带"GPS 干扰器"来到湖北襄阳市，采用上述同样的方式为张某某名下牌号为鄂 FE×××1 的泵车解锁。事后，张某某向被告人徐强支付解锁费用人民币 15 000 元。

二、裁判理由

法院生效裁判认为，《危害计算机信息系统安全解释》第 11 条规定，"计算机信息系统"和"计算机系统"，是指具备自动处理数据功能的系统，

---

① 参见最高人民法院指导案例第 103 号。

包括计算机、网络设备、通信设备、自动化控制设备等。本案中，中联重科物联网 GPS 信息服务系统由中联重科物联网远程监控平台、GPS 终端、控制器和显示器等构成，具备自动采集、处理、存储、回传、显示数据和自动控制设备的功能。该系统属于具备自动处理数据功能的通信设备与自动化控制设备，属于刑法意义上的计算机信息系统。被告人徐强利用"GPS 干扰器"对中联重科物联网 GPS 信息服务系统进行修改、干扰，造成该系统无法对案涉泵车进行实时监控和远程锁车，是对计算机信息系统功能进行破坏，造成计算机信息系统不能正常运行的行为，且后果特别严重。根据《刑法》第 286 条的规定，被告人徐强构成破坏计算机信息系统罪。

应该说将 GPS 信息服务系统认定为具备自动处理数据功能的通信设备与自动化控制设备，并未超过《危害计算机信息系统安全解释》第 11 条规定的范围和国民预测的可能性，因此该案例对于类似情形的认定可以提供有效的指导。

但是也应注意对于"自动处理数据功能"的解释进行必要的司法限制，以必要的法益侵害程度作为判定标准，以契合我国犯罪认定的定量标准。对于类似问题，日本学者也指出，《日本刑法典》中的"他人用于处理事务的电子计算机"，"是指他人用于处理有关其财产权之得失、变更事务的电子计算机，不包括其安装在家用电器、汽车上的微型计算机"。[①] 这一观点可资参考。

2. 移动终端系统的认定

移动终端是与固定终端（台式计算机）相对的概念，其包括（智能）手机、笔记本电脑、平板电脑等。其中使用最为广泛的即为智能手机，基于移动互联网的发展，手机早已不限于最初的通话和短信功能，已经成为人们处理信息的重要载体。就智能手机能否作为计算机信息系统予以认定，最高人民检察院在指导案例中专门予以明确：

---

① ［日］松宫孝明：《刑法各论讲义》，成文堂 2016 年版，第 269~270 页。

曾兴亮、王玉生破坏计算机信息系统案[①]

一、基本案情

2016 年 10 月至 11 月，被告人曾兴亮与王玉生结伙或者单独使用聊天社交软件，冒充年轻女性与被害人聊天，谎称自己的苹果手机因故障无法登录"iCloud"（云存储），请被害人代为登录，诱骗被害人先注销其苹果手机上原有的 ID，再使用被告人提供的 ID 及密码登录。随后，曾、王二人立即在电脑上使用新的 ID 及密码登录苹果官方网站，利用苹果手机相关功能将被害人的手机设置修改，并使用"密码保护问题"修改该 ID 的密码，从而远程锁定被害人的苹果手机。曾、王二人再在其个人电脑上，用网络聊天软件与被害人联系，以解锁为条件索要钱财。采用这种方式，曾兴亮单独或合伙作案共 21 起，涉及苹果手机 22 部，锁定苹果手机 21 部，索得人民币合计 7290 元；王玉生参与作案 12 起，涉及苹果手机 12 部，锁定苹果手机 11 部，索得人民币合计 4750 元。

二、裁判理由

计算机信息系统包括计算机、网络设备、通信设备、自动化控制设备等。智能手机和计算机一样，使用独立的操作系统、独立的运行空间，可以由用户自行安装软件等程序，并可以通过移动通信网络实现无线网络接入，应当认定为刑法上的"计算机信息系统"。

行为人通过修改被害人手机的登录密码，远程锁定被害人的智能手机设备，使之成为无法开机的"僵尸机"，属于对计算机信息系统功能进行修改、干扰的行为。造成 10 台以上智能手机系统不能正常运行，符合《刑法》第286 条破坏计算机信息系统罪构成要件中"对计算机信息系统功能进行修改、干扰""后果严重"的情形，构成破坏计算机信息系统罪。

行为人采用非法手段锁定手机后以解锁为条件，索要钱财，在数额较大或多次敲诈的情况下，其目的行为又构成敲诈勒索罪。在这类犯罪案件中，

---

① 参见最高人民检察院指导案例第 35 号。

手段行为构成的破坏计算机信息系统罪与目的行为构成的敲诈勒索罪之间成立牵连犯。牵连犯应当从一重罪处断。

当今时代的智能手机均具有特定的操作系统，与《危害计算机信息系统安全解释》第 11 条规定的"具备自动处理数据功能的系统"具有一致性。这一案例将智能手机认定为计算机信息系统，符合了网络社会和信息技术的现实发展。

（三）计算机信息系统的新命题

随着互联网的发展计算机信息系统也面临新的问题，一方面新出现的人工智能系统的性质亟待研究，另一方面基于网络犯罪的延伸计算机信息系统的控制权应如何在刑法层面予以评价也为学界所关注。

1. 人工智能系统

随着人工智能在社会的各个方面均有广泛应用，人工智能体的种类和范围不断扩展，由此也延展了人工智能体作为犯罪对象的可能性范围。有学者提出人工智能体应受保护，但就保护路径有主体路径（被害主体）和对象路径（人工智能系统）的观点区别。[1] 基于人工智能系统作为犯罪对象，有学者认为人工智能系统的范围可能不限于计算机信息系统："人工智能系统可以只是智能计算机信息系统，未来更多的由智能信息系统、智能传感器和机械系统组成的智能机器。按照侵犯的对象，该类犯罪分为以下两类：第一，仅侵犯智能计算机信息系统安全的犯罪。第二，全面侵犯人工智能系统安全的犯罪。"[2] 有学者甚至认为可在《刑法》分则第六章妨害社会管理秩序罪中增设第十节"妨害人工智能发展罪"。[3] 或认为，为了维护人工智能安全，应

---

[1]　主体路径的讨论见第五章第三节的论述。

[2]　皮勇：《人工智能刑事法治的基本问题》，载《比较法研究》2018 年第 5 期，第 161 页。

[3]　参见李振林：《人工智能刑事立法图景》，载《华南师范大学学报（社会科学版）》2018 年第 6 期，第 133 页。

设立拒不履行人工智能安全管理义务犯罪。① 与之相对，也有学者认为，在现行民法以及刑法体系之下这一问题均能得到有效解决，因而没有必要通过增设刑法罪名来予以应对。②

本书认为，人工智能体本质上是独立的智能计算机系统实体，对其对象性的判断应注重从计算机犯罪到网络犯罪，再到人工智能犯罪的承继性。早在计算机犯罪阶段，该类犯罪即被划分为纯正的计算机犯罪和不纯正的计算机犯罪。及至计算机交互所形成的互联网阶段，网络犯罪也被划分为纯正的网络犯罪和不纯正的网络犯罪。这是因为无论是信息社会、网络社会乃至智慧社会，新技术形式在席卷世界的同时，既创造出新的技术领域及衍生法益，也广泛应用在传统领域和法益中，由此形成了既区别又交错的二元犯罪类型及对象类型。就人工智能犯罪而言也可以作出类似区分：

第一，人工智能体作为直接犯罪对象，即行为人针对人工智能体的实体、系统安全实施犯罪的情形。人工智能技术在极大地推动社会发展的同时，也将安全问题提升到前所未有的高度。甚至有学者认为："安全是人工智能时代的核心价值。"③ 人工智能系统作为计算机信息系统，将其安全作为法益保护的指向有利于在现行计算机犯罪的框架下对人工智能犯罪进行有效的规制，因此前述观点认为"智能计算机信息系统安全"作为保护法益的观点并无不妥。

第二，人工智能体作为间接犯罪对象，即行为人通过将犯罪行为作用于人工智能体，从而得以侵犯国家、社会、个人法益的情形。比如，行为人通过远程侵入自动驾驶系统，更改驾驶状况，从而引发事故导致他人死亡的结果，即是通过作用人工智能系统实施故意杀人罪的情形。随着技术的不断发展，人工智能体作为间接犯罪对象的情形会越发普遍，理应在理论和实践中

---

① 参见皮勇：《人工智能刑事法治的基本问题》，载《比较法研究》2018 年第 5 期，第 165~166 页。

② 参见姚万勤：《对通过新增罪名应对人工智能风险的质疑》，载《当代法学》2019 年第 3 期，第 10~14 页。

③ 叶良芳、马路瑶：《风险社会视阈下人工智能犯罪的刑法应对》，载《浙江学刊》2018 年第 6 期，第 66 页。

加以重视，但是不应急于新设罪名。如同传统犯罪的网络化，在智慧社会传统犯罪也面临智能化的命题，因此理应先挖掘传统犯罪的适用空间，基于谦抑性与预防性的结合审慎地考量增设罪名的必要性和可行性。

2.计算机信息系统控制权

学界关于计算机信息系统控制权的探讨源于司法解释的规定。《危害计算机信息系统安全解释》第7条第1款规定："明知是非法获取计算机信息系统数据犯罪所获取的数据、非法控制计算机信息系统犯罪所获取的计算机信息系统控制权，而予以转移、收购、代为销售或者以其他方法掩饰、隐瞒，违法所得五千元以上的，应当依照刑法第三百一十二条第一款的规定，以掩饰、隐瞒犯罪所得罪定罪处罚。"这一条款得到学者的肯定评价："这种司法解释反映了信息时代社会的实际状况，不仅在法制的框架下解决了司法实践中的新问题，也推动了刑法理论随时代进步发展，为犯罪对象相关理论的创新发展提供了司法依据。"[1]

对于前述规定，有学者认为其将网络犯罪所获取的数据、计算机信息系统控制权作为《刑法》第312条规定的"犯罪所得"，实际上将数据、计算机信息系统控制权认定为赃物，即通过实施犯罪行为而得到的财物。[2]

本书认为，计算机信息系统的控制权还是应回归到计算机信息系统上来，不能对《危害计算机信息系统安全解释》第7条第1款作过于形式化的理解，计算机信息系统的控制权不应作为独立的犯罪对象。第一，根据《刑法》第285条第2款的规定，通过木马等方式非法控制计算机信息系统构建僵尸网络无疑是非法控制计算机信息系统罪的典型情形。第二，不能基于可"转移、收购、代为销售"就认定计算机信息系统的控制权具有赃物属性。在该条规定出台前，就有学者指出将数据、计算机信息系统控制权认定为赃物面临的问题："其一，僵尸网络[3]虽然可以视为一种物化的权利，但是它和有价证券这种典型的物化权利却有所不同，后者载体是权利的形式，权利是

① 皮勇：《我国新网络犯罪立法若干问题》，载《中国刑事法杂志》2012年第12期，第48页。
② 参见张智辉：《网络犯罪：传统刑法面临的挑战》，载《法学杂志》2014年第12期，第67页。
③ 僵尸网络（Botnet）是指由两个或以上因感染bot程序（僵尸程序）而被他人控制的计算机信息系统形成的网络。

载体的内容，而僵尸网络和僵尸主机不是内容和形式的关系。其二，掩饰、隐瞒犯罪所得、犯罪所得收益罪中的赃物是犯罪所得之物，不能是犯罪所用之物（工具），也不能是犯罪所生之物，对此理论上的观点比较统一。"[①] 但是僵尸网络具有非法性，将其作为权利并不妥当。

此外，如果将计算机信息系统的控制权理解为犯罪对象还会面临这一问题——计算机信息系统和计算机信息系统的控制权同时成为犯罪对象，从而导致对同一对象进行了重复且不同的刑法评价，导致难以解决的理论障碍。

对于这一问题，可以通过对该司法解释条款的再解释来协调。不必将计算机信息系统控制权解释为赃物，转而将计算机信息系统控制权所得收益解释为犯罪所得收益，从而较好地结合理论和实践。这一做法也有先例，《盗窃适用解释》第 4 条第（3）项即曾规定，"盗窃电力、燃气、自来水等财物，盗窃数量能够查实的，按照查实的数量计算盗窃数额"。即对于难以进行财物评价的对象，按照对应的财产损失数额认定。反观《刑法》第 312 条掩饰、隐瞒犯罪所得、犯罪所得收益罪，同时体现了"犯罪所得"与"犯罪所得收益"，也为这一解释提供了先例。

---

① 于志刚：《关于出租、倒卖"僵尸网络"行为的入罪化思路》，载《北京联合大学学报（人文社会科学版）》2009 年第 4 期，第 80 页。

第二节　信息的个人化

一、个人信息的内涵

信息的个人化、社会化是信息作为网络犯罪对象的两个发展趋势，其个人化的核心表现即为个人信息的出现及进入刑法视野。在此意义上，信息经与个人（法益主体、被害主体）产生关联，从而证成其法益关联性。

类似于网络犯罪对象采数据范式还是信息范式的差异，个人信息的法律概念也有"个人数据"与"个人信息"之别。在明确个人信息的概念选择的基础上，基于法益侵害原则明确个人信息的刑法地位，是其作为犯罪对象的必要前提。

（一）个人信息的概念选择

虽然在刑法立法模式上德日的二元模式与我国的一元模式相区别，但是在个人信息的内涵界定上却采用了相同的方式——通过个人信息保护专门法律界定。① 在德日的二元模式下就个人信息刑法保护可在刑法以外的专门立法中规定刑罚规则，在该法中界定个人信息并无不当。在我国的一元模式下，刑法以外的法律不能规定刑罚规则，但是其他专门法律也规定有行政处罚规则，并对个人信息作出界定，在刑法规定侵犯个人信息犯罪的情况下

---

① 目前的个人信息是由《网络安全法》进行界定，正在起草的《个人信息保护法》也必然会对其进行界定。

《侵犯个人信息解释》与之作出衔接解释。以上国家在概念表述上有"个人数据"与"个人信息"两种类型。

第一，德国采用了"个人数据"的概念。《德国联邦数据保护法》（*Bundesdatenschutzgesetz*）[①]采用与《欧盟基本数据保护条例》（General Data Protection Regulation）相一致的"个人数据"概念。《欧盟基本数据保护条例》第4条将个人数据（Personal Data）界定为识别或可识别自然人（数据主体）的任何有关信息。根据《德国联邦数据保护法》第46条第1款，个人数据（Personenbezogene Daten）是指已识别或可识别的自然人（数据主体）有关的任何信息。

第二，日本和我国采用了"个人信息"的概念。《日本个人信息保护法》（《個人情報の保護に関する法律》）[②]第2条使用了"个人信息"的表述，指关于生命的自然人且符合以下条件的信息：其一，该信息包括姓名、生辰年月以及其他可以识别特定个人的记录信息（也包括可以和其他信息对照从而识别特定个人的信息）。其二，含有个人识别符号。根据我国《网络安全法》第76条第（5）项规定，个人信息，是指以电子或者其他方式记录的能够单独或者与其他信息结合识别自然人个人身份的各种信息，包括但不限于自然人的姓名、出生日期、身份证件号码、个人生物识别信息、住址、电话号码等。

本书认为，在汉语语境下，"个人信息"的概念更具有妥当性。如前所述，数据更多地强调形式性，而信息更多地强调内容性。即便是德国采用了"个人数据"的概念，但其实其条款内容体现的也是信息性的特征，基于我国语境选择个人信息作为刑法概念具有妥当性。对此也有观点指出："个人信息可以被定义为对受众而言具有一定含义的消息，相比个人数据具有更多的可控制性。"[③]其中"可控制性"实际上也是对于个人信息的实质视角与个

---

① 现行《德国联邦数据保护法》最新修正于2017年，以与《欧盟基本数据保护条例》的规定相匹配。

② 现行《日本个人信息保护法》最新修正于2017年。

③ 于冲：《侵犯公民个人信息罪中"公民个人信息"的法益属性与入罪边界》，载《政治与法律》2018年第4期，第19页。

人数据的形式视角区别的解读。

（二）个人信息的刑法内涵

基于"信息画像"理论，个人信息并非是个人可以直接支配的具体物或权利，而是在个人与其他社会主体交互过程中产生的信息形态的个人画像。基于此，可以将个人信息界定为：以电子或者其他方式记录的能够单独或者与其他信息结合识别自然人个人身份的，且与其人身、财产或者其他法益具有关联性的信息，包括但不限于自然人的姓名、个人生物识别信息、电话号码、出生日期、身份证件号码、住址等。这一定义借鉴了《德国联邦数据保护法》的规定，也参考了《网络安全法》中关于个人信息的表述。

就个人信息的特征，学界多强调其识别性，认为（公民）个人信息指以任何形式存在的、与公民个人存在关联并可以识别特定个人的信息。[①] 识别性可以成为个人信息的一般特征，但是尚不足以独立作为全部的刑法特征，最关键的即未体现法益关联。另有学者提出多维的个人信息刑法特征："在实质内涵上，受刑法保护的个人信息应同时具备真实性、可识别性、载体性和价值性。"[②] 本书认为，载体性不应作为个人信息的刑法特征，同时价值性的表述也不准确。个人信息具有以下刑法特征：

第一，个人信息具有真实性。只有真实的个人信息才能够成为犯罪对象，虚假的"个人信息"无法承载实体的法益，难以为刑法所保护。对此有观点指出："无论基于'映射性'所内含的真实性要求，还是在窃取、收买、非法提供信用卡信息罪中司法机关对信用卡信息真实性的举证实践，都要求司法机关理应旗帜鲜明地重视个人信息中的真实性问题。"[③] 由此，个人信息的真实性是必须明确的一个基础性问题。

这里需要区别虚假的个人信息和假冒的个人信息，虚假的个人信息本身

---

① 参见高铭暄、马克昌主编：《刑法学》，北京大学出版社、高等教育出版社2016年版，第482页。

② 张阳：《论网络空间中个人信息的刑法保护》，载《中州学刊》2018年第8期，第58~59页。

③ 郑旭江：《侵犯公民个人信息罪的述与评——以〈关于办理侵犯公民个人信息刑事案件适用法律若干问题的解释〉为视角》，载《法律适用》2018年第7期，第31~32页。

并不具有真实的效力，多是在侵犯个人信息犯罪产业链中倒卖一方为了更多地获取利益而自己"制作"，无法成为刑法保护的内容；而假冒的个人信息则不同，虽然该个人信息本身系假冒，但是所假冒的个人信息是真实存在的，因而其并不否认个人信息本身的真实性。真实性的问题理论界没有给予充分的关注，但却是司法实践中必须重视的问题。

第二，个人信息具有识别性。《德国联邦数据保护法》《日本个人信息保护法》以及我国《网络安全法》均将识别性作为个人信息的核心特征。此外，《网络安全法》第76条对个人信息有"能够单独或者与其他信息结合识别"的限定，可以认为我国对于识别性的要求也是采用了直接识别与间接识别相结合的立场①。

识别性的边界划定需要刑法理论的关注，特别是间接识别的情况。理论和实践一般认为经过处理无法识别特定个人却无法还原的信息，尽管也可能反映个人的活动，但是难以产生关联，不属于个人信息。② 但是现实中个人信息的可识别性与不可识别性之间的界限已经越来越模糊。③ 可以说匿名化只是暂时的，对于经过匿名化的个人信息仍然具有通过再识别化技术进行复原的可能性，"可识别性"判断及其差别意义不再重要。④ 甚至有观点认为："能够与其他信息结合识别个人身份情况和活动情况的匿名信息也是'公民个人信息'，这无疑加大了对侵犯公民个人信息犯罪的打击力度，无论是非匿名信息还是匿名信息，只要最终具备'可识别性'，就都能成为犯罪对象。"⑤ 对于个人信息的判断理应在识别性的范围内展开，不能将所有信息均

---

① 直接识别是指通过单一信息能够直接识别特定个人；间接识别是指单一信息无法直接识别特定个人，但同其他信息相结合后能够识别特定个人。

② 参见喻海松：《侵犯公民个人信息罪的司法适用态势与争议焦点探析》，载《法律适用》2018年第7期，第13页。

③ 参见岳林：《超越身份识别标准——从侵犯公民个人信息罪出发》，载《法律适用》2018年第7期，第41页。

④ 参见张勇：《个人信息去识别化的刑法应对》，载《国家检察官学院学报》2018年第4期，第97页；杨志琼：《非法获取计算机信息系统数据罪"口袋化"的实证分析及其处理路径》，载《法学评论》2018年第6期，第170页。

⑤ 陈璐：《个人信息刑法保护之界限研究》，载《河南大学学报（社会科学版）》2018年第3期，第74页。

界定为个人信息，但需要强调基于匿名信息的可识别化倾向，识别性在判断个人信息的过程中不再具有唯一意义。

第三，个人信息具有法益关联性。在一般意义上，某一信息具有了真实性和识别性已经可以构成个人信息，但是刑法意义上的个人信息还应具有法益关联性。能够识别个人的信息未必值得刑法加以直接保护，如个人的姓名，显然能够识别个人，但是在每个人社会化的过程中，每个人的姓名使用不可避免（如在教学科研资料、新闻稿、各类通知等），仅侵犯个人姓名的行为并不需要刑法加以规制。也即，"并非所有能够识别公民个人的信息对外提供都具有刑法上的可责性"。[①] 刑法的目的在于法益保护，无法与法益产生关联的对象难以成为犯罪对象。当个人信息的概念进入刑法视野时也应当具有必要的法益关联性，否则便无法解释刑法对其保护的必要性。也即个人信息不仅需要能够识别个人，而且对于个人信息的侵犯可以对个人的法益产生相当程度的侵害或者危险。基于此，法益关联性是刑法意义上个人信息的核心特征。

关于个人信息关联法益的范围学者有不同的理解。第一种观点认为，个人信息仅与个人的人身法益相关联。如有学者认为《刑法》第 253 条之 1 侵犯公民个人信息罪设置于第 253 条私自开拆、隐匿、毁弃邮件、电报罪之后，体现了两罪名之间法益关联，个人信息应与人格尊严和信息自由具有一定程度上的同质性和关联性。[②] 第二种观点认为，个人信息与个人的人身、财产法益相关联。如有学者认为，个人信息权的法律内核为"人身属性 + 财产属性 + 相关法益关联属性"，因个人信息权的复杂性，其内容也表现为多元化，具体包括基于人身属性的"可识别性"身份信息、基于财产属性的财产类和账号类信息、相关法益具有关联性的其他信息。[③] 第三种观点认为，

① 高富平、王文祥：《出售或提供公民个人信息入罪的边界——以侵犯公民个人信息罪所保护的法益为视角》，载《政治与法律》2017 年第 2 期，第 52 页。

② 参见郑旭江：《侵犯公民个人信息罪的述与评——以〈关于办理侵犯公民个人信息刑事案件适用法律若干问题的解释〉为视角》，载《法律适用》2018 年第 7 期，第 31 页。

③ 参见于冲：《侵犯公民个人信息罪中"公民个人信息"的法益属性与入罪边界》，载《政治与法律》2018 年第 4 期，第 21 页。

个人信息与个人以及其他主体的人身、财产法益相关联。如有观点认为，应从保护个人的人身权利和财产权利的目的依据"直接关联原则"进行判断，强调个人信息与人身权利和财产权利的保护相联系，而不是与某一具体主体相联系。据此，"某一主体的个人信息中部分内容，虽与本人人身权利或财产权利没有直接联系，但有可能涉及其他主体的人身权利或财产权利，对这类信息，当然也要纳入刑法中的'个人信息'当中"。①

本书同意第二种观点，第一种观点显然对法益关联性作出过于狭窄的解释，也与现行刑事立法与司法解释的规定不符。第三种观点则是突破了"个人"的范畴界定法益关联性，易于导致个人信息概念的泛化。基于"六度分隔"理论②，信息的关联性可以无限延伸，根据这种观点会导致个人信息与所有人的法益相关联。相比而言，第二种观点较为妥当和全面地划定了个人信息的法益关联边界。

二、个人信息的范围

个人信息的范围也是理论和实践所关注的重要问题，其内容既涉及个人信息的内容范围（是否限于隐私信息），也涉及个人信息的主体范围（是否限于自然人信息、本国人信息、生者信息），对于划定个人信息刑法保护的边界具有重要意义。

（一）公开的个人信息

在公开的个人信息与个人秘密信息的保护立场上，德日采取了区分模式，而我国采取了一体模式。

德国和日本刑法中仅直接规定了个人秘密信息的刑法保护，公开的个人信息则需要求诸个人信息保护专门法律。《德国刑法典》第 203 条侵犯个

---

① 时延安：《个人信息保护与网络诈骗治理》，载《国家检察官学院学报》2017 年第 6 期，第 13 页。

② 六度分隔（Six Degrees of Separation）认为，一个人和任何陌生人所间隔的人不会超过六个，也即任何两个陌生人可以通过六个人关联起来。

人秘密和第 204 条利用他人秘密均是基于个人秘密信息规定 ①,《德国联邦数据保护法》第 42 条规定的刑事处罚则未要求 "个人数据" 具有秘密性。与之类似,《日本刑法典》第 134 条泄露秘密罪的对象限于个人秘密信息,而《日本个人信息保护法》第 7 章(刑事)"罚则" 第 82 条至第 88 条则未作这一限定。

刑法中的 "秘密",就是只有特定的小范围的人才知道的事实,本人具有不想让其他人知道的意思,而且其他人知道的话,客观上会对本人产生不利的情况。② 日本学者还对(个人)秘密的三要素进行了论述:首先,"秘密事实"(非公开性),是指一般不为人知,只有特定的少数人知道的事实。一般人都知道的事实,即公知的事实不是秘密。其次,不被他人所知的本人利益这一事实被称为 "秘密利益"。所谓利益,不一定是指经济上的利益,隐私的精神上、肉体上的缺陷等也是利益。因此,从实质上看,是否具备秘密应受到保护的内在条件是衡量秘密利益的尺度。此外,还存在是否需要本人不希望事实被他人知道的 "秘密意识" 是否作为秘密概念要素的争论。(日本)通说认为,秘密的概念应该是客观的,而不需要秘密意思(客观的秘密概念)。③ 以此观之,《日本刑法典》中的(个人)秘密强调个人性、秘密性与法益关联性,因此属于个人秘密信息无疑。

此外,《日本刑法典》中也有对于非秘密个人信息附属保护的规定。其第 163 条之 4 预备非法制作支付磁卡电磁记录罪,其中 "电磁记录的信息",是指根据用信用卡进行支付的结算系统中信息处理对象的一套信息,而非会员号码、有效期限单个信息。④ 以上信息中实际上包括个人信息。

我国《刑法》则是对个人信息进行一体保护,不论其是公开信息还是秘

---

① Vgl. Eric Hilgendorf / Brian Valerius, Computer– und Internetstrafrecht, Springer, 2012, S. 127.

② 参见〔日〕大谷实:《刑法讲义各论》(新版第 4 版补订版),成文堂 2015 年版,第 155 页;〔日〕山中敬一:《刑法各论》(第 3 版),成文堂 2015 年版,第 200 页;〔日〕前田雅英:《刑法各论讲义》(第 6 版),东京大学出版会 2015 年版,第 119~120 页;〔日〕高桥则夫:《刑法各论》(第 2 版),成文堂 2014 年版,第 156 页。

③ 〔日〕山中敬一:《刑法各论》(第 3 版),成文堂 2015 年版,第 200 页。

④ 参见〔日〕高桥则夫:《刑法各论》(第 2 版),成文堂 2014 年版,第 547 页;〔日〕山中敬一:《刑法各论》(第 3 版),成文堂 2015 年版,第 666 页。

密信息。如主流观点认为,《侵犯个人信息解释》第 1 条没有采用"涉及个人隐私信息"的表述,而是表述为"反映特定自然人活动情况的各种信息"。因此,我国《刑法》中的(公民)个人信息并不强调其隐私性,即便相关信息已经公开,仍有可能成为"公民个人信息"。① 但是也有学者认为:"侵犯公民个人信息罪所侵害的法益是公民个人的信息自由、安全权和隐私权。在这些公民个人信息权益中,除涉及隐私权的信息不存在依法公开的问题外,其他已经被依法公开的个人信息不应当被纳入侵犯公民个人信息罪的对象中。"②

本书认为,我国采用了"个人信息"的概念而非"个人隐私"的概念,公开的个人信息自然也在其列。此外,由于我国的个人信息刑法保护条款具有公共性,将个人信息的范围限于未公开的信息也不利于实现法益保护。相关立法也可以体现这一价值导向,2012 年颁布的《全国人民代表大会常务委员会关于加强网络信息保护的决定》规定"国家保护能够识别公民个人身份和涉及公民个人隐私的电子信息",实际上已经肯定隐私信息以外的个人信息受法律保护。其后,《网络安全法》第 76 条也仅强调个人信息"是指以电子或者其他方式记录的能够单独或者与其他信息结合识别自然人个人身份的各种信息",并未限定其需具有隐私性。

(二)单位信息(法人信息)

无论德日还是我国,自然人信息都毫无争议的属于个人信息,值得讨论的是单位信息(法人信息)是否属于个人信息。

德日个人信息保护专门法律和我国的《网络安全法》均将个人信息的主

---

① 参见喻海松:《侵犯公民个人信息罪的司法适用态势与争议焦点探析》,载《法律适用》2018 年第 7 期,第 12 页。

② 刘宪权、房慧颖:《侵犯公民个人信息罪定罪量刑标准再析》,载《华东政法大学学报》2017 年第 6 期,第 108~110 页。

体限于自然人。^①根据《德国联邦数据保护法》第 46 条第 1 款规定，个人数据是指已识别或可识别的自然人（数据主体）有关的任何信息。《日本个人信息保护法》第 2 条中的个人信息（個人情報）也是指有生命的自然人的相关信息。我国《网络安全法》第 76 条规定："个人信息，是指以电子或者其他方式记录的能够单独或者与其他信息结合识别自然人个人身份的各种信息。"

但是日本刑法理论界存在（个人）秘密的主体是否包括法人争论。第一种观点认为："秘密，一般是指自然人的秘密，但是法人等团体的秘密也包括在内。"^②比如，律师处理的秘密应将企业等法人和团体的秘密包括在内。^③第二种观点认为："（个人秘密中的）人只包括自然人，不包括国家机密和企业秘密。"^④或认为："秘密不包括国家和自治体的秘密，公司的秘密也不包含。"^⑤第三种观点认为："秘密的主体除了自然人外，可以是没有法人资格的团体。"^⑥

就我国而言，目前仍应基于立法将信息主体定位于自然人这一基础来理解个人信息，即个人信息不包括单位信息（法人信息）。至于《刑法》第 286 条之 1 拒不履行信息网络安全管理义务罪中第 1 款第（2）项规定的"用户信息"，根据权威解释，是企业用户商业信息等，并非限于具有识别性的单位信息。^⑦随着网络社会的发展，确立单位信息（法人信息）的可能性日益发展；其理论建构与刑法保护仍是值得研究的重要理论问题。

---

① 也有大陆法系国家肯定法人信息法律保护的适例。如《意大利有关个人和其他主体的个人数据处理的保护法》第 1 条第 1 款规定："本法律保证对个人数据的处理尊重自然人的权利、基本自由和尊严，特别是个人的隐私和特性；并进一步确保对法人和其他组织或协会权利的保护。"《奥地利 2018 年数据保护修正法案》，以贯彻落实《欧盟基本数据保护条例》的相关规定，其特色与争议点之一即是重申自然人之外法人同样属于"Personal Data"的权利主体。

② ［日］大谷实：《刑法讲义各论》（新版第 4 版补订版），成文堂 2015 年版，第 155 页。

③ 参见［日］松宫孝明：《刑法各论讲义》（第 4 版），成文堂 2016 年版，第 148 页。

④ ［日］高桥则夫：《刑法各论》（第 2 版），成文堂 2014 年版，第 157 页。

⑤ ［日］斋藤信治：《刑法各论》（第 4 版），有斐阁 2014 年版，第 68 页。

⑥ ［日］山中敬一：《刑法各论》（第 3 版），成文堂 2015 年版，第 201 页。

⑦ 参见郎胜主编：《中华人民共和国刑法释义》，法律出版社 2015 年版，第 500 页。

（三）外国人和无国籍人的个人信息

如果仅从法律条文的形式表述来看，我国《刑法》第 253 条之 1 侵犯公民个人信息罪将个人的范围限定在"公民个人"，似乎不保护外国人和无国籍人的信息。但有观点指出："对'公民个人信息'的主体范围应采取相对宽泛的理解，既包括中国公民的个人信息，也包括外国公民和其他无国籍人的信息。"[①]"从刑法规范用语的角度看，《刑法》第 253 条之 1 的用语是'公民个人信息'，但并未限定为'中华人民共和国公民的个人信息'，因此，从刑法用语的角度而言，不应将此处的'公民个人信息'限制为中国公民的个人信息。"[②]这关系到《刑法》第 253 条之 1 中的"公民"一词是否应该采取扩张解释的方法。

如果将"公民个人信息"解释为"我国公民、外国人、无国籍人的信息"难免意味着扩张《刑法》的字面含义，采取了扩张解释的方法。本书认为，应将"公民个人信息"理解为我国公民的个人信息以及外国人、无国籍人的个人信息，即进行扩张解释并无不当。对此可从以下两点予以理解：

第一，随着世界全球化结合多元化的发展，不同国家对彼此公民的个人信息保护极为必要。目前，跨国数据流动已经成为当代信息流动的常态，即便在信息化环境发展的早期有基于国籍对国民个人信息予以保护的旧例，但是在当今时代这样的做法显然难以契合互联网环境下个人信息保护的趋势。

第二，我国法律体系并未排斥对外籍人、无国籍人个人信息的保护。《网络安全法》第 76 条也未规定所保护的个人信息限于我国公民个人信息，而且《网络安全法》第 2 条还规定："在中华人民共和国境内建设、运营、维护和使用网络，以及网络安全的监督管理，适用本法。"即在这一层面上《网络安全法》采取属地管辖的立场，并不排斥保护我国境内外籍人、无国籍人的个人信息。

---

① 喻海松：《侵犯公民个人信息罪的司法适用态势与争议焦点探析》，载《法律适用》2018 年第 7 期，第 12 页。

② 喻海松：《网络犯罪的立法扩张与司法适用》，载《法律适用》2016 年第 9 期，第 2 页。

（四）死者的个人信息

信息权利本身较为复杂，也有对于死者信息权利保护的先例。比如对知识产权这一信息权利，《著作权法》第21条规定："公民的作品，其发表权、本法第十条第一款第（五）项至第（十七）项规定的权利的保护期为作者终生及其死亡后五十年……"本书认为，死者的个人信息不应纳入《刑法》的保护范围，理由如下：

第一，对于（自然人）死者个人信息予以保护缺乏必要的权利基础。我国《民法总则》第13条规定："自然人从出生时起到死亡时止，具有民事权利能力，依法享有民事权利，承担民事义务。"如果死者不能再享有法益，那么其个人信息的法益关联性也就不再可能具有——因为法律所保护的利益（或权利）已然不再存在，进而缺乏刑法对其个人信息保护的基础。

第二，将（自然人）个人信息保护限定于生者也是各国立法的普遍模式。"世界上大多数国家或地区针对个人信息颁布的相关法律均否定死者作为个人信息主体的权利和义务。"[1] 日本通说也认为，死者不能成为（个人）秘密的主体。[2]

第三，死者的相关权利不通过个人信息的方式保护并不意味着法律对其不予保护。如死者名誉权，与其说死者的名誉需要受到法律的保护，不如说死者近亲属的名誉权或利益需要受到法律的保护，对于死者的个人信息也可从类似角度予以考量。

三、个人信息的类型化

个人信息类型化首先是一个信息法命题，比如经典的个人信息分类有两种：第一种为敏感个人信息与普通个人信息。《欧盟基本数据保护条例》《德国联邦数据保护法》等立法对于个人敏感信息的保护予以强调。诸如种族或民族、政治观点、宗教或哲学信仰、工会成员身份以及涉及健康、性生活或

---

① 吴苌弘：《个人信息的刑法保护研究》，上海社会科学院出版社2014年版，第34页。
② 参见［日］山中敬一：《刑法各论》（第3版），成文堂2015年版，第201页。

性取向的数据、基因数据、经处理可识别特定个人的生物识别数据等敏感数据的处理仅在例外情况下才被允许。第二种为直接个人信息与间接个人信息。直接个人信息与间接个人信息的区别在于能否直接识别公民个人信息。

本书认为，刑法层面个人信息的类型化不应停留于此，因为以上分类无法提供法益保护的必要根据。间接识别个人的信息未必法益关联性更弱，比如个人信用账号密码①，通过这一信息可以在仅识别账户的情况下进行支付或者信贷行为，刑法意义上个人信息应基于法益关联性完成必要的类型化，以适应其刑法保护的需要。在此围绕《侵犯个人信息解释》的相关条款，结合个人信息法益关联的内容和重要程度分别展开。

（一）个人人身信息与个人财产信息

这是根据法益关联内容对于个人信息作出的分类。学者多以具体内容形式对个人信息的类型进行归纳。如认为与个人相关的信息其实范围很广，可以包括："第一，个人身份信息，如姓名、性别、出生日期、居住地址、证件号码、电话号码、受教育程度、工作经历、宗教信仰、政治面貌、指纹、血型、遗传特征等，而指纹、血型、遗传特征等又可称为个人的生物属性；第二，个人金融信息，如个人财产状况、个人信用状况等；第三，个人家庭基本情况，如父母、配偶、子女的基本情况等；第四，个人动态行为，如个人行踪、购物记录、通信记录等；第五，个人观点以及他人对信息主体的相关评价。"② 或认为："公民个人信息不仅包括能识别公民个人身份的静态信息，还包括能够体现公民行踪的动态信息，如宾旅馆住宿信息和机场登机、到达信息等。"③ 以上分类虽不乏一般意义，但是缺乏刑法意义，难以将个人信息与法益类型相关联。

本书认为，将个人信息的内容区分为个人人身信息与个人财产信息较为

---

① 《侵犯个人信息解释》第 1 条列举的个人信息包括直接或间接识别特定自然人身份或者反映特定自然人活动情况的"账号密码"。

② 吴苌弘：《个人信息的刑法保护研究》，上海社会科学院出版社 2014 年版，第 9 页。

③ 侵犯公民人格权犯罪问题课题组：《论侵犯公民个人信息犯罪的司法认定》，载《政治与法律》2012 年第 11 期，第 150~151 页。

妥当。《网络安全法》第76条第（5）项规定："个人信息，是指以电子或者其他方式记录的能够单独或者与其他信息结合识别自然人个人身份的各种信息，包括但不限于自然人的姓名、出生日期、身份证件号码、个人生物识别信息、住址、电话号码等。"《侵犯个人信息解释》第1条规定："刑法第二百五十三条之一规定的'公民个人信息'，是指以电子或者其他方式记录的能够单独或者与其他信息结合识别特定自然人身份或者反映特定自然人活动情况的各种信息，包括姓名、身份证件号码、通信通讯联系方式、住址、账号密码、财产状况、行踪轨迹等。"以上条款所列举的个人信息包括了个人人身信息与个人财产信息。

第一，个人人身信息。个人人身信息即与个人人身相关的信息。可以识别个人身份的信息就是其典型内容，比如身份证件号码、通信通讯联系方式（电话号码）、住址、个人生物识别信息、行踪轨迹等均属个人人身信息。个人具有人身利益，一般认为只要能够识别出公民个人，即可认为与人身具有关联。人身信息并不一定要求具有私密性，比如个人的联系方式、住址等，虽然已经为相当一部分人所知悉，但是这些信息同样不能任意地进行传播或公开，也不被允许随意地进行商业利用，否则就构成对个人信息的侵犯，有可能成立侵犯个人信息犯罪。同时，具有私密性的人身信息当然属于个人信息，比如个人的特殊身份、健康状况等信息，具有较强的私密性，几乎没有人知晓，一旦侵犯对个人的危害更加巨大。

此外，个人行动信息[1]也是个人人身信息的重要内容，其典型形式为行踪轨迹信息。个人的行动信息既包括现实空间中个人行动的信息，也包括网络空间中个人行动的信息。有观点指出："合理的解释应当是，网络安全法是广义上使用'身份识别信息'这一概念，亦即也包括个人活动情况信息在内。"[2]本书同意这一观点，一方面，现实空间中个人行动的信息需要被正确

---

[1]　在此本采用"行为信息"的概念，但是在与敬力嘉博士探讨的过程中发现如果采用"行为信息"的概念可能不利于区别其与侵犯个人信息行为，因而采用"行动信息"的表述，特此说明，并致感谢。

[2]　周加海、邹涛、喻海松：《〈关于办理侵犯公民个人信息刑事案件适用法律若干问题的解释〉的理解与适用》，载《人民司法》2017年第19期，第32页。

认识。在大数据环境下，物联网的发展推动世界互联、万物互联，个人在现实社会中的行动也会被数字化的文字或图像、视频记录下来，成为个人信息的一部分。比如，基于手机 GPS 定位所获取的个人行踪信息就是典型适例，全面反映了个人的行动内容。如《刑事审判参考》第 1009 号案例中，胡某、王某通过互联网查询定位器的实时位置，获取了目标车辆每天所有行驶路线、停车位置的即时信息。[①]另一方面，网络空间中个人的行动信息也同样重要，其典型适例就是基于 cookies 记录的个人使用痕迹，很多大程度上可以反映个人的一些习惯和癖好，一般被利用后很容易针对个人施加特定的影响，因而也成为该犯罪所侵犯的重要信息类型。需要明确的是，无论现实空间中个人的行动信息还是网络空间中个人的行动信息，其都必须与个人相联系，纯粹机械的、非人为机器运动或者计算机操作并不能成为个人行动信息。

第二，个人财产信息。个人财产信息即与个人财产相关的信息。"财产状况"是典型的个人财产信息，"账号密码"视账号中的具体内容可能属于个人人身信息或个人财产信息。

在认定个人财产信息的过程中要注意财产信息与信息财产的区分。有观点认为："个人信息财产权是指个人对其个人信息中所蕴涵的商业性使用价值而非人格利益的支配权，它能且只能存在于对个人信息的商业性利用环境之中。"[②]然而随着网络社会的发展，信息数据不再仅具有记录意义，而是成为社会的重要资源，其本身也具备独立的经济价值。由此衍生了信息财产的概念，并将其作为一种新生的财产权予以保护，推动着信息财产权制度的建立完善。但是信息财产与（个人）财产信息是相区别的。个人财产信息本身并不具有独立的价值，其具有价值性是因为可以和个人的财产法益产生关联，离开个人的财产法益个人财产信息并无独立的意义，在这一点上其和信息财产具有根本性的不同。所以，认定个人财产信息必须把握其与个人财产法益的关联性，从而进行正确的认定和判断。

① 参见叶良芳、应家赟：《非法获取公民个人信息罪之"公民个人信息"的教义学阐释——以〈刑事审判参考〉第 1009 号案例为样本》，载《浙江社会科学》2016 年第 4 期，第 72 页。
② 李源粒：《网络数据安全与公民个人信息保护的刑法完善》，载《中国政法大学学报》2015 年第 4 期，第 68 页。

（二）关键个人信息、重要个人信息与普通个人信息

《侵犯个人信息解释》第 1 条列举了个人信息：姓名、身份证件号码、通信通讯联系方式、住址、账号密码、财产状况、行踪轨迹等。第 5 条第（3）项至第（5）项为不同重要程度的个人信息类型划分提供了参考依据："（三）非法获取、出售或者提供行踪轨迹信息、通信内容、征信信息、财产信息五十条以上的；（四）非法获取、出售或者提供住宿信息、通信记录、健康生理信息、交易信息等其他可能影响人身、财产安全的公民个人信息五百条以上的；（五）非法获取、出售或者提供第（三）项、第（四）项规定以外的公民个人信息五千条以上的。"《新型网络犯罪解释》继承了上述规则，其第 4 条规定的符合《刑法》第 286 条之 1 第 1 款第（2）项"造成严重后果"情形的前三项即为："（一）致使泄露行踪轨迹信息、通信内容、征信信息、财产信息五百条以上的；（二）致使泄露住宿信息、通信记录、健康生理信息、交易信息等其他可能影响人身、财产安全的用户信息五千条以上的；（三）致使泄露第一项、第二项规定以外的用户信息五万条以上的。"

《侵犯个人信息解释》对于个人信息种类的规定较为具体，在理解时应基于体系性和一致性的视角。主要表现为以下两点：第一，《侵犯个人信息解释》与相关法律规定的衔接。如《网络安全法》第 76 条第（5）项列举的出生日期、个人生物识别信息并未在《侵犯个人信息解释》予以直接规定，可通过对于其第 1 条 "等" 的解释予以纳入。第二，《侵犯个人信息解释》前后规定的衔接。一方面，应进行补白性的理解。如第 5 条中新出现的 "通信内容" "征信信息" "通信记录" "健康生理信息" "交易信息" 并未在第 1 条的规定中出现，这些信息都是第 5 条中较为重要的个人信息，应纳入第 1 条中的 "等" 的范围。第 1 条中的 "姓名" "身份证件号码" "通信通讯联系方式" "账号密码" 并未在第 5 条中出现，可以通过第 5 条第 1 款第（5）项中 "第三项、第四项规定以外的公民个人信息" 予以解释。另一方面，应进行一致性的理解。如第 1 条使用的 "财产状况" "住址"，在第 5 条使用了 "财产信息" "住宿信息" 的表述，应对其进行一致性的理解。

基于此，在《侵犯个人信息解释》相关规定的基础上，应结合前述关于个人信息的分类对于个人信息的具体内容进行层次化、类型化的探讨。本书认为应以"个人直接信息与个人间接信息"为基础，参考其他分类，将个人信息分为关键个人信息、重要个人信息与普通个人信息三类。

　　第一，关键个人信息。关键个人信息具有直接的法益关联性，包括行踪轨迹信息、通信内容信息、征信信息、财产信息、基因信息、指纹信息、住址信息、健康信息、身份证号码信息、个人图像信息等。关键个人信息中值得说明的是行踪轨迹信息和财产信息。

　　行踪轨迹信息一般要求具有直接识别性。《侵犯个人信息解释》第 5 条第 1 款第（1）项、第（2）项针对行踪轨迹信息确立了相比其他个人信息类型而言更为严格的保护标准，"其一，出售或者提供行踪轨迹信息，被他人用于犯罪的；其二，非法获取、出售或者提供行踪轨迹信息五十条以上的。因此，鉴于行踪轨迹信息的入罪标准已极低，实践中宜严格把握其范围，只宜理解为 GPS 定位信息、车辆轨迹信息等可以直接定位特定自然人具体坐标的信息。对于虽然也涉及公民个人轨迹的其他信息，通常不宜纳入其中。"[①]因此，对于火车票、飞机票等间接体现个人动向的信息，虽然通常包括个人信息，但是不宜作为行踪轨迹信息。

　　财产信息[②]即与个人财产安全相关的信息。个人信息不仅具有人格属性的特征，而且兼具财产属性。有观点认为："与财产有关的个人信息，有家庭经济收入支出情况、个人的工资收入、银行账号等。"[③]但是这里的财产信息需要与个人财产安全具有直接的关联性，仅是一般的记录描述意义的财产信息并不包括在内。比如，"行为人获取的车辆相关信息确实较为具体，符合'财产信息'的一般特征，但行为人的主观目的就是推销车辆保险，并非

---

①　喻海松：《侵犯公民个人信息罪的司法适用态势与争议焦点探析》，载《法律适用》2018 年第 7 期，第 14 页。

②　这一分类中的"财产信息"并不等同于前一分类中的"个人财产信息"，二者划分的依据不同，"个人财产信息"除了包括"财产信息"外，还可能包括"交易信息"等。

③　李源粒：《网络数据安全与公民个人信息保护的刑法完善》，载《中国政法大学学报》2015 年第 4 期，第 68 页。

用于实施针对人身或者财产的侵害行为，故对其适用一般公民个人信息的入罪标准更为妥当"。[1] 该类信息内容之一即为个人信用账户信息。

第二，重要个人信息。重要个人信息具有间接的法益关联性，包括住宿信息、通信记录信息、生理信息、交易信息等。

应注意该类信息中生理信息和健康信息的区别，健康信息为疾病等和个人健康事项有重大关联的各种信息，生理信息则是与个人机体的生命活动和各个器官的机能相关的信息（如女性的生理信息）。

第三，普通个人信息。普通个人信息具有某种法益关联的可能性，包括姓名信息、生日信息、职业信息、通信方式信息、（普通）账号密码信息等。

需要说明的是（普通）账号密码信息。该类信息存在与计算机信息系统数据（如身份认证信息）重合的情形。其一，计算机信息系统的认证往往采取（普通）账号密码信息的形式。如有观点指出："用于认证用户身份的身份认证信息是窃取的重点，此类数据通常是网络安全的重要防线，与计算机信息系统安全紧密相关，有必要予以重点保护。"[2] 其二，依据相关规定存在重合可能。除《侵犯个人信息解释》第 1 条规定的个人信息范围包括"账号密码"外，《危害计算机信息系统安全解释》第 11 条第 2 款第（1）项和第（2）项的"身份认证信息"，是指用于确认用户在计算机信息系统上操作权限的数据，包括账号、口令、密码、数字证书等。其三，（普通）账号密码信息在信息形式上反而与计算机信息系统数据更为相近。其他类型的个人信息多采用"条"的形式，而（普通）账号密码信息由于涉及账号密码等复数项，实际上采取了"组"的形式。而"组"的形式正是《危害计算机信息系统安全解释》第 1 条规定的计算机信息系统数据的形式。

有观点认为，可区分公共管理性个人信息和商业性个人信息。其中，公共管理性个人信息是政府主导的涉及国民医疗、教育、金融、税务等与国家治理、国民生活秩序紧密相关的信息，由于涉及公民的人格权益和身份表

---

① 喻海松：《侵犯公民个人信息罪的司法适用态势与争议焦点探析》，载《法律适用》2018 年第 7 期，第 14 页。

② 陈国庆、韩耀元、吴娇滨：《〈关于办理危害计算机信息系统安全刑事案件应用法律若干问题的解释〉的理解与适用》，载《人民检察》2011 年第 20 期，第 49 页。

达，性质上属于"个人信息"，对其非法获取构成侵犯公民个人信息罪；商业性个人信息反映信息主体特定兴趣爱好、消费习惯等，而且获取者通常无意知道信息主体的真实身份，因而应归属于"普通数据"，对其非法获取应构成非法获取计算机信息系统数据罪。[①] 然而公共管理性个人信息和商业性个人信息难以进行区分，比如个人的住址信息，既是公共管理所必须，也是快递服务等商业活动所必须。故该观点虽不乏启发意义，但是难以解决个人信息与计算机信息系统数据重合的问题。

对于上述重合，应回归法益进行判断，如果该组信息为登录电子邮箱、即时通讯工具所使用，其法益关联性仍然归于个人人身，可作为个人信息保护；如果该组信息为计算机信息系统登录口令、管理员权限口令，其法益关联性归于计算机信息系统安全，可作为计算机信息系统数据保护。

---

① 参见杨志琼：《非法获取计算机信息系统数据罪"口袋化"的实证分析及其处理路径》，载《法学评论》2018 年第 6 期，第 170 页。

第三节　信息的社会化

一、信息财产

对于网络社会中的信息货币、物品等，学界通常以"虚拟财产"称之。然而"虚拟财产"的表述不易于把握该类事物的内涵：第一，虚拟与现实相对而言，在概念上先在地与既有财产概念对立。第二，"虚拟财产"中部分内容具有实体的财产性（如具有商品属性的"虚拟财产"），"虚拟"的前缀与其实质不符。第三，"虚拟"仅说明了该类财产在形态上与现实财产有所差异，但是并未指明该类财产的实质内涵，反而由于"虚拟"的表述成为反对者批判其不具有实质财产性的依据。

本书选择"信息财产"作为基础概念进行研究。因为这些对象无一不通过信息形式以"0"与"1"组成的特定表达在网络社会中构建，并在形态、内容上与信息的属性相契合，在信息已经成为刑法犯罪对象的情况下，不会因概念造成理论困难，在此基础上可以逐步厘清信息财产的范围与类型。

（一）信息财产的理论争议

信息财产的争论由来已久，可以说是网络犯罪领域讨论最广泛的问题之一。自从学者提出"在立法上和刑法理论上及时承认计算机网络空间的虚拟财产的合法性问题" 以来，^① 信息财产的理论探讨基于财产犯罪与计算机犯罪、网络犯罪的交叉开展，成为学者观点碰撞和商榷的重要场域^②。经过十余年的关注和讨论，学界并未就信息财产的性质和刑法保护方式达成一致，分别在信息财产的刑法地位层面与刑民关系层面展开探讨。

1. 信息财产的刑法地位

这一层面的讨论主要基于信息财产刑法保护的必要性，在既有财产概念体系下探讨如何对信息财产进行恰当的定性。

第一，财物说。如有观点认为，财产犯罪对象的财物应当具有管理可能性、转移可能性和价值性三个特征，信息财产可以认定为刑法意义上的财物："其一，虚拟财产是他人可以管理的东西。账户既是存放虚拟财产的仓库，也是主体占有、管理虚拟财产的标志。其二，虚拟财产具有转移可能性。正是因为虚拟财产具有转移可能性，才使得虚拟财产成为侵害的对象。其三，虚拟财产具有使用价值。例如，Q 币可以供人们用于电话充值或者购买网络产品。"^③ 此外，也有学者从 "财物" 一词的可能含义出发，认为信息财产完全具备财产属性，通过扩张解释将其纳入财产犯罪的 "财物" 范畴没有超过其可能的含义范围与国民的预测可能性，并不违反罪刑法定原则。^④

在财物说的基础上，有学者提出了无体物说。如有观点认为，按照有体性说的理解会导致财产犯罪的保护范围限缩，不利于对财物的保护，应基于管理可能性说的观点予以修正。就信息财产而言，权利人可以通过操作来对

① 参见于志刚：《论网络游戏中虚拟财产的法律性质及其刑法保护》，载《政法论坛》2003 年第 6 期，第 131 页。

② 比如第一组，侯国云：《论网络虚拟财产刑事保护的不当性——让虚拟财产永远待在虚拟世界》，载《中国人民公安大学学报（社会科学版）》2008 年第 3 期，第 33~40 页；王志祥、袁宏山：《论虚拟财产刑事保护的正当性——与侯国云教授商榷》，载《北方法学》2010 年第 4 期，第 147~156 页；侯国云：《再论虚拟财产刑事保护的不当性——与王志祥博士商榷》，载《北方法学》2012 年第 2 期，第 145~160 页。第二组，刘明祥：《窃取网络虚拟财产行为定性探究》，载《法学》2016 年第 1 期，第 151~160 页；姚万勤：《盗窃网络虚拟财产行为定性的教义学分析——兼与刘明祥教授商榷》，载《当代法学》2017 年第 4 期，第 72~85 页。

③ 张明楷：《刑法学》（下），法律出版社 2016 年版，第 936~937 页。

④ 参见赵秉志、阴建峰：《侵犯虚拟财产的刑法规制研究》，载《法律科学》2008 年第 4 期，第 153~159 页。

网络游戏中的道具、金币以及账号等进行管理，其契合了无体物的特征：其一，权利人对于信息财产的支配不具有直接性，信息财产缺乏实体的存在，其本身"无体"；其二，信息财产产生于软件开发人员编写的程序，对其复制没有成本；其三，信息财产的属性需经相关部门的批准；其四，信息财产不能在现实世界中如真实货币一样占有或者消费。①

第二，财产性利益说。财产性利益说主要从两个方面论证信息财产的财产利益性：一个方面是信息财产与财物的关系。如有学者认为信息作为一种权利凭证，其不属于财物，但具有经济价值，应为财产性利益。②另一个方面是信息财产与信息数据的关系。如有学者认为侵犯信息财产的犯罪行为通常主要涉及用户的财产性利益，对于计算机运行秩序的侵害反而是次要的；③或认为信息财产兼具财产属性与网络信息数据属性，因此通过财产性利益对其进行保护是首选途径。④

在财产性利益说的基础上，有学者提出采取复合罪名进行保护的意见。如有学者基于对象区分的角度，认为信息财产兼具财产属性和数据属性，应划分为以下种类并确立不同的保护规则："其一，能够以货币进行交换或者说有经济价值的虚拟财产，如网络游戏装备、点卡、电子币等。其二，代表着权利并具有经济价值的电子数据，如公民个人信息、知识产权、网络域名、网络流量、商业秘密、账号密码（QQ号）、'僵尸网络'的控制权等。"也有学者基于行为区分的角度，认为应考虑不同的犯罪行为方式："对侵犯网络中财产性利益的行为究竟应当采用哪种模式进行规制不能一概而论。因为并非仅由犯罪对象的性质就能够决定罪名，犯罪的客观方面（行为方式）也是考量的重要因素，同时还要分析具体案件的背景以及财产性利益在特定

---

① 参见姚万勤：《盗窃网络虚拟财产行为定性的教义学分析——兼与刘明祥教授商榷》，载《当代法学》2017年第4期，第80~82页。

② 参见徐彰：《盗窃网络虚拟财产不构成盗窃罪的刑民思考》，载《法学论坛》2016年第2期，第159页。

③ 参见孟璐：《网络虚拟财产的刑法保护——以谦抑刑法观为分析视角》，载《法学杂志》2017年第11期，第43页。

④ 参见孙道萃：《网络财产性利益的刑法保护：司法动向与理论协同》，载《政治与法律》2016年第6期，第47页。

情况下的特征或属性。"①

第三，计算机信息系统数据说。如有观点认为，信息财产的物理属性是电子数据，其法律属性是计算机信息系统数据，非法获取信息财产的行为应当按照非法获取计算机信息系统数据罪认定。② 有学者认为还应强调非法获取信息财产的"技术手段性"："未通过互联网信息系统获取，或者采用技术手段以外的其他手段不正当地获取数据的行为，即便该行为情节严重也不能被认定为犯罪。具体到窃取虚拟财产的犯罪案件中，就意味着只有通过互联网实施的，以密码破解、网络钓鱼等技术手段非法获取虚拟财产数据的行为才可能被评价为犯罪。"③

本书认为，财物说与财产性利益说均面临难以克服的理论障碍，计算机信息系统数据说也不能全部解决信息财产的问题：第一，财物说难以解决部分信息财产具有可复制性的问题。信息财产虽然可以管理，并且具有转移可能性和价值性，但是有些信息财产却是可以复制的，比如网络游戏中的道具、网络论坛中的财富值等，是可以由管理员复制的。然而构成有体物，其唯一性与确定性是作为法益保护的基础，所以盗窃犯罪、诈骗犯罪中的财产转移才有必要进行深入的讨论。与之类似，诸如电力等无体物虽然不具有现实形态，但是其价值和功能是确定和唯一的，具有客观的度量标准，也同样不具有可复制性。第二，财产性利益说缺乏规范基础。我国财产犯罪的对象仅限于财物，对于信息财产而言，其本身的财产性尚需证成，基于信息财产贸然构建新的财产犯罪对象更是面临如何与现行规范有机协调的问题。也正是因为存在这一难以克服的障碍，才有学者在财产性利益说的基础上提出根据具体情况按照多个罪名认定处理，相当于在实质上解构了财产性利益的财产性。第三，计算机信息系统数据说较好地契合了刑法理论与司法实践。将信息财产作为计算机信息系统数据，从而纳入刑法保护的范围，相当程度上解决了信息财产可复制性带来的财产性认定障碍，以及其财产价值难以定型

---

① 任彦君：《网络中财产性利益的刑法保护模式探析》，载《法商研究》2017年第5期，第115~119页。

② 参见喻海松：《网络犯罪二十讲》，法律出版社2018年版，第254页。

③ 参见张弛：《窃取虚拟财产行为的法益审视》，载《政治与法律》2017年第8期，第42页。

的问题。但是信息财产的范围十分广泛，比特币等信息货币由于具有唯一性，如果按照计算机信息系统数据予以保护也存在一定的问题，因此真正解决信息财产的问题还需基于类型化与区别化的视角。

2. 信息财产与刑民关系

这一层面的讨论主要围绕刑法上信息财产的概念是否以民法为前提，以及在肯定民法优位的语境下采取何种民法权利形式。

第一，在信息财产认定中刑法和民法关系的问题上有民法优位说和刑法独立说之争。民法优位说认为刑法中信息财产的认定应当以民法认定为前提。学者主要从以下两个方面论述民法优位的理由：其一，信息财产的财产性的证成依赖于民法。如有观点认为："刑法中财物的解释边界应当以民法中物的边界为依据。由于物权法定的基本原则，在明确网络虚拟财产属于财产的前提下，确定我国法律上的'物'的范围，得出网络虚拟财产是否为'物'的结论。"① 也有学者认为，按照民法学上的见解，财产应当具有效用、稀缺、流转三种属性，信息财产是否具有财产性也应当从这三种属性进行判断。② 其二，基于"法秩序整体统一性"考量。如有学者认为："虚拟财产仍然具有法律意义上的财产的一般属性，仍然可以成为民法所有权的客体，基于法秩序整体统一性的考量，亦成为刑法财产犯的法益侵害对象。"③

刑法独立说认为，刑法中信息财产的认定应当独立进行，不应以民法认定为基础。刑法独立说有整体独立说与部分独立说之别。整体独立说认为刑法中信息财产的认定应当完全独立进行。如有观点认为："在民法领域也有很多从管理可能性的视角解释财物的现象，何况刑法上的概念是从刑法的视角出发予以规定并进行解释的，因此没有必要拘泥于民法意义上的财物概

---

① 徐彰：《盗窃网络虚拟财产不构成盗窃罪的刑民思考》，载《法学论坛》2016 年第 2 期，第 154 页。

② 参见侯国云、么惠君：《虚拟财产的性质与法律规制》，载《中国刑事法杂志》2012 年第 4 期，第 55 页。

③ 梁根林：《虚拟财产的刑法保护——以首例盗卖 QQ 号案的刑法适用为视角》，载《人民检察》2014 年第 1 期，第 8 页。

念。"① 部分独立说认为刑法中信息财产的认定应当区分刑法是否有明文规定，有明文规定则独立认定，无明文规定则依照民法规定。如有观点认为民法等部门法系刑法的前置法，其法律用语理解对刑法具有制约性，当刑法用语的含义与其不一致时应当作出明文规定，比如"信用卡"一词，与金融法中的信用卡并不相同，专门通过立法解释予以明确。②

第二，在采取民法优位说的情况下，又有物权说和债权说之争。物权说认为信息财产的权利形式为物权。如有观点认为，认定信息财产具有物权性质具有合理性，理由有二：其一，信息财产符合物权的本质特征。权利人虽然难以对信息财产进行现实的直接支配，但是可以通过网络上的支配（间接支配）来实现对其的控制。而且一旦权利人支配该信息财产后，其他主体便无法对其再进行控制，该支配性具有排他性质。其二，信息财产的内容符合物权的属性。权利人可以通过观念的方式对信息财产进行控制，而且也可以通过对其处分来获得经济效益。③

债权说认为信息财产的权利形式为债权。但在具体路径选择上又有两种：一种路径为证成信息财产的债权性，据此提出扩大刑法中财产范围的主张。如有观点认为，信息财产是网络用户得以请求运营商为其提供特定的服务内容的一种债权凭证，网络用户享有要求运营商提供特定服务的请求权。④ "这种凭证本身没有太大意义，但其能够体现与证明主体所拥有的财产价值；它保存在虚拟游戏社区中，却具有一定的独立性，如同存款单独立于银行，股票独立于股市的管理者一样。"⑤ 有学者进而提出将信息财产纳入"其他财产"的范围："在《刑法》第 92 条所列举的私人财产的范围里面，针对第 4 项可以与'股份、股票、债券'并列的'其他财产'的范围里也就

---

① 郑泽善：《网络虚拟财产的刑法保护》，载《甘肃政法学院学报》2012 年第 5 期，第 96~97 页。
② 参见陈兴良：《虚拟财产的刑法属性及其保护路径》，载《中国法学》2017 年第 2 期，第 156~157 页。
③ 参见姚万勤：《盗窃网络虚拟财产行为定性的教义学分析——兼与刘明祥教授商榷》，载《当代法学》2017 年第 4 期，第 75~76 页。
④ 参见钱志强、韩海军：《盗窃网络虚拟财产行为刑法规制研究》，载《法学杂志》2009 年第 9 期，第 102 页。
⑤ 刘守芬、申柳华：《网络犯罪新问题刑事法规制与适用研究》，载《中国刑事法杂志》2007 年第 3 期，第 20 页。

可以涵盖为网络用户所合法持有虚拟财产这一债权凭证提供解释的空间。"①

另一种路径为肯定信息财产的债权性，并认为应当通过财产犯罪之外的罪名进行规制。一种观点认为，网络游戏玩家对于信息财产的权利行使有待于网络运营商的配合，否则任何权利都无法实现，信息财产的权利本质上是债权而不是物权。据此不应当将侵犯信息财产的行为认定为盗窃罪，如果通过非法侵入计算机信息系统或其他技术手段非法获取信息财产，则可按照非法获取计算机信息系统数据罪认定；如果网络运营商的工作人员非法获取信息财产牟利，可以按侵犯著作权罪定罪处罚。②另一种观点认为，虚拟的货币、道具、武器、装备、宠物等应被严格限定在虚拟世界，严格禁止虚拟财产与真实财产的兑换，并在《刑法》中增加虚实交易罪，将此类虚实兑换行为以犯罪论处。③

本书认为刑法独立说更为妥当，但是理由仍需进一步补充：第一，刑法和民法的价值导向和规范设置不同。民法以利益平衡为基础，比如侵权行为的法律规制仅强调权利恢复，通过损害赔偿、返还原物等方式消除损害后果即可。与之不同，刑法强调法益保护与社会规范的维护，盗窃行为人即便是向被害人返还了原物也未消灭刑事法律关系，只是作为情节予以认定。对此，也有学者指出："对于民法和刑法的区分依据，较为恰当的解释为，民事不法是对被害人权利的损害，而刑事犯罪则是对社会、对共同体的危害。换言之，民法的作用是对损害进行赔偿，以恢复到损害未发生时的状态为目标；刑法则以保护共同体的安全、确证共同体规范的有效性为任务。"④第二，刑法上的财物范围与民法不同。比如，我国刑法将财产犯罪的对象限定为财物，但是毒品等违禁品同样可以成为盗窃罪等财产犯罪的对象，从而在实质上扩大了财物的范围，与民法采取了不同的立场。不仅我国，日本刑法

---

① 郭泽强、刘静：《窃取网络虚拟财产的入罪化思考——以刑法谦抑观为视角》，载《云南社会科学》2017 年第 2 期，第 117 页。

② 参见刘明祥：《窃取网络虚拟财产行为定性探究》，载《法学》2016 年第 1 期，第 158~160 页。

③ 参见侯国云、么惠君：《虚拟财产的性质与法律规制》，载《中国刑事法杂志》2012 年第 4 期，第 63 页。

④ 胡宗金：《法规范视角下虚拟财产的刑法保护》，载《法律适用》2017 年第 23 期，第 55 页。

也认可兴奋剂、麻醉药、鸦片等违禁品是财物，可以成为夺取型犯罪的对象。[1] 因此，无论债权说还是物权说均是基于民法中的财产类型划分，而刑法并未和民法采取一致的方式，民法优位说的理论前提存在缺失。

3. 信息财产理论争议的不足

以上讨论，虽然从不同层次、不同维度探讨了信息财产的相关问题，但是有些讨论并未在刑法教义学的领域充分进行，很多问题也未在同一个层面展开，呈现零散和交叉的状况，存在诸多的问题。

第一，未将教义学理论与我国具体情况充分结合。比如在第一层面的讨论中，无体物说与财产性利益说虽然不乏德日理论根据，但其实德日对于这两种理论也未采取积极扩张的态度，在我国语境下更难以充分开展。《盗窃适用解释》第 4 条第（4）项规定："明知是盗接他人通信线路、复制他人电信码号的电信设备、设施而使用的，按照合法用户为其支付的费用认定盗窃数额；无法直接确认的，以合法用户的电信设备、设施被盗接、复制后的月缴费额减去被盗接、复制前六个月的月均电话费推算盗窃数额；合法用户使用电信设备、设施不足六个月的，按照实际使用的月均电话费推算盗窃数额。"以上条款中无论是能够查实还是"无法直接确认"的情形，均最终体现为实际的财产损失数额，而非直接作为无体物予以确认。与之类似，我国刑法中也缺乏对于财产性利益专门保护的规则，贸然将该理论引入存在不妥。

第二，部分超出了刑法学的理论范畴讨论信息财产的财产性。学者在讨论信息财产的财产性问题时有时超出了刑法学的范畴进行讨论，甚至进行了经济学判断或者社会观念评价。如有学者认为信息财产具有价值的原因在于："其一，从经济学角度分析，虚拟财产是使用价值、交换价值和价值的

---

[1] 参见［日］松宫孝明：《刑法各论讲义》(第 4 版)，成文堂 2016 年版，第 193 页；［日］大谷实：《刑法讲义各论》(新版第 4 版补订版)，成文堂 2015 年版，第 187~188 页；［日］前田雅英：《刑法各论讲义》(第 6 版)，东京大学出版会 2015 年版，第 148~149 页；［日］斋藤信治：《刑法各论》(第 4 版)，有斐阁 2014 年版，第 91 页；［日］山中敬一：《刑法各论》(第 3 版)，成文堂 2015 年版，第 257 页；［日］高桥则夫：《刑法各论》(第 2 版)，成文堂 2014 年版，第 208~209 页。

统一体。其二，虚拟财产的获得主要是个人劳动的结果。其三，虚拟财产与真实财产之间存在着市场交易。"① 另有学者将社会价值观问题引入讨论："导致玩家心情愉悦不是虚拟财产的使用价值。事实上，给玩家带来乐趣，让玩家心情愉悦的是整个游戏软件，而不是虚拟财产。虚拟财产是游戏商赚取高额利润的一个圈套，不值得动用刑法加以保护。"②

第三，混同了刑法与民法对财产的保护。如前所述，在法律体系中刑法与民法的功能与目的不同，因而调整法律关系的方式与作用也不同。一些学者未基于刑法与民法恰当区分的视角讨论信息财产，导致这一问题越发偏离教义学范畴。在保护信息财产的过程中刑法也应基于自身的判断作出考量，而非完全依据民法。日本学者也指出："刑法占有、持有和民法不同，不一定要把握对待物的个别支配的意思，更重要的是从社会观点看物的支配归属。"③ 按照法律经济财产说，财物罪保护的法益，实质上是所有权及其他的合法权利，但这种权利并不要求是以民法上的权利义务关系为基础，社会生活中只要在客观上能确定是属于特定人占有或所有的物，该种占有或所有便是大体上合法的，应用刑法加以保护。④

第四，未注重信息财产的区别化与类型化。学者探讨信息财产的刑法保护往往以整体的视角展开，分析信息财产是否均为财产或者均为非财产。实际上，正如现实中"物"不尽然受到财产犯罪条款的保护，信息财产也需要基于类型化讨论其类型和边界。有观点认为应对信息财产采取限定的态度，指出并不是所有的数据都可以在法律属性上"商品化"："涉及国家机密和个人隐私的数据，就不能实现商品化而接受市场交易规则的调整；或者在有的场合，由于数据的价值在量上并不符合刑法的要求，将数据认定为财产，相关行为并不构成犯罪，此时就可能需要以非法获取计算机信息系统数据罪论

---

① 赵秉志、阴建峰：《侵犯虚拟财产的刑法规制研究》，载《法律科学》2008 年第 4 期，第 154~155 页。

② 侯国云、么惠君：《虚拟财产的性质与法律规制》，载《中国刑事法杂志》2012 年第 4 期，第 57~60 页。

③ ［日］中森喜彦：《刑法各论》（第 4 版），有斐阁 2015 年版，第 109 页。

④ 参见［日］大谷实：《刑法讲义各论》（新版第 4 版补订版），成文堂 2015 年版，第 190 页。

处。"① 但是其并未深挖何种信息财产属于财产，以及刑法规则应当如何区别适用。基于此，应在肯定刑法对于信息财产独立判断的基础上，充分在教义学领域对于信息财产进行研究和比较，在信息财产内部确立不同的刑法规则，基于类型化的视角探讨信息财产的刑法保护。

（二）信息财产的理论比较

或许正是对于"物"的严格解释，德国刑法规定的行为客体限于人、物和无体物，电力都不是盗窃罪规定中的"物"，更难以包括信息财产。② 通过数据犯罪来保护信息财产是德国刑法的做法，这也与《德国刑法典》中数据概念的包容性有关。

由于《日本刑法典》中"电磁记录"并不像《德国刑法典》中的数据具有广泛的包容性，因此围绕信息财产问题进行了更为广泛的讨论。概括来说，日本立法和理论对于无体物、财产性利益概念并未采取积极扩张的态度。

第一，财物层面。日本主要学说包括"有体性说"与"管理可能性说"。有体性说认为刑法上所指的财物必须是有具体形状的物体，管理可能性说认为凡是有管理可能性者都是财物。③ 以电力为例，《日本刑法典》第 245 条、第 251 条中，有将电力视为"财物"的规定。关于电力的财产性有体性说与管理可能性说有不同的结论："管理可能性说"认为，第 245 条与第 251 条是一种注意性规定，其旨趣在于确认电力当然包含在"财物"或者"物"之内，所谓"财物"或者"物"是指具有财产性价值的"具有可移动性与管理可能性的东西"。反之，"有体性说"则认为，上述规定是将电力（例外）视为"财物"的特别规定，此类能源原本不属于财物，所谓"财物"或者

---

① 涂龙科：《网络支付环境下盗窃罪适用扩张的路径、弊端及其限制研究——基于司法裁判实践的分析》，载《法学杂志》2017 年第 6 期，第 50 页。

② Vgl. Hans–Heinrich Jescheck / Thomas Weigend, Lehrbuch des Strafrechts Allgemeiner Teil, 5. Auflage, Duncker & Humblot, 1996, S.274; Vgl. Urs Kindhäuser, Strafrecht Allgemeiner Teil, 8. Auflage, Nomos, 2017. S.43.

③ 参见［日］山中敬一：《刑法各论》（第 3 版），成文堂 2015 年版，第 253~254 页；参见［日］高藤信治：《刑法各论》（第 4 版），有斐阁 2014 年版，第 90~91 页。

"物"就是指有体物。无论在立法、司法还是理论上，"有体性说"要更为妥当。①而按照"有体性说"，电力本身不属于财物，因法律的特别规定而作类似处理，没有特别规定的信息财产则难以纳入财物范畴。

也有学者从保护的必要性、处罚的妥当性的立场出发，认为电力以外的、在物理上可以管理的能源都应当作为财物，但是为了坚持罪刑法定原则，对这一条款必须严格解释。水蒸气、冷气等能源即便和电力一样，在物理上也能够进行管理，但是不能包括在财物之内。由于《日本刑法典》第245条的规定不适用于侵占罪、赃物犯罪以及毁坏财物罪，因此，在上述犯罪中，电力不是犯罪对象。②

因此，无论是刑法理论还是刑法解释层面，日本未将电力作为财物，《日本刑法典》第245条、第251条中，有将电力视为"财物"的规定也不过是一种例外规定或者准用规定。《日本刑法典》中财物的概念范围实际上是较为狭窄的，即便对于电力等无体物作出规定，但是理论和实践都将其视为例外规定，并无将其扩大至信息财产的空间。

而我国刑法中，《盗窃适用解释》第4条第1款第（3）项规定："盗窃电力、燃气、自来水等财物，盗窃数量能够查实的，按照查实的数量计算盗窃数额；盗窃数量无法查实的，以盗窃前六个月月均正常用量减去盗窃后计量仪表显示的月均用量推算盗窃数额；盗窃前正常使用不足六个月的，按照正常使用期间的月均用量减去盗窃后计量仪表显示的月均用量推算盗窃数额。"该解释并未采取准用规定形式，而是依据转化的财产损失数额予以认定，其思路并非将电力作为财物。因此前述无体物说实际上是对于德日理论的形式移植，理论来源国都未承认无体物的财物性，难以具有妥当性。

第二，财产性利益层面。《日本刑法典》中"非法的财产性利益"为所有的财产性利益（取得权利、免除债务、履行期延期、转移所有权、提供劳务等），所谓非法是指这种利益的获取本身是非法的（行为人与第三者没有

---

① 参见［日］松宫孝明：《刑法各论讲义》(第4版)，成文堂2016年版，第190~191页。

② 参见［日］大谷实：《刑法讲义总论》(新版第4版)，成文堂2012年版，第183~184页。

获取该利益的正当理由）。^① 也有学者指出，财产性利益，不仅仅指法律上的财产权（债权、抵押权等），还包括大体合法的经济价值或利益。存在即便民法上是否具有财产权并不明确（如提供义务劳动等），但也必须承认财产性利益的场合。^② 基于此，财产性利益的范围虽有扩大，但是也缺乏适用于信息财产的空间。

回归信息财产本身，《日本刑法典》对于信息的财产性持否定态度，刑法所保护的是"信息化的物体"而非信息。因为从有体性说的视角，信息本身不是物理的存在，不是财物，不过当信息被记录在文件、软盘、USB 等物理介质中时，存储信息的介质就是财物。在这一点上，与物理的管理可能性说一样。^③ 基于此，改变信息获得财产上的利益的行为应被处罚。实际上对于那些以商业秘密、财产性信息与数据为对象的犯罪，现在是通过《（日本）反不正当竞争法》第 13 章第 1 节的规定，以及将记录了信息与数据的有体物作为犯罪对象的盗窃罪或者侵占罪等现有规定处理。^④ 此外，日本学者也指出信息无法简单比照电力的准用规定："该规定立法只是暂时性解决，热、声音、光等能量，债券、人力、劳务、信息等也无法管理。"^⑤

基于此，实际上对于在刑法中已经系统采用无体物、财产性利益概念的日本均未将其扩大适用于信息财产。国内也有学者结合侵犯信息财产是否构成盗窃罪进行讨论："一方面，我国刑法中盗窃罪的对象不包含虚拟财产这种无形物。我国现行《刑法》第 265 条的规定是一种特别规定，除此规定之外的无体物，自然不能依照刑法中盗窃罪来定罪处罚，否则就是一种类推解

---

① 参见［日］松宫孝明：《刑法各论讲义》（第 4 版），成文堂 2016 年版，第 193~194 页；［日］山中敬一：《刑法各论》（第 3 版），成文堂 2015 年版，第 259~260 页。

② 参见［日］大谷实：《刑法讲义总论》（新版第 4 版），成文堂 2012 年版，第 188~189 页。

③ 参见［日］高桥则夫：《刑法各论》（第 2 版），成文堂 2014 年版，第 209 页；［日］斋藤信治：《刑法各论》（第 4 版），有斐阁 2014 年版，第 91 页；［日］山中敬一：《刑法各论》（第 3 版），成文堂 2015 年版，第 254~255 页；［日］大谷实：《刑法讲义总论》（新版第 4 版），成文堂 2012 年版，第 184~185 页。

④ 参见［日］松宫孝明：《刑法各论讲义》（第 4 版），成文堂 2016 年版，第 188 页；［日］前田雅英：《刑法各论讲义》（第 6 版），东京大学出版会 2015 年版，第 147~148 页。

⑤ ［日］山中敬一：《刑法各论》（第 3 版），成文堂 2015 年版，第 254~255 页。

释，违反罪刑法定原则。另一方面，财产性利益不是我国刑法中盗窃罪的对象。一般认为，由于盗窃罪的性质决定了财产性利益不能成为该罪的侵害对象，例如，日本、韩国、德国、意大利等国，盗窃财产性利益均不成立盗窃罪（也不成立其他犯罪）。就我国刑法而言，侵犯虚拟财产的行为自然不构成盗窃罪。"①本书肯定这一观点，并认为借用德日原本予以教义限缩而未适用于信息财产的无体物、财产性利益概念，来论证该概念解释信息财产的正当性，存在先天的理论障碍。关于信息财产的财产性仍应在财物与数据之间展开讨论。

（三）信息财产的范围

学者对于信息财产范围的探讨主要围绕两个问题，即信息财产的具体内容以及与信息化财产、网络大数据、信息资源之间的关系。由于视角和依据不同，相关观点也未取得一致意见，有待进一步厘清。

1. 信息财产的内容与属性

现有学者在讨论信息财产问题时，并未在同一范畴展开，相反是在不同的范畴各自进行论述。

第一，有观点将信息财产的范围限于网络游戏账号和道具。如认为："网络虚拟物，是网络虚拟世界中可能受到法律保护的客体。其类型多种多样，主要包括：虚拟金币（货币）、虚拟装备（武器、装甲、药剂等，即'item'）、虚拟动植物（宠物、盆景等）、虚拟角色（虚拟人、ID 账号等）。"②或认为："虚拟财产，是指作为游戏软件中的软件模块的影像或化身存在于虚拟世界中被虚拟人物掌控和支配的具有虚拟的价值和使用价值的虚拟物或虚拟货币。"③

第二，有观点认为信息财产包括网络游戏账号和道具、即时通讯工具账号。如有学者认为："虚拟财产是指网民、游戏玩家在网络空间中所拥有、

---

① 陈云良、周新：《虚拟财产刑法保护路径之选择》，载《法学评论》2009 年第 2 期，第 146 页。

② 童德华：《网络虚拟物作为财物的法益属性及其标准》，载《中国刑事法杂志》2019 年第 1 期，第 40 页。

③ 侯国云、么惠君：《虚拟财产的性质与法律规制》，载《中国刑事法杂志》2012 年第 4 期，第 52 页。

支配的必须利用网络服务器的虚拟存储空间才能存在的财物，具体包括游戏账号、游戏货币、游戏装备、QQ 号码等。"①

第三，有观点认为信息财产包括网络游戏账号和道具、即时通讯工具账号、电子邮箱账号。如有学者认为："网络数字化财产是指存在于计算机终端、服务器、网络的数字化、非物化的财产形式，它包括网络游戏账号、游戏物品、游戏货币、角色属性、电子邮件、即时通讯类等信息产品。"②

第四，有观点认为信息财产包括网络游戏账号和道具、网络流量。如有学者认为："所谓虚拟财产，一般是指能够为所有人支配控制并且具有某种效能和用途、以一定形式存在于网络虚拟空间的数字化电磁记录。常见的虚拟财产主要有游戏账号等级、虚拟货币、虚拟装备、虚拟动植物、虚拟 ID 账号及游戏角色属性、上网信息流量。"③

第五，有观点认为信息财产包括网络游戏账号和道具、网络服务提供者代币。如有学者认为："虚拟财产为依托于网络空间中、能为人管理支配并具有现实交换价值的电磁数据资料或参数，包含了游戏装备、身份等级、虚拟 Q 币、账号等。"④ 在前述范围的基础上，有学者进而主张按照虚拟财产与法益主体的不同类型分别判断："第一类是用户从网络服务商或者第三人那里购买的价格相对稳定、不因用户的行为而发生价值变化的虚拟财产（如 Q 币、U 币、游戏币等）。第二类是用户从网络服务商或者第三人那里购买的，经过加工后使之升级的虚拟财产（如游戏装备、用 Q 币装饰过的 QQ 空间等）。第三类是网络服务商的虚拟财产（也指游戏币等）。"⑤

本书认为，信息物品、网络账号、网络服务提供者代币均应在信息财产的框架下进行探讨：第一，信息物品指网络游戏道具以及在网络直播平台、

① 赵秉志、阴建峰：《侵犯虚拟财产的刑法规制研究》，载《法律科学》2008 年第 4 期，第 152 页。
② 米铁男：《刑法视角下的网络数字化财产问题研究》，载《东方法学》2012 年第 5 期，第 101~102 页。
③ 梁根林：《虚拟财产的刑法保护——以首例盗卖 QQ 号案的刑法适用为视角》，载《人民检察》2014 年第 1 期，第 8 页。
④ 郭泽强、刘静：《窃取网络虚拟财产的入罪化思考——以刑法谦抑观为视角》，载《云南社会科学》2017 年第 2 期，第 116 页。
⑤ 张明楷：《非法获取虚拟财产的行为性质》，载《法学》2015 年第 3 期，第 24 页。

网络论坛等处使用的具有一定功能的虚拟道具，除了网络游戏道具外，诸如直播平台送给主播的礼物、网络论坛的功能道具等也不应排除在信息物品的范围之外。第二，网络账号指网络用户的各类账号，包括网络游戏账号、即时通讯工具账号、电子邮箱账号等各类账号。第三，网络服务提供者代币，包括诸如百度公司的百度币、腾讯公司的Q币、盛大公司的点券、新浪推出的微币等。

此外，前述观点虽然种类繁多、范围各异，但是均遗漏了十分重要的信息财产类型——信息货币。信息货币不同于一般所称的"虚拟货币"，不包括前述网络服务提供者代币，仅指比特币、莱特币等依靠校验和密码技术来创建、发行和流通的电子货币（也称"数字货币"）。实际上信息货币均是一组特定的信息，只不过信息基于技术具有稳定性和唯一性，因而在某种层面上作为"货币"使用。基此，信息财产包括信息物品、网络账号、网络服务提供者代币（Q币等）和信息货币。

此外，有必要先对相关概念的范围进行说明。信息数据、信息财产与财产的范围如下图所示：

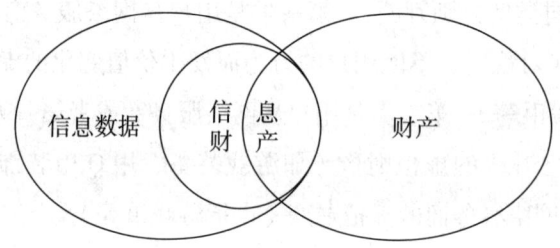

其中，信息数据指具有信息内容的计算机信息系统数据，信息财产是信息数据的子概念。信息财产可能是财产，但是有些信息财产目前还难以成为财产。从信息数据成为信息财产需要具备确定性与支配性，从信息财产成为财产还需要进一步具备唯一性。

就信息财产的属性，有观点将其在与财产的区别层面把握：第一，刑法上的财产具有实体性，信息财产具有虚拟性；第二，刑法上的特定财产具有价值稀缺性、唯一性、不可复制性，信息财产具有可再生性；第三，刑法上的财产能够以价值加以衡量，且这种衡量标准是客观的、统一的，信息财产的价值难以衡量，其价值的有无、价值的大小由特定的交易人商定；第四，刑法上的财产具有独立性，而信息具有依附性。[①] 但是这一观点是基于信息物品、网络账号、网络服务提供者代币的范围讨论，未考虑信息货币的问题。一旦介入了信息货币，上述区别都难以成立。

本书认为，就信息财产属性可以作如下概括：第一，支配性。信息财产基于主体对其建立的支配关系成立，比如信息物品、网络账号均附属于特定网络用户。与之相对，网络大数据虽然具有一定的价值，但是除非部分完成商品化的数据，一般难以具备特定的支配关系。第二，确定性。信息财产的内容必须是确定的，而不能处于变动中。当然这种确定是相对的，只要符合一般社会观念即可。与之相对，信息资源通常是不确定的（域名等除外），其虽然不乏价值，但是难以完成一般意义的定型化评价。第三，信息货币在唯一性上区别于信息物品、网络账号、网络服务提供者代币等其他信息财产，由此为信息货币的财产性评价提供了理论空间。而价值确定性不足以成为区分信息货币与其他信息财产的理由，如网络服务提供者代币也具有一定的交易价格。

2. 信息财产与其他相关概念的区别

基于以上范围与属性，信息财产与信息化财产、网络大数据、信息资源、信息程序等概念相区别：

第一，信息化财产。即现实财产的信息化表示。信息化财产并非在网络社会才存在，实际上储蓄账户单、票据等通过数字信息表示财产的单据，其中的数字信息也代表现实的财产价值量。有学者指出："由于第三方支付和信用卡账户里的钱款均可以随时用于购买其他产品，它具有货币的主要功能，即价值尺度、流通手段、支付手段和储藏手段等，因而具有货币的基本属性。无论是信用卡账户和第三方支付账户中的钱款，还是纸质货币，均可

---

① 参见臧德胜、付想兵：《盗窃网络虚拟财产的定性——以杨灿强非法获取计算机信息系统数据案为视角》，载《法律适用》2017 第 16 期，第 72 页。

以将它们视为我国刑法中财产犯罪的对象——'财物'。"[1] 这一观点并无不妥，但是仍需进一步说明信息化财产和信息财产的实质区别：信息化财产本质上是财产信息化，现实的财产用信息的形态进行表示，便于存储和使用，但是其性质和数量并未改变；信息财产本质上是信息财产化，即将原本只具记录意义的信息赋予某种财产的属性或者近似财产的属性。因此，二者存在实质上的区别。

比如董亮等四人诈骗案中，行为人所诈骗的即信息化财产（网约车平台信息形态的资产）而非信息财产：

董亮等四人诈骗案[2]

一、基本案情

2015年，某网约车平台注册登记司机董亮、谈申贤、高炯、宋瑞华，分别用购买、租赁未实名登记的手机号注册网约车乘客端，并在乘客端账户内预充打车费一二十元。随后，他们各自虚构用车订单，并用本人或其实际控制的其他司机端账户接单，发起较短距离用车需求，后又故意变更目的地延长乘车距离，致使应付车费大幅提高。由于乘客端账户预存打车费较少，无法支付全额车费。网约车公司为提升市场占有率，按照内部规定，在这种情况下由公司垫付车费，同样给予司机承接订单的补贴。四被告人采用这一手段，分别非法获取网约车公司垫付车费及公司给予司机承接订单的补贴。董亮获取 40 664.94 元，谈申贤获取 14 211.99 元，高炯获取 38 943.01 元，宋瑞华获取 6627.43 元。

二、裁判理由

当前，网络约车、网络订餐等互联网经济新形态发展迅速。一些互联网公司为抢占市场，以提供订单补贴的形式吸引客户参与。某些不法分子采取违法手段，骗取互联网公司给予的补贴，数额较大的，可以构成诈骗罪。

---

[1] 刘宪权：《论新型支付方式下网络侵财犯罪的定性》，载《法学评论》2017 年第 5 期，第 35~36 页。
[2] 参见最高人民检察院指导案例第 38 号。

在网络约车中，行为人以非法占有为目的，通过网约车平台与网约车公司进行交流，发出虚构的用车需求，使网约车公司误认为是符合公司补贴规则的订单，基于错误认识，给予行为人垫付车费及订单补贴的行为，符合诈骗罪的本质特征，是一种新型诈骗罪的表现形式。

第二，网络大数据[①]。网络大数据能否作为财产，学者存在争议。一种观点认为，大数据实质上是一种财产，与物理财产具有同样的经济价值性、稀缺性，且能够被人力所控制。网络大数据及其控制权存在着其固有价值，可通过以下方式对大数据财产属性予以刑法确认：其一，增设"第270条之1"，规制"窃取或者以其他方法非法获取他人的数据信息"的行为；其二，通过立法或者立法解释将《刑法》第92条的"财产"类型扩大为"数据信息"。[②]另一种观点认为，虽然数据与虚拟财产一样具有管理可能性，但数据本身并不具有价值性与转移可能性：大数据之所以能够交易，是因为分析、挖掘、使用大数据所形成的应用产品具有价值，数据不具有价值性；所谓"窃取大数据"只是一般的日常用语，并不具备盗窃罪所要求的"转移占有"，数据不具有转移可能性。因此，将大数据或者数据本身认定为财物是类推适用，将导致法律关系的混乱。[③]

本书认为，一般情况下网络大数据不仅不应作为财产，也不应作为信息财产看待。第一，网络大数据和信息货币以外的信息财产均具有可复制性，难以具备成为财产所需的唯一性，无法成为刑法意义上的财产。第二，网络大数据本身包括数据内容与分析结果，并不是独立意义上的信息物品或账户，无法建立信息物品、网络账号、网络服务提供者代币等意义上的支配关系，因此难以成为信息财产。但也有例外情形，随着大数据的发展，大数据交易方兴未艾，在大数据交易平台上也有部分大数据进行流转交易的情形。

---

① 其实称之为数据或数据包更为合适，但是考虑"数据"已经作为刑法概念适用，为区别和理解称之为"大数据"。

② 参见于志刚：《"大数据"时代计算机数据的财产化与刑法保护》，载《青海社会科学》2013年第3期，第13~16页。

③ 参见欧阳本祺：《论网络时代刑法解释的限度》，载《中国法学》2017年第3期，第169~170页。

对于这些完成了商品化的大数据，可以评价为财产（但非信息财产）。正如不是所有的物均具有价值，也非所有的大数据均具有价值，对其财产性应审慎地评价。

第三，信息资源。对于网络宽带、网络应用服务、网络存储空间等信息资源，近来也有观点认为应当作为刑法的犯罪对象予以独立保护。如有学者认为应增设非法使用网络资源罪，规制无偿使用为目的，未经授权或超出授权范围占用或控制网络资源的行为。[①] 或增设盗用计算机网络信息服务罪，规制非法取得他人的计算机网络账户和密码，秘密窃用他人计算机信息服务而由他人代为支付上网费用，造成所有人较大经济损失的行为。[②] 这一观点的依据在于使用盗窃理论："行为人利用计算机技术，非法使用他人所有或者租用的网络带宽、网络存储空间，非法使用他人计算机的运算能力，非法使用他人的 IP 地址等网络资源，但是，却没有侵犯他人的所有权，同时，也没有给他人造成损失的情况。还原到现实世界中，这些都是较为典型的'使用盗窃'行为。"[③]

本书认为，对于信息资源的保护应该采取慎重态度，不应简单将其作为财物或者基于"使用盗窃"理论而成为财产犯罪的对象。"使用盗窃"成立的前提在于针对财物实施，也即需要肯定信息资源的财物性。而且我国对于资源类犯罪的规制限于自然领域。对此有学者指出："我国现行刑法除对非法占用农用地规定有犯罪外，对其他非法使用国有资源的行为尚且没有定罪处罚的明确规定，要否对非法使用网络带宽、网络存储空间等网络资源的行为规定为犯罪，是需慎重研究了。"[④] 现有立法和司法解释对这一问题采取的是间接路径，即不将信息资源作为财物，但是根据侵犯信息资源造成的损失

---

① 参见周微：《试论我国网络刑法存在的缺陷和立法完善》，载《福建论坛（人文社会科学版）》2008 年第 12 期，第 155 页。

② 参见黄泽林：《网络盗窃的刑法问题研究》，载《河北法学》2009 年第 1 期，第 120 页。

③ 于志刚：《关于"使用盗窃"行为在网络背景下入罪化的思考》，载《北京联合大学学报（人文社会科学版）》2007 年第 3 期，第 48 页。

④ 黄太云：《知识产权与网络犯罪立法完善需认真研究的几个问题》，载《中国刑事法杂志》2007 年第 3 期，第 14 页。

按照侵犯财产的犯罪处罚。相关规定主要有两条：（1）《刑法》第 265 条规定："以牟利为目的，盗接他人通信线路、复制他人电信码号或者明知是盗接、复制的电信设备、设施而使用的，依照本法第二百六十四条的规定定罪处罚"。（2）《盗窃适用解释》第 4 条第（4）项规定："明知是盗接他人通信线路、复制他人电信码号的电信设备、设施而使用的，按照合法用户为其支付的费用认定盗窃数额；无法直接确认的，以合法用户的电信设备、设施被盗接、复制后的月缴费额减去被盗接、复制前六个月的月均电话费推算盗窃数额；合法用户使用电信设备、设施不足六个月的，按照实际使用的月均电话费推算盗窃数额。"结合以上规定可以发现虽然《刑法》第 265 条没有具体明确信息资源按照盗窃罪处理的具体情形，但是《盗窃适用解释》具体指出了按照具体损失的数额予以认定，而非直接肯定信息资源的财物性。权威解释的观点也是与之一致："盗用他人长途电话账号、移动电话码号造成的经济损失，必须达到数额较大，才能构成本罪。"①

信息资源例外可以作为财物仅限于其完成定型化和具备唯一性的情形，这可以在（网络）流量与域名刑法认定的比较中说明。

其一，（网络）流量。学界有观点认为流量具有财产性，如认为："流量是在互联网社会化进程中产生的以数字方式呈现存储于网络空间的财产。"②或认为："流量是网络运营商承诺为用户提供的能够上网的数据流量服务，是无形的但有价值、使用价值并可管理的虚拟财产。"③还有学者提出流量的刑法保护具有以下理由："首先，上网流量具有现实的价值交换可能性，这种价值包括电信服务商前期投入建设成本等，且可以通过科学的计算测算其价值。其次，上网流量是电信运营商经营或者实现经济利益的对价物。最后，上网流量是一种可控的物质，能被电信服务商所控制、分配和使用。"④

① 郎胜主编：《中华人民共和国刑法释义》，法律出版社 2015 年版，第 447 页。
② 季境：《互联网新型财产利益形态的法律建构——以流量确权规则的提出为视角》，载《法律科学》2016 年第 3 期，第 190 页。
③ 任彦君：《网络中财产性利益的刑法保护模式探析》，载《法商研究》2017 年第 5 期，第 114 页。
④ 童德华：《网络虚拟物作为财物的法益属性及其标准》，载《中国刑事法杂志》2019 年第 1 期，第 45 页。

本书认为，流量难以成为刑法意义上的信息财产，也难以成为财产。一方面，流量难以完成定型化，因为难以成为信息财产。流量通常的含义有两种：网络指在一定时间内特定网站地址的访问量或者是手机移动数据量。然而网站地址的访问量本身处于变动中，手机移动数据量和手机资费之间的关联又是非确定的，其本身不宜作为信息财产评价。另一方面，流量难以具备唯一性。流量本身只有数量标记而无权限划分，难以具备财产评价所必须具备的唯一性（如难以说明此 10M 流量与彼 10M 流量的区别）。

流量不作为财产保护并不意味着不受刑法的保护，如付宣豪、黄子超破坏计算机信息系统案：

付宣豪、黄子超破坏计算机信息系统案 ①

一、基本案情

2013 年年底至 2014 年 10 月，被告人付宣豪、黄子超等人租赁多台服务器，使用恶意代码修改互联网用户路由器的 DNS 设置，进而使用户登录"2345.com"等导航网站时跳转至其设置的"5w.com"导航网站，被告人付宣豪、黄子超等人再将获取的互联网用户流量出售给杭州久尚科技有限公司（系"5w.com"导航网站所有者），违法所得合计人民币 754 762.34 元。

二、裁判理由

法院生效裁判认为，根据《刑法》第 286 条的规定，对计算机信息系统功能进行破坏，造成计算机信息系统不能正常运行，后果严重的，构成破坏计算机信息系统罪。本案中，被告人付宣豪、黄子超实施的是流量劫持中的"DNS 劫持"。DNS 是域名系统的英文首字母缩写，作用是提供域名解析服务。"DNS 劫持"通过修改域名解析，使对特定域名的访问由原 IP 地址转入篡改后的指定 IP 地址，导致用户无法访问原 IP 地址对应的网站或者访问虚假网站，从而实现窃取资料或者破坏网站原有正常服务的目的。二被告人使用恶意代码修改互联网用户路由器的 DNS 设置，将用户访问"2345.

---

① 参见最高人民法院指导案例第 102 号。

com"等导航网站的流量劫持到其设置的"5w.com"导航网站，并将获取的互联网用户流量出售，显然是对网络用户的计算机信息系统功能进行破坏，造成计算机信息系统不能正常运行，符合破坏计算机信息系统罪的客观行为要件。

其二，域名。与流量不同，域名可在一定程度上完成定型化和具备唯一性。早在网络犯罪发展初期，就有学者关注到刑法如何评价网络黑客利用各种技术破坏网络站点保密措施，修改域名和相应的数字标识，并重命名加密强行占有某网络站点的行为这一问题。[1] 之后有学者认为应当将基于域名的保护增设"侵占网络罪"。[2] 其实不必急于新设罪名，域名这一特殊的信息资源可以作为财物予以保护：一方面，域名以特定的网址为内容，其内容具有特定性，完成了定型化，且一经注册便与特定主体之间形成了支配关系。另一方面，域名在价值性的基础上具有唯一性，可以具备成为财物的条件。可参见张四毛盗窃案：

张四毛盗窃案 [3]

一、基本案情

2009年5月，被害人陈某在大连市西岗区登录网络域名注册网站，以人民币11.85万元竞拍取得"www.8.cc"域名，并交由域名维护公司维护。

被告人张四毛预谋窃取陈某拥有的域名"www.8.cc"，其先利用技术手段破解该域名所绑定的邮箱密码，后将该网络域名转移绑定到自己的邮箱上。2010年8月6日，张四毛将该域名从原有的维护公司转移到自己在另一网络公司申请的ID上，又于2011年3月16日将该网络域名再次转移到张四毛冒用"龙嫦"身份申请的ID上，并更换绑定邮箱。2011年6月，张四

---

[1] 参见范德繁、于宏：《针对网络犯罪之认定探讨——兼评刑法相应立法的完善》，载《法制与社会发展》2001年第5期，第73页。

[2] 参见杨正鸣主编：《网络犯罪研究》，上海交通大学出版社2004年版，第131页。

[3] 参见最高人民检察院指导案例第37号。

毛在网上域名交易平台将网络域名"www.8.cc"以人民币 12.5 万元出售给李某。2015 年 9 月 29 日，张四毛被公安机关抓获。

二、裁判理由

网络域名是网络用户进入门户网站的一种便捷途径，是吸引网络用户进入其网站的窗口。网络域名注册人注册了某域名后，该域名将不能再被其他人申请注册并使用，因此网络域名具有专属性和唯一性。网络域名属稀缺资源，其所有人可以对域名行使出售、变更、注销、抛弃等处分权利。网络域名具有市场交换价值，所有人可以以货币形式进行交易。通过合法途径获得的网络域名，其注册人利益受法律承认和保护。本案中，行为人利用技术手段，通过变更网络域名绑定邮箱及注册 ID，实现了对域名的非法占有，并使原所有人丧失了对网络域名的合法占有和控制，其目的是非法获取网络域名的财产价值，其行为给网络域名的所有人带来直接的经济损失。该行为符合以非法占有为目的窃取他人财产利益的盗窃罪本质属性，应以盗窃罪论处。对于网络域名的价值，当前可综合考虑网络域名的购入价、销赃价、域名升值潜力、市场热度等综合认定。

第四，信息程序。任何程序均由一组信息构成，不过这里的信息程序指（计算机信息系统中）合法、正当的信息程序，不包括专门用于侵入、非法控制计算机信息系统的程序以及计算机病毒等破坏性程序。根据权威解释："'计算机程序'，是指为了得到某种结果而可以由计算机等具有信息处理能力的装置执行的代码化指令序列，或者可被自动转换成代码化指令序列的符号化指令序列或者符号化语句序列。"[①] 通常刑法对于信息程序从两个方面予以保护：

其一，从计算机信息系统安全的角度保护信息程序安全。《刑法》第286 条第 2 款规定："违反国家规定，对计算机信息系统中存储、处理或者传输的数据和应用程序进行删除、修改、增加的操作，后果严重的，依照前款的规定处罚。"

---

① 郎胜主编：《中华人民共和国刑法释义》，法律出版社 2015 年版，第 494~495 页。

其二，从知识产权的角度保护信息程序的智慧成果。有学者认为："网络和知识产权两种新兴事物互相促进、紧密结合衍生了新的法益——数据库、计算机软件、多媒体、网络域名、数字化作品，这些新的法益虽然不同于传统的智慧财产，但是都具有明显的财产利益属性。"[①]对于信息程序，从智慧成果出发，在知识产权角度予以评价较为妥当。相关司法解释也对此予以明确，《侵犯知识产权适用解释》第13条即规制了以营利为目的，未经著作权人许可，复制发行其文字作品、音乐、电影、电视、录像作品、计算机软件及其他作品的行为。

（四）信息财产的类型化

此前也有学者关注到并非所有的信息财产都是刑法意义上的财物，其认为普通的 QQ 账号、电子邮箱账号虽然具有管理可能性与转移可能性，但不具有价值性，故不能认定为刑法上的财物。进而认为，没有必要定义信息财产，秩序在个案中进行判断即可。[②]

本书认为，信息财产的类型化确有必要。应当结合我国刑法规定，以财物的视角审视信息财产的财产性，不应该以"全有全无"的思想看待信息财产，而应基于类型化的视角在厘清信息财产边界与内涵的基础上区别对待。

如前所述，目前学界关于信息财产讨论的关键缺失在于不区分信息财产的类型而整体得出一致的结论。随着社会的网络化、信息化，信息财产的范围不断延展，其已经不能简单地作为一个刑法中的具体概念，而是包括多个具体类型。对于各类信息财产的财产性应当单独进行讨论，而非整体得出结论。实际上各类信息财产在性质上各具特色。第一，信息物品与网络账号类似，均是网络用户和网络服务提供者之间交互产生的信息类型，其特征表现为服务性而非交易性，不存在固定的现实交易机制。第二，网络服务提供者代币，其基于网络用户对于网络服务提供者购买而获得，并在网络服务提供

---

① 于志强：《我国网络知识产权犯罪制裁体系检视与未来建构》，载《中国法学》2014年第3期，第166。

② 参见张明楷：《非法获取虚拟财产的行为性质》，载《法学》2015年第3期，第24页。

者特定服务范围内予以流转和交易。第三，信息货币，其特征表现为第三方性和唯一性，虽然不在正式货币层面被认可，但是实际上具有一定的等价物色彩，并被"暗网"和网络犯罪交易①所采用。

此外，信息货币具有唯一性，这使得其和信息物品、网络账号、网络服务提供者代币具有了实质区别。此前学界讨论信息财产的财产性问题时，反对意见的理由之一即信息财产不具有唯一性。如有学者指出："作为财产犯罪客体的财物，应当是不具有可复制性的，这也就是财物的排他的支配性。在这种情况下，财物被他人占有，被害人就丧失了对财物的控制，由此造成财产损失。如果某种物品具有可复制性，那就不能成为财产犯罪的客体，但可以成为侵犯知识产权犯罪的客体。"②诸如信息物品、网络服务提供者代币可以通过修改数据来任意制造和发行。在此意义上如果承认网络服务提供者代币的财产性意味着非官方主体可以任意发行货币，这显然是国家金融安全和管理秩序难以认可的。但是信息货币具有这种实质上的唯一性，使得其某种程度上脱嵌于传统信息财产的可复制性难题，至于这种唯一性是否为国家所认可则是另外的问题。因此，应当充分注意到信息货币与其他信息财产的区别，在财产性认定上予以区分考虑。

基于此，应根据不同信息财产的特点和类型化的视角确立不同的刑法保护规则。

1. 服务性信息财产

不具有唯一性的服务性信息财产应认定为计算机信息系统数据。主要包括信息物品、网络账号、网络服务提供者代币，这一类信息财产均是基于网络用户和网络服务提供者之间的互动产生，往往网络服务提供者对于该信息财产具有最终决定权。

第一，信息物品、网络服务提供者代币。对于该类信息财产网络服务提供者可以随意增加、删改该信息财产，其边界仅在于不违反与网络用户之间

---

① 比如 "Satan"（撒旦）勒索病毒，在攻击计算机信息系统成功后，会加密文件并修改文件后缀为 "sicck"，其勒索信息曾表述为："用户若想解密须支付 1 个比特币，72 小时未支付赎金翻倍。"

② 陈兴良：《虚拟财产的刑法属性及其保护路径》，载《中国法学》2017 年第 2 期，第 169 页。

的约定。比如，对于 Q 币发行数量腾讯公司发行一万枚还是一亿枚完全基于其自身的决定，对于网络游戏装备也是运营商自行决定数量效果，因此其显然不具有财物的对世效力。

在此需要说明该类信息财产价值性的问题。一个问题是其价值性是否确定，网络服务提供者代币的价值一般是确定的，值得讨论的是信息物品的价值性是否确定。有观点认为，网络游戏中的信息财产不但能和现实世界的财产进行交换，而且市场上也形成了一种成熟的、固有的交易机制，不再只是电子数据，而成为刑法所规定的财产犯罪的调整对象。[①] 这一观点值得商榷，事实上网络游戏装备等信息物品的价值是处于变动中的，而且依附于网络游戏等网络载体，随时可能变动或者消亡，难以作为财产犯罪的对象。[②] 另一个问题是其价值性是否可以流通，信息物品和网络服务提供者代币均难以实现流通。以信息物品为例，有观点认为其与真实货币的固定兑换方式已经存在。[③] 但是现实并非如此，如网络游戏道具，一旦游戏用户购买，便无权将虚拟财产赎回为法定货币。[④]

第二，网络账号，如即时通讯工具账号（QQ 号）、电子邮箱账号等。学界有观点认为网络账号可以成为财产："QQ 号这样一种凝聚了腾讯公司技术和财力投入、具有价值、使用价值和交换价值、能够满足所有权人和注册使用权人的特定用途，并且能够加以管理和支配的现代网络通讯技术成果，具有财产属性，应当成为民法上的物权保护对象和刑法上的盗窃罪法益保护对象。"[⑤] 另有观点认为："对于类似 QQ 号等虚拟财产来说，在性质上归属于无

---

① 参见王志祥、袁宏山：《论虚拟财产刑事保护的正当性——与侯国云教授商榷》，载《北方法学》2010 年第 4 期，第 156 页。

② 根据笔者的经历，网络游戏中的宠物、装备在繁荣期与衰退期的价格大相径庭，且一旦网络游戏倒闭所有玩家的账号、装备都会在一夜之间消亡，如果承认其价值性进而赋予游戏玩家财产法益，势必导致法益保护的无法实现，制造不必要的刑法目的落空之风险。

③ 参见于志刚：《论网络游戏中虚拟财产的法律性质及其刑法保护》，载《政法论坛》2003 年第 6 期，第 124 页。

④ 黄太云：《知识产权与网络犯罪立法完善需认真研究的几个问题》，载《中国刑事法杂志》2007 年第 3 期，第 13 页。

⑤ 梁根林：《虚拟财产的刑法保护——以首例盗卖 QQ 号案的刑法适用为视角》，载《人民检察》2014 年第 1 期，第 9 页。

形财产即无体物较为合适。"[1]

本书认为，QQ 号并非由腾讯公司投入生产而得，相反只是依网络用户的申请而提供，难以证成其价值，更为重要的是所谓有"价值"的 QQ 号码仅限于号码位数少、数字特殊的"靓号"，而非所有的 QQ 号均被人认可价值。与之类似，车辆牌照、手机号码等也存在特殊号码的私下交易，但是其交易不被普遍认可。物品成为财物必须是通常具有价值性，而非偶然有可能具有价值性。在这一意义上 QQ"靓号"的问题并非是网络社会所产生的新问题，对其财产性也应持慎重态度，不应作为财物认定。另外，前文已经说明信息财产不应从无体物的角度进行评价，在此不再赘述。

第三，积分信息。对于积分信息，有学者认为违反电商平台积分规则的行为无须刑法干涉，比如通过购买账号、激活账户特权（如生日特权）套现的行为，构成诈骗罪的按照规定处理即可，无须对积分本身进行财产性评价。[2]

本书认同这一观点，积分信息只是绑定特定网络服务提供者的服务内容和特定网络账户，如果只是盗用积分，难以独立肯定其对于财产法益的侵害性。如果利用积分套现，那么参照信息资源，作为财产犯罪对象的也是具体的财产损失而非积分本身。

综上，对于服务性的信息财产，由于其产生和应用的领域均在信息网络服务中，本质上仍未脱离信息数据的范畴，可复制性仍是其难以克服的属性，不具有唯一性，对其财产化存在现实的障碍。当然，对于服务性的信息财产（如网络游戏道具）不认定为刑法意义上的财产并不意味着不对其进行刑法保护。[3] 在现阶段将其作为计算机信息系统数据，从而通过《刑法》第285 条第 2 款非法获取计算机信息系统数据、第 286 条破坏计算机信息系统罪等罪名予以保护，既可以体现对于服务性的信息财产的必要保护，同时又可免于陷入财产性的无限争论中。

---

① 陈兴良：《虚拟财产的刑法属性及其保护路径》，载《中国法学》2017 年第 2 期，第 167~169 页。

② 参见欧阳本祺：《论网络时代刑法解释的限度》，载《中国法学》2017 年第 3 期，第 177~178 页。

③ 参见黎其武：《盗窃游戏物品与网络犯罪》，载《河北法学》2005 年第 4 期，第 110 页。

2. 商品性信息财产

具有唯一性的商品性信息财产可类比违禁品成为财产犯罪对象。有学者将这种唯一性解释为排他性："只有具有财产性价值的电磁数据或者排他性支配的电磁数据才是物权法的客体，同时也可以成为刑法中财产犯罪的保护法益。至于不具有排他性支配的电磁数据，不能成为财产犯罪的客体，但可以成为知识产权的载体。"[①] 这一论述大致正确，但是唯一性的表述更为妥当，因为在一些特殊情况下，具有排他性并不意味着具有唯一性。该类信息财产中最典型的为比特币。

本书认为信息货币难以成为刑法意义上的货币。目前学界对于比特币的定性虽有不同认识，但大都认可其作为特殊商品而非货币。如有观点将比特币作为虚拟商品认定："比特币是一种特定的虚拟商品，基于此，将其视为一种承载了一定经济价值的无记名有价证券，仅完成了比特币可作为侵犯财产罪行为对象层面的证成。"[②] 或将其认定为金融商品："比特币承担着套利、投资（投机）、兑现法定货币的金融工具功能法律应认定其构成金融商品。"[③] 无论"虚拟商品"还是"金融商品"均承认其商品性而非货币性。从实质上看，比特币也无法成为刑法规定的"货币"。根据权威解释："刑法中所称'货币'，是指可在国内市场流通或者兑换的人民币和外币。根据中国人民银行法的规定，中华人民共和国的法定货币是人民币。这里所说的'外币'，既包括中国港、澳、台地区的货币，还包括可在中国兑换的外国货币，如美元、英镑等。"[④] 比特币显然缺乏我国或外国发行这一基本条件，也未以正规渠道进行流通，其本质上并非货币。

此外，比特币也无法类比一般的商品，反而可以类比违禁品。我国并未承认比特币的合法性，禁止比特币的发行融资行为、经营行为、中介行为等商业行为。相反，类比违禁品可以认可比特币成为我国财产犯罪的对象。

---

① 陈兴良：《虚拟财产的刑法属性及其保护路径》，载《中国法学》2017 年第 2 期，第 170~171 页。

② 王熠珏：《"区块链 +"时代比特币侵财犯罪研究》，载《东方法学》2019 年第 3 期，第 155 页。

③ 谢杰、张建：《"去中心化"数字支付时代经济刑法的选择——基于比特币的法律与经济分析》，载《法学》2014 年第 8 期，第 95 页。

④ 郎胜主编：《中华人民共和国刑法释义》，法律出版社 2015 年版，第 247 页。

《盗窃适用解释》第 1 条第 4 款规定："盗窃毒品等违禁品，应当按照盗窃罪处理的，根据情节轻重量刑。"有学者对于该款从数额计算的角度予以论述："显然，毒品、淫秽物品等违禁品虽然无法准确估价，但盗窃毒品、淫秽物品的行为性质没有变化，仍然成立盗窃罪。既然如此，对于盗窃虚拟财产的行为，就不能以数额难以计算为由而否认盗窃罪的成立。"① 不过类比该款规定的意义在于比特币可以参照违禁品成为盗窃罪等财产犯罪的对象，而非解决价值数额计算问题。

《日本刑法典》实际上也承认违禁品作为财产犯罪的对象，如兴奋剂、毒品、枪炮刀剑等。② 不同于对人体的所有，这些"违禁品"仅仅在与国家的关系上被禁止所有或者持有，其所有权本身仍然是能够想象的，因而应该予以保护，使其免受第三者的侵害。③ 日本判例也认为，"事实上的持有"也是法益，因此违禁品也是财物，可以成为夺取型犯罪的对象。④ 从比较法的层面看将比特币类比违禁品进而作为财产犯罪的对象也无不妥。

二、虚假信息

关于虚假信息的刑法规制问题，有学者以"网络谣言"为对象进行讨论。⑤ 但是"网络谣言"并非是规范的教义学概念，未指明对象的具体性质和类型，难以提供具体的概念供给。基于"网络谣言"概念的模糊性，有观点指出："从法律规范分析的角度，不应当使用'网络谣言'这一概念，而

---

① 张明楷：《非法获取虚拟财产的行为性质》，载《法学》2015 年第 3 期，第 13 页。
② 参见［日］前田雅英：《刑法各论讲义》(第 6 版)，东京大学出版会 2015 年版，第 148~149 页；［日］斋藤信治：《刑法各论》(第 4 版)，有斐阁 2014 年版，第 91 页；［日］山中敬一：《刑法各论》(第 3 版)，成文堂 2015 年版，第 257 页。
③ 参见［日］松宫孝明：《刑法各论讲义》(第 4 版)，成文堂 2016 年版，第 193 页。
④ 参见［日］大谷实：《刑法讲义各论》(新版第 4 版补订版)，成文堂 2015 年版，第 177~178 页。
⑤ 参见苏青：《网络谣言的刑法规制：基于〈刑法修正案 (九)〉的解读》，载《当代法学》2017 年第 1 期，第 15~26 页；张书琴：《网络谣言刑法治理的反思》，载《学海》2014 年第 2 期，第 160~168 页；陈小彪、余杰新：《网络谣言刑法治理的基本立场》，载《吉首大学学报 (社会科学版)》2014 年第 1 期，第 76~83 页；蒋晗华：《群体性事件中网络谣言犯罪研究——以社会敌意为视角》，载《北方法学》2016 年第 1 期，第 59 页；等等。

应当使用'网络虚假信息'这一概念。"① 本书认为，直接以"虚假信息"来指称犯罪对象更为妥当：第一，网络社会和现实社会具有交互性，网络上传播的虚假信息也无法不与现实有所关联，增加"网络"的前缀反而不利于全面客观地理解虚假信息。第二，须强调该类信息的虚假性，以区别具有真实性的个人信息等信息类型。关于虚假信息，其内涵和类型均需要予以研究。

（一）虚假信息的内涵

《刑法》中涉及虚假信息的规定主要包括：第一，第 246 条诽谤罪"捏造事实诽谤他人"中，所捏造的事实信息即为虚假信息。《网络诽谤解释》第 1 条第 1 款第（1）项更将其具体化为"捏造的损害他人名誉的事实"。第二，第 291 条之 1 第 1 款编造、故意传播虚假恐怖信息罪中规定的编造的"爆炸威胁、生化威胁、放射威胁等恐怖信息"，以及第 2 款编造、故意传播虚假信息罪规定的"虚假的险情、疫情、灾情、警情"信息，也属于虚假信息。以上条款规定的虚假信息，仅强调内容的虚假性，并不对信息的范围予以限定。此外，《刑法》第 161 条违规披露、不披露重要信息罪，第 181 条编造并传播证券、期货交易虚假信息罪等罪名也涉及虚假信息。

需要说明，《日本刑法典》中的"虚假信息"则与之不同。第一，《日本刑法典》第 230 条毁损名誉罪不要求披露的事实具有虚假性。行为人披露的事实也可以是真实的事实，仅在是否公然披露事实上与第 231 条侮辱罪相区别。② 第二，《日本刑法典》第 233 条前段毁损信用罪则要求"散布虚假传闻"或者"使用诡计"，其中"散布虚假传闻"是指向不特定或者多数人传播内容不真实的流言、风传。③ "'虚假传闻'是虚假事实的同义词，只要一部分虚假即可。不仅是没有根据的事实，即使包含了事实，也可以通过附加虚假事实，从而使其整

---

① 廖斌、何显兵：《论网络虚假信息的刑法规制》，载《法律适用》2015 年第 3 期，第 38 页。
② 参见［日］松宫孝明：《刑法各论讲义》（第 4 版），成文堂 2016 年版，第 154 页；［日］前田雅英：《刑法各论讲义》（第 6 版），东京大学出版会 2015 年版，第 24 页。
③ 参见［日］松宫孝明：《刑法各论讲义》（第 4 版），成文堂 2016 年版，第 176 页；［日］山中敬一：《刑法各论》（第 3 版），成文堂 2015 年版，第 234 页。

体具有虚假性。"① 第三，狭义的"虚假信息"（虚偽の情報）仅在《日本刑法典》第 234 条之 2 损坏电子计算机等业务妨害罪以及第 246 条之 2 使用电子计算机诈骗罪使用。这两条中的"虚假信息"均强调针对电子计算机实施，并且"内容违反真实"。② 但是使用电子计算机诈骗罪中的虚假信息还要求与电子计算机的财产事务相关，如虚假入账数据、不真实的存款单。③ 相比而言，《日本刑法典》中的"虚假信息"概念范围更为狭窄，限于计算机领域，而且将个人的名誉与信用分别规定，确定了对于信息真实性的不同要求。

虚假性是虚假信息的核心问题。有学者将虚假信息分为全部虚假信息与部分虚假信息。④ 或认为，言论型犯罪一般仅处罚客观上主要、重要或者核心内容皆为虚假的事实发表。⑤ 实际上，信息很少完全具有虚假性，否则会影响他人对其的确信可能。对此有学者指出："大量的网络谣言中绝对的真抑或绝对的假毕竟是少数，往往是真假掺杂，真中有假，假中有真。"⑥

还有学者提出区分虚假信息的根据性和事实性，认为应基于限制解释的立场，将"虚假信息"理解为"没有根据的消息"，而非"与事实不符的消息"。⑦ 然而根据性和事实性其实难以在教义学层面有效区分，对于虚假信息最关键的需要明确以下两点：第一，虚假信息必须存在与事实不符的内容；第二，虚假信息可以是部分虚假的信息。至于"根据性"和"事实性"的区分，已经超出了刑法教义学的范畴。

---

① ［日］高桥则夫：《刑法各论》（第 2 版），成文堂 2014 年版，第 181 页。

② 参见［日］前田雅英：《刑法各论讲义》（第 6 版），东京大学出版会 2015 年版，第 143 页；［日］大谷实：《刑法讲义总论》（新版第 4 版），成文堂 2012 年版，第 285 页。

③ 参见［日］高桥则夫：《刑法各论》（第 2 版），成文堂 2014 年版，第 342 页；［日］松宫孝明：《刑法各论讲义》（第 4 版），成文堂 2016 年版，第 269~270 页；［日］山中敬一：《刑法各论》（第 3 版），成文堂 2015 年版，第 395 页；［日］大谷实：《刑法讲义总论》（新版第 4 版），成文堂 2012 年版，第 285 页。

④ 参见苏青：《网络谣言的刑法规制：基于〈刑法修正案（九）〉的解读》，载《当代法学》2017 年第 1 期，第 17 页。

⑤ 参见刘艳红：《网络时代言论自由的刑法边界》，载《中国社会科学》2016 年第 10 期，第 137 页。

⑥ 张书琴：《网络谣言刑法治理的反思》，载《学海》2014 年第 2 期，第 166 页。

⑦ 参见孙万怀、卢恒飞：《刑法应当理性应对网络谣言——对网络造谣司法解释的实证评估》，载《法学》2013 年第 11 期，第 9 页。

（二）虚假信息的类型

关于虚假信息的类型，目前学者多基于前述规定区分为如下两类："第一，诽谤性网络虚假信息，指信息网络中以损害他人名誉、商品信誉为内容，足以侵害他人名誉、商业信誉、商品声誉的不真实信息。第二，恐怖性网络虚假信息，是指故意捏造的爆炸威胁、生物威胁、放射威胁等足以引起社会公众恐慌的恐怖信息。"①

本书认为，以上对于虚假信息的理解存在不全面的问题，无法包括各类虚假信息，且未注意虚假信息类型是否在刑法中明确规定的问题。基于此，应当从类型化的视角对虚假信息予以分类：第一，类型化的虚假信息，即刑法明确规定种类的虚假信息，如编造、故意传播虚假恐怖信息罪中规定的编造的"爆炸威胁、生化威胁、放射威胁等恐怖信息"，编造、故意传播虚假信息罪规定的"虚假的险情、疫情、灾情、警情"信息。第二，非类型化的虚假信息，如诽谤罪中所涉的虚假信息。由此分类观之，对于类型化的虚假信息有《刑法》规定调整已足，非类型化的虚假信息由相关司法解释作出补充规定也确有必要。

此外，有观点认为不应区分《刑法》第291条第1款、第2款。有学者认为："很难判断究竟是虚假恐怖信息的危害性更大还是虚假'险情、疫情、警情、灾情'的危害性更大。完全没有必要新设第2款，只要修改第1款即增加虚假的险情、疫情、灾情、警情，就足够了。"②然而"爆炸威胁、生化威胁、放射威胁等恐怖信息"与"虚假的险情、疫情、灾情、警情"在对社会秩序的扰乱程度上确有区别，对虚假信息类型化同时也应充分注意层次化，现行《刑法》的区别规定并设置不同的刑罚规则体现了罪刑相适应。

---

① 参见陈伟、霍俊阁：《论恶意转发网络虚假信息的司法认定》，载《重庆大学学报（社会科学版）》2017年第5期，第90~91页；廖斌、何显兵：《论网络虚假信息的刑法规制》，载《法律适用》2015年第3期，第38页。

② 张智辉：《试论网络犯罪的立法完善》，载《北京联合大学学报（人文社会科学版）》2015年第2期，第94~95页。

三、淫秽信息

随着社会的信息化，淫秽物品也日益走向信息形态，由此引发了淫秽信息的犯罪对象评价问题，即是否应当将淫秽信息作为淫秽物品；以及淫秽信息的边界问题，突出表现为网络裸聊、直播等动态音视频信息能否成为淫秽物品的问题。

（一）淫秽信息的对象化

淫秽信息的对象化与相关司法解释规定的确认有关。《淫秽电子信息解释（一）》第 9 条规定："刑法第三百六十七条第一款规定的'其他淫秽物品'，包括具体描绘性行为或者露骨宣扬色情的诲淫性的视频文件、音频文件、电子刊物、图片、文章、短信息等互联网、移动通讯终端电子信息和声讯台语音信息。有关人体生理、医学知识的电子信息和声讯台语音信息不是淫秽物品。包含色情内容的有艺术价值的电子文学、艺术作品不视为淫秽物品。"以上规定实际上确认了在我国淫秽信息可以成为淫秽物品。

对于上述扩张解释，学者形成了不同的观点。一种观点认为，淫秽电子信息显然与人们一般观念的物品相去甚远，能否作如此解释有待商榷，甚至有可能是一种违反罪刑法定的扩张解释。[①] 另一种观点则认为上述扩张解释具有妥当性，将淫秽的信息数据解释为"淫秽物品"，既扩大了传统刑法的适用范围，又未超出法条用语的可能含义。[②]

本书赞同后一种观点，上述扩张解释具有妥当性。理由如下：第一，淫秽物品的要素要求低于财物的要求，只要其能够具有确定性和支配性，不必具有唯一性。其原因在于淫秽物品作为犯罪对象并不是基于财产价值的保护立场，而是基于对其实施的制作、传播等行为对社会管理秩序的侵害；与之不同，财物则是由于其价值性而作为法益客体进入刑法视野并予以保护。

---

① 参见吴镝飞、赵金伟：《网络裸聊行为的法益分析与定性研究》，载《河北法学》2016 年第 6 期，第 101~102 页；张智辉：《试论网络犯罪的立法完善》，载《北京联合大学学报（人文社会科学版）》2015 年第 2 期，第 93 页。

② 参见欧阳本祺：《论网络时代刑法解释的限度》，载《中国法学》2017 年第 3 期，第 167 页。

第二，由于淫秽物品法益评判的负向性，对其解释范围予以扩大具有合理性，类似对赌场要求宽于公共场所，对淫秽物品的物品性要求宽于财物也无不妥。第三，随着淫秽色情犯罪的网络化，传统实体的淫秽物品越发销声匿迹，如果否认淫秽信息的物品性将会导致相关罪名成为空罪名。

《德国刑法典》与我国采取了不同的立场，其第184条规定了散布淫秽文书罪，而第11条第3款则将数据存储设备（Datenspeicher）视为文书，从而明确了将淫秽信息的载体而非信息本身作为淫秽物品的立法模式。

日本与德国类似，通说认为淫秽信息本身不是物品，"电磁记录有关的介质"可以成为《日本刑法典》第175条第1款散布淫秽物品罪的犯罪对象。[①]如软盘、硬盘，存储淫秽图像的电脑硬盘是电磁记录介质，作为信息的图像数据本身不是记录介质。[②]更为极端的观点则认为，虽然2011年的刑法部门修正在散发的客体中追加了"有关电磁记录的记录媒介物"，但即使如此，也无法将作为记录媒介物的硬盘本身视为猥亵物。[③]也有观点认为淫秽信息成立物品未必没有可能，有日本学者提出作为信息的数据包括淫秽物的概念也不是没可能，但是需要立法方式解决。[④]

在淫秽信息可否作为淫秽物品问题上我国和德日的立场分歧与网络犯罪的对象范式不同有关，德日强调网络犯罪对象的形式性，对于淫秽信息的刑法评价必须依托于载体完成；我国强调网络犯罪对象的实质性，对于淫秽信息的刑法评价可以独立完成。上述结论的区别也充分体现了网络犯罪对象范式不同对具体问题解释的不同导向。

（二）淫秽物品的信息边界

信息技术的发展与应用为淫秽物品的认定带来了新的命题，如裸聊中的

---

① 参见［日］高桥则夫：《刑法各论》（第2版），成文堂2014年版，第564页；［日］山中敬一：《刑法各论》（第3版），成文堂2015年版，第692页；［日］中森喜彦：《刑法各论》（第4版），有斐阁2015年版，第247页。

② ［日］大谷实：《刑法讲义各论》（新版第4版补订版），成文堂2015年版，第522~523页。

③ ［日］松宫孝明：《刑法各论讲义》（第4版），成文堂2016年版，第421页。

④ 参见［日］前田雅英：《刑法各论讲义》（第6版），东京大学出版会2015年版，第415页。

音视频信息可否构成淫秽物品。

一种观点认为，裸聊中的音视频信息可以构成淫秽物品。有学者认为裸聊中的音视频信息可以纳入《淫秽电子信息解释（一）》第9条的范围："在网络视频上展示的个人裸体不属于书刊、影片、录像带、录音带和图片，但应当属于其他淫秽物品中的视频文件，这种电子信息同样具有可视性、可感知性、客观性。"① 另一种观点认为，裸聊中的音视频信息无法构成淫秽物品。具体而言，《淫秽电子信息解释（一）》第9条所规定的视频文件、音频文件、电子刊物、图片、文章、短信息等互联网、移动通讯终端电子信息和声讯台语音信息均要求具有特定的载体形式，并且"能被多数人反复视听"，而裸聊中的音视频信息并不是一种固化的存在，脱离了特定时期的网络运行状态即行消失，难以成为淫秽物品。②

本书认为，网络裸聊的即时音视频信息无法成为淫秽物品。虽然淫秽信息构成淫秽物品不必要求具有唯一性，相反其可复制性更是为淫秽信息的制作和传播提供了条件，但是确定性和支配性是必须具备的。而网络裸聊的即时音视频信息无法具备这两个条件：第一，网络裸聊的即时音视频信息不具备确定性。作为"物品"应当具备一定的确定性，即便如电力等无实体形态之物，其存储的固定性和实际性也是存在的。《淫秽电子信息解释（一）》第9条所涉及的音视频信息也是具有确定性的，以一定的格式存储于特定计算机信息系统或云盘等。③ 而网络裸聊的音视频信息是即时产生和消灭的，无法具有物品的确定性，将其解释为淫秽物品无疑会超过国民的预测可能性。当然，如果对于网络裸聊的即时影像予以录制，使其固定下来，则可以成为淫秽物品。第二，网络裸聊的即时音视频信息不具备支配性。由于这类信息随着网络状态的改变即行消灭，除非行为人另行录制，否则也难以进行支配和控制。

---

① 柳忠卫、马振华：《网络"裸聊"行为之刑法规制》，载《政法论丛》2010年第2期，第68~69页。

② 参见吴镝飞、赵金伟：《网络裸聊行为的法益分析与定性研究》，载《河北法学》2016年第6期，第102页；王明辉、唐煜枫：《"裸聊行为"入罪之法理分析》，载《法学》2007年第7期，第53页。

③ 比如图片信息的jpg、png、gif等格式，视频信息的rmvb、mp4、avi等格式，音频文件的mp3、wmv、amr等格式。

第四章　网络犯罪的行为类型

犯罪行为的类型是犯罪论体系中重要而又易于被忽视的问题，其重要地位源于任何犯罪模型的构建都离不开行为的类型化，然而由于类型化被贯穿于各个构成要件要素的判断中，因此对于犯罪行为类型的研究却较为缺乏。比如，基于行为对法益的侵害性，实行行为要求实际上发生结果的类型的、现实的危险；[①] 基于行为的罪过性，行为的身体动静必须基于意思作出，在故意犯的场合实施实行行为时必须具有故意；[②] 基于行为的形态，与作为犯相对，不作为犯被特殊地提出和探讨。在此意义上，除了不作为犯论等行为的特殊问题，行为的内容已经分别在各个要素的探讨中研究，无须再进行独立归纳和分析。

　　然而网络犯罪的行为类型却有独立进行分析的必要。传统意义上，行为的讨论仅在抽象和具体两个范畴展开：具体层面的行为是对事实意义上（犯罪）行为的个别类型化，抽象层面的行为是对前述行为的一般类型化。随着网络犯罪向着各类犯罪扩展，其影响不仅限于法益、对象，也涉及行为类型。与传统犯罪各（类）罪名行为的相互区别不同，网络犯罪多个罪名之间的行为呈现同类化的状况与趋势，网络犯罪正在形成中间层面的跨罪名的行为类型。对于网络犯罪行为类型的研究，不仅关系法益的有效保护与行为的有效规制，而且关系刑法罪名体系解释的统一性，本章即基于此展开。[③]

---

① 参见［日］大谷实：《刑法讲义总论》（新版第 4 版），成文堂 2012 年版，第 125 页。

② 参见［日］前田雅英：《刑法总论讲义》（第 6 版），东京大学出版会 2015 年版，第 76~78 页；
　　［日］高桥则夫：《刑法总论》（第 2 版），成文堂 2013 年版，第 82 页。

③ 本章仅探讨针对信息、信息系统等网络犯罪新型对象实施的犯罪行为类型，不包括可附属于传统犯罪评价的行为。由于对象的信息性和行为的类似性，这些行为的同类化也最为典型。

第一节　网络犯罪行为类型的模式

　　关于犯罪行为的类型化，学者并未形成一致认识，有学者基于统一化的视角予以界定："刑法类型化思维其实质就是一种在一定范围内的统一化而非同一化思维，无论是从个别到一般的刑法立法，还是从一般到个别的刑法司法。"[1] 本书认为，统一化的表述虽无不妥，但是未能充分揭示类型化的实质。通过类型化所构建的犯罪模型归根到底是要提供依据，据此判定特定犯罪行为是否能按照某一犯罪类型认定和处理，因此类型化的实质在于确定犯罪类型的核心内容和合理边界。

　　由于网络犯罪行为的核心问题为跨罪名的行为类型，在此主要从一般行为类型与具体行为类型的关系考察。就二者关系，学者主要关注以下两点不足：第一，同类罪名的具体行为类型重复化、同质化。如有学者指出："我国《刑法》分则对于犯罪的分类并不是十分准确的，而且特别条款的设置过多，导致原本属于侵害同一法益的行为，可能成为侵害不同法益的行为。"[2] 在此基础上，有学者进而将《刑法》罪名"同质分立"的原因归于"过度类型化"，认为立法者把握犯罪类型时忽视了整体对部分的统领性作用，过分注重具体的微观层面。[3] 第二，同类罪名的具体行为类型差异化、矛盾化。如有学者指出："在母类型（一般行为类型）纵向类型化的过程中，子类型

① 　马荣春：《刑法类型化思维的概念与边界》，载《政治与法律》2014 年第 1 期，第 120 页。
② 　张明楷：《法条竞合中特别关系的确定与处理》，载《法学家》2011 年第 1 期，第 31 页。
③ 　参见王志远：《论我国刑法各罪设定上的"过度类型化"》，载《法学评论》2018 年第 2 期，第 152 页。.

（具体行为类型）的要素之间往往存在着差异，使得法网不够严密，给犯罪的认定与处罚带来了困难。"[1]

在行为层面，目前学界关于网络犯罪的讨论多是聚焦于某一类行为是否应当入罪，缺乏对于网络犯罪的行为模式的体系研究，特别是跨罪名的网络犯罪行为类型。但是如果不对其进行体系化、系统化的分析，很可能导致网络犯罪立法走向碎片化，难以实现应有的体系性、前瞻性。

德国学者也注意到了网络犯罪行为类型的问题，其提出"提取公因式"的构成要件设置方法，相关犯罪应当如《德国刑法典》第 303 条 b 破坏计算机罪一样，将所有的攻击方式置于一个条文中，以简化构成要件。[2]国内也有学者提出类似思路，如认为信息网络犯罪刑事立法应采取同质、同类构成要件并行类型化模式，即在同一个或同质、同类罪名下，对定罪量刑起实质性、关键性作用的构成要件要素进行并行立法。[3]

国内学者关于网络犯罪的行为模式的代表研究是以《网络犯罪公约》与我国网络犯罪立法的犯罪模型比较展开。其认为："在刑事实体法方面，《网络犯罪公约》规定了 9 种犯罪模型，将这些网络犯罪模型和我国网络犯罪立法规定进行比较，有利于发现两者之间的差异，对我国网络犯罪刑事实体法的修改完善起积极作用。"[4]但是如前所述，我国网络犯罪的立法立场应基于本土化的视角展开，网络犯罪对象的范式选择也具有中国特色，对于参考、借鉴《网络犯罪公约》行为模式的可能性也应秉持这一立场进行具体分析。

① 罗猛：《对我国刑法"类型化"不足之思考》，载《国家检察官学院学报》2010 年第 6 期，第 93 页。

② Vgl. Ulrich Sieber, Straftaten und Strafverfolgung im Internet, C.H.Beck, 2012, S. 88–89.

③ 参见熊波：《信息网络刑法立法类型化的症结与化解——基于信息网络犯罪技术性差异的考量》，载《学习论坛》2019 年第 6 期，第 93~94 页。

④ 皮勇：《〈网络犯罪公约〉中的犯罪模型与中国大陆网络犯罪立法比较》，载台湾地区《月旦法学杂志》2002 年第 11 期，第 333 页。

一、以数据为中心：《网络犯罪公约》的行为类型模式及对德日的影响

《网络犯罪公约》确立了以数据为中心的行为类型模式，对于作为缔约国的德国与日本产生了重要影响。但是德国和日本在数据概念的实质化与形式化上采取了不同的路径，由此影响了各自网络犯罪的行为类型。

（一）《网络犯罪公约》的行为类型模式

《网络犯罪公约》行为模式对缔约国（德国、日本等）立法的影响主要体现在计算机犯罪上。这是因为《网络犯罪公约》的开创性本就在于对计算机犯罪概念、行为模式、刑事程序以及合作打击机制等方面，行为模式的创新也主要在该范畴。对于广义网络犯罪（网络色情犯罪、网络著作权犯罪等），更多的是明确传统犯罪立法可以适用于网络犯罪，其发展在于犯罪行为对象而非犯罪行为模式。《网络犯罪公约》第2章第1节"刑事实体法"部分也体现了上述区分，将"侵犯计算机数据和系统可行性、完整性和可用性的犯罪行为"与"计算机相关的犯罪行为"分别规定。

围绕计算机犯罪，《网络犯罪公约》具体规定了如下几类行为：第一，非法访问，即故意实施的非法访问计算机系统的全部或部分行为（第2条）。第二，非法拦截，即故意实施的非法拦截计算机数据非公开传输的行为（第3条）。第三，干扰数据，即故意实施的非法破坏、删除、损坏、修改或者压缩计算机数据的行为（第4条）。第四，干扰系统，即故意实施的非法破坏、删除、损坏、修改或者压缩计算机数据，严重妨碍计算机系统功能的行为（第5条）。第五，滥用设备，即利用、进口、分发或者其他使之可用的目的生产、销售、提供计算机程序等设备，以及计算机密码、访问代码或者类似数据的行为（第6条）。

以上规定体现了以数据为中心的网络犯罪行为模式：第一，以可行性、完整性和可用性为规范指向，契合了数据存储和运行的特质。第二，扩大解释行为所指向的数据范畴，将计算机程序在计算机数据的角度作判断（第6

条）。^①第三，将干扰数据作为干扰系统的前置条件，实际上肯定了数据概念在计算机犯罪中的基础性。《网络犯罪公约》以数据为中心的行为模式对德国、日本网络犯罪立法产生了重要影响。

（二）德日的网络犯罪行为类型模式

2007 年德国联邦议会决议通过"为打击计算机犯罪的刑法第 41 修正案"，将《网络犯罪公约》中的相关条款^②在《德国刑法典》中予以体现。修改后的《德国刑法典》中网络犯罪相关条款充分体现了《网络犯罪公约》的规定。第一，第 202 条 a 探知数据罪基于《网络犯罪公约》第 2 条（非法访问）进行修正，但是该条中数据概念超出了《网络犯罪公约》的要求，因为访问数据也未必进入计算机系统，可以通过录音带、磁带、软盘、硬盘、记忆卡、芯片和存储卡、信用卡、CD 或 DVD 进行访问。第二，第 202 条 b 拦截数据罪基于《网络犯罪公约》第 3 条（非法拦截）增设。第三，第 202 条 c 预备探知和拦截数据罪基于《网络犯罪公约》第 6 条（滥用设备）增设，但是其范围超出了《网络犯罪公约》第 6 条的范围，因为不要求该程序实质上主要应用于计算机犯罪，所以包括"两用工具"（Dual-Use-Tools）。^③第四，第 303 条 a 变更数据罪对应《网络犯罪公约》第 4 条（干扰数据），于修正中增加与 202 条 c 衔接的条款。第五，第 303 条 b 破坏计算机罪根据《网络犯罪公约》第 5 条（干扰系统）修改，该条现在也保护重要的私人数据处理。^④此外，还创制了颇有特色的第 202 条 d 窝藏数据罪（数据赃物罪）。

从以上规定看，《德国刑法典》的网络犯罪立法延续和发展了《网络犯罪公约》以数据为中心的网络犯罪行为模式，并有所损益：第一，沿用了访

---

① 《网络犯罪公约》第 1 条关于计算机数据的概念界定更直接地体现了这一立场，该条 b 项直接将程序包括在计算机数据的范畴。

② 此外，欧洲委员会 2005 年出台的《关于攻击信息系统的理事会框架决议》也对德国网络犯罪立法产生了影响。

③ "两用工具"为既可作正常用途，又可用于网络犯罪的程序工具。

④ Vgl. Daniel Schuh, Computerstrafrecht im Rechtsvergleich – Deutschland, Österreich, Schweiz, Duncker & Humblot, 2011,S.53 69.

问（探知）、拦截、干扰等体现数据彩色的行为模式表述。第二，于第 202 条 a 扩大了行为作用的数据范围，未局限于《网络犯罪公约》对"计算机数据"的界定。第三，虽然在第 202 条 c 沿用了《网络犯罪公约》第 6 条将计算机程序与计算机密码、访问代码等并列规定的模式，但是未将其置于计算机数据的概念下予以规定。此外，第 202 条 c 从预备行为的角度进行规定，也可以看到其对于网络犯罪行为教义化的探索。

《网络犯罪公约》也对《日本刑法典》产生了相当程度的影响。根据 2011 年的《日本刑法典》部分修正，在第 2 编第 19 章之后，增设了"有关非法指令电磁记录（计算机病毒）的犯罪"作为第 19 章之 2，包括制作非法指令电磁记录等罪（第 168 条之 2）以及取得非法指令电磁记录等罪（第 168 条之 3）。这是作为《网络犯罪公约》的日本国内担保法规定，根据 2011 年的刑法典部分改正增设的犯罪。该章对制作、提供计算机病毒或将计算机病毒作用于计算机的行为，以及为了上述目的而取得、保管计算机病毒的行为等进行处罚。①

与德国不同，《网络犯罪公约》以数据为中心的网络犯罪行为模式并未对《日本刑法典》中网络犯罪规定产生全面性影响。第一，《日本刑法典》中的"电磁记录"虽然与《德国刑法典》中的"数据"有类似之处，但是并不强调电磁记录作为基本的行为对象，而是作为附属性的行为对象或方式，难以全面决定网络犯罪的行为模式。电磁记录或者附属于特定领域的电子计算机，如第 234 条之 2 以破坏电子计算机等手段妨害业务罪中"供该电子计算机使用的电磁记录"；或者作为特定行为对象或方式的表现形式，如第 175 条第 1 款散布淫秽物品罪、第 163 条之 2 至之 5 有关支付磁卡的电磁记录的犯罪、第 246 条之 2 使用电子计算机诈骗罪、第 258 条毁弃公文书等罪、第 259 条毁弃私文书等罪、第 161 条之 2 制作非法电磁记录罪与提供非法制作的电磁记录罪中的"电磁记录"。第二，在另外的意义上也可以认为

---

① 参见［日］松宫孝明：《刑法各论讲义》（第 4 版），成文堂 2016 年版，第 415~416 页；［日］大谷实：《刑法讲义各论》（新版第 4 版补订版），成文堂 2015 年版，第 510~511 页；［日］前田雅英：《刑法各论讲义》（第 6 版），东京大学出版会 2015 年版，第 405 页；［日］高桥则夫：《刑法各论》（第 2 版），成文堂 2014 年版，第 554 页。

《日本刑法典》修改贯彻了《网络犯罪公约》以数据为中心的网络犯罪行为模式，具体表现在将计算机病毒规定为"非法指令电磁记录"，突出体现其独立性。

但是上述处理方式并非没有问题。在根据《网络犯罪公约》作出上述修改之前，就有学者指出有关支付磁卡的电磁记录的犯罪中，从法条表述看是电磁记录具有正规卡功能的意思，但由于是针对具有支付功能的电磁记录所规定，因此上述表述显得极为难懂。[①] 由于《日本刑法典》之前未采用对计算机犯罪独立规定的模式，新设条款将计算机病毒等破坏性程序解释为"电磁记录"，无法为区别针对破坏性程序和针对信息数据实施的行为提供概念基础。

二、以信息为中心：我国网络犯罪的行为类型模式

与《网络犯罪公约》、德国和日本刑事立法确立的以数据为中心的网络犯罪行为模式不同，我国网络犯罪立法确立了以信息为中心的行为模式，由此行为类型化的方向也具有我国的独特之处，不宜照搬以数据为中心的模式。

（一）我国网络犯罪的行为类型模式

我国《刑法》则是形成了以信息为中心的网络犯罪的行为类型模式，主要表现在：第一，对于侵入、破坏等行为所指向的计算机信息系统，强调系统的信息性。《刑法》第285条第1款非法侵入计算机信息系统罪、第286条破坏计算机信息系统罪等罪名均作此表述。第二，通过司法解释将非法获取等行为指向的计算机信息系统数据作信息化解释（解释为"身份认证信息"）。《危害计算机信息系统安全解释》第1条第1款规定的非法获取计算机信息系统数据的情形即包括以下两项："（一）获取支付结算、证券交易、期货交易等网络金融服务的身份认证信息十组以上的；（二）获取第（一）

---

① 参见［日］中森喜彦：《刑法各论》（第4版），有斐阁2015年版，第234页。

项以外的身份认证信息五百组以上的。"其第 11 条第 2 款更明确指出："本解释所称'身份认证信息',是指用于确认用户在计算机信息系统上操作权限的数据,包括账号、口令、密码、数字证书等。"第三,新设犯罪的编造、传播、获取、提供等行为以"信息"作为基本对象概念。如《刑法》第 253 条之 1 侵犯公民个人信息罪,第 291 条之 1 编造、故意传播虚假恐怖信息罪和编造、故意传播虚假信息罪。

这种网络犯罪行为模式的不同也影响了行为类型的设置。比如《网络犯罪公约》采用了"非法拦截"的行为模式,强调对数据传输的保护;而我国《刑法》采取了"非法获取"的行为模式,强调对信息数据内容的全面保护。再如《网络犯罪公约》将干扰数据作为干扰计算机系统的前置条件,而我国则对于非法控制计算机信息系统的行为予以独立考量。

就是否应当借鉴《网络犯罪公约》行为模式的问题,本书认为我国网络犯罪立法的行为模式与之不同,各具特色,虽然可以在一定程度上对其借鉴参考,但是还应基于我国的立法传统和现实对网络犯罪行为类型进行完善,而非简单予以照搬。

第一,《网络犯罪公约》制定于 2001 年,在网络社会飞速变化发展的背景下其行为模式面临更新修改的问题。在我国、俄罗斯、巴西等国的倡议下,2011 年根据联合国大会决议设立联合国网络犯罪政府专家组,在专家组历次会议上发展中国家指出《网络犯罪公约》存在的问题之一即为内容过时,我国正在积极推动于联合国框架下制定新的网络犯罪国际公约。俄罗斯还在 2017 年 10 月 11 日向联合国第三委员会提交了第一个联合国层面的关于网络犯罪的公约草案——《打击网络犯罪合作公约(草案)》,将《网络犯罪公约》未规定的以下行为在其中予以规定,包括"创制、利用和传播恶意软件""发送垃圾邮件""非法贩卖设备""网络钓鱼相关的犯罪""与国内法保护的数据有关的犯罪"等。由此,难以认为《网络犯罪公约》是最为完善的打击网络犯罪国际法律文书,其行为模式也非最为完善的范本。

第二,《网络犯罪公约》的行为模式是基于德国等欧洲国家的视角制定的,与我国的立法传统与现实有一定差距。从形式上看,《网络犯罪公约》

采取了以数据为中心的网络犯罪行为模式，而我国网络犯罪立法采取了以信息为中心的网络犯罪行为模式。从内容上看，《网络犯罪公约》体现了欧洲国家重视形式判断的法律传统，而我国网络犯罪立法则体现了重视实质判断的法律传统。此外，信息范式并非仅《刑法》所采取，诸如《网络安全法》等法律也使用了个人信息、关键信息基础设施等概念，贸然移植数据范式很可能导致南橘北枳的结果。

第三，我国采取一元的刑事立法模式，而非德日的二元刑事立法模式，移植《网络犯罪公约》的行为模式存在体系障碍。《网络犯罪公约》规定的以数据为中心的网络犯罪行为模式实际上以计算机犯罪为主要指向，在网络犯罪向各类犯罪演化的当今，这一模式难以适用于所有的网络犯罪类型。德日采取的是二元的刑事立法模式，可以只在刑法典规定计算机犯罪行为的类型，将广义网络犯罪行为类型规定于其他法律的刑事条款中。其典型适例即《德国联邦数据保护法》，即便《德国刑法典》未规定所有侵犯个人信息的犯罪行为，也可通过《联邦数据保护法》的刑事条款予以周延规制。与之类似，《日本个人信息保护法》的刑事条款也承担着相同的功能。我国则是采取一元的刑事立法模式，所有犯罪的行为模式和法律后果均由《刑法》予以明确，由此选择统筹性和延展性更为充分的信息范式来确立网络犯罪行为类型有其特定依据。

此外，《网络犯罪公约》在色情犯罪、赌博犯罪等方面和我国《刑法》规定有较大差距，也是我国在国际上反对《网络犯罪公约》成为一般性的打击网络犯罪国际法律文书的重要原因，[①] 基于篇幅和本书体系在此不再展开。

（二）我国网络犯罪行为类型化的方向

关于我国网络犯罪行为类型化，有学者分别从行为结构和行为范围的视角提出两种思路：

第一种思路从类型化的行为结构出发，认为应分纵向与横向两个方面

①　参见胡健生、黄志雄：《打击网络犯罪国际法机制的困境与前景——以欧洲委员会〈网络犯罪公约〉为视角》，载《国际法研究》2016年第6期，第26页。

建构行为制裁体系。其认为，在横向制裁思路上，以"基本行为特征类型化"为思路，核心之一以《刑法》第 253 条之 1 为核心的个人数据犯罪制裁体系，核心之二以"国家秘密、情报"为核心的数据犯罪制裁体系（《刑法》第 285 条第 1 款非法侵入计算机信息系统罪）。在纵向制裁思路上，强调数据犯罪链条的步骤分割与过程整合，制裁重点之一为犯罪预备行为的实行化，制裁重点二为整体数据处理过程即数据窝藏。①

然而这样一种交叉形式的类型化思路存在一定的问题。第一，割裂了同一层面的行为类型划分。在其"横向的制裁思路"中，《刑法》第 253 条之 1 是针对信息实施的犯罪行为，《刑法》第 285 条第 1 款非法侵入计算机信息系统罪是针对计算机信息系统实施的犯罪行为；针对计算机信息系统数据实施的犯罪行为则归入"纵向的制裁思路"，导致依对象进行的行为类型划分不当地割裂。第二，混淆了不同层面的行为类型划分。在"纵向的制裁思路"中，犯罪预备行为是在预备行为、实行行为的层面讨论，针对计算机信息系统数据实施的犯罪行为则是在前述针对不同犯罪对象实施的犯罪行为层面讨论，混同分析反而不利于厘清各类行为的边界。

第二种思路从类型化的行为范围出发，认为应分别对不同种类的网络犯罪行为进行类型化。第一种观点认为，《刑法》第 286 条之 1 拒不履行信息网络安全管理义务罪、第 287 条之 1 非法利用信息网络罪、第 287 条之 2 帮助信息网络犯罪活动罪和第 291 条之 1 编造、故意传播虚假信息罪是只能发生在网络空间的"纯正"网络犯罪。②第二种观点以非法利用信息网络罪为例，将其理解为独立的犯罪行为类型，认为："此种立法方式十分明显地把握了传统犯罪大量转移至网络空间这一犯罪发展规律，从而抓住了'利用信息网络实施犯罪'这一类型特征，最终完成了对相关犯罪行为的类型化处理。"③

---

① 参见于志刚、李源粒：《大数据时代数据犯罪的类型化与制裁思路》，载《政治与法律》2016 年第 9 期，第 25~29 页。

② 参见梁根林：《传统犯罪网络化：归责障碍、刑法应对与教义限缩》，载《法学》2017 年第 2 期，第 7~10 页。

③ 陈伟、蔡荣：《刑法立法的类型化表述及其提倡》，载《法制与社会发展》2018 年第 2 期，第 127 页。

以上两种观点所述不在本章讨论之列。第一种观点中，第 286 条之 1 拒不履行信息网络安全管理义务罪、第 287 条之 1 非法利用信息网络罪、第 287 条之 2 帮助信息网络犯罪活动罪是基于网络犯罪参与行为所作的一般类型化，第 291 条之 1 编造、故意传播虚假信息罪是针对虚假信息所作的具体类型化，其中一般类型化是本书第七章和第八章讨论的范围。与之类似，第二种观点也是讨论的网络犯罪参与层面的行为类型化。

　　本书认为，应立足我国以信息为中心的网络犯罪行为模式，依据现有《刑法》和司法解释条款，基于以下视角完善行为类型：第一，体系化的视角。随着网络犯罪向各类犯罪的渗透，网络犯罪的行为方式日益成为跨罪名的行为类型，然而由于罪名设置等原因影响，对比归纳研究较为缺乏。应对跨罪名网络犯罪行为类型的一致性予以必要的重视和研究，形成体系归纳与具体规定结合的网络犯罪行为类型理论。第二，前瞻性的视角。应基于对网络犯罪行为类型的分析研究，结合刑法谦抑性和预防性的视角，对于网络犯罪行为类型予以前瞻性地探讨和分析，避免网络犯罪行为亦步亦趋的回应式立法，推动网络犯罪刑事立法的科学化。

　　以下结合上述视角分别从与计算机信息系统及其数据有关的行为和与信息有关的行为两个方面进行分析。之所以基于此展开，原因有二：第一，计算机信息系统及其数据、信息都是我国网络犯罪的新型对象，针对其实施的行为难以为传统犯罪的行为类型所涵盖，有必要独立进行探讨。第二，这两个方面的行为类型多涉及两个以上的罪名，且具体行为类型的规定不尽相同，有必要对其进行检视。

第二节　计算机犯罪的行为类型

　　计算机犯罪以信息系统为中心，一般包括两种行为：针对计算机信息系统及其数据实施的行为，以及针对程序工具实施的行为。虽然我国和德日对于以上行为都通过专门的条款予以规制，但是在行为种类和模式上具有一定程度的差异，对其分析和比较对于我国计算机犯罪行为类型的检视与优化具有重要意义。

一、针对计算机信息系统及其数据实施的行为

　　我国和德日计算机犯罪的行为类型各具特色。我国《刑法》将计算机犯罪的行为集中规定于第 285 条、第 286 条，以计算机信息系统为中心，并对其中的数据予以附属保护。即将非法侵入、非法控制计算机信息系统的行为，以及非法获取计算机信息系统数据的行为规定于第 285 条（妨害类行为），将非法破坏计算机信息系统、计算机信息系统数据的行为规定于第 286 条（破坏类行为）。《德国刑法典》以数据保护为中心，全面规定了第 202 条 a 探知数据罪、第 202 条 b 拦截数据罪、第 202 条 c 预备探知和拦截数据罪、第 202 条 d 窝藏数据罪、第 303 条 a 变更数据罪，并将第 303 条 b 破坏计算机罪的对象规定为"数据处理系统"。《日本刑法典》对"电子计算机"采取附属保护的方式（如第 234 条之 2 以破坏电子计算机等手段妨害业务罪），而且未将"电磁记录"作为计算机犯罪类型化的对象依据，仅强调

了对电子计算机和电磁记录的破坏行为。

（一）侵入行为

我国《刑法》第285条第1款非法侵入计算机信息系统罪、第2款非法获取计算机信息系统数据罪规定了两种侵入行为：第一种为违反国家规定，侵入国家事务、国防建设、尖端科学技术领域的计算机信息系统。第二种为违反国家规定，侵入前述领域以外的计算机信息系统或者采用其他技术手段，获取该计算机信息系统中存储、处理或者传输的数据，或者对该计算机信息系统实施非法控制。以上侵入行为仅指向计算机信息系统，不包括计算机信息系统中存储、处理或者传输的数据和应用程序。

就我国《刑法》规定的非法侵入行为，可以从以下两个方面予以理解：第一，非法侵入行为的方式包括两种，第一种为行为人在没有权限（未获计算机信息系统控制人或权利人许可）的情况下进入特定的计算机信息系统；第二种为行为人超越权限（超越计算机信息系统控制人或权利人许可范围）访问特定的计算机信息系统或者调取其内部资源。① 第二，侵入行为必须通过信息技术方式实施，而非物理方式实施。如有学者强调："所谓'侵入'，指任何单位或个人，利用网络系统或产品加密等技术上的漏洞或瑕疵，抑或利用解密、对身份认证的破坏等手段，未经允许，擅自进入计算机信息系统的行为。"② 此外，对于实施侵入计算机信息系统的行为方式应当持开放态度，只要其是通过技术手段侵入而非物理手段侵入。

需要说明的是我国《刑法》第285条第1款、第2款规定的两种侵入行为均未作为刑法处罚的唯一行为模式。对违反国家规定，侵入国家事务、国防建设、尖端科学技术领域的计算机信息系统的行为，根据第285条第1款的规定作为刑法处罚的行为模式并无问题。对于违反国家规定，侵入第1款规定以外的计算机信息系统的行为，根据第285条第2款的规定，只是非法

① 参见孙玉荣：《非法获取计算机信息系统数据罪若干问题探讨》，载《北京联合大学学报（人文社会科学版）》2013年第2期，第118页；周光权：《刑法各论》，中国人民大学出版社2016年版，第350页。

② 屈学武：《因特网上的犯罪及其遏制》，载《法学研究》2000年第4期，第85页。

获取计算机信息系统数据或非法控制计算机信息系统行为的方式之一，行为方式还可以包括其他技术手段，其并非处罚的唯一行为模式。

我国《刑法》中规定的侵入行为不能简单地与《德国刑法典》第202条a规定的探知数据行为相提并论。《德国刑法典》第202条a（探知数据）基于《网络犯罪公约》第2条（非法访问）进行了修正。[①] 其所规定的探知数据系指在非授权访问或者突破安全程序保护访问不是为其提供的数据的行为。而且，探知行为仅访问已经构成，不需要再额外获取数据。[②] 如果从《网络犯罪公约》的条款规定来看倒无问题，因为《网络犯罪公约》第2条规定的是非法访问计算机系统行为，第3条规定的是非法拦截非公开的数据传输行为，相比而言，从《网络犯罪公约》第2条予以理解更为妥当。但是《德国刑法典》中探知数据的对象并不是计算机系统，根据第202条a第2款的规定，"探知数据"中数据的范围为电子、磁力或者其他不能被直接感知的方式存储或传输的数据，并不限于计算机系统的数据。因此，若从非法访问计算机系统的层面，我国《刑法》中规定的侵入行为反而与《网络犯罪公约》第2条非法访问行为更具有类似性。

《日本刑法典》中则未规定独立的非法侵入计算机信息系统的行为。在其第234条之2损坏电子计算机等妨害业务罪中，所规制的行为方式并不包括侵入，这是因为该条是对于计算机系统予以附属保护，构成犯罪的前提在于对业务造成妨害，而侵入行为尚不足以达到这一要求，引起该罪的行为类型为破坏等情形。

相比而言，我国《刑法》对于非法侵入行为的规定更强调对计算机信息系统的保护，《德国刑法典》对于探知数据的规定更强调对数据的保护。这与我国和德国法益观的不同有关，德国强调个人法益为本位，基于个体数据及其权限进行法益保护；我国强调整体计算机信息系统的法益保护，只要对

---

① 参见皮勇：《论欧洲刑事法一体化背景下的德国网络犯罪立法》，载《中外法学》2011年第5期，第1049页。Vgl. Daniel Schuh, Computerstrafrecht im Rechtsvergleich－Deutschland, Österreich, Schweiz, Duncker & Humblot, 2011, S.56.

② Vgl. Daniel Schuh, Computerstrafrecht im Rechtsvergleich－Deutschland, Österreich, Schweiz, Duncker & Humblot, 2011, S.50.

于计算机信息系统进行侵入，即成立犯罪。因此，我国规定的是"侵入"行为而非"访问"行为。在这一层面，我国侧重的是行为范围，侵入行为的涵摄性更强，因为侵入计算机信息系统的行为未必访问数据；德国侧重的是对象范围，访问数据未必通过计算机信息系统。在以信息为中心而对计算机犯罪予以限定理解的模式下，我国将该行为确定为侵入行为具有合理性。

（二）控制行为

我国《刑法》第285条第2款非法控制计算机信息系统罪规定了违反国家规定，侵入第1款规定以外的计算机信息系统或者采用其他技术手段，对该计算机信息系统实施非法控制的行为。非法控制行为并不要求利用非法控制的计算机信息系统实施其他犯罪行为。对此权威解释指出："只要求行为人采用侵入等技术手段对他人计算机进行了实际控制，行为人在对他人计算机信息系统加以控制的，即可构成犯罪，并不要求一定要实施进一步的侵害行为。"[①] 有观点据此将非法控制计算机信息系统罪理解为预备行为实行化："成立本罪，只要求行为人客观上对他人计算机进行实际控制即可，不要求实施进一步的侵害行为（法益保护的早期化）。因此，在有的情况下，似乎可以认为本罪是将非法获取计算机信息系统数据罪的预备行为正犯化。"[②]

在网络犯罪产业链中理解为非法控制行为的前置性并无不妥，但是不宜将其理解为预备行为实行化。非法控制的计算机信息系统常被其他违法犯罪行为利用，比如用于分布式拒绝服务攻击（DDoS）、发送垃圾广告和用于诈骗，但是所涉犯罪行为包括破坏计算机信息系统、诈骗等多类犯罪，并非某一类特定的犯罪，不存在预备行为所对应的独立、定型的实行行为，而且其下游行为甚至包括发送垃圾广告等违法行为。因此，仍应将非法控制行为理解为独立的实行行为。

《德国刑法典》并未强调非法控制行为的独立性，只是作为第303条b破坏计算机罪的具体行为内容之一，只要其严重干扰他人数据处理。《德国

---

①　郎胜主编：《中华人民共和国刑法释义》，法律出版社2015年版，第490页。

②　周光权：《刑法各论》，中国人民大学出版社2016年版，第351页。

刑法典》的这一做法也与《网络犯罪公约》的立场有关，因为《网络犯罪公约》第5条也仅规定了干扰系统行为，且规定以干扰数据形式为前提条件。

《日本刑法典》虽然没有明确规定干扰行为，但是将这一情形的评价纳入第234条之2损坏电子计算机等妨害业务罪中，并非通过行为进行评价，而是通过结果进行评价。该罪的成立必须具有两种结果之一：使电子计算机不能按照使用目的运行，或者导致电子计算机违反使用目的运行。[①] 据此，非法控制计算机信息系统的情形可以在该罪的结果中予以附属评价，而非作为类型化的实行行为。

本书认为，非法控制计算机信息系统行为和干扰计算机信息系统行为有一定的区别。非法控制计算机信息系统的目的并不在于控制该系统本身，而在于通过控制该系统实施后续的违法犯罪行为，而干扰计算机信息系统行为的目的即为干扰该系统的运行。至于《日本刑法典》，由于其对计算机信息系统进行附属保护，非法控制并未在行为层面予以评价，欠缺了对非法控制行为的独立规制，类型化上存在缺陷。

基于此，我国《刑法》中规定的非法控制行为是具有特色的刑事立法，体现了对计算机信息系统的重点保护，并为打击"僵尸网络"提供了独立的规范基础。正是基于对《网络犯罪公约》规定的反思，《打击网络犯罪合作公约（草案）》第4条探索性地独立规定了"僵尸网络"，尝试对非法控制计算机信息系统行为与干扰计算机信息系统行为的区别进行探索，这一提议与我国《刑法》对非法控制行为的规定具有一致性。

（三）破坏行为

我国《刑法》第286条破坏计算机信息系统罪第1款、第2款规定了指向不同对象的破坏行为：违反国家规定，对计算机信息系统功能进行删除、修改、增加、干扰，造成计算机信息系统不能正常运行的行为；以及违反国家规定，对计算机信息系统中存储、处理或者传输的数据和应用程序进行删除、修改、增加操作的行为。

---

① 参见［日］大谷实：《刑法讲义各论》（新版第4版补订版），成文堂2015年版，第148~150页。

非法破坏行为指向两重对象。一重对象是计算机信息系统功能。"计算机信息系统功能，是指计算机系统内，按照一定的应用目标和规则，对信息进行采集、加工、存储、传输、检索等功能。"[1]一般认为，非法破坏行为是指使计算机信息系统失去正常功能，即不能运行或者不能按照原来设计的要求运行。[2]另一重对象是计算机信息系统数据。

《德国刑法典》对于以上行为分别在不同条文予以规定。其第 303 条 a 变更数据罪中规定了删除、封锁、使其无效或者修改数据的行为。第 303 条 b 破坏计算机罪中规定了删除、封锁、使其无效、移除或者修改数据处理系统的行为。《德国刑法典》的以上规定与《网络犯罪公约》第 4 条、第 5 条的规定一致，对于干扰数据与干扰系统的行为分别规定。与之相较，我国《刑法》虽然均在第 286 条作出规定，但是实际上在第 1 款、第 2 款分别设置了不同的罚则，在规制模式上并无本质上的不同。

与德国不同，《日本刑法典》第 234 条之 2 损坏电子计算机等妨害业务罪则是对破坏计算机信息系统和计算机信息系统数据的行为予以一体规定。该罪的行为包括：第一，破坏他人业务用的电子计算机或供业务用的电磁记录；第二，向他人业务用的电子计算机发送虚假信息或错误指令；第三，使用其他手段。破坏电子计算机和电磁记录中的所谓"破坏"，就是对上述物体自身进行物理性的破坏，或消除磁盘等所记载的信息等，使其失去其用途的一切行为。[3]据此，《日本刑法典》明确将非法破坏行为的方式扩大至物理方式。

我国《刑法》将非法破坏计算机信息系统与计算机信息系统数据予以一体规定，确实在一定程度上避免了类型化过于分散化、具体化的问题，有利

---

[1] 张明楷：《刑法学》（下），法律出版社 2016 年版，第 1048 页。计算机信息系统功能并未作为独立对象，因此本书第三章未予独立论述，在此予以阐释。

[2] 参见周光权：《刑法各论》，中国人民大学出版社 2016 年版，第 353~354 页。

[3] 参见［日］大谷实：《刑法讲义各论》（新版第 4 版补订版），成文堂 2015 年版，第 148~150 页；［日］前田雅英：《刑法各论讲义》（第 6 版），东京大学出版会 2015 年版，第 143 页；［日］山中敬一：《刑法各论》（第 3 版），成文堂 2015 年版，第 247 页；［日］高桥则夫：《刑法各论》（第 2 版），成文堂 2014 年版，第 197 页。

于刑法适用的一致化和立法资源的节约。但是随着网络社会的发展，计算机信息系统与计算机信息系统数据成为社会管理所必需，相关犯罪不断演变，非法破坏行为面临不断扩张的问题，特别是非法破坏计算机信息系统的行为。

有学者指出，司法实践还将以下几种行为纳入了破坏计算机信息系统罪的范围，使该罪不断"膨胀"："一是将盗用用户名和密码进入公安机关网络系统，以帮助他人消除、变更交通违章信息，或者帮他人增加户口信息而获利的行为纳入破坏计算机信息系统罪。二是将有偿删帖行为纳入破坏计算机信息系统罪。三是将破坏非计算机信息系统的行为认定为破坏计算机信息系统罪。"① 其虽然发现了破坏计算机信息系统罪的范围问题，但是这些问题并不必然在计算机犯罪范畴解决。第一种和第二种情形，实际上与侵犯个人信息的行为相关，本书将在相关部分探讨；第三种情形，关键在于计算机信息系统的认定应把握一定的边界，设定必要的法益侵害门槛。

破坏计算机信息系统行为的认定还需把握破坏行为和计算机信息系统功能的范围：

第一，非法破坏行为是否要求具备技术性。按照传统的理解，破坏计算机信息系统的行为显然需要通过技术方式实施，通过物理方式实施的破坏计算机设备的行为只能按照《刑法》第275条故意毁坏财物罪认定和处罚。然而随着信息技术的发展，也出现了非以技术性的破坏方式实施，导致计算机信息系统功能无法实现的情形。

从法条表述来看，破坏计算机信息系统行为未必一定具有技术性。在《刑法》第285条第2款非法获取计算机信息系统数据罪、非法控制计算机信息系统罪中有"侵入前款规定以外的计算机信息系统或者采用其他技术手段"，强调了行为的技术性。与之不同，《刑法》第286条破坏计算机信息系统罪的行为表述为"对计算机信息系统功能进行删除、修改、增加、干扰"，并未强调行为的技术性。

就如何认定通过物理方式影响了计算机信息系统的功能，但并未造成计

---

① 俞小海：《破坏计算机信息系统罪之司法实践分析与规范含义重构》，载《交大法学》2015年第3期，第146~147页。

算机设备实体损毁的情形，最高人民法院专门发布了指导案例：

李森、何利民、张锋勃等人破坏计算机信息系统案[①]

一、基本案情

2016年2月4日，（国控空气监测站）长安子站回迁至西安市长安区西安邮电大学南区动力大楼房顶。被告人李森利用协助子站搬迁之机私自截留子站钥匙并偷记子站监控电脑密码，此后至2016年3月6日，被告人李森、张锋勃多次进入长安子站内，用棉纱堵塞采样器的方法，干扰子站内环境空气质量自动监测系统的数据采集功能。被告人何利民明知李森等人的行为而没有阻止，只是要求李森把空气污染数值降下来。被告人李森还多次指使被告人张楠、张肖采用上述方法对子站自动监测系统进行干扰，造成该站自动监测数据多次出现异常，多个时间段内监测数据严重失真，影响了国家环境空气质量自动监测系统正常运行。为防止罪行败露，2016年3月7日、3月9日，在被告人李森的指使下，被告人张楠、张肖两次进入长安子站将监控视频删除。2016年2月、3月，长安子站每小时的监测数据已实时传输至监测总站，通过网站向社会公布，并用于环保部编制2016年2月、3月和第一季度全国74个城市空气质量状况评价、排名。

二、裁判理由

五被告人的行为破坏了计算机信息系统。《危害计算机信息系统安全解释》第11条规定，计算机信息系统和计算机系统，是指具备自动处理数据功能的系统，包括计算机、网络设备、通信设备、自动化控制设备等。根据《最高人民法院、最高人民检察院关于办理环境污染刑事案件适用法律若干问题的解释》第10条第1款的规定，干扰环境质量监测系统的采样，致使监测数据严重失真的行为，属于破坏计算机信息系统。长安子站系国控环境空气质量自动监测站点，产生的监测数据经过系统软件直接传输至监测总站，通过环保部和监测总站的政府网站实时向社会公布，参与计算环境空气质量指

---

① 参见最高人民法院指导案例第104号。

数并实时发布。空气采样器是环境空气质量监测系统的重要组成部分。PM10、PM2.5 监测数据作为环境空气综合污染指数评估中的最重要两项指标，被告人用棉纱堵塞采样器的采样孔或拆卸采样器的行为，必然造成采样器内部气流场的改变，造成监测数据失真，影响对环境空气质量的正确评估，属于对计算机信息系统功能进行干扰，造成计算机信息系统不能正常运行的行为。

该案中，行为人并非通过信息技术方式，而是用"棉纱堵塞采样器"这一物理方法造成多个时间段内监测数据严重失真，影响了国家环境空气质量自动监测系统正常运行。一方面，行为人确实未通过技术方式实施破坏行为；另一方面，确实影响了特定计算机信息系统的功能。总体来看，将其行为评价为非法破坏计算机信息系统的行为属于扩大解释：其一，破坏计算机信息系统罪本身并未限定必须通过技术方式实施，将行为方式解释为物理方式并未明显突破条文的可能含义。其二，对于通过物理方式破坏重要计算机信息系统，又未造成实体计算机损坏，不存在财产损失的情形，通过破坏计算机信息系统罪予以规制，具有合理价值。

第二，计算机信息系统功能是否可以包括应用功能，而不限于系统功能。传统意义上，计算机信息系统功能是指系统功能，即"造成计算机信息系统不能正常运行"。然而现实中出现了通过技术性的行为影响计算机信息系统的应用功能（使其不能发挥社会作用），而非系统功能（系统运转正常）的情形。

就修改域名解析服务器指向的方式劫持域名的行为，最高人民检察院专门发布了指导案例：

李丙龙破坏计算机信息系统案 [①]

一、基本案情

被告人李丙龙为牟取非法利益，预谋以修改大型互联网网站域名解析指

---

① 参见最高人民检察院指导案例第 33 号。

向的方法，劫持互联网流量访问相关赌博网站，获取境外赌博网站广告推广流量提成。2014 年 10 月 20 日，李丙龙冒充某知名网站工作人员，采取伪造该网站公司营业执照等方式，骗取该网站注册服务提供商信任，获取网站域名解析服务管理权限。10 月 21 日，李丙龙通过其在域名解析服务网站平台注册的账号，利用该平台相关功能自动生成了该知名网站二级子域名部分 DNS（域名系统）解析列表，修改该网站子域名的 IP 指向，使其连接至自己租用境外虚拟服务器建立的赌博网站广告发布页面。当日 19 时许，李丙龙对该网站域名解析服务器指向的修改生效，致使该网站不能正常运行。23 时许，该知名网站经技术排查恢复了网站正常运行。11 月 25 日，李丙龙被公安机关抓获。至案发时，李丙龙未及获利。

经司法鉴定，该知名网站共有 559 万名有效用户，其中邮箱系统有 36 万名有效用户。按日均电脑客户端访问量计算，10 月 7 日至 10 月 20 日邮箱系统日均访问量达 12.3 万。李丙龙的行为造成该知名网站 10 月 21 日 19 时至 23 时长达四小时无法正常发挥其服务功能，案发当日仅邮件系统电脑客户端访问量就从 12.3 万减少至 4.43 万。

二、裁判理由

修改域名解析服务器指向，强制用户偏离目标网站或网页进入指定网站或网页，是典型的域名劫持行为。行为人使用恶意代码修改目标网站域名解析服务器，目标网站域名被恶意解析到其他 IP 地址，无法正常发挥网站服务功能，这种行为实质上是对计算机信息系统功能的修改、干扰，符合《刑法》第 286 条第 1 款"对计算机信息系统功能进行删除、修改、增加、干扰"的规定。根据《危害计算机信息系统安全解释》第 4 条的规定，造成为一万以上用户提供服务的计算机信息系统不能正常运行累计一小时以上的，属于"后果严重"，应以破坏计算机信息系统罪论处；造成为五万以上用户提供服务的计算机信息系统不能正常运行累计一小时以上的，属于"后果特别严重"。

这一案例中，行为人并非直接通过破坏方式使域名解析服务器破坏，而是通过劫持域名的方式使用户无法正确访问。司法机关将其行为认定为对计算机信息系统的破坏，从而肯定了计算机信息系统的功能不仅包括系统功能，而且包括应用功能。这一扩大解释具有相对的合理性，虽然对于"功能"的解释具有扩大的倾向，但是由于该破坏行为的技术关联性，将其评价为破坏计算机信息系统罪相比于评价为非法经营罪等"口袋罪"更为适当。此外，也应对类似的解释持谦抑性和预防性结合的态度，如果无限扩大破坏计算机信息系统罪的适用范围，难免使其成为学者所担心的"口袋罪"[①]。

（四）获取行为

我国《刑法》第 285 条第 2 款非法获取计算机信息系统数据罪规定了违反国家规定，侵入第 1 款规定以外的计算机信息系统或者采用其他技术手段，获取该计算机信息系统中存储、处理或者传输的数据的行为。基于此，非法获取计算机信息系统数据的行为方式有两种，侵入（第 1 款规定以外的）计算机信息系统或者采用其他技术手段。就"其他技术手段"，权威解释指出："'其他技术手段'是关于行为人可能采用的手段的兜底性规定，是针对实践中随着计算机技术的发展可能出现的各种手段作出的规定。"[②]

有学者提出突破"其他技术手段"的观点，其认为："未经许可得知他人网络数据信息、企业经营数据、个人信息、银行存款数额等，也构成对他人数据的'控制'。例如，行为人侵入他人计算机信息系统，没有采取拷贝、下载等方式取得相关数据，但以过目不忘的本领将所有数据记在心里，仍属于控制他人信息。"[③] 这一观点并不妥当，对于非法破坏行为由于破坏计算机信息系统罪并未作出技术限定，因此对其予以扩大并未超出法条的可能含义。与之不同，非法获取计算机信息系统数据罪强调行为需侵入（第 1 款规定以外的）计算机信息系统或者采用其他技术手段，因此对于这一行为不应从非法获取计算机信息系统数据的行为评价，可考虑从非法获取（个人）信

---

① 参见于志刚：《网络犯罪与中国刑法应对》，载《中国社会科学》2010 年第 3 期，第 122 页。

② 郎胜主编：《中华人民共和国刑法释义》，法律出版社 2015 年版，第 491 页。

③ 李遐桢、侯春平：《论非法获取计算机信息系统数据罪的认定——以法解释学为视角》，载《河北法学》2014 年第 5 期，第 69 页。

息的行为等层面评价。

此外，以上规定的行为所针对的数据范围比《德国刑法典》的规定更为广泛。《德国刑法典》第 202 条 b 拦截数据罪中仅规定了使用技术手段，使自己或第三人从非公开的数据传输或者数据处理系统的电磁传输中，获取非法为其提供的数据的行为。这一规定与《网络犯罪公约》第 3 条非法拦截的规定相一致，不涉及从计算机信息系统中获取其存储、处理的数据之行为。

《日本刑法典》中未规定独立的非法获取行为，这与电磁记录的刑法地位有关。电磁记录并非实体的保护对象，因此有学者指出：在非法制作电磁记录罪（第 161 条之 2）中，只是为了获取信息而未经允许拷贝他人记录的，不能说属于"以使他人的事务处理出现错误为目的"。① 与之类似，在第 18 章之 2（第 163 条之 2 至之 5）有关支付磁卡电磁记录的犯罪中，窃取电磁记录信息自身历来是不可罚的。② 需要说明的是第 163 条之 4 预备非法制作支付磁卡电磁记录罪，其中涉及非法获取电磁记录信息的行为，由于其核心内容为个人信息，实际上属于非法获取个人信息的行为。

有学者认为，我国《刑法》第 286 条第 2 款已经规定了"违反国家规定，对计算机信息系统中存储、处理或者传输的数据和应用程序进行删除、修改、增加的操作，后果严重的"的行为，在此基础上应增加"拦截"这一行为。③ 然而，正是基于《网络犯罪公约》第 3 条规定的不周延性，《德国刑法典》第 202 条 a 才对数据概念与范围进行了扩大理解，以确保对于数据的全面保护。数据传输是在计算机信息系统之间进行的，基于此，非法获取计算机信息系统数据的行为既包括从特定系统中获取数据的行为，也包括从系统之间的传输获取数据的行为。因此，我国关于获取计算机信息系统数据行为的规定更为全面，前述认为应在我国《刑法》中增加"拦截"行为观点并不妥当。

我国《刑法》中规定的非法获取行为具有较强的包容性。强调非法获

---

① 参见［日］松宫孝明：《刑法各论讲义》（第 4 版），成文堂 2016 年版，第 397~398 页。
② 参见［日］大谷实：《刑法讲义各论》（新版第 4 版补订版），成文堂 2015 年版，第 493 页。
③ 参见张明楷：《网络时代的刑事立法》，载《法律科学》2017 年第 3 期，第 78 页。

取行为的技术性并非要求其具有破坏性，对此最高人民检察院发布了指导案例：

卫梦龙、龚旭、薛东东非法获取计算机信息系统数据案[①]

一、基本案情

被告人卫梦龙于 2012 年至 2014 年在北京某大型网络公司工作，被告人龚旭供职于该大型网络公司运营规划管理部，两人原系同事。被告人薛东东系卫梦龙商业合作伙伴。

因工作需要，龚旭拥有登录该大型网络公司内部管理开发系统的账号、密码、Token 令牌（计算机身份认证令牌），具有查看工作范围内相关数据信息的权限。但该大型网络公司禁止员工私自在内部管理开发系统查看、下载非工作范围内的电子数据信息。

2016 年 6 月至 9 月，经事先合谋，龚旭向卫梦龙提供自己所掌握的该大型网络公司内部管理开发系统账号、密码、Token 令牌。卫梦龙利用龚旭提供的账号、密码、Token 令牌，违反规定多次在异地登录该大型网络公司内部管理开发系统，查询、下载该计算机信息系统中储存的电子数据。后卫梦龙将非法获取的电子数据交由薛东东通过互联网出售牟利，违法所得共计 3.7 万元。

二、裁判理由

非法获取计算机信息系统数据罪中的"侵入"，是指违背被害人意愿、非法进入计算机信息系统的行为。其表现形式既包括采用技术手段破坏系统防护进入计算机信息系统，也包括未取得被害人授权擅自进入计算机信息系统，还包括超出被害人授权范围进入计算机信息系统。

本案中，被告人龚旭将自己因工作需要掌握的本公司账号、密码、Token 令牌等交由卫梦龙登录该公司管理开发系统获取数据，虽不属于通过技术手段侵入计算机信息系统，但内外勾结擅自登录公司内部管理开发系统

[①]　参见最高人民检察院指导案例第 36 号。

下载数据，明显超出正常授权范围。超出授权范围使用账号、密码、Token令牌登录系统，也属于侵入计算机信息系统的行为。行为人违反《计算机信息系统安全保护条例》第 7 条、《计算机信息网络国际联网安全保护管理办法》第 6 条第 1 项等国家规定，实施了非法侵入并下载获取计算机信息系统中存储的数据的行为，构成非法获取计算机信息系统数据罪。

该案中，行为人虽然没有通过一般的非法侵入计算机信息系统的方式实施，但是将"违反规定多次在异地登录"这一行为评价为"其他技术手段"也未超过条文的可能性含义，有利于明确非法获取行为的具体边界。

（五）持有行为

有学者认为，应当参考《德国刑法典》窝藏数据罪，在我国《刑法》中对于"窝藏"行为（实质为数据的非法持有）进行刑法的规范化。由于受害者难以知晓计算机被（病毒或木马）感染，其数字身份（digitalen Identität）多重信息被窃取，《德国刑法典》据此选取"数据窝藏"这一中间环节进行有针对性的立法，对我国有借鉴意义。[①]

《德国刑法典》第 202 条 d 窝藏数据罪规定了为自己或第三人获利或损害他人的目的，对于非法获取的非公开的数据（第 202 条 a 第 2 款）使自己或他人取得、提供给他人、传播或以其他方式使之取得访问权限的行为。我国《刑法》和《日本刑法典》中并无类似规定。

本书认为，不应当将非法持有计算机信息系统数据的行为纳入刑法规制范围。第一，窝藏数据行为并非持有行为。该罪中取得、提供给他人、传播或以其他方式使之取得访问权限等行为均是积极的行为，难以为消极的持有行为全部涵盖。《德国刑法典》第 202 条 d 窝藏数据罪（Datenhehlerei）实际上是类比于第 259 条窝藏罪（Hehlerei）所作的规定，用于处罚数据犯罪事后的具有法益侵害性的行为，其本身并非独立的持有行为。对于我国而言，

① 参见于志刚、李源粒：《大数据时代数据犯罪的类型化与制裁思路》，载《政治与法律》2016 年第 9 期，第 29 页。

参考《危害计算机信息系统安全解释》第 7 条第 1 款规定对计算机信息系统控制权的解释，确立相关的适用规则即可，不必增设独立的犯罪行为类型。第二，我国的犯罪起点较高，如果是获取计算机信息系统数据，其客观上危害了信息安全，理当处罚。但是如果该数据不具有实质价值或者法益侵害有限，对于事后的提供、传播等行为应秉持较为谨慎的态度。第三，对于与个人信息相重合的数据，也可以通过侵犯个人信息犯罪予以保护，而这类数据显然是被侵犯的重点类型，《危害计算机信息系统安全解释》第 1 条也对此予以强调。

（六）结论

综上所述，在我国语境下以计算机信息系统为中心确立计算机犯罪行为类型既是基于立法的规定，也是基于我国理论的传统。针对计算机信息系统和数据实施的行为可分为以下两个层面进行评价：第一，针对计算机信息系统实施的非法侵入行为、非法控制行为、非法破坏行为；第二，针对计算机信息系统数据实施的非法破坏行为、非法获取行为。至于非法持有计算机信息系统数据的行为，不应作为独立的犯罪行为进行评价。

二、针对程序工具实施的行为

程序除了用于正当用途之外，还可用于实施计算机犯罪，最为重要的是两种——病毒程序和木马程序。关于病毒程序，一般是指具有破坏计算机功能或者数据作用的计算机指令或者程序代码。关于木马程序，一般认为其也属于广义的病毒程序，但是和一般的病毒程序不同，其目的并不在于破坏计算机信息系统和数据，而是对计算机信息系统进行非法控制。也有学者将木马程序概括为："看似正常的程序，但是其背后执行了并非用户希望的，并不知道的任务。"[1] 这两种程序分别代表了不同种类的计算机犯罪程序工具：以破坏为目的的程序工具和以侵入、控制为目的的程序工具。

---

[1] 于志刚：《网络犯罪与中国刑法应对》，载《中国社会科学》2010 年第 3 期，第 112 页。

《危害计算机信息系统安全解释》分别对这两种程序工具[①]作出界定。第
2 条规定《刑法》第 285 条第 3 款规定的"专门用于侵入、非法控制计算机
信息系统的程序、工具"为以下情形："（一）具有避开或者突破计算机信
息系统安全保护措施，未经授权或者超越授权获取计算机信息系统数据的功
能的；（二）具有避开或者突破计算机信息系统安全保护措施，未经授权或
者超越授权对计算机信息系统实施控制的功能的；（三）其他专门设计用于
侵入、非法控制计算机信息系统、非法获取计算机信息系统数据的程序、工
具。"第 5 条规定《刑法》第 286 条第 3 款规定的"计算机病毒等破坏性程
序"为以下情形："（一）能够通过网络、存储介质、文件等媒介，将自身
的部分、全部或者变种进行复制、传播，并破坏计算机系统功能、数据或
者应用程序的；（二）能够在预先设定条件下自动触发，并破坏计算机系统
功能、数据或者应用程序的；（三）其他专门设计用于破坏计算机系统功能、
数据或者应用程序的程序。"从以上界定看，木马程序属于"专门用于侵入、
非法控制计算机信息系统的程序、工具"。

　　以上程序工具被用于计算机犯罪，需要通过制作、提供、利用等多个环
节，就具体行为类型的选择与规定，我国和德日的做法各不相同。第一，我
国规制制作、提供两种行为。我国《刑法》分别规定了针对侵入、非法控制
计算机信息系统程序、工具和计算机病毒等破坏性程序实施的行为。第 285
条第 3 款规定了提供专门用于侵入、非法控制计算机信息系统的程序、工
具，或者明知他人实施侵入、非法控制计算机信息系统的违法犯罪行为而为
其提供程序、工具的行为。第 286 条第 3 款规定了故意制作、传播计算机病
毒等破坏性程序的行为。第二，德国将提供行为纳入制作行为予以评价。其
第 202 条 c 预备探知和拦截数据罪将实行行为描述为：制作目的在于实施前
述行为的计算机程序，通过取得、出售、提供、传播或其他方式使自己或他

[①]　有观点认为也应将恶意公布、售卖计算机安全漏洞行为入罪化，参见于志刚：《恶意公布、售卖
　　计算机安全漏洞行为入罪化的思考》，载《现代法学》2010 年第 2 期，第 84 页。本书认为，安
　　全漏洞与程序工具相比法益侵害性、典型性均有限，且很多情况下可以通过非法侵入计算机信
　　息系统罪、非法获取计算机信息系统数据罪等罪名予以评价，加之我国采取单一刑法典模式，
　　对于网络犯罪行为的立法规定不应秉持过分扩大化的态度，因此对其入罪化应持慎重态度。

人取得访问权限。第三，日本则是在第 168 条之 2 制作非法指令电磁记录等罪中对制作、提供、供用行为，在第 168 条之 3 取得非法指令电磁记录等罪中对取得、保管行为予以规制。

（一）制作行为

我国《刑法》第 286 条第 3 款规定了故意制作计算机病毒等破坏性程序的行为。有观点认为："对于制作计算机病毒等破坏性程序的行为，如果仅制作而不传播，则不可能'影响计算机信息系统正常运行'，故制作计算机病毒等破坏性程序的行为不可能独立构成犯罪。"① 应该认为第 286 条第 3 款是将制作、提供（传播）行为分别作出规定。第一，制作行为相对于传播行为具有独立的意义。权威解释指出："故意制作，是指通过计算机，编制、设计针对计算机信息系统的破坏性程序的行为；故意传播，是指通过计算机信息系统（含网络），直接输入、输出破坏性程序，或者将已输入破坏性程序的软件加以派送、散发、销售的行为。"② 从行为性质上二者显然存在不同。第二，从第 286 条破坏计算机信息系统罪来看，制作、传播行为应理解为并列行为。该条第 1 款规定的对计算机信息系统功能进行删除、修改、增加、干扰显然具有并列属性，对于第 3 款规定的制作、提供（传播）行为也应分别独立理解。

《德国刑法典》将制作行为与提供行为合并为同一行为予以规定。其第 202 条 c 预备探知和拦截数据罪统一规定了预备实施第 202 条 a 或者第 202 条 b 规定的行为：第一，（准备）允许访问数据的密码或者其他安全代码；③ 第二，制作目的在于实施前述行为的计算机程序，通过取得、出售、提供、传播或其他方式使自己或他人取得访问权限。《德国刑法典》是将制作与提供相关计算机程序的行为（出售、提供给他人、传播等）统一规定，有利于

---

① 喻海松：《〈关于办理危害计算机信息系统安全刑事案件应用法律若干问题的解释〉的理解与适用》，载《人民司法》2011 年第 19 期，第 27 页。

② 郎胜主编：《中华人民共和国刑法释义》，法律出版社 2015 年版，第 495 页。

③ 此类数据类似于我国刑法中的"身份认证信息"，参照《危害计算机信息系统安全解释》第 1 条第 1 款的规定。

保障行为类型的全面性。第 303 条 a 变更数据罪第 3 款、第 303 条 b 破坏计算机罪第 5 款也规定准用第 202 条 c 的规定，从而确保上述行为范围普遍适用于探知数据、变更数据和破坏计算机的所有程序。基于以上规定来看，并不处罚单纯的制作行为，重点处罚基于制作所实施的提供行为。此外，德国增设的第 202 条 c 也规制"两用工具"。对于两用工具（Dual-Use-Tools），该程序的功能目的不是犯罪，但是可被犯罪人使用，这涉及互联网上可用的大部分软件。例如 Google 帮助程序 Sitedigger 和密码恢复工具包 Access Data 也可用于非法目的。从德国肯定了第 202 条 c 的调整对象包括两用工具来看，其范围超出了《网络犯罪公约》第 6 条的规定。[①]

《日本刑法典》对于制作程序工具的行为与我国类似，采取独立规定的方式。在其根据《网络犯罪公约》的要求增设的第 19 章之 2 有关非法指令电磁记录（计算机病毒）的犯罪中，第 168 条之 2 制作非法指令电磁记录等罪包括制作非法指令电磁记录的行为。该行为指使非法指令电磁记录等重新存在于记录介质上。例如，使用编程语言完成病毒程序的源代码的动作。[②]

在针对程序工具实施的行为规定上，德国对于针对程序工具实施的行为设置了更高的门槛，要求同时具备制作与提供情形。另外，其将"允许访问数据的密码或者其他安全代码"与程序工具并列规定，我国则是通过非法获取计算机信息系统数据罪、侵犯公民个人信息罪等罪名予以处罚。

（二）提供行为

我国《刑法》中针对程序工具实施的提供行为分别规定于第 285 条第 3 款和第 286 条第 3 款中，但是具体表述不同：第 285 条第 3 款采用了"提供"的表述，其规定了提供专门用于侵入、非法控制计算机信息系统的程

---

① Vgl. Daniel Schuh, Computerstrafrecht im Rechtsvergleich – Deutschland, Österreich, Schweiz, Duncker & Humblot, 2011, S.64–66.

② 参见［日］高桥则夫：《刑法各论》(第 2 版)，成文堂 2014 年版，第 555~557 页；［日］前田雅英：《刑法各论讲义》(第 6 版)，东京大学出版会 2015 年版，第 407~408 页；［日］山中敬一：《刑法各论》(第 3 版)，成文堂 2015 年版，第 680 页；［日］大谷实：《刑法讲义各论》(新版第 4 版补订版)，成文堂 2015 年版，第 513~514 页。

序、工具，或者明知他人实施侵入、非法控制计算机信息系统的违法犯罪行为而为其提供程序、工具的行为。第 286 条第 3 款采用了"传播"的表述，规定了故意传播计算机病毒等破坏性程序的行为。

本书认为，应当对"提供"和"传播"作统一理解。根据权威解释："'提供'包括出售等有偿提供，也包括提供免费下载等行为；包括直接提供给他人，也包括在网上供他人下载等。""故意传播，是指通过计算机信息系统（含网络），直接输入、输出破坏性程序，或者将已输入破坏性程序的软件加以派送、散发、销售的行为。"[①] 以上行为范围均可涵盖向特定人提供和向不特定人提供、有偿提供和无偿提供的情形，在行为类型上具有同质性。

《德国刑法典》虽将提供行为与制作行为统一评价，不过在提供行为的判断上与我国类似。《日本刑法典》则是将提供行为与制作行为分别规定，均作为制作非法指令电磁记录等罪（第 168 条之 2）的实行行为，在行为模式划分上与我国一致。

相比而言，将提供行为规定为向行为人或不特定人提供更适合我国提供程序工具行为的刑法规制。原因有二：第一，我国和德国虽然对于程序工具的表述不一，但是均赋予其实质的犯罪工具地位，只要相应的行为使程序工具可以作用于计算机信息系统（及其数据）即可评价。因此无论从犯罪参与的角度针对行为人，或者针对社会公众，均应认可提供的行为性。与之不同，日本基于不具有实质刑法地位的"电磁记录"将程序工具评价为"非法指令电磁记录"，因此只能基于和"电子计算机"（供用目的）结合才可进行刑法的类型化评价。第二，随着计算机犯罪的网络化、智能化，程序工具的扩散性和危害性不断扩展，对于公共信息安全有巨大的威胁，基于适当扩大信息法益保护的视角，理应对提供行为作出更为全面的规制。

（三）供用、取得、保管行为

供用、取得、保管行为是《日本刑法典》的特色规定，我国和德国并未规定类似行为。《日本刑法典》第 19 章之 2 有关非法指令电磁记录（计算机

---

① 郎胜主编：《中华人民共和国刑法释义》，法律出版社 2015 年版，第 491 页、第 495 页。

病毒）的犯罪中，第 168 条之 2 制作非法指令电磁记录等罪规定了供用非法指令电磁记录的行为 ①，指在电子计算机用户没有操作意图的情况下将其置于可执行的状态。第 168 条之 3 取得非法指令电磁记录等罪包括以下行为：第一，取得非法指令电磁记录的行为，指在了解何为非法指令电磁记录的情况下，将其转移至自己支配下的一切行为。比如接受存有非法指令电磁记录的光盘介质。第二，保管非法指令电磁记录的行为，指将非法指令电磁记录放置在自己的实力支配内。其也包括存放在远程硬盘上的情况。②

　　由此，《日本刑法典》围绕计算机病毒规定了五种行为，其中制作、提供行为与我国的理解相同，值得说明的是其他三种行为。其一，供用行为实际上是将计算机病毒供他人电子计算机执行的行为。"供用"是以对机器使用为前提，不是以对人使用为前提。③ 在我国可以通过非法控制计算机信息系统的行为予以评价。其二，由于我国入罪标准较高，本身对于取得类、保管类行为的刑事规制也持限制的态度，因此未对其作为独立行为予以评价。

（四）结论

　　综上观之，与德日立场相比，对于针对程序工具实施的行为我国立场具有合理性，即应对制作与提供行为分别作出规定。第一，在行为范围上，以制作、提供为界限是妥当的，对此我国和德国的立场一致，日本则是规定了制作、提供、供用、取得、保管行为。这与以上国家计算机犯罪立法模式和状况有关，我国和德国计算机犯罪有独立的条款，并且相对完善，对于非法控制（非法干扰）等行为均已规制。而日本计算机犯罪的规定具有附属性，本身存在处罚间隙，因此有必要对"供用"行为予以补充规定。至于取得、保管行为，由于我国入罪标准较高，不宜作为独立的犯罪行为。第二，在行

---

① 供用行为系《日本刑法典》第 168 条之 2 第 2 款规定，并非第 1 款规定的提供行为。

② 参见［日］高桥则夫：《刑法各论》（第 2 版），成文堂 2014 年版，第 555~557 页；［日］前田雅英：《刑法各论讲义》（第 6 版），东京大学出版会 2015 年版，第 407~408 页；［日］山中敬一：《刑法各论》（第 3 版），成文堂 2015 年版，第 680 页；［日］大谷实：《刑法讲义各论》（新版第 4 版补订版），成文堂 2015 年版，第 513~514 页。

③ ［日］高桥则大：《刑法各论》（第 2 版），成文堂 2014 年版，第 536 页。

为类型上，制作和提供均应作为独立的行为。《德国刑法典》将评价重心置于提供行为，仅对制作行为进行附属的前置评价。但是提供行为和制作行为的实施主体未必一致，特别是在共同犯罪的情况下，如果只对提供程序工具的主体处罚，不对制作程序工具的主体处罚，显然不妥。

此外，本书认为基于行为类型的一致性，对我国《刑法》第 285 条第 3 款和第 286 条第 3 款的行为类型仍有统一的必要。第 285 条第 3 款仅规定了提供侵入、非法控制计算机信息系统程序、工具的行为，第 286 条第 3 款则是规定了制作、传播计算机病毒等破坏性程序的行为。对此可以考虑从两个方面完善：第一，增设制作专门侵入、非法控制计算机信息系统的程序、工具的行为。第 285 条第 3 款未规定制作行为与"中性程序"（两用工具）的存在有关。"不少木马程序既可用于合法目的也可用于非法目的，属于'中性程序'，比如 Windows 系统自带的 Terminal Service（终端服务）也可以用于远程控制计算机信息系统，很多商用用户运用这种远程控制程序以远程维护计算机信息系统。"[1] 但是在第 285 条第 3 款已经规定"专门侵入、非法控制计算机信息系统的程序、工具"的情况下，可以将其与"中性程序"区别开来，对于专门实施前述行为的木马程序，其显然已经不再具有"中性程序"的性质，规定制作该程序工具的行为构成犯罪并无不妥。第二，将第 286 条第 3 款的"传播"行为修改为提供行为。传播行为本身应指向不特定的公众传播，虽然也可通过扩大解释将向特定他人提供计算机病毒等破坏性程序包括在内，但是显然在立法上直接规定"提供"更为妥当，使之与第 285 条第 3 款的提供行为相一致。[2]

---

① 喻海松：《〈关于办理危害计算机信息系统安全刑事案件应用法律若干问题的解释〉的理解与适用》，载《人民司法》2011 年第 19 期，第 28 页。

② 与之类似，非法提供个人信息的行为也是包括针对特定主体和不特定主体提供的情形，见本章第三节的相关内容。

第三节　信息犯罪的行为类型

我国和德日对于信息犯罪的理解不同。我国《刑法》中信息犯罪既包括针对真实信息实施的犯罪，其典型类型是第 253 条之 1 侵犯公民个人信息罪，第 177 条之 1 窃取、收买、非法提供信用卡信息罪等；也包括针对虚假信息实施的犯罪，其典型类型为第 291 条之 1 编造、故意传播虚假恐怖信息罪，编造、故意传播虚假信息罪，以及"通过信息网络实施"[①] 的第 246 条诽谤罪等。

德国和日本在对信息犯罪的规制上与我国采取了不同的立场：第一，就针对真实信息实施的犯罪行为采用双轨制的规制模式。以侵犯个人信息犯罪为例，一方面德日在刑法中规定针对个人秘密信息实施的犯罪行为，另一方面在单行刑法中规定针对个人信息实施的一般犯罪行为。第二，未采用信息作为基础性犯罪对象概念以及进行犯罪行为类型化的模式。德日将侵犯个人秘密信息的行为进行独立规制，同时通过对名誉等人身法益的侵犯评价针对虚假信息实施的行为，不强调其公共属性。

通过对比我国和德日在信息犯罪行为类型上的异同，有利于发现我国信息犯罪行为类型的特色和不足，推动行为理论的完善。

---

① "通过信息网络实施"的诽谤行为具有特殊性，《刑法》第 246 条第 3 款还专门就该类型的诽谤行为规定了特殊的取证条款。

一、针对个人信息实施的行为

从侵犯个人信息犯罪产业链层面来看，针对个人信息实施的行为[①]已经成为包括非法获取行为、非法提供行为、非法利用行为在内的全面体系。第一，提供个人信息的行为。既包括非法获取个人信息后再提供的行为，也包括合法占有个人信息的主体（如基于提供信息服务而占有个人信息的主体）向他人提供的行为。第二，获取个人信息的行为。既包括未经允许非法获取个人信息的行为，也包括超越授权范围非法获取个人信息的行为，如一些装有"后门"的电脑应用程序或者手机 App，会在未经个人许可的情况下私自对个人信息予以收集，侵犯个人信息的信息安全。第三，利用个人信息的行为。如在实施下游犯罪的过程中非法利用个人信息，或者非法利用他人驾照信息有偿为他人"消分"等行为。对以上行为是否均在刑法中予以规制，我国和德日的处理方式并不一致。

（一）提供行为

我国《刑法》第 253 条之 1 侵犯公民个人信息罪第 1 款、第 2 款规定了违反国家有关规定，向他人出售或者提供公民个人信息的行为。《侵犯个人信息解释》第 3 条作出进一步的规定："向特定人提供公民个人信息，以及通过信息网络或者其他途径发布公民个人信息的，应当认定为刑法第二百五十三条之一规定的'提供公民个人信息'。""未经被收集者同意，将合法收集的公民个人信息向他人提供的，属于刑法第二百五十三条之一规定的'提供公民个人信息'，但是经过处理无法识别特定个人且不能复原的除外。"

在此需要说明，非法提供个人信息的行为即可以由无权占有个人信息的主体实施（如实施非法获取个人信息行为的主体），也可以由有权占有个人

[①] 包括第 177 条之 1 窃取、收买、非法提供信用卡信息罪，第 253 条之 1 侵犯公民个人信息罪规制的行为。提供个人信息的行为、获取个人信息的行为在这两个条文中均有规定，本目以侵犯公民个人信息罪为例展开论述。

信息的主体实施（如履行职责或者提供服务过程中获得个人信息的主体）。也正是基于以上区分，《刑法》第 253 条之 1 第 2 款规定在履行职责或者提供服务过程中获得的公民个人信息，出售或者提供给他人的，依照第 1 款的规定从重处罚。《侵犯个人信息解释》第 5 条第 1 款第（8）项规定，将在履行职责或者提供服务过程中获得的公民个人信息出售或者提供给他人的，入罪要求的侵犯个人信息数量和违法所得数额减半。

此外，非法提供的个人信息也可以是单一的个人信息。《侵犯个人信息解释》第 5 条第（1）项、第（2）项规定了两种不对个人信息作数量要求的情形：第一，出售或者提供行踪轨迹信息，被他人用于犯罪的；第二，知道或者应当知道他人利用公民个人信息实施犯罪，向其出售或者提供的。

根据以上立法和司法解释，非法提供个人信息的行为包括出售行为和其他非法提供行为：第一，出售个人信息的行为。根据权威解释："'出售'，是指将自己掌握的公民信息卖给他人，自己从中牟利的行为。"[1] 第二，其他非法提供个人信息的行为。是指出售行为以外的将个人信息予以公开的行为。该类行为与出售个人信息行为相比，并不具有牟利性，否则即出售个人信息行为。此外，非法提供可能指向特定人或者不特定人，可能是关于具体个人的信息或者大量的个人信息。《侵犯个人信息解释》第 3 条即列举了两种非法公开个人信息的行为，包括"向特定人提供公民个人信息"（向特定人提供）和"通过信息网络或者其他途径发布公民个人信息"（向不特定人提供）。

《德国刑法典》中规定了提供个人秘密信息的行为。其第 203 条规定了侵犯他人秘密罪，医师、药剂师、心理师、律师、咨询师等人士，无故泄露因该身份而获悉的他人秘密，特别是属于私生活领域的秘密或经营业务秘密的，构成侵犯他人秘密罪。

之前《德国联邦数据保护法》有关于提供个人信息行为的独立规定，原第 44 条规定刑事处罚中所规制的行为除了要求故意实施原第 43 条（2）中规定的行为外，还要求具有下列目的之一：第一，获取酬金；第二，使自

---

① 郎胜主编：《中华人民共和国刑法释义》，法律出版社 2015 年版，第 423 页。

己或他人获利，或者伤害他人。而原第 43 条（2）规定了"5. 违反第 16 条
（4）第 1 项、第 28 条（5）第 1 项以及第 29 条（4）、第 39 条（1）第 1 项
或第 40 条（1），传输数据给第三方用于其他目的"。

2017 年修改的《德国联邦数据保护法》取消了提供个人信息行为的独
立规定，第 42 条第 1 款规定了职业性地故意非法访问并非公开可获得的多
人个人数据，发送给第三方或者以其他方式使其可被访问的行为。其第 42
条第 2 款规定了对于非公开可获得的个人数据进行非授权的处理或通过虚假
陈述骗取的行为，并且沿用了原第 44 条的要求，具备下列目的之一：第一，
获取酬金；第二，使自己或他人获利，或者伤害他人。其中非法提供行为均
只是非法获取行为的后续行为之一，独立规制的仍然是非法获取行为。以上
两款依据非法获取的个人数据主体数量和后续处理方式区别规定，第 1 款突
出强调了对多人个人数据的保护，这样一种对于非法提供单一主体与众多主
体个人信息的行为均予规定的做法与我国一致，但是其对非法获取的个人数
据不作数量要求，所规制的范围比我国更加广泛。

《日本刑法典》第 134 条泄露秘密罪规定了医生、药剂师、医药品贩卖
者、助产士、辩护人、公证人、从事宗教祈祷或祭祀职业的人，或者曾经从
事上述职业的人，非法向他人泄露业务上所获悉的他人秘密的行为。"所谓
泄露，是让不知道该秘密的人知悉该秘密的行为。可以对一个人实施，也可
以对大多数人实施，其方法在所不问。"[1]《日本个人信息保护法》刑事处罚
规定中第 82 条也规定了违反第 72 条的规定（保密义务）泄露或盗用秘密的
行为。

可以看出，我国与德日刑法在非法提供的行为内容上并无太大差异，均
作为犯罪行为予以处理，而且对于提供方式未作特别限定（向特定人提供与
向不特定人提供、获利方式提供与非获利方式提供）。但是在以下两方面存
在区别：第一，实施主体的范围，我国为一般主体，而德国和日本刑法中均
为特殊主体。第二，提供的个人信息范围，我国包括所有的个人信息，德国
和日本刑法则限于秘密信息。即便是《德国联邦数据保护法》第 42 条第 2

---

① ［日］大谷实：《刑法讲义总论》（新版第 4 版），成文堂 2012 年版，第 155 页。

款有对于非法提供行为予以一般层面规制的意味，但也是通过附属于非法获取行为予以规制。相比而言，我国对于非法提供个人信息的行为进行了更为独立和全面的规制。

（二）获取行为

我国《刑法》第 253 条之 1 侵犯公民个人信息罪第 3 款规定了窃取或者以其他方法非法获取公民个人信息的行为。《侵犯个人信息解释》第 4 条作出进一步规定："违反国家有关规定，通过购买、收受、交换等方式获取公民个人信息，或者在履行职责、提供服务过程中收集公民个人信息的，属于刑法第二百五十三条之一第三款规定的'以其他方法非法获取公民个人信息'。"

非法获取行为包括窃取行为和其他非法获取行为。第一，窃取行为。根据权威解释："这里的'窃取'，是指采用秘密的方法或不为人知的方法取得公民个人信息的行为，如在 ATM 机旁用望远镜偷看或用摄像机偷拍他人银行卡密码、卡号或身份证号，或通过网络技术手段获得他人的个人信息等情况。'以其他方法非法获取'，是指通过购买、欺骗等方式非法获取公民个人信息的行为。"[1] 此外，《侵犯个人信息解释》第 4 条中将"违反国家有关规定""在履行职责、提供服务过程中收集公民个人信息的"认定为"以其他方法非法获取公民个人信息"。这里可以类比利用职务实施的盗窃行为和贪污行为的界分，上述行为中"履行职责、提供服务"不能达到对个人信息形成合法占有的程度，否则就构成《刑法》第 253 条之 1 第 2 款加重处罚的行为类型。符合非法获取个人信息行为的"在履行职责、提供服务过程中收集公民个人信息"的"履行职责、提供服务"只能是基于便利而非合法占有，才可以认定为窃取个人信息的行为，其类似于利用职务实施的盗窃行为。

第二，以其他方法非法获取公民个人信息。其中，购买个人信息的行为无疑是最常见、最严重的非法收受个人信息的行为。围绕如何规制购买个人信息的行为学者曾提出不同的思路。一种思路是现行《侵犯个人信息解释》

---

① 郎胜主编：《中华人民共和国刑法释义》，法律出版社 2015 年版，第 425 页。

和权威解释的思路，认为"以其他方法非法获取"包括购买、欺骗等方式非法获取公民个人信息的行为。另一种思路认为"有必要从立法上对于购买公民个人信息的行为加以规定"。[①]

本书认为以上两种观点并无实质冲突。第一种思路是一种解释论的思路，即充分发挥"以其他方法非法获取"规定的兜底作用，使现有的规定更大范围地适用于非法获取个人信息行为的规制。第二种思路并非否认上述路径的可行性，而是更进一步考虑购买个人信息行为作为该类行为中最普遍、最严重的一种，仅通过将其解释为"以其他方法非法获取"虽然可以将其纳入犯罪圈，但是却难以对其予以适当和有效的制裁和打击。此外，"对向犯是指以存在两人以上的对向性参与行为为要件的必要共犯形态"。[②] 在网络社会中侵犯个人信息犯罪的逐利性日趋增强，出售个人信息的行为和购买个人信息的行为作为对向行为均有必要通过刑法予以明确。所以，本书认为第二种思路更为合理，但在刑事立法未作修改之前，第一种思路是现实可行性更强的思路，也为《侵犯个人信息解释》所采纳。

《德国刑法典》中并未规定独立的非法获取个人信息的行为，但是如果是在非授权访问或者突破安全程序保护访问数据中的个人信息时，可按照第202条a探知数据罪的行为认定。2017年修订后的《德国联邦数据保护法》也对非法获取行为进行了具体的规定。其第42条第1款规定了职业性地故意非法访问非公开可获得的多人个人数据，发送给第三方或者以其他方式使其可被访问的行为。其第42条第2款规定，对于非公开可获得的个人数据进行非授权的处理或通过虚假陈述骗取，且具有下列目的之一：第一，获取酬金；第二，使自己或他人获利，或者伤害他人。

《日本刑法典》第134条泄露秘密罪的行为类型无法包括非法获取行为。侵害秘密的行为中有刺探和泄露两种，现行法上对于刺探行为的处罚只限于开拆信件的场合，对于偷听私人谈话之类的行为，不予处罚。[③]《日本个人信

---

① 张磊：《司法实践中侵犯公民个人信息犯罪的疑难问题及其对策》，载《当代法学》2011年第1期，第76页。

② 钱叶六：《对向犯若干问题研究》，载《法商研究》2011年第6期，第124~125页。

③ 参见［日］大谷实：《刑法讲义总论》，成文堂2012年版，第155页。

息保护法》第 82 条也规定了违反第 72 条的规定（保密义务）泄露或盗用秘密的行为，其中也未包括非法获取行为。

相比而言，我国对于非法获取行为的规制也更为妥当：第一，非法获取的个人信息范围更为全面，与非法提供个人信息一样，我国包括所有的个人信息，德国和日本刑法则限于秘密信息。第二，德国和日本都是采取附属规制的形式，而我国采取独立规制的形式，显然后者更有利于对该类行为进行有效规制。德国实际上基于数据范式，也将个人信息定性为"个人数据"，从而寻求通过数据犯罪的条款进行保护。个人信息强调内容，数据强调形式，难免会由于概念属性不同导致保护不周延。比如个人行踪轨迹信息等动态的个人信息就难以通过静态的数据进行完整的描述，将非法获取个人信息的行为依托探知数据行为进行判断难免面临遗漏的问题。

（三）利用行为

我国刑法规范中并未独立规定非法利用个人信息的行为，但司法解释有相关规定。《侵犯个人信息解释》第 5 条规定了非法获取、出售或者提供公民个人信息符合以下两种情形，不再要求个人信息的数量：第一，出售或者提供行踪轨迹信息，被他人用于犯罪的；第二，知道或者应当知道他人利用公民个人信息实施犯罪，向其出售或者提供的。而个人信息被用于犯罪也是对其加以利用的情形之一。

在学界也有关于非法利用个人信息行为应当入罪的声音，而且围绕该类行为的具体范围形成了不同意见，主要有两种观点：第一种观点认为"对公民个人信息的非法利用，是指未经信息主体许可，非法利用自己已经掌握的公民个人信息以期实现自己的特定目的"。[①] 根据这一观点，实施非法利用个人信息行为的主体限于已经合法占有他人个人信息的主体，这一范围之外的主体则应当按照非法获取个人信息的行为予以认定和处理。第二种观点认为非法利用个人信息的行为包括"合法或者非法获取个人信息的单位和个人非

---

① 吴苌弘：《个人信息的刑法保护研究》（新版第 4 版），上海社会科学院出版社 2014 年版，第 182页。

法利用个人信息的行为"。[①] 这一观点强调了通过非法途径获取他人个人信息进而予以利用的行为也应作为犯罪处理，并指出现行《刑法》第 253 条之 1 的规定存在疏漏，应该予以补充和完善。

《德国刑法典》第 204 条利用他人秘密罪规定了依据第 203 条负有保密义务的主体非法利用他人秘密（特别是经营秘密、业务秘密）的行为。2017 年修订后的《德国联邦数据保护法》其第 42 条第 2 款规定，对于非公开可获得的个人数据进行非授权的处理或通过虚假陈述骗取，且具有下列目的之一：第一，获取酬金；第二，使自己或他人获利，或者伤害他人。这一条款有涉及非法利用行为的内容，但是并未作为独立的行为予以规制。

《日本刑法典》中未规定独立的非法利用个人信息（或个人秘密）行为，《日本个人信息保护法》对于盗用个人信息的行为作出独立规定：第一，个人信息保护委员会的委员长、委员、专门委员及事务局的职员的盗用行为。该法第 82 条规定违反第 72 条的规定（保密义务）泄露或盗用秘密的行为，而该法第 72 条规定："委员长、委员、专门委员及事务局的职员不得泄露或盗用因职务而获得的秘密。在离职后（实施前述行为），同样处理。"第二，个人信息处理业者的盗用行为。该法第 83 条规定了个人信息处理业者（法人[②] 的情形为其高管人员、代表人或管理人）或其员工或者曾经具有这些身份的主体，以为自己或第三人谋求不正当利益为目的，提供或盗用其在业务中处理过的个人信息数据库等行为，包括对其全部或某一部分的复制或加工。

本书认为，判定是否需要规定非法利用个人信息的行为应基于对该类行为的全面考察。在我国，非法利用行为包括两种类型：第一，下游犯罪的非法利用个人信息行为。在司法实践中诈骗犯罪、盗窃犯罪、勒索犯罪、绑架犯罪、杀人犯罪、伤害犯罪都不乏利用个人信息实施的情形，因为个人信息往往和个人的人身、财产相关联，取得和利用个人信息无疑对侵犯个人人身或财产法益具有重要作用。第二，下游犯罪以外的非法利用个人信息行为。

---

① 赵秉志：《公民个人信息刑法保护问题研究》，载《华东政法大学学报》2014 年第 1 期，第 127 页。

② 含章程规定有代表人或管理人的非法人团体。

比如非法利用他人驾驶证件信息有偿为他人"消分"等行为。而且，很多下游犯罪以外的非法利用个人信息行为性质十分严重，理应作为犯罪处理，在目前的情况下只能借助其他罪名予以评价。比如，这一最高人民检察院公布的指导案例其实也可从非法利用个人信息行为的角度评价：

李骏杰等破坏计算机信息系统案 [①]

一、基本案情

2011 年 5 月至 2012 年 12 月，被告人李骏杰在工作单位及自己家中，单独或伙同他人通过聊天软件联系需要修改中差评的某购物网站卖家，并从被告人黄福权等处购买发表中差评的该购物网站买家信息 300 余条。李骏杰冒用买家身份，骗取客服审核通过后重置账号密码，登录该购物网站内部评价系统，删改买家的中差评 347 个，获利 9 万余元。

二、裁判理由

购物网站评价系统是对店铺销量、买家评价等多方面因素进行综合计算分值的系统，其内部储存的数据直接影响到搜索流量分配、推荐排名、营销活动报名资格、同类商品在消费者购买比较时的公平性等。买家在购买商品后，根据用户体验对所购商品分别给出好评、中评和差评三种不同评价。所有的评价都是以数据形式存储于买家评价系统之中，成为整个购物网站计算机信息系统整体数据的重要组成部分。

侵入评价系统删改购物评价，其实质是对计算机信息系统内存储的数据进行删除、修改操作的行为。这种行为危害到计算机信息系统数据采集和流量分配体系运行，使网站注册商户及其商品、服务的搜索受到影响，导致网站商品、服务评价功能无法正常运作，侵害了购物网站所属公司的信息系统安全和消费者的知情权。行为人因删除、修改某购物网站中差评数据违法所得 25 000 元以上，构成破坏计算机信息系统罪，属于"后果特别严重"的情形，应当依法判处五年以上有期徒刑。

---

① 参见最高人民检察院指导案例第 34 号。

在我国未对非法利用个人信息行为独立规制的情况下，对其按照破坏计算机信息系统罪处罚虽不乏合理性，但是也有扩大计算机信息系统范围的倾向。如果从非法利用个人信息行为的角度评价则可以解决这一难题：该案中李骏杰先是实施了非法获取个人信息的行为（购买买家信息），继而对个人信息予以非法利用（修改中差评获利），其行为一定程度上体现了非法利用行为在侵犯个人信息犯罪产业链中的地位，无论是非法利益的获得还是法益侵害后果的出现均体现在该类行为中。

（四）结论

综合以上，我国对于非法获取、非法提供个人信息行为的规定已经较为充分，且形成了刑事立法和司法解释相互配合的行为规制模式，之后应着重考虑的是借鉴并发展日本立法经验，增设独立的非法利用个人信息的行为。在此补充几点：

第一，非法利用行为具备独立规制的基础。可以从两个层面予以理解：其一，非法利用个人信息行为日趋具有独立意义。一方面，基于侵犯个人信息犯罪行为的体系，非法利用个人信息行为相较于另外两种行为更具有独立意义。另一方面，基于该类犯罪的行为主体，在网络社会中有权主体（有法定或约定理由对个人信息合法占有的主体）也不乏实施前述非法利用行为的情形。其二，非法利用个人信息行为已经成为典型的、类型的行为。被刑法所规制的犯罪行为不能仅仅是抽象意义的行为，必须是现实中典型的行为，可以进行类型化，同时又具有相当程度的规制必要性。一方面，非法利用行为不能被现有刑法规制的犯罪行为类型有效包括；另一方面，这类行为有具体的现实危害形式（如前述指导案例中的情形）。

第二，应全面规定非法利用行为的主体。《日本刑法典》中盗用个人信息行为的主体包括个人信息保护委员会的委员长、委员、专门委员及事务局的职员，以及个人信息处理业者。这与日本个人信息保护的模式有关，其各类行为多强调限于特定主体。与之不同，我国侵犯个人信息犯罪的主体为一般主体，因此应将非法利用行为的主体设定为一般主体。

第三，我国已有附属规定非法利用行为的条款。《刑法修正案（九）》增设了第 280 条之 1 使用虚假身份证件、盗用虚假身份证件罪，规定了在依照国家规定应当提供身份证明的活动中，"使用伪造、变造的或者盗用他人的居民身份证、护照、社会保障卡、驾驶证等依法可以用于证明身份的证件"这一行为。除去使用虚假身份证件外，盗用虚假身份证件这一行为与非法利用行为密切相关。根据权威解释："这里的'盗用'，是指盗用他人名义，使用他人的居民身份证、护照、社会保障卡、驾驶证等依法可以用于证明身份的证件的行为。"① 而这些证件中无疑包括重要的个人信息，离开这些信息利用、盗用该证件并无任何意义，因此该罪实际上附属评价了非法利用行为。此外，随着 eID② 的试行和普及，各类证件的电子化不可避免，如果电子证件和电子证件信息未来实现同一化评价，那么该罪就成为非法利用特定个人信息的罪名。

二、针对虚假信息实施的行为

针对虚假信息③ 实施的行为，我国和德日对其行为范围的理解并不一致。德日基于重视个人法益保护的立场，将针对虚假信息实施的行为限于针对个人法益实施的情形（如《德国刑法典》第 186 条诽谤罪、第 187 条诋毁罪；④《日本刑法典》第 230 条毁损名誉罪、第 233 条毁损信用罪）。与之不同，我国针对虚假信息实施的行为则包括针对公共法益和个人法益实施的情形，前者如《刑法》第 291 条之 1 编造、故意传播虚假恐怖信息罪，编造、故意传播虚假信息罪；后者如第 246 条诽谤罪。以上区别既与我国对公共法益保护的重视有关，也与网络犯罪行为模式以信息为中心有关。在针对虚假信息实

---

① 郎胜主编：《中华人民共和国刑法释义》，法律出版社 2015 年版，第 476 页。
② eID 是以密码技术为基础、以智能安全芯片为载体、由"公安部公民网络身份识别系统"签发给公民的网络身份标识，能够在不泄露身份信息的前提下在线远程识别身份。
③ 我国将淫秽信息作为淫秽物品，因而针对其实施的行为按照针对淫秽物品实施的行为类型理解，未另行设置独立的行为类型。
④ 《德国刑法典》中诽谤罪与诋毁罪的关键区别在于后者明知事实的虚假性。

施的行为类型上我国和德日则是在同一范畴与框架下，具体围绕编造行为和传播行为予以展开。

（一）编造行为

我国《刑法》对于针对虚假信息实施的行为采取了不同的表述和规定模式：第一，针对公共法益实施的情形中，表述为"编造"行为，并与传播行为并列规定，体现于《刑法》第291条之1编造、故意传播虚假恐怖信息罪，编造、故意传播虚假信息罪中；第二，针对个人法益实施的情形中，表述为"捏造事实"行为，并与"诽谤"行为合并规定为一个行为。虽然上述规定对于编造行为是否应当与传播行为分立采取了不同的规定，但是均将这两类行为纳入刑法评价范围。

德国和日本对编造行为是否作出规定采取了不同的立场。《德国刑法典》规定了含有编造意味的"断言"（behauptet）行为，并与"传播"（verbreitet）行为并列规定，作为第186条诽谤罪、第187条诋毁罪的实行行为。《日本刑法典》则仅规定了具有传播性质的"披露事实"行为（第230条毁损名誉罪）、"散布虚假传闻"行为（第233条毁损信用罪[①]）。而"散布虚假传闻"是指向不特定或者多数人传播内容不真实的流言、风传，[②]该"散布"行为指向虚假信息无疑。由此，《日本刑法典》实际上将编造行为排除在针对虚假信息实施的行为之外。

我国也有学者分别提出类似德国和日本立场的观点。有观点与德国的规定模式类似，认为编造行为与传播行为应作为同一行为。如有学者认为："从该罪的行为方式来看，其要求行为人必须同时实施'编造'与'传播'行为，二者缺一不可。无论是行为人仅实施'编造'行为而未实施'传播'行为，抑或仅实施'传播'行为而未实施'编造'行为，均不构成该罪。"[③]

---

① 《日本刑法典》中毁损信用罪的行为有两类，散布虚假传闻或者使用诡计。

② 参见［日］松宫孝明：《刑法各论讲义》（第4版），成文堂2016年版，第176页；［日］大谷实：《刑法讲义各论》（新版第4版补订版），成文堂2015年版，第143~144页；［日］中森喜彦：《刑法各论》（第4版），有斐阁2015年版，第97页。

③ 刘宪权：《网络造谣、传谣行为刑法规制体系的构建与完善》，载《法学家》2016年第6期，第112页。

也有观点与日本的规定模式类似，认为针对虚假信息实施的行为只包括传播行为这一单一行为，不包括编造行为。针对诽谤罪"捏造事实诽谤他人"的行为，有学者认为："应当将'捏造事实诽谤他人'解释为'利用捏造的事实诽谤他人'或者'以捏造的事实诽谤他人'。在诽谤罪中，造成法益侵害的是散布侵害他人名誉的虚假事实的行为，而不是捏造事实的行为。"① 针对编造、故意传播虚假信息行为，有学者认为："传播是本罪构成要件行为的着手，编造只是预备行为。在故意传播虚假信息的场合，行为人传播的是第三人捏造的事实。"②

本书认为，针对虚假信息实施的编造行为应当进行独立评价。第一，编造行为和传播行为具有不同的定型化内容，不宜混同评价。权威解释就《刑法》第 291 条编造、故意传播虚假信息罪指出："行为方式上包括编造虚假信息后传播和明知是虚假信息故意传播两种情况。'编造'，是指出于各种目的故意虚构并不存在的险情、疫情、灾情、警情的情况。'传播'虚假信息，是对编造的虚假信息在信息网络上发布、转发、转帖，在其他媒体上登载、刊发等情况。"③ 据此，编造行为或传播行为均可独立构成犯罪。第二，编造行为和传播行为可以由不同主体实施，如果不对编造行为予以独立评价可能导致处罚的间隙。而且即便出同一主体实施，也应当对编造行为、传播行为予以分别评价，不应忽视编造行为。

此外，最高人民检察院还就编造行为的独立性通过指导案例予以说明：

李泽强编造、故意传播虚假恐怖信息案④

一、基本案情

2010 年 8 月 4 日 22 时许，被告人李泽强为发泄心中不满，在北京市朝阳区小营北路 13 号工地施工现场，用手机编写短信"今晚要炸北京首都

---

① 张明楷：《网络诽谤的争议问题探究》，载《中国法学》2015 年第 3 期，第 61~62 页。

② 周光权：《刑法各论》，中国人民大学出版社 2016 年版，第 362 页。

③ 郎胜主编：《中华人民共和国刑法释义》，法律出版社 2015 年版，第 516~517 页。

④ 参见最高人民检察院指导案例第 9 号。

机场"，并向数十个随意编写的手机号码发送。天津市的彭某收到短信后于
2010年8月5日向当地公安机关报案，北京首都国际机场公安分局于当日
接警后立即通知首都国际机场运行监控中心。首都国际机场运行监控中心随
即启动紧急预案，对东、西航站楼和机坪进行排查，并加强对行李物品的检
查和监控工作，耗费大量人力、物力，严重影响了首都国际机场的正常工作
秩序。

二、裁判理由

2010年12月14日，朝阳区人民法院作出一审判决，认为被告人李泽强
法制观念淡薄，为泄私愤，编造虚假恐怖信息并故意向他人传播，严重扰乱
社会秩序，已构成编造、故意传播虚假恐怖信息罪

编造、故意传播虚假恐怖信息罪是选择性罪名。编造恐怖信息以后向特
定对象散布，严重扰乱社会秩序的，构成编造虚假恐怖信息罪。编造恐怖信
息以后向不特定对象散布，严重扰乱社会秩序的，构成编造、故意传播虚假
恐怖信息罪。

（二）传播行为

无论我国还是德日均对传播虚假信息的行为予以规制。我国《刑法》
中，第291条之1编造、故意传播虚假恐怖信息罪，编造、故意传播虚假信
息罪无疑规定了传播行为。第246条诽谤罪的"诽谤"行为，根据权威解
释："'诽谤'，是指故意捏造事实，并且进行散播。"[①] 基于此，"诽谤"显然
也包括了传播行为。《德国刑法典》第186条诽谤罪、第187条诋毁罪规定
了"传播"行为；《日本刑法典》第230条毁损名誉罪规定了"披露事实"
行为，第233条毁损信用罪规定了"散布虚假传闻"行为，这些行为也具有
传播行为的性质。

关于传播行为，自《网络诽谤解释》出台后，有两条规定受到学者的关
注和批评：

第一，《网络诽谤解释》第1条第2款规定："明知是捏造的损害他人名

---

① 郎胜主编：《中华人民共和国刑法释义》，法律出版社2015年版，第412页。

誉的事实，在信息网络上散布，情节恶劣的，以'捏造事实诽谤他人'论。"有学者认为："将明知是捏造的损害他人名誉的事实在信息网络上散布的行为，以'捏造事实诽谤他人'论，这未免混淆了造谣与传谣的界限，超出了'捏造'的语义射程，涉嫌司法对立法的僭越。"①

　　该学者的判断有其合理价值，但是也应客观看待该司法解释规定。《刑法》第246条诽谤罪对编造行为和传播行为采取了并合立场，作为一个行为，由此导致对"诽谤"的评价必须依赖于"捏造事实"的判断。但是作为针对虚假信息实施的行为，"将明知是捏造的损害他人名誉的事实在信息网络上散布"的行为与第291条之1规定的两个罪名的传播行为具有同质性，其社会危害均应得到独立评价，司法解释的上述规定虽有扩大解释的倾向，但是也可以为未来诽谤罪对于传播行为的独立规定提供探索经验。对此，即便是持类似前述批评观点的学者也指出："单独的散布虚假事实的行为也足以对公民的名誉造成侵害，应当将这种行为作为诽谤罪的一种行为方式加以规定。"②

　　第二，根据《网络诽谤解释》第2条的规定，同一诽谤信息实际被点击、浏览次数达到五千次以上，或者被转发次数达到五百次以上的，应当认定为《刑法》第246条第1款规定的"情节严重"。首先应明确，转发行为属于传播行为："从传播行为的过程看，传播是使自己以外的人感知。而转发也是意图使自己以外的人感知信息的过程。因此，此罪名中的传播与转发当属同一含义。"③

　　关于该条是否超出了对传播行为的评价，学者有不同观点。第一种观点认为："'同一诽谤信息'实际被第三方（包括恶意点击或转发）'达到五千次或五百次以上'，就可能使最初发布诽谤信息的行为人构成诽谤罪。这无

①　刘宪权：《网络造谣、传谣行为刑法规制体系的构建与完善》，载《法学家》2016年第6期，第115页。

②　高铭暄、张海梅：《网络诽谤构成诽谤罪之要件——兼评"两高"关于利用信息网络诽谤的解释》，载《国家检察官学院学报》2015年第4期，第120页。

③　陈伟、霍俊阁：《论恶意转发网络虚假信息的司法认定》，载《重庆大学学报（社会科学版）》2017年第5期，第92页。

论如何在犯罪构成理论上是极其荒诞的，它违背了'罪责自负'和'主客观相统一'的基本定罪原理。"① 据此，该条规定超出了对传播行为的评价。第二种观点认为："行为人上传相关虚假信息时，对他人可能关注该信息从而对被害人的名誉造成损害有认识、有追求，至于该信息被多数人点击、浏览或转发，不是行为人故意的内容。"② 据此，对于"被转发次数达到五百次"等评价，是对情节的评价，而非对传播行为本身的评价。

本书认同第二种观点，理由如下：第一，刑法意义上的行为必须是定型化的行为，比如犯罪人的行为、被害人的行为，而不能是不特定主体的"转发"行为。类似情况如"快播案"中，对于下载同时"传播"淫秽物品的广大网民，显然难以认定其存在传播淫秽物品的行为。因此，第三方"转发"的行为并非行为人实施的具有传播意义的转发行为，以此来批评该条违反罪责自负原则缺乏依据。第二，该条规定的内容是情节评价，是对传播结果的具体描述，已经超越了传播行为层面，不应从行为类型角度进行判断。基于此，明确网络犯罪行为理论的评价范围，进而确定要素评价的正确维度，也是研究其行为类型对于具体个罪的意义所在。

（三）结论

基于以信息为中心的网络犯罪行为类型模式，我国围绕针对虚假信息实施的行为类型化为编造行为和传播行为，从而拓宽和发展了网络犯罪行为类型的范畴。基于前述类型化，可以为编造、传播行为划定合理的范围，明确行为的评价重心，从而避免将第三方"转发"行为纳入传播行为的理论误读。

---

① 李晓明：《诽谤行为是否构罪不应由他人的行为来决定——评"网络诽谤"司法解释》，载《政法论坛》2014 年第 1 期，第 188 页。
② 周光权：《刑法各论》，中国人民大学出版社 2016 年版，第 66 页。

第五章　网络犯罪主体的二元展开

随着网络社会的变迁，网络犯罪主体的理论问题也发生了根本性的变化。早期被学者关注的责任年龄、单位主体等问题，均已具有历史性。在网络社会跨时空互动性和交互性的影响下，被害人的意思、行为等要素被教义学理论关注和探讨，被害人的理论地位日趋重要，与行为人共同构成网络犯罪主体的基本范畴，主体的二元性日益显现。其中，行为人主体以实行行为为指向，分别在真正身份犯与不真正身份犯认定上需要厘清；被害人主体以法益侵害为指向，其被害形态的公共化与实行行为的虚无化也引发了理论的争议。

晚近以来，基于人工智能技术的发展，对新技术的焦虑也从社会层面、哲学层面延伸至刑法层面，人工智能体的刑法地位问题也开始全面介入网络犯罪主体的二元范畴，引发了学界的关注和讨论。围绕直接主体（行为人与被害人）与间接主体（被害参与主体）、行为主体与责任主体、自然人主体与单位主体等范畴，人工智能体刑法地位的探讨方兴未艾。如何确立适当的刑法立场，有效地回应人工智能技术发展带来的犯罪主体危机，成为亟待解决的重要理论问题。

第一节　行为主体的范围与身份

一、行为主体的范围

在一般意义上，网络犯罪的主体当然地被描述为符合刑事责任年龄、具有刑事责任能力的自然人。随着网络犯罪的发展，学界对于其中的两个问题予以关注和探讨，即自然人主体的责任年龄和网络犯罪单位主体的适格性。

（一）自然人主体的责任年龄

在计算机犯罪阶段，该类犯罪被描述为"智能犯罪"，一些"技术神童"和"计算机天才"实施计算机犯罪的行为被学者关注，由此形成了将网络犯罪主体刑事责任年龄下调的观点。这种观点认为，少年"黑客"实施的计算机犯罪冲击了《我国》刑法关于刑事责任年龄的规定。对于严重危害社会秩序、造成严重损失的计算机犯罪，应考虑下调刑事责任年龄。[1] 由此，学者提出基于我国《刑法》第 17 条第 2 款，规定已满十四周岁不满十六周岁的人对于计算机犯罪负刑事责任。[2] 也有学者提出具体的规则设计："在刑法总则第 17 第 2 款中，已满十四周岁不满十六周岁的人，增加'因计算机犯罪

---

[1] 参见赵秉志、于志刚：《计算机犯罪及其立法和理论之回应》，载《中国法学》2001 年第 1 期，第 150 页。

[2] 参见陈正沓：《论计算机犯罪对我国刑事法之冲击》，载《深圳大学学报》2003 年第 4 期，第 46 页；邢秀芬：《论网络犯罪的立法控制》，载《学术交流》2012 年第 8 期，第 63 页；杨正鸣主编：《网络犯罪研究》，上海交通大学出版社 2004 年版，第 134 页。

造成特别严重后果的，应当负刑事责任'。"① 或在此基础上另行规定："但是在处罚时应当从轻、减轻或者免除处罚，在执行时可以考虑缓刑、监外执行等方法。"②

也有学者提出反对意见，认为不能仅仅因为网络犯罪主体呈现低龄化就对其突破刑事责任年龄的规定。司法实践中其他青少年实施的绑架等多发犯罪也面临相似的情况，如果差别对待势必会导致刑事责任年龄制度面临问题。③

本书赞同反对意见。随着网络犯罪的广泛化和平民化，"技术神童"已成为具有网络犯罪研究史意义的表述，网络犯罪向各类犯罪全面渗透，其早已无技术门槛，主体的年龄不再具有突出特点，下调刑事责任年龄的观点也逐渐被学界淡忘。

（二）单位主体的适格性

单位犯罪是我国刑法理论和立法使用的概念，德国和日本一般使用法人犯罪的概念。在对待法人犯罪的问题上，德国采取了全面否定的立场。

《德国刑法典》中仅规定了自然人犯罪的刑罚，不像英国、法国、荷兰等国规定了企业的刑事责任。④ 因为法人（Juristische Personen）、团体（rechtsfahige Personengeselischaften）只能通过其机关行事，所以本身无法被惩罚。⑤

与之不同，《日本刑法典》对于法人犯罪予以认可，其犯罪的主体限于

① 黄泽林、陈小彪：《计算机犯罪的刑法规制缺陷及理论回应》，载《江海学刊》2005 年第 3 期，第 116 页。

② 史振郭：《网络犯罪刑事立法探析》，载《东南学术》2003 年第 5 期，第 130 页。

③ 参见杨彩霞：《网络犯罪之刑事立法与司法新探——以价值平衡为中心》，载《河北法学》2006 年第 1 期，第 98 页。

④ Vgl. Urs Kindhäuser, Strafrecht Allgemeiner Teil, 8. Auflage, Nomos, 2017. S.63.

⑤ Vgl. Hans-Heinrich Jescheck / Thomas Weigend, Lehrbuch des Strafrechts Allgemeiner Teil, 5. Auflage, Duncker & Humblot, 1996, S.227; Vgl. Johannes Wessels, Strafrecht Allgemeiner Teil: die Straftat und ihr Aufbau, 46. Auflage, C.F. Müller, 2016, S.44.

"人"，但是法律上的人不仅包括自然人，还包括法人。[①] 在日本围绕法人是否有犯罪能力也有争论，肯定说的主要根据在于："第一，法人和自然人一样可以在社会中进行有意义的活动，可以将机关从业人员的行为看作法人的行为，所以认为法人具有行为能力并无不当。第二，法人根据其固有的意思作为社会中实在的主体独立开展营业活动，其具有非难可能性，可以理解为具有承担刑事责任的能力。第三，现行刑罚体系的中心是自由刑，无法对法人科处，但是适合处罚法人的财产刑等刑罚依然存在。第四，在法人内部，法人机关的意思是集体决定的，其结果也是归属法人，仅处罚个人的话无法抑制法人的违法行为。"[②] 尽管肯定说得到立法的认可，但是一般也限于将法人作为处罚对象的特别规定时，才能处罚法人。[③] 此外也有学者提出，法人的处罚方式不仅包括双罚制，还包括三罚制（除了法人还处罚法人代表、中间管理者）。[④]

我国《刑法》规定了自然人与单位两种犯罪主体。《刑法》第 30 条规定："公司、企业、事业单位、机关、团体实施的危害社会的行为，法律规定为单位犯罪的，应当负刑事责任。""现实中如某些银行的分行、支行，某些总公司下属的分公司，社会团体中的非法人团体等，虽然不具有法人资格，但某些条件下却可能成为犯罪的主体。为此，我国《刑法》规定的是单位犯罪，而不是法人犯罪，它既包括法人，也包括非法人组织。"[⑤] 基于此，单位主体的范围要广于法人主体。

学界也较早地关注到网络犯罪单位主体的问题。早期计算机犯罪确实未充分考虑单位主体的问题，但是实践出现了基于公司等单位的利益实施网络犯罪的案例，对此仅对自然人处罚并不妥当。如有学者针对 1997 年《刑

---

① 参见［日］大谷实：《刑法讲义总论》（新版第 4 版），成文堂 2012 年版，第 104 页；［日］高桥则夫：《刑法总论》（第 2 版），成文堂 2013 年版，第 90 页；［日］曾根威彦：《刑法原论》，成文堂 2016 年版，第 126 页；［日］日高义博：《刑法总论》，成文堂 2015 年版，第 106 页。

② ［日］大谷实：《刑法讲义总论》（新版第 4 版），成文堂 2012 年版，第 106~107 页。

③ ［日］山口厚：《刑法总论》（第 3 版），有斐阁 2016 年版，第 34 页。

④ ［日］关哲夫：《讲义刑法总论》，成文堂 2015 年版，第 102 页。

⑤ 郎胜主编：《中华人民共和国刑法释义》，法律出版社 2015 年版，第 31 页。

法》规定的计算机犯罪条款指出，就单位实施的计算机犯罪，由于当时《刑法》缺少专门规定，应当对直接实施者、参与者和直接主管人员以自然人犯罪处理。但是从长远看应在立法上明确规定单位犯罪的问题，与其他网络行政法律法规相协调。① 实务部门也持类似观点："由于组织实施危害计算机信息系统安全犯罪有一定的技术、资金要求，实践中不少此类案件是一些网络公司、增值服务公司组织实施的。这些公司并非为了进行违法犯罪活动而设立，设立后也不是以实施犯罪为主要活动，其实施的犯罪行为往往以其他合法的主营业务为掩护或依托，依照刑法和现有司法解释的规定难以追究刑事责任，实践中导致不少严重危害计算机信息系统安全的行为无法得到有效惩治。"②

网络犯罪单位主体的规定经历了从司法解释到刑事立法的过程，相关司法解释先对此予以明确。《淫秽电子信息解释（二）》第 10 条规定："单位实施制作、复制、出版、贩卖、传播淫秽电子信息犯罪的，依照《中华人民共和国刑法》《最高人民法院、最高人民检察院关于办理利用互联网、移动通讯终端、声讯台制作、复制、出版、贩卖、传播淫秽电子信息刑事案件具体应用法律若干问题的解释》和本解释规定的相应个人犯罪的定罪量刑标准，对直接负责的主管人员和其他直接责任人员定罪处罚，并对单位判处罚金。"《危害计算机信息系统安全解释》第 8 条规定："以单位名义或者单位形式实施危害计算机信息系统安全犯罪，达到本解释规定的定罪量刑标准的，应当依照《刑法》第二百八十五条、第二百八十六条的规定追究直接负责的主管人员和其他直接责任人员的刑事责任。"存在上述规定区别原因在于《刑法》第 366 条规定，单位主体犯第 363 条、第 364 条、第 365 条规定之罪的，对单位判处罚金，并对其直接负责的主管人员和其他直接责任人员，依照各该条的规定处罚。反之，《刑法》第 285 条、第 286 条在当时未规定单位犯罪条款。

① 参见赵秉志、于志刚：《计算机犯罪及其立法和理论之回应》，载《中国法学》2001 年第 1 期，第 151 页；张俊霞：《网络共同犯罪若干疑难问题探讨》，载《河北法学》2007 年第 11 期，第 196 页。
② 陈国庆、韩耀元、吴娇滨：《〈关于办理危害计算机信息系统安全刑事案件应用法律若干问题的解释〉理解与适用》，载《人民检察》2011 年第 20 期，第 52 页。

其后，在《刑法》增设罪名和修改条文时对网络犯罪增设单位犯罪，从而较好地解决了这一问题。如《刑法》第 253 条之 1 侵犯公民个人信息罪；第 285 条非法侵入计算机信息系统罪，非法获取计算机信息系统数据、非法控制计算机信息系统罪，提供侵入、非法控制计算机信息系统程序、工具罪；第 286 条破坏计算机信息系统罪；第 286 条之 1 拒不履行信息网络安全管理义务罪；第 287 条之 1 非法利用信息网络罪；第 287 条之 2 帮助信息网络犯罪活动罪等。但是也并非所有的犯罪类型均规定了单位犯罪，如《刑法》第 177 条之 1 第 2 款窃取、收买、非法提供信用卡信息罪的犯罪主体并未扩大至单位主体。

二、行为主体的身份

刑法理论一般认为，与特定犯罪行为相关的行为人的人际关系（地位或状态）称为身份，将受身份有无影响的犯罪称为身份犯。[①] 所谓身份，"不仅指男女的性别、内外国人的差别、亲属关系、公务员的资格之类的关系，而是指所有和一定的犯罪行为有关的犯人的人的关系即特殊地位或状态，其范围比一般用语的解释更广"。[②] 身份犯最为核心的分类[③] 即真正的身份犯与不真正的身份犯。真正的身份犯（又称构成的身份犯）指在欠缺身份的场合就一概不能肯定犯罪的成立，这样的身份称为构成的身份或者是真正身份。不真正身份犯（又称加减的身份犯）指即便欠缺身份的场合也成立犯罪，但由于存在身份刑罚被加重或者减轻，这样的身份称为加减的身份或者是不真正身份。[④]

---

① 参见［日］曾根威彦：《刑法原论》，成文堂 2016 年版，第 126 页。

② 参见［日］大谷实：《刑法讲义总论》（新版第 4 版），成文堂 2012 年版，第 104 页。

③ 也有学者将身份犯分为形式身份犯与实质身份犯。即法律条文上对主体予以限定的形式身份犯（如《日本刑法典》第 197 条受贿罪中的公务员），和法律条文上未限定但是法益侵害所需具备的事实上属性的人员有限，缺乏其难以单独进行犯罪的实质身份犯（如《日本刑法典》第 177 条强奸罪中的男性）。参见［日］曾根威彦：《刑法原论》，成文堂 2016 年版，第 126 页。

④ 参见［日］山口厚：《刑法总论》（第 3 版），有斐阁 2016 年版，第 38 页；［日］前田雅英：《刑法总论讲义》（第 6 版），东京大学出版会 2015 年版，第 43~44 页；［日］关哲夫：《讲义刑法总论》，成文堂 2015 年版，第 101 页；［日］日高义博：《刑法总论》，成文堂 2015 年版，第 118 页。

就网络犯罪而言，主体身份方面的重要问题是网络服务提供者的身份（《刑法》第 286 条之 1 拒不履行信息网络安全管理义务罪规定），以及履行职责或者提供服务者的身份应为真正身份还是不真正身份的问题（《刑法》第 253 条之 1 侵犯公民个人信息罪、《侵犯个人信息解释》第 5 条规定）。

（一）网络服务提供者的身份性

基于互联网产业的发展，网络服务日益形成固定的行业和模式，"网络服务提供者"也从描述性表述演变为概念性表述，在网络社会中扮演越发重要的角色，其行为对网络犯罪的影响也日趋明显。德日刑法中并未对网络服务提供者这一主体作出独立规定，其规制基于专门法律对网络服务提供者的规定和刑法一般条款的衔接适用实现。[1] 我国率先在《刑法》中直接规定网络服务提供者的刑事责任，通过《刑法修正案（九）》增设了第 286 条之 1 拒不履行信息网络安全管理义务罪，明确在立法上使用了"网络服务提供者"的表述，引发了学者的关注和讨论。

1. 网络服务提供者的主体性质

自《刑法修正案（九）》颁布后，关于拒不履行信息网络安全管理义务罪与帮助信息网络犯罪活动罪之间关系的争论从未停止，在主体方面表现为主体区别说与主体同一说。主体区别说认为拒不履行网络安全管理义务罪的主体限定于网络服务提供者，是真正身份犯。[2] 具体阐释为："帮助信息网络犯罪活动罪的犯罪主体是一般主体，包括所有为网络犯罪的信息技术支持的提供者，而拒不履行信息网络安全管理义务罪的犯罪主体是网络服务提供者，属于特殊主体，是针对这一特殊主体设定了特殊的责任。"[3] 与之相对，

---

[1]　比如，德国规制网络服务提供者最关键的法律即《德国电信媒体法》(*Telemediengesetz*) 该法于 2007 年 2 月 26 日颁布，自 2007 年 3 月 1 日起施行，并先后于 2010 年、2016 年和 2017 年进行了三次修订。其中对网络服务提供者规定了详细的义务和法律责任。

[2]　参见李世阳：《拒不履行网络安全管理义务罪的适用困境与解释出路》，载《当代法学》2018 年第 5 期，第 68 页。

[3]　于志刚：《网络空间中犯罪帮助行为的制裁体系与完善思路》，载《中国法学》2016 年第 2 期，第 12 页。

主体同一说则认为拒不履行信息网络安全管理义务罪、非法利用信息网络罪、帮助信息网络犯罪活动罪的犯罪主体均为网络服务提供者。①

本书认为这两个罪名的主体是相区别的，即"拒不履行信息网络安全管理义务罪"的主体为"网络服务提供者"，帮助信息网络犯罪活动罪的主体为一般主体。但是"主体区别说"仅说明了区别的现实，而未挖掘其原因。网络服务提供者具有真正身份的理由在于：

第一，网络服务提供者的身份具有法定性。我国《刑法》第 286 条之 1 明确规定了"网络服务提供者"，并将其作为拒不履行信息网络安全管理义务罪的特定主体，在立法上肯定了其身份的特殊性。权威解释指出："（拒不履行信息网络安全管理义务罪）犯罪的主体是网络服务提供者，包括通过计算机互联网、广播电视网、固定通信网、移动通信网等信息网络，向公众提供网络服务的机构和个人。"② 可以看出，该罪的主体网络服务提供者有特定的范围，而非一般主体。与之不同，帮助信息网络犯罪活动罪的主体未作任何特殊的限定，为一般主体。

第二，网络服务提供者的身份具有正当营业性。拒不履行信息网络安全管理义务罪中的网络服务提供者需"履行法律、行政法规规定的信息网络安全管理义务"，在监管部门责令后采取改正措施，并防止违法信息大量传播、用户信息泄露、刑事案件证据灭失等后果出现，显然是作为依法接受监管的正当营业主体。与之不同，帮助信息网络犯罪活动罪虽使用了"提供互联网接入、服务器托管、网络存储、通讯传输等技术支持"以及"提供广告推广、支付结算等帮助"等具有网络服务性质的表述，但是已经明确这些网络服务是针对信息网络犯罪活动，而非网络用户，其主体并不必然具有正当营业性，并不排除非开展正当营业性活动而专门为信息网络犯罪活动提供技术支持的主体。当然，也不妨碍具有正当营业性的主体实施帮助信息网络犯罪活动行为，这也符合该罪一般主体的本意。

第三，网络服务提供者的身份具有特定性，不包括所有的网络运营者。

---

① 参见欧阳本祺：《论网络时代刑法解释的限度》，载《中国法学》2017 年第 3 期，第 172 页。

② 郎胜主编：《中华人民共和国刑法释义》，法律出版社 2015 年版，第 497 页。

《刑法》第 286 条之 1 使用网络服务提供者的表述，并在该条中提及了"法律、行政法规"。《网络安全法》采用了网络运营者的表述，根据其第 76 条第（3）项的规定，具体指网络的所有者、管理者和网络服务提供者。网络服务提供者是网络运营者的下位概念，具体指向他人提供服务的网络主体，而不包括网络的所有者、管理者。亦即网络运营者可以分为两类，一类为网络的所有者、管理者，其对于自身的网络具有所有权、管理权，行为并不指向其他网络主体，其主体属性具有一元性；另一类为网络服务提供者，其行为指向接受网络服务的主体，其主体属性具有二元性。基于此，网络服务提供者作为特殊的网络运营者，本身即具有特殊身份性。

此外，明确网络服务提供者的真正身份地位具有重要的理论意义：第一，有助于正确理解和适用拒不履行信息网络安全管理义务罪。该罪行为是针对一般主体还是特殊主体不仅关系对于拒不履行行为的理解，更关系对于信息网络安全管理义务的阐释，目前对于信息网络安全管理义务探讨的形式化与网络服务提供者的身份不明有重要关系。第二，有助于区分拒不履行信息网络安全管理义务罪和帮助信息网络犯罪活动罪。两罪的具体行为具有类似性，区别适用的关键在于行为形式[1]和主体范围，基于对网络服务提供者身份要求的不同，可以更为妥当地理解和适用。第二，有助于发展犯罪主体理论。无论德日还是我国，传统意义上主体身份的探讨均限于自然人范畴，《刑法》第 286 条之 1 规定了网络服务提供者单位犯罪的情形，为延展犯罪主体的理论空间提供了新的契机。

2. 网络服务提供者的范围

就网络服务提供者的范围，分别有学者提出扩张或者限缩的意见：

扩张网络服务提供者的意见认为，网络虚拟空间的开辟者、运行者、维护者都可以视为网络服务提供者。[2] 或者基于恐怖信息规制的视角，认为应将拒不履行信息网络安全管理义务罪的犯罪主体范围从"网络服务提供者"

---

[1] 关于两罪行为形式（不作为和作为）的区别见本书第七章、第八章的相关内容。

[2] 参见李世阳：《拒不履行网络安全管理义务罪的适用困境与解释出路》，载《当代法学》2018 年第 5 期，第 70 页。

扩大至《网络安全法》规定的网络运营者。其理由有二："第一，从主体责任原则而言，只要和网络有关的单位和个人，都应该担负起预防恐怖信息网络传播的责任。第二，就《反恐怖主义法》使用的'电信业务经营者、互联网服务提供者'的概念，在当前三网融合的技术背景下，这种区分已经失去了现实意义。"①

本书认为这一观点不妥。一方面，拒不履行信息网络安全管理义务罪的义务在于信息网络安全管理，其责任性质为管理责任而非行为责任，对自己所有、管理的网络中发布恐怖信息等内容则直接以行为承担作为责任即可。德国学者也认为网络服务提供者的数据传输通常涉及若干人（自然人和法人），而非仅指向自身。②另一方面，《网络安全法》与《反恐怖主义法》的规定能够与《刑法》第286条之1的规定衔接协调，基于刑法教义学的视角，在可以通过解释和适用解决问题的情况下没有必要修改《刑法》。

限缩网络服务提供者的意见认为，网络服务提供者的范围应限于"网络平台"（平台类网络服务提供者）。该意见的理由主要有两点：第一，《刑法》第286条之1的规定与其他部门法律关于平台类网络服务提供者的规定相呼应。如有学者认为："在民事、行政领域都确立了平台服务商的管理责任规范之上，刑法直接将平台服务商作为独立的评价主体，作出相应的刑事规范，是合理的。"③以及认为，拒不履行信息网络安全管理义务罪的设立即是"平台责任"的立法确立④，或者唯一需要增加管理义务的是网络交易平台服务提供者。⑤第二，传统犯罪主体理论难以评价拒不履行信息网络安全管理义务罪的主体。有学者认为存在网络平台犯罪主体地位不明的问题，应将其作为新的犯罪主体："传统犯罪主体理论、自然人和单位组成的'二元'犯

---

① 梁立宝：《恐怖信息网络传播的刑法规制及其完善》，载《法学论坛》2019年第1期，第158页。

② Vgl. Eric Hilgendorf / Brian Valerius, Computer– und Internetstrafrecht, Springer, 2012, S. 57.

③ 李源粒：《网络安全与平台服务商的刑事责任》，载《法学论坛》2014年第6期，第32页。

④ 参见于志刚：《网络空间中犯罪帮助行为的制裁体系与完善思路》，载《中国法学》2016年第2期，第12页；罗世龙：《网络帮助行为的刑事归责路径选择》，载《甘肃政法学院学报》2018年第4期，第139页。

⑤ 参见皮勇：《论网络服务提供者的管理义务及刑事责任》，载《法商研究》2017年第5期，第19页。

罪主体格局仍然根深蒂固，网络平台在解释论上均无法完整融入既有的传统犯罪主体体系。应当大幅修正传统犯罪主体理论，创制独立的网络犯罪主体类型，适时增设网络平台这一独立的新型网络犯罪主体类型。"[①]

随着网络社会的发展，平台类网络服务提供者具有重要的管理职责，其当然属于网络服务提供者，并且应作为拒不履行信息网络安全管理义务行为的核心主体。但是从"网络服务提供者"的本意考察并未将其限于平台类网络服务提供者，而且技术类网络服务提供者、功能类网络服务提供者也可能存在拒不履行信息网络安全管理义务的行为，不应对网络服务提供者的范围作出过狭的理解。[②]前述学者的两点理由也值得商榷：第一，其他法律也规定的是网络服务提供者而非"网络平台"。如《侵权责任法》第36条第2款规定："网络用户利用网络服务实施侵权行为的，被侵权人有权通知网络服务提供者采取删除、屏蔽、断开链接等必要措施。网络服务提供者接到通知后未及时采取必要措施的，对损害的扩大部分与该网络用户承担连带责任。"第二，拒不履行信息网络安全管理义务行为的主体规定确实突破了传统主体理论的局限，但是并非在于自然人、单位两种主体之外创设新的主体类型，而在于改变了身份犯仅限于自然人而不包括单位的理论定式。

（二）履行职责或者提供服务者的身份性

随着互联网和大数据的发展，在特定主体履行职责或者提供服务过程中不可避免地存储和利用大量个人信息，其实施侵犯个人信息的行为更为便利、更具有法益侵害性，侵犯个人信息犯罪的主体问题成为各国刑法不可回避的命题。

我国和德日在侵犯个人信息犯罪身份犯类型选择上采取了不同的立场。德国和日本均将侵犯个人信息犯罪（侵犯个人秘密的犯罪）规定为真正的身份犯。《德国刑法典》第203条规定了侵犯他人秘密罪，医师、药剂师、心理师、律师、咨询师等人士，无故泄露因该身份而获悉的他人秘密，特别

---

① 孙道萃：《网络平台犯罪的刑事制裁思维与路径》，载《东方法学》2017年第3期，第86页。

② 网络服务提供者类型的论述见本书第七章第二节的内容。

是属于私生活领域的秘密或经营业务秘密的，构成侵犯他人秘密罪。与之类似，《日本刑法典》第 134 条泄露秘密罪也是真正的身份犯，具体包括医师、药剂师、医药品贩卖业者、助产士等医疗关系人，律师、辩护人、公证人等法律相关人员，以及从事宗教、祈祷或者祭祀职业的人等宗教人员三类。①这是因为三类主体"因职业上的信赖关系"从他人处获得秘密。②

我国《刑法》中侵犯个人信息犯罪的核心罪名则经历了从真正的身份犯到不真正的身份犯的转变。《刑法修正案（七）》在第 253 条之 1 增设了出售、非法提供公民个人信息罪和非法获取公民个人信息罪，这两个罪名对犯罪主体有特定的要求，即限于"国家机关或者金融、电信、交通、教育、医疗等单位"，在这一时期该条采取了真正身份犯的立场。其后《刑法修正案（九）》将"出售、非法提供公民个人信息罪"与"非法获取公民个人信息罪"调整为"侵犯公民个人信息罪"，并将其犯罪主体范围从"国家机关或者金融、电信、交通、教育、医疗等单位"扩展到一般主体；同时在该条第 2 款规定，违反国家有关规定，将在履行职责或者提供服务过程中获得的公民个人信息，出售或者提供给他人的，依照第 1 款的规定从重处罚。之后《侵犯个人信息解释》第 5 条第（8）项作出对应规定，将在履行职责或者提供服务过程中获得的公民个人信息出售或者提供给他人，入罪数量或者数额按照一般主体的半数掌握。

本书认为，我国《刑法》对侵犯个人信息犯罪主体的规定更为妥当：第一，随着网络社会的发展，个人信息的存储、提供、利用越发不可避免，任何主体都可能实施侵犯个人信息犯罪，限定主体范围的方式难以适应打击该类犯罪的需要。第二，特定主体因履行职责或者提供服务占有大量个人信息，其实施侵犯个人信息犯罪更为便利，法益侵害也更为严重，对其作出更重的处罚并无不当，体现了宽严相济的刑事政策。

---

① 参见［日］松宫孝明：《刑法各论讲义》（第 4 版），成文堂 2016 年版，第 147 页；［日］前田雅英：《刑法各论讲义》（第 6 版），东京大学出版会 2015 年版，第 119 页；［日］斋藤信治：《刑法各论》（第 4 版），有斐阁 2014 年版，第 68 页；［日］高桥则夫：《刑法各论》（第 2 版），成文堂 2014 年版，第 155~156 页。

② 参见［日］山中敬一：《刑法各论》（第 3 版），成文堂 2015 年版，第 200 页。

第二节　被害主体的范围与行为

一、被害人教义学与网络犯罪

随着主体的二元化，网络犯罪主体层面的问题仅通过讨论行为主体难以得到完全的解决，还需围绕被害主体（被害人）进行讨论，基于被害人教义学的视角审视法益侵害和行为认定。

（一）被害人教义学的脉络梳理

在刑法教义学理论视域中，被害人教义学是颇具特色的子学科。被害人教义学从被害人的视角出发，通过被害人的保护可能性与需保护性这一核心原则的展开，对被害人法益是否值得刑法给予保护作出判断，使被害人这一犯罪学意义上的主体得以进入刑法教义学的视野。

自20世纪70年代末以来，被害人教义学开始在德国刑法学界发芽生根。被害人教义学溯源于被害人学，在其核心原则形成以后逐渐明确其教义学色彩，并从不法的维度切入犯罪成立的判定，为刑法学者所广泛讨论。目前，我国学者关于被害人教义学的主要表述有两种：一种是"被害人教义学"（"被害人释义学"），另一种是"被害人信条学"①。本书认为，刑法教义学已经成为刑法学人所普遍认可的理论范式，作为其重要领域称为被害人教义学更易于理解，故采此种表述。

被害人教义学的理论构建经众多德国学者的推动所完成，及至 1981 年赖蒙德·哈塞默（Raimund Hassemer）从刑法辅助性原则出发，创造出"普遍危险"和"危险强度"等概念，对被保护人的保护可能性和需保护性首次进行系统的阐述，并明确提出了被害人教义学原则。② 被害人的保护可能性和需保护性分别作为这一原则的两个侧面：③

第一，被害人的保护可能性（Schutzmöglichkeit）。即从刑法的角度，是否具有被害人保护的可能性。这一观点与刑法的谦抑性抑或最后性有关，刑法作为保障法，只有在被害人无法进行有效的自我保护，且其他法律对被害人无法进行有效保护之时，才可以动用。因为被害人的自我保护以及其他法律的保护相对于刑法而言是"缓和的手段"（milderes Mittel），如果在这两种保护已经充足的情况下动用刑法显然不符合必需性（die Erforderlichkeit）的要求。哈赛默将对个人保护可能性产生影响的因素总结为四类：其一，人类共同生活的需求对自我保护可能性的影响。因为人类不可能以个体的形态生活，必然参与社会生活，从而发生人际关系。个人与社会产生联系并且受到社会共同生活需求的影响。其二，社会发展对自我保护可能性的影响。随

---

① "被害人教义学"的译法参见 [德] 贝恩德·许迺曼（Bernd Schünemann）:《刑法体系与刑事政策》，载许玉秀、陈志辉合编:《不移不惑献身法与正义:许迺曼教授六秩寿辰》，台湾地区新学林出版股份有限公司 2006 年版，第 59 页；车浩:《"扒窃"入刑:贴身禁忌与行为人刑法》，载《中国法学》2013 年第 1 期，第 130 页。"被害人信条学"的译法参见 [德] 克劳斯·罗克辛（Claus Roxin）:《德国刑法学总论（第 1 卷）:犯罪原理的基础构造》，王世洲译，法律出版社 2005 年版，第 392~395 页；申柳华:《德国刑法被害人信条学研究》，中国人民公安大学出版社 2011 年版，第 93~96 页。

② 参见于小川:《被害人对于欺骗行为不法的作用》，载《中国刑事法杂志》2012 年第 5 期，第 44页。哈塞默在其著作中予以系统论述，Vgl. Raimund Hassemer, Schutzbedürftigkeit des Opfers und Strafrechtsdogmatik–Zugleich ein Beitrag zur Auslegung des Irrtumsmerkmals in § 263 StGB, Duncker & Humblot, 1981.

③ 此处的概括参考了于小川:《被害人对于欺骗行为不法的作用》，载《中国刑事法杂志》2012 年第 5 期，第 45~48 页；申柳华:《德国刑法被害人信条学研究》，中国人民公安大学出版社 2011年版，第 93~165 页。

着社会发展，个人的自我保护可能性也会随之产生变化，即可能是在特定领域个人的自我保护可能性加强，也可能是在特定领域个人的自我保护可能性减弱。其三，个人外部联系对自我保护可能性范围的影响。个人的外部联系处于不断扩展的状态，特别是随着互联网等发展，个人的自我保护可能性也会因之发生相应的变化。其四，普通危险对自我保护可能性范围的影响。比如，同样是道路交通安全，以马车为主要交通工具的时代和以汽车为主要交通工具的时代，作为普通危险的分别是马车和汽车，因而同一事物在不同的时代有可能是或不是普通危险。

第二，被害人需保护性（Schutzbedürftigkeit）。即从被害人的角度，其是否需要刑法对其进行保护。并不是一切对于法益有事实上消极影响的行为均应纳入刑法规制的范畴，危险强度的考量是必不可少的因素。在现实中存在被害人需保护性增加、降低和丧失三种情形：其一，被害人需保护性的增加，在这种情况下被害人通常不能进行自我保护或不具有自我保护可能性（如遭遇持枪犯罪）。其二，被害人需保护性的降低，在这种情况下被害人通过其不具有社会相当性的外部联系，导致了自身受害危险强度提高（如被害人自身过错）。其三，被害人需保护性的丧失，在这种情况下被害人通过其不具有社会相当性的外部联系，导致被害人需保护性的完全丧失（如挑拨防卫）。

此外，被害人的保护可能性与被害人需保护性不是作为两个原则出现，而是作为一个原则的两个侧面。因而学者在对其进行论述时往往内容有交叠，但视角有所区别。此外，前述原则并非游离于犯罪论体系之外，而是刑法教义学的有机组成部分。德国学者曾就提出在构成要件判断时考虑"受害者的合理自我保护"。①

（二）教义学视角下的网络犯罪被害人

学界往往仅在诈骗犯罪引入被害人教义学进行讨论，实际上有关个人

---

① Vgl. Hans-Heinrich Jescheck / Thomas Weigend, Lehrbuch des Strafrechts Allgemeiner Teil, 5. Auflage, Duncker & Humblot, 1996, S.254.

信息的犯罪也与被害人教义学有关。早在 20 世纪 70 年代末，在克努特·阿梅隆（Knut Amelung）通过被害人教义学来阐释《德国刑法典》第 263 条诈骗罪时，贝恩德·许逎曼（Bernd Schünemann）则将被害人教义学的理念与原则运用于《德国刑法典》第 203 条侵犯他人秘密罪中。他指出，在泄露第三人秘密的情况下（Verrat der Drittgeheimnisse），如果第三人的秘密来自他人，而非秘密所有人的秘密保守义务人托付的情况下（如果秘密是由第三人而非直接的秘密所有人委托的具有秘密保守义务人泄露的情况下），应将可罚的泄密行为人限定在特定的受托人范围内。因为只有特定的负有义务保守秘密的人泄露了秘密，才属于刑事可罚的对象。[①] 然而德国学者却在之后将被害人教义学的主要研究视角转向了诈骗罪等（互动）"关系犯罪"（Beziehungsdelikten）。哈赛默把不对等构成要件的犯罪分为关系犯罪和干预犯罪两类。在关系犯罪中，犯罪的完成需要有与犯罪构成要件之既遂相关的法益享有者作出配合违法计划的行为（如诈骗犯罪）。干预犯罪（Zugriffsdelikte），是指不以被害人与犯罪人的互动作为犯罪实现前提的犯罪。例如，《德国刑法典》第 212 条故意杀人罪、第 222 条过失杀人罪等。在关系犯罪中，法益享有者通过影响危险或者自我保护来阻止侵害、决定危险强度[②]。

　　这样一种限缩范围以使被害人教义学的内容得以自洽的做法固然有利于理论的构建，但是却忽视了法益在被害人教义学中的意义，牺牲了被害人教义学的发展空间。被害人教义学以被害人为主体、以法益衡量为视角对犯罪行为及相关刑法规范进行分析的范围被限定在"关系犯罪"之中，诈骗犯罪这一典型的适例却几乎成为被害人教义学的全部研究领域。在这样的思路引导下，被害人教义学更加无法在刑法教义学的理论场域中寻得一席之地。有学者注意到这一问题并对其予以反思，指出在（刑）法教义学视野中，行为是犯罪人最重要的特征，法益是被害人最重要的特征。正是由于行为人的行

---

① 参见申柳华：《德国刑法被害人信条学研究》，中国人民公安大学出版社 2011 年版，第 110 页。

② 参见于小川：《被害人对于欺骗行为不法的作用》，载《中国刑事法杂志》2012 年第 5 期，第 46 页。

为侵犯了被害人的法益，才引起刑罚权的发动。将犯罪学领域中的一个犯罪人侵害被害人的行为，投射到（刑）法教义学领域后，就是一个行为侵害了法益①。

本书认为，应当将被害人教义学作为重要的理论框架指导网络犯罪被害人的刑法评价，而且被害人教义学也提供了这种空间。例如，随着网络社会的发展，个人信息所面临的风险呈现几何式增加的态势，其法益的增生与嬗变挑战着既有的刑法理论与立法。相关学者也注意到这一问题，哈赛默在论述社会发展对于个人外部联系的范围的影响时也指出 20 世纪后期互联网技术的发展使得人际间联系进一步紧密，产生了地球村的说法。基于社会发展的不同阶段，个人的联系方式和范围产生不同的演变：一方面，《德国刑法典》第 201 条侵犯言论秘密罪第 2 款的规定所保护的法益是"所叙述语言的可信赖性"，录音、录像技术和互联网的发展，使得语言安全的自我保护可能性变少了。另一方面，解释普通危险和个体自我保护可能性之间依存关系的恰当适例是《德国刑法典》第 203 条侵犯他人秘密罪。通过第三人泄露秘密行为的犯罪化必须被排除，因为尽管存在较高的普通危险，但是法益享有者没有穷尽履行自我保护可能性的义务，属于疏忽大意的不作为。② 据此，虽然随着信息技术的发展，被害人的自我保护可能性减少，但是其仍然具有自我保护的可能性，由此为该理论介入网络犯罪提供了必要基础。

随着网络犯罪发展，其被害人面临两个重大命题：第一，网络犯罪被害人的公共化。在风险社会语境下，法益保护的方向被描述为抽象化，但是区别于环境犯罪等传统意义上的风险犯罪，网络犯罪的法益侵害更突出地表现为随机化和离散化。与传统犯罪被害人遭受单一的、巨大的损害不同，网络犯罪的被害人往往遭受群体的、分散的损害。对这一情形，也有学者描述为"海量行为 × 微量损失"的"微网络犯罪"形态："利用互联网应用的广泛联络和近于零成本特性，对不特定的海量公众进行尝试性侵害，虽然犯罪

---

① 车浩教授对此予以具体论述，参见梁根林主编：《当代刑法思潮论坛（第二卷）——刑法教义与价值判断》，北京大学出版社 2016 年版，第 41 页。

② 参见申柳华：《德国刑法被害人信条学研究》，中国人民公安大学出版社 2011 年版，第 228~233 页。

成功率很低且只对部分个体造成微量损失，但实际被害人数量巨大，累积危害后果严重。"① 对该形态网络犯罪法益侵害性的讨论理应回归被害人的层面。第二，网络犯罪被害人行为的虚无化。主要表现在两类案件中，一类是"电信诈骗"案件，行为人可能只是从被害人处骗取网络银行账号、第三方支付账户密码或者验证码，而非被害人直接处分财产；另一类是"二维码案"中，行为人偷换收款二维码，被害人损失的是应得财产，而非对既有财产的处分。对于以上命题，仅从传统教义学视角研究难以得出妥当结论，还需在被害人教义学的框架下进行讨论。

二、网络犯罪被害人的群体化

本书第二章已就信息法益的公共化进行论述，这种公共化不仅表现在抽象化概念的法益层面，也表现在具体的网络犯罪被害人层面。以下结合被害人教义学理论，以侵犯个人信息犯罪为例进行阐释。

依照传统的被害人教义学理论，侵犯个人信息犯罪是侵犯个人法益的犯罪，其被害人自我保护可能性依然存在，自我保护可能性与需保护性的消长关系同样存在。然而现实中，侵犯个人信息犯罪的上述判断却难以再现，被害人保护可能性缺失的同时，（个体）被害人需保护性却并未如理论预设那样鲜明，亦即自我保护可能性与需保护性的消长关系并未出现，二者之间反而呈现"脱嵌"的状况，对于被害人教义学核心原则的适用提出了新的问题。

（一）被害人保护可能性缺失

（被害人）自我保护可能性是指法益享有者在无国家刑法保护的帮助下，运用自己的力量保护其法益不受影响或者阻止其法益受到损害的能力。② 哈赛默在刑法之外的法律保护手段中（如自我保护、其他法律保护），特别侧

---

① 皮勇：《论新型网络犯罪立法及其适用》，载《中国社会科学》2018 年第 10 期，第 133 页。
② 参见申柳华：《德国刑法被害人信条学研究》，中国人民公安大学出版社 2011 年版，第 226 页。

重于法律享有者的自我保护可能性。在被害人教义学的视角下，如果法益享有者拥有运用个人力量保护自己的能力，此时刑法就不应再对其予以保护，否则有违刑法的必需性原则、最后手段性原则；反之，如果法益享有者缺乏运用个人力量保护自己的能力，此时刑法对其施加保护具有正当性。

被害人自我保护可能性判断与"个人"（被害人）在侵犯个人信息犯罪中处于何种地位密切相关。这一判断本是被害人教义学的基础性判断，而且德国与个人信息有关的犯罪也采取了这一判断，并且在该类犯罪中被害人自我保护可能性降低已经是现实的状态。就我国而言，侵犯公民个人信息犯罪也面临这样的境况，个人的信息处于非法获取、非法提供等行为的侵害之中，原本的影响个人保护性的各种因素也都在向着无力保护的状况倾斜。对个人保护可能性产生影响的四种因素变化充分说明了这一点：

第一，社会共同生活需求对于个体保护可能性的侵蚀。自1994年以来，经过二十多年的发展，我国的互联网已经全面嵌入生活，社会共同生活已经不仅仅存在于公共领域，个人的私人生活、私人信息也成为社会共同生活的一部分。如果拒绝提供信息数据必须面临与社会隔离的巨大风险，接受服务所付出的个人信息代价已非任何一个希望在网络社会进行正常生活的人所能够拒绝，而这也意味着对个人信息的保护可能性正在走向虚无。

第二，网络社会具有风险社会的性质。网络社会既是代表着新技术、新形态的社会，也是伴生着新风险的社会，不但传统风险以信息的形态不断加剧，新的信息风险也在生成并且逐渐具有超越传统风险的影响力、破坏力。特别是随着大数据技术的发展，信息的产生、存储、流转都成为自然而然的过程，由此引发的信息安全风险也呈现出前所未有的扩张，百分之百的信息安全已经成为不可能达到的目标。

第三，个人外部联系与信息安全呈现逆向相关。在网络社会，个人外部联系的不断增强已经是不可阻挡的事实，在狭义层面个人的社交范围极度扩展，几乎每个人的即时或非即时通讯工具（如微信、QQ）的联系人数量大多超越了"邓巴数字"①。无论是工作、科研、购物、娱乐、旅行,个人因为外部联系的增强所接触的主体数量也呈现几何式的增长,其个人信息的相关主体范围也呈现前所未有的扩展。然而通过所有节点传递的不仅有资源、财富,更包括风险。在此意义上每当个人外部联系增强,也就意味其信息安全遭受侵害的危险增加,二者呈现逆向关联。

第四,信息危险已经成为普通危险。普通危险(generelle Gefährdung),即在一定社会条件下存在的对法益损害的一般性的、普通的危险程度。② 在工业社会来临之后,汽车取代了马车成为交通领域的普通危险。在网络社会来临之后,发生于街头的盗窃、抢劫案件大幅减少,网络盗窃、电信诈骗正成为新的财产犯罪"重灾区"。作为网络社会根本风险的信息风险已经成为现实中不可忽视的普通危险。在"0"与"1"的数字后面流逝的不仅仅是信息、隐私,更可能包括生命、财产。

基于此,我国《刑法》中侵犯个人信息犯罪中"个人"(被害人)的自我保护可能性呈现缺乏的状况。以第 253 条之 1 侵犯公民个人信息罪为例,这种缺乏可以在与《刑法》分则第四章"侵犯公民人身权利、民主权利罪"中的其他犯罪的被害人比较中体现。被害人自我保护可能性判断的一个经典适例就是犯罪的正当化事由(合法化事由)的实施可能性。比如我国《刑法》分则第四章所规定的故意杀人罪、强奸罪等犯罪,被害人可以采取正当防卫、紧急避险的手段对个人法益予以保护,甚至在一定范围内允许造成犯罪人伤亡。对侵犯公民个人信息罪而言,由于法益侵害的离散状况,这些正当化事由一方面在事实上无法加以适用,另一方面在适用必要性上存在疑问——刑法难以允许为了保护个人信息造成犯罪人重大法益损害的结果出现。然而刑事立法对被害人自我保护可能性的巨大缺失又不能漠然视之,由此引出对被害人需保护性的探讨。

---

① 英国牛津大学的人类学家罗宾·邓巴(Robin Dunbar)在 20 世纪 90 年代提出,该定律认为人类智力将允许人类拥有稳定社交网络的人数是 148 人。

② 参见申柳华:《德国刑法被害人信条学研究》,中国人民公安大学出版社 2011 年版,第 228~229页。

（二）被害人需保护性离散

被害人需保护性是指法益享有者在侵害行为发生之前或者发生之时的具体情境的归属类型，即立法规定所采纳的作为基础的典型的危险强度。[①] 当一个行为具有普遍意义的危险强度时，才有必要通过刑法对其加以处理；反之，如果其危险强度不够充足，就不应动用刑法对其处理。

随着网络社会的到来，面对日益增加的信息风险，法益保护前置化已经成为立法的现实选择。在此背景下对某些犯罪特别是侵犯个人信息犯罪予以规制正是体现了法益保护前置化的要求。《刑法修正案（七）》草案说明指出："一些国家机关和电信、金融等单位在履行公务或提供服务活动中获得的公民个人信息被非法泄露的情况时有发生，对公民的人身、财产安全和个人隐私构成严重威胁。"《公安部关于依法惩处侵害公民个人信息犯罪活动的通知》印证了这一点，其指出"随着我国经济快速发展和信息网络的广泛普及，侵害公民个人信息的违法犯罪日益突出，互联网上非法买卖公民个人信息泛滥，由此滋生的电信诈骗、网络诈骗、敲诈勒索、绑架和非法讨债等犯罪屡打不绝，社会危害严重，群众反响强烈"。

这也引申出侵犯公民个人信息罪被害人的群体性特征。即侵犯公民个人信息罪中的被害人是因为群体被侵害而非个体被侵害而具有刑法保护的必要性，被害人需保护性呈现离散的状态。这导致了从被害人教义学解释侵犯公民个人信息罪的解释路径冲突：一方面，从被害人保护可能性出发，网络社会中信息风险频发，个人处于无力对自身信息法益采取有效保护的境况，个人（被害人）呼唤刑法对其个人信息予以保护，符合"被害人需保护性的增加"。另一方面，从被害人需保护性的路径出发，虽然有刑法对法益予以保护的必要，但是基于被害的群体性需保护性，难以和具体的被害人个人建立直接联系——公民个人信息固然重要，但是如果不是大量的个人信息就无法达到刑法保护的要求（特定个人信息用于犯罪除外），比如对一个公民的姓名与联系电话信息，足以达到识别性的要求成为公民个人信息，但显然不

[①] 参见申柳华：《德国刑法被害人信条学研究》，中国人民公安大学出版社 2011 年版，第 236 页。

宜通过刑法加以直接保护。而这样一种分歧意味着从被害人教义学阐释我国《刑法》中的侵犯公民个人信息罪可能走入进退维谷的境地。

基于此，需要重新梳理立法和理论的脉络，以确定侵犯公民个人信息罪法益保护的基础：

第一，在立法层面，我国与德国虽然同样采取法典式的成文法模式，但是在入罪要求上有所不同。与德国相较，我国《刑法》对入罪的要求更为严格，某类行为必须具有相当严重的法益侵害性才能够纳入刑法规制范围。即便是对于行为的犯罪化，罪刑规则设置的慎重性在我国《刑法》中也有充分体现。比如危险驾驶行为，在欧洲国家早已有规定，《刑法修正案（八）》将其入罪时在自由刑上仅规定了"拘役"这一颇为轻微的刑种。然而第253条之1侵犯公民个人信息罪却似乎打破了这一常规。经《刑法修正案（七）》增设、《刑法修正案（九）》修正后，"情节特别严重的，处三年以上七年以下有期徒刑，并处罚金"。然而，综观《德国刑法典》有关个人信息数据的条款，包括探知数据罪（第202条a）、拦截数据罪（第202条b）、预备窥探和拦截数据罪（第202条c）、窝藏数据罪（第202条d）等侵害个人私生活与秘密的犯罪，其所规定的量刑区间均是三年以下自由刑或罚金，不但自由刑标准更低，而且财产刑为选处。从立法层面看，我国《刑法》中的侵犯公民个人信息罪应比德国刑法中有关个人信息数据的保护法益更为重要。

第二，在理论层面，与个人信息有关的犯罪（如《德国刑法典》中的侵犯他人秘密罪）确实成为被害人教义学的关注领域，并且成为被害人保护可能性判断的典型领域，时至今日依然可以在理论框架内实现某种自洽。但是被害人教义学领域的学者似乎发现随着网络社会的发展，这一类犯罪出现了某种他们无法用原有理论有效解释的趋势，因而更将研究领域回归到诈骗罪等互动关系犯罪中来寻找理论的合理性。具体到我国《刑法》第253条之1侵犯公民个人信息罪，如果该罪是侵犯个人法益的犯罪，那么在被害人保护可能性缺失的情况下，被害人需保护性理应具备，被害人形象应该鲜明而集中。而现实情况是被害人需保护性呈现离散状态，被害人形象模糊而分散。

就被害人的保护可能性与需保护性，其预设的消长关系并未出现，引发了新的问题——原本以一种平面的、此消彼长的方式呈现的被害人保护可能性与需保护性，在侵犯公民个人信息罪的分析过程中于不同的层次得出结论：就被害人的保护可能性而言，确实可以在个体层面得出其缺失的结论；但是就被害人需保护性而言，反而是在群体层面而非个体层面得出需保护性存在的结论。

（三）被害人群体化的理论意义

侵犯个人信息犯罪中被害人具有不同于传统犯罪被害人的特质：一方面，被害人保护可能性缺失，其法益保护确为必要；另一方面，被害人需保护性离散，其需保护性的必要性只能求诸被害的群体性而非个体性。由此，可以得出以下结论，侵犯个人信息犯罪的被害人具有群体性特征，法益侵害的证成应基于公共化而非个人化的路径，网络犯罪的被害人呈现由个体性转向群体性的态势（网络犯罪被害人的群体化）。

此外，这一结论也适用于其他网络犯罪，并从被害人层面描述了我国网络犯罪立法的鲜明特点。比如，制作和传播病毒、木马等程序工具的行为，其被害人也呈现不特定的群体性特征，特别是《刑法》第286条第3款，其法益的公共属性十分明显，不同于《德国刑法典》预备窥探和拦截数据罪（第202条c）的以个体被害为出发点的立法立场。

明确网络犯罪被害人的群体化具有重要的理论意义：

第一，有助于证成和发展信息法益的公共性。一方面，网络犯罪被害人的群体化有助于证成信息法益的公共性。本书第二章即将公共性作为信息法益的核心特征，并认为《刑法》第253条之1侵犯公民个人信息罪的法益具有公共性，该类犯罪被害人的被害人保护可能性缺失与被害人需保护性离散恰恰能够说明将其作为公共法益保护的必要性。与之类似，《刑法》第285条第3款提供侵入、非法控制计算机信息系统程序、工具罪，第286条第3款破坏计算机信息系统罪的"故意制作、传播计算机病毒等破坏性程序"行为，也具有侵犯公共法益的属性。

另一方面，网络犯罪被害人的群体化有助于发展信息法益的公共性。之前学界基于风险社会所探讨的法益保护抽象化与前置化均是基于被害人不特定的公共法益展开，在信息法益维度可表述为不特定人的信息安全。而基于网络犯罪被害人的群体化，其明确了基于多数被害人构建的公共法益之正当性，在信息法益维度可表述为多数人的信息安全，由此发展了信息法益的公共性。

　　第二，有助于为网络犯罪刑法立场的确立提供参考边界。本书第一章认为应在谦抑性刑法与预防性刑法之间予以折中，但是传统意义上的预防性刑法只是强调被害人的抽象化与保护前置化，被害人在具体的刑法理论判断中缺位，其刑法意义更多地成为学者扩张刑法边界的理由。而通过明确网络犯罪被害人的群体化，可以在以下两个层面为谦抑性刑法与预防性刑法的折中提供参考边界：其一，以具体的被害人为法益侵害的承受者，避免法益的过度抽象化，从而在一定程度上明确谦抑性刑法的坚守边界。其二，以群体的被害人为法益的保护指向，从而明确信息法益的公共性，为预防性刑法的合理介入提供理论空间。由此，以法益为中介，网络犯罪被害人的群体化也对网络犯罪的刑法理念践行具有价值。

　　第三，有助于推动被害人教义学理论的发展。就被害人教义学核心原则（被害人的保护可能性和需保护性）而言，可据此将原有的平行判断结构修正为纵向的层次判断结构。即在第一层次先判断被害人的保护可能性（是否的判断）。如果发现被害人具有较强的自我保护可能性，而其法益的侵害是由于被害人怠于进行自我保护所致，刑法即不应介入法益的直接保护；反之，如果发现被害人保护可能性较弱，特别是其自身无力实现自我保护，那么应该承认被害人具有需保护性，并在此基础上进入下一层次的判断。之后在第二层次进行被害人需保护性的判断（彼此的判断）。这一层次的判断是对传统被害人教义学核心原则判断路径的突破，即对被害人需保护性进行再判断，明确需保护性的来源：如果需保护性的存在是基于个体被害人，刑法需要对该类犯罪行为予以处罚是因为个体的法益值得保护，则是侵犯个人法益的犯罪；如果需保护性基于群体被害人，刑法需要对该类犯罪行为予以处罚是因为群体的法益值得保护，则是侵犯公共法益的犯罪。基于此，可以推动被害人教义学的理论结构走向立体化，并且扩展其适用范围。①

这一判断路径如下图所示：

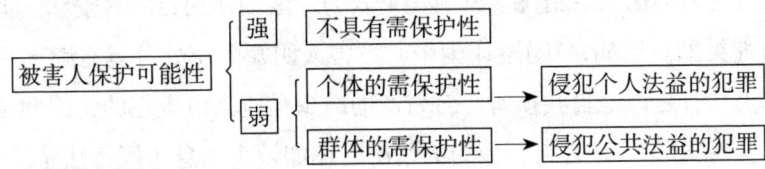

三、网络犯罪被害人行为的虚无化

从教义学角度分析网络犯罪被害人，不仅应关注其法益侵害，更应关注其行为的要素及在犯罪认定中的意义。被害人的行为在既有研究中缺乏教义学建构，未成为与犯罪人行为对应的刑法概念。然而随着网络犯罪发展，对被害人行为要素进行分析的必要性日益凸显，其要素的缺失影响了网络犯罪的认定与处罚。

（一）被害人行为的要素

传统的被害人教义学更倾向于通过被害人保护可能性、被害人需保护性判断法益保护的必要性。应当对此予以扩展，对被害人基于意思的行为也进行教义学评价。前述核心原则实际上也蕴含了这一理论导向——被害人需保护性判断的是被害人的自我保护可能性，而这一可能性的现实化势必无法脱离被害人的意思与行为，比如因自身过错导致被害人需保护性的降低，或者不具有社会相当性的外部联系导致被害人需保护性丧失，都需要介入被害人的行为。

既有的被害人教义学研究也一定程度上涉及了被害人的行为，最为典型的为诈骗犯罪。"在诈骗罪的结构中，一方面是来自行为人的危险行为，另一方面是来自被害人的自我保护，只有当前者的强度达到了足以让后者无效

---

① 本书认为，网络犯罪既不是可以完全套用传统理论的犯罪类型，也不是颠覆教义学理论的充分理由，应将网络犯罪的研究作为阐释和发展教义学理论的重要场域，推动理论的"趋时更新"。

的情况下，诈骗罪的刑法保护才是必要的。"① 被害人保护可能性、被害人需保护性判断也需要通过行为判断来实现。具体表现在以下两个方面：第一，被害人行为目的的实现情况。其典型形式为约定的使用目的落空和其他目的落空两种类型。比如，"捐赠诈骗中，被害人明知财产处分具有财产损失的效果，仍然有意识地自我损害，对财产的减少是应当负责任的，因此是自我答责的"。② 第二，被害人不作为的情况。比如被害人怠于履行法定的义务，因而被害人需保护性的客观性前提不具备。③

德日学者虽然没有明确提出被害人行为的要素构成，但也在具体犯罪中进行了一定的归纳和总结，大体可以分为主观要素与客观要素，主观要素为被害人行为的意思，客观要素为被害人行为的事实。比如，诈骗罪的构成需要完整的过程：第一，必须有欺骗（行为），即对人实施的旨在引起财产上的处分的欺骗行为；第二，该行为必须使对方陷入现实的错误，否则为未遂；第三，具有由于错误而处分财物的行为，虽然处分意思具有瑕疵性，但也必须是基于被害人的意思的交付、处分行为；第四，由于该处分行为而转移财物，行为人或第三人取得。其中，交付，必须是基于对方的错误而实施的，因此，必须具有基于交付意思的交付事实。④ 也正是从被害人的行为角度，被害人教义学与传统教义学得以关联和衔接。在诈骗犯罪这一典型的互动关系犯罪中，被害人的行为意思与行为事实被赋予特别的意义。

第一，在行为意思层面，处分意思必要说为主流观点，但与处分意思不要说存在争论。传统教义学理论关注的焦点主要在被害人处分行为的处分意思。⑤ 其一，基于处分意思必要说的立场，被害人须意识到财物的占有或者

---

① 车浩：《被害人教义学在德国：源流、发展与局限》，载《政治与法律》2017 年第 10 期，第 6 页。

② 陈毅坚：《被害人目的落空与诈骗罪基于客观归责理论的教义学展开》，载《中外法学》2018 年第 2 期，第 438 页。

③ 参见于小川：《被害人对于欺骗行为不法的作用》，载《中国刑事法杂志》2012 年第 5 期，第 49 页。

④ 参见 [日] 大谷实：《刑法讲义各论》(新版第 4 版补订版)，成文堂 2015 年版，第 258~267 页。

⑤ 参见 [日] 山中敬一：《刑法各论》(第 3 版)，成文堂 2015 年版，第 366~367 页。

利益的移转结果。① "从对事物和利益的交付、移转的意义完全不能理解的没有意识的人那里获得财物或利益，成立盗窃罪。"② 也有学者指出，"严格要求处分意思的有意的处分行为说存在疑问，处分意思在缓和程度上认可已经足够了"。③ 其二，基于处分意思不要说的立场，对为了少付电费而按回电表指针的行为、"区间性逃票乘车"的行为，日本也有判例判定成立诈骗罪。④ 但也有学者指出，处分意思不要说开始变得有力，但是基于该说财产罪传统的安定体系有可能会遭到破坏，合理性存疑。⑤ 基于以上不同观点的讨论，被害人的行为意思作为刑法教义学的重要命题被关注和承认。

第二，在行为事实层面，必须由该处分行为导致财产损失。一方面，处分事实必须存在。日本学者认为，行为成立诈骗罪，必须使对方陷入错误，在该错误意思之下，作出处分财产的行为。⑥ 另一方面，该处分事实必须导致财产损失。被害人的财产损失与行为人或者第三人的获利，必须由同一处分行为所引起。为此，欺骗他人使之放弃财物，而后捡走该财物的，只要该行为不是意味着被害人放弃所有权，就不是成立诈骗罪，而是成立侵占遗失物罪。⑦

（二）网络犯罪被害人行为要素的缺失

网络社会发展深刻地影响了网络犯罪，在跨时空互动性和扁平化的影响下，社会运转方式变革、效率增加，社会行为对现实的依赖性减少，行为的缺场性成为其重要特征，使得犯罪行为的判断遭遇了新的难题。比如，犯罪人点击鼠标的行为和现实中的身体动作如何作等同判断就存在争议。与之类似，被害人的行为也随着网络化越发面临要素缺失的风险，特别是在网络诈

---

① 参见 ［日］前田雅英：《刑法各论讲义》(第 6 版)，东京大学出版会 2015 年版，第 235 页。
② ［日］中森喜彦：《刑法各论》(第 4 版)，有斐阁 2015 年版，第 139 页。
③ ［日］高桥则夫：《刑法各论》(第 2 版)，成文堂 2014 年版，第 311 页。
④ 参见 ［日］松宫孝明：《刑法各论讲义》(第 4 版)，成文堂 2016 年版，第 263 页。
⑤ 参见 ［日］斋藤信治：《刑法各论》(第 4 版)，有斐阁 2014 年版，第 142 页。
⑥ 参见 ［日］大谷实：《刑法讲义各论》(新版第 4 版补订版)，成文堂 2015 年版，第 267 页。
⑦ 参见 ［日］松宫孝明：《刑法各论讲义》(第 4 版)，成文堂 2016 年版，第 256~257 页。

骗等互动关系犯罪中，由此引发新的刑法理论难题。

1.处分事实缺失：介入犯罪人的行为

即在网络诈骗犯罪中，被害人的处分行为并未单独完成财产移转，由被害人的行为与犯罪人的行为共同完成财产的移转。如臧进泉等盗窃、诈骗案：

臧进泉等盗窃、诈骗案 ①

一、基本案情

（一）盗窃事实

2010年6月1日，被告人郑必玲骗取被害人金某195元后，获悉金某的建设银行网银账户内有305 000余元存款且无每日支付限额，遂电话告知被告人臧进泉，预谋合伙作案。臧进泉赶至网吧后，以尚未看到金某付款成功的记录为由，发送给金某一个交易金额标注为1元而实际植入了支付305 000元的计算机程序的虚假链接，谎称金某点击该1元支付链接后，其即可查看付款成功的记录。金某在诱导下点击了该虚假链接，其建设银行网银账户中的305 000元随即通过臧进泉预设的计算机程序，经上海快钱信息服务有限公司的平台支付到臧进泉提前在福州海都阳光信息科技有限公司注册的"kissal23"账户中。臧进泉使用其中的116 863元购买大量游戏点卡，并在"小泉先生哦"的淘宝网店上出售套现。

（二）诈骗事实

2010年5月至6月，被告人臧进泉、郑必玲、刘涛分别以虚假身份开设无货可供的淘宝网店铺，并以低价吸引买家。三被告人事先在网游网站注册一账户，并对该账户预设充值程序，充值金额为买家欲支付的金额，后将该充值程序代码植入一个虚假淘宝网链接中。与买家商谈好商品价格后，三被告人各自以方便买家购物为由，将该虚假淘宝网链接通过阿里旺旺聊天工具发送给买家。买家误以为是淘宝网链接而点击该链接进行购物、付款，并认

① 参见最高人民法院指导案例第27号。

为所付货款会汇入支付宝公司为担保交易而设立的公用账户，但该货款实际通过预设程序转入网游网站在支付宝公司的私人账户，再转入被告人事先在网游网站注册的充值账户中。三被告人获取买家货款后，在网游网站购买游戏点卡、腾讯Q币等，然后将其按事先约定统一放在臧进泉的"小泉先生哦"的淘宝网店铺上出售套现，所得款均汇入臧进泉的工商银行卡中，由臧进泉按照获利额以约定方式分配。

被告人臧进泉、郑必玲、刘涛经预谋后，先后到江苏省苏州市、无锡市、昆山市等地网吧采用上述手段作案。臧进泉诈骗 22 000 元，获利 5000余元，郑必玲诈骗获利 5000 余元，刘涛诈骗获利 12 000 余元。

二、裁判理由

法院生效裁判认为：盗窃是指以非法占有为目的，秘密窃取公私财物的行为；诈骗是指以非法占有为目的，采用虚构事实或者隐瞒真相的方法，骗取公私财物的行为。对既采取秘密窃取手段又采取欺骗手段非法占有财物行为的定性，应从行为人采取主要手段和被害人有无处分财物意识方面区分盗窃与诈骗。如果行为人获取财物时起决定性作用的手段是秘密窃取，诈骗行为只是为盗窃创造条件或作掩护，被害人也没有"自愿"交付财物的，就应当认定为盗窃；如果行为人获取财物时起决定性作用的手段是诈骗，被害人基于错误认识而"自愿"交付财物，盗窃行为只是辅助手段的，就应当认定为诈骗。在信息网络情形下，行为人利用信息网络，诱骗他人点击虚假链接而实际上通过预先植入的计算机程序窃取他人财物构成犯罪的，应当以盗窃罪定罪处罚；行为人虚构可供交易的商品或者服务，欺骗他人为支付货款点击付款链接而获取财物构成犯罪的，应当以诈骗罪定罪处罚。

该案的两起事实中，第一起事实（盗窃事实）引起学界的关注，被害人财产的移转是由行为人发送虚假链接的行为与被害人点击链接的行为共同完成。与判决结论不同，学者提出了第一起事实构成诈骗罪（或信用卡诈骗）的观点，并分别从处分意思不要说与缓和处分意思必要说进行论述：一种观点认为："被害人对网上转账金额、收款账户不知情不影响其交付财产的自愿性，这恰是'隐瞒真相'型诈骗的表现形式。诱骗他人点击带病毒网络链接以取财行为，不论被害人是否知晓转账的真实金额或者收款的真实账户，只要被害人陷入错误认识而自愿在互联网上输入账号、密码进行转账的，均应认定为信用卡诈骗罪。"① 另一种观点认为，虽然应肯定处分意思必要说，但是应反对过于机械的解释，只需肯定对于财产处分意思的可能性，对于该案第一起事实和第二起事实均无法否认其财产处分意思，不应对其区别处理。②

前述学者或许受传统教义学理论的影响，从被害人的财产处分意思层面进行讨论，未把握其行为事实，应回归被害人的财产处分行为层面进行分析。其原因在于，前述学者的讨论基础在于被害人的处分行为存在，但是欠缺处分意思，因此从处分意思不要说与缓和处分意思必要说的角度对被害人处分意思要件予以放宽，肯定诈骗犯罪的成立。但是该案第一起事实其并不存在对财产（305 000 元）的处分行为，被害人只是实施了处分 "1 元" 财产的行为，并非是针对 305 000 元实施的处分行为，因此讨论重点放在被害人处分行为是否成立上。③

本书认为，该案中被害人对 305 000 元的处分行为不能成立：第一，被害人的处分行为欠缺交付事实。如前所述，构成处分行为必须具有处分意思与处分事实，而本案中交付事实不存在，被害人未就 305 000 元进行交付，因而难以成立交付行为。第二，被害人的处分行为欠缺 "直接性要件"。对于诈骗犯罪中交付占有的移转而言，交付（处分行为）是对财物的占有（财产上的利益）转移的行为，这种移转要求具备 "直接性要件"，占有的移转不能通过犯罪人的某种行为介入才完成（直接性）。④ 而该案中被害人的处分

---

① 刘宪权：《网络侵财犯罪刑法规制与定性的基本问题》，载《中外法学》2017 年第 4 期，第 942 页。

② 参见王安异、许姣姣：《诈骗罪中利用信息网络的财产交付——基于最高人民法院指导案例 27 号的分析》，载《法学》2015 年第 2 期，第 157 页。

③ 当然如果认为被害人对 305 000 元无处分意思也没有错误，只不过本书将判断的基点置于与法益侵害相关联的行为上，认为从行为角度评价更能把握其本质。

④ 参见 [日] 山中敬一：《刑法各论》（第 3 版），成文堂 2015 年版，第 365 页。

行为显然介入了犯罪人的行为，不具有这种直接性。因此，被害人的处分行为不能成立，结合犯罪人的行为以及被害人财产被侵犯的事实，从被害人教义学的角度看该起事实构成盗窃罪并无不当。

2. 处分意思缺失：介入他人处分行为

即在网络诈骗犯罪中，被害人的财产移转并非由其自身的处分行为完成，而是由第三人的支付等行为完成。其典型情形为"二维码案"，这一案例首先是学者讨论时创造的一个案例，其后转化为真实的案例[①]：

邹某某盗窃案[②]

一、基本案情

2017 年 2 月至 3 月，被告人邹某某先后到石狮市沃尔玛商场门口台湾脆皮玉米店、章鱼小丸子店、世茂摩天城商场可可柠檬奶茶店、石狮市湖东菜市场、长福菜市场、五星菜市场、洋下菜市场，以及晋江市青阳街道等地的店铺、摊位，趁无人注意之机，将上述店铺、摊位上的微信收款二维码调换（覆盖）为自己的微信二维码，从而获取顾客通过微信扫描支付给上述商家的钱款。经查，被告人邹某某获取被害人郑某、王某等人的钱款共计人民币 6983.03 元。

二、裁判理由

被告人邹某某以非法占有为目的，多次采用秘密手段窃取公民财物，总金额为人民币 6983.03 元，属数额较大，其行为已构成盗窃罪。

第一，被告人邹某某采用秘密手段，调换（覆盖）商家的微信收款二维码，从而获取顾客支付给商家的款项，符合盗窃罪的客观构成要件。秘密调换二维码是其获取财物的关键。

第二，商家向顾客交付货物后，商家的财产权利已然处于确定、可控状

---

① 本书认为，从"二维码案"中学者也应进行审慎的思考，当这一用于学术讨论的案例转化为真实的案件时，或许不应该自得于"预言"的实现，更应该思考是否学者扮演了犯罪人"老师"的角色，是否应该在创造案例时更为慎重。

② 参见福建省石狮市人民法院（2017）闽 0581 刑初 1070 号刑事判决书。

态，顾客必须立即支付对等价款。微信收款二维码可看作商家的收银箱，顾客扫描商家的二维码是向商家的收银箱付款。被告人秘密调换（覆盖）二维码是秘密用自己的收银箱换掉商家的收银箱，使得顾客交付的款项落入自己的收银箱，从而占为己有。

第三，被告人并没有对商家或顾客实施虚构事实或隐瞒真相的行为，不能认定商家或顾客主观上受骗。所谓"诈骗"，即有人"使诈"、有人"受骗"。本案被告人与商家或顾客没有任何联络，包括当面及隔空（网络电信）接触，除了调换二维码外，被告人对商家及顾客的付款没有任何明示或暗示。商家让顾客扫描支付，正是被告人采用秘密手段的结果，使得商家没有发现二维码已被掉包，而非主观上自愿向被告人或被告人的二维码交付财物。顾客基于商家的指令，当面向商家提供的二维码转账付款，其结果由商家承担，不存在顾客受被告人欺骗的情形。顾客不是受骗者，也不是受害者，商家是受害者，但不是受骗者。

关于该案犯罪行为的认定，存在一般盗窃说、盗窃罪间接正犯说、一般诈骗说、诈骗罪间接正犯说、三角诈骗说和双向诈骗说的争议。[①]本书不在犯罪人的层面展开，仅在被害人的层面讨论其处分行为要素是否缺失。

学界讨论中与被害人（商家）[②]相关的重要问题为能否成立三角诈骗的问题。因为该案中商家并未实施财产处分行为，作出该行为的是顾客，如果认可行为的诈骗性势必面临如何将顾客的财产处分行为与商家的财产损失相联系的问题。

"被骗的人（受骗人）与遭受财产损失的被害人不是同一人的即'三角诈骗'。例如，欺骗代理人，使之处分本人的财产；或者，欺骗有代表权的董事，使之处分公司的财产。"[③]对于三角诈骗，日本学者关注的主要为诉讼

---

① 参见张庆立：《偷换二维码取财的行为宜认定为诈骗罪》，载《东方法学》2017年第2期，第123~131页。

② 本书认为基于法益侵害的归属，商家是当然的被害人。应认可顾客支付了对价获得了商品，并未遭受法益侵害，否则就背离了法益侵害原则。

③ ［日］松宫孝明：《刑法各论讲义》（第4版），成文堂2016年版，第257页。

诈骗和信用卡的不当使用问题。^①就涉及信用卡的情形，有学者认为也应当分情况讨论：第一，使用不存在的他人名义的信用卡，对加盟店构成诈骗罪。第二，使用自己名义的信用卡，缺乏支付的意思与能力，可能不构成犯罪、构成一项诈骗罪或构成两项诈骗罪。第三，使用他人名义的信用卡，对商家成立一项诈骗罪。^②基于此，对于有三方主体参与的相关犯罪也应具体讨论，而非一定成立三角诈骗。

关于"二维码案"是否构成三角诈骗，学者也形成了不同意见。一种意见认为，当受骗人与被害人不一致时，不应考察"被害人处分财物"的有无，而应考察"被骗人的处分"能否视为"被害人的处分"（二者之间等置性）。"二维码案中，顾客（被骗人）处分的是自己对银行的债权，商家（被害人）丧失的是本该属于自己对银行的债权，行为人获得的则是对银行的债权。上述三者不仅是由同一个财产处分行为（顾客的扫码）所导致，而且具有完全的同一性。二维码案以诈骗罪论处不存在任何理论上的障碍。"^③另一种意见认为，三角诈骗中被害人遭受财产损失缘于受骗人具有处分财产的权能或地位。而在"二维码案"实际上是新型三角诈骗："在新型三角诈骗中，采取的是表见代理中的归责思路，财产损失之所以归结于被代理人，是因为被代理人对代理权外观具有可归责性。新型三角诈骗已难归属于德日刑法中'三角诈骗'的范畴，不应构成诈骗罪，而应按前述表见代理的适用规则认定为对被代理人的财产犯罪。"^④这一种意见实际上借用民事代理制度，将顾客的处分行为作为商家的行为。

从被害人的角度看"二维码案"不能成立三角诈骗，但是理由应为受骗人处分行为欠缺必要处分意思。对此有学者认为："在偷换二维码案件中，顾客和商家都没有认识到顾客所付钱款将直接进入行为人的账户，主观上完全没有将该钱款转移给行为人占有的意识，缺乏成立诈骗罪所必需的处分意

---

① 参见［日］大谷实：《刑法讲义各论》（新版第 4 版补订版），成文堂 2015 年版，第 263~265 页。

② 参见［日］高桥则夫：《刑法各论》（第 2 版），成文堂 2014 年版，第 318~322 页。

③ 孙杰：《更换二维码取财行为的刑法评价》，载《政法论丛》2018 年第 2 期，第 129 页。

④ 杨志琼：《权利外观责任与诈骗犯罪——对二维码案、租车骗保案、冒领存款案的刑民解读》，载《政法论坛》2017 年第 6 期，第 41 页。

识。"[1] 上述观点虽然正确,但是并未充分说明案件中处分意思的实质。就该处分意思的实质可从以下两个层面进行分析:第一,处分意思是否指向(全部)被害人财产。在这一层面并不存在问题,因为顾客所支付的财产就是商家损失的财产。第二,处分意思是否包括犯罪人或第三人取得财产。在"二维码案"中,顾客的处分意思是商家取得财产,而非犯罪人或第三人取得财产。就能否将处分意思的取得主体范围扩大至被害人,本书持否定观点。因为犯罪人或第三人代表的是犯罪一方,其中第三人也往往是犯罪人的共犯或者关系人,否则就不会导致受害人财产确实遭受损失的法益侵害结果。反之,如果将被害人取得财产也作为适格的处分意思,就会导致被害一方与犯罪一方在法益侵害的判断立场上产生混同,从而引发诈骗犯罪的法益保护立场与构成要件要素解释混乱,最终导致诈骗犯罪的泛化适用。因此,不应认为顾客的支付行为构成诈骗罪意义上的处分行为,原审认定犯罪人构成盗窃罪从被害人的角度看并无不当。

---

[1] 周铭川:《偷换商家支付二维码获取财物的定性分析》,载《东方法学》2017 年第 2 期,第 118 页。

第三节　人工智能体的刑法地位

一、人工智能体的刑法地位争议

随着智能算法、机器学习等技术的发展，智慧社会的到来正在成为现实，并日益成为一个世界性的命题，各个国家和地区都需要面对和回应智慧社会的挑战。在人工智能相关的著作权问题、侵权问题出现不久，人工智能犯罪问题也逐步进入刑法视野，亟须从教义学的视角进行归纳和研究。有学者认为，基于人工智能的发展，当代刑法以"人"为逻辑起点的基本立场将受到持续的冲击，传统刑法体系面临失灵与转型任务。[1]继人工智能体是否能够成为犯罪的行为主体与责任主体成为学术焦点之后，人工智能体能否成为被害主体的观点也开始出现。人工智能体的刑法地位不仅关乎犯罪主体与犯罪对象的判断，更与法益保护的基础与方向有关，亟须关注和研究。

在探讨人工智能体被害性之前应确定有关的术语与范畴，特别是明确概念之间的区别。

第一，人工智能。学者在研究人工智能犯罪过程中有时将人工智能概念直接指称对应的实体。如有学者认为："人工智能能否被拟制为一种独立于自然人和单位的新型犯罪主体的问题，是讨论人工智能刑事治理的逻辑起

---

[1]　参见王燕玲：《中国网络犯罪立法检讨与发展前瞻》，载《华南师范大学学报（社会科学版）》2018年第4期，第135页。

点。"① 然而人工智能与人工智能体虽然有密切的联系,但是人工智能毕竟只是一种技术范式,其通过模式识别、自动工程等形式在各个行业和领域发挥重要作用,但是并非具体实体。

第二,人工智能体。简言之,人工智能体即具有智能性的人工系统实体。有学者以"智能机器人"来指称人工智能的实体,如认为:"智能机器人是由程序设计和编制而成且具有辨认控制能力和学习能力,同时能够自主思维、自发行动的非生命体。"② 但是人工智能的实体是否都能够呈现为"机器人"的形式?工业企业的机器人可以类人地完成一定的工作,聊天机器人可以类人地进行一定的"语言表达",可以认为是智能机器人。但是自动驾驶系统是汽车的操作系统,将其解释为"智能机器人"显然有超过用语表达涵摄范围的危险。因此,本书以"人工智能体"的概念指称人工智能的相应实体。可以从两个方面理解人工智能体的特征:其一,人工智能体必须具有一定程度的智能性,而非简单地完成机械运算或操作,以区别于一般的计算机信息系统。其二,人工智能体必须是实体,纯粹的人工智能技术与方法不包括在人工智能体的范围内。

以下"案件"则引出了人工智能体"意思"和"行为"可能性的判断命题:第一,大众公司机器人"杀人"案。2015 年 7 月,德国大众承包商的一名工作人员不幸身亡,事发时其正与同事一起安装机器人,但机器人却突然抓住他的胸部,然后把他压向一块金属板,最终导致这名工作人员因伤重不治身亡。该案中机器人自行"决定"实施侵害,并且导致死亡后果。第二,自动驾驶汽车③"交通肇事"案。2016 年 5 月,在美国佛罗里达的一条高速公路上,一辆开启了自动驾驶模式的特斯拉汽车发生车祸,致驾驶员死亡。2016 年 9 月,特斯拉汽车在中国出现首例死亡事故,特斯拉处于"定

---

① 叶良芳、马路瑶:《风险社会视阈下人工智能犯罪的刑法应对》,载《浙江学刊》2018 年第 6 期,第 67 页。

② 刘宪权、胡荷佳:《论人工智能时代智能机器人的刑事责任能力》,载《法学》2018 年第 1 期,第 40 页。

③ 自动驾驶汽车(Autonomous vehicles;Self-piloting automobile)指依靠人工智能系统可以在无人操作的情况下进行驾驶的汽车。

速"的状态，未能识别躲闪而撞上前车。以上案件中，自动驾驶汽车"违反"道路交通管理法规，导致重大交通事故。第三，聊天机器人"散布"不当言论案。微软公司 2016 年在 Twitter 上推出聊天机器人 Tay，其设计原理是从对话交互中进行学习。一些网友向 Tay 表达偏激的言论，刻意引导其模仿。经过"学习"，仅上线一天 Tay 就不断"散布"种族主义、性别歧视和攻击同性恋言论。该案中 Tay 系基于"学习"而后"散布"不当言论。就以上情形该如何认定和处理，特别是人工智能体的刑法地位该如何评价，难以从现有刑法教义学理论中寻得直接的答案。

关于人工智能体能否成为犯罪行为的主体，学界有肯定说与否定说之争。

（一）肯定说

肯定说认为，人工智能体可以成为犯罪行为的主体，并可以承担刑事责任，其主要理由如下：

第一，人工智能体可以借鉴单位（或法人）主体，通过法律拟制的方式确立刑法地位。有学者从法人的角度进行类比，认为类似"法人"概念扩大了法律上"人"范畴，人工智能时代智能机器人法律人格的创设也有迹可循，将其作为法律意义上的"人"契合时代潮流。[①] 也有学者直接从我国《刑法》规定的"单位"主体出发，将现阶段刑法中刑事责任主体增加为自然人、单位和人工智能体三类。[②]

第二，人工智能体具有刑法意义上的辨认能力和控制能力。肯定论者在人工智能体的辨认能力和控制能力的问题上又具体形成两种意见。

一种意见为近似论，即人工智能体的辨认能力和控制能力与自然人相近。有学者提出类人型人工智能的概念："类人型人工智能实体本身拥有自主思维能力，能够在自主意识支配下实施危害行为，具备侵犯国家法益、社会法益、个人法益的可能性。法律条文中的主体人与社会中的主体人并不完全等同，

---

① 参见刘宪权：《人工智能时代机器人行为道德伦理与刑法规制》，载《比较法研究》2018 年第 4 期，第 46 页。

② 参见马治国、田小楚：《论人工智能体刑法适用之可能性》，载《华中科技大学学报（社会科学版）》2018 年第 2 期，第 111 页。

其是基于理性人的一种假设，在本质构造上与类人型人工智能实体相符。"①

　　另一种意见为超越论，即人工智能体的辨认能力和控制能力超越自然人。有学者认为，智能机器人虽然无法根据精神状况、刑事责任年龄或集体意志来认定辨认能力和控制能力，但是可以根据程序的设计、编制及与物理硬件的联合作用认定。据此，在智能机器人的程序中加入深度学习法律知识的内容，将法律、法规、案例等纳入，可以使智能机器人产生规范意识，具备对法律事实的辨认能力。而智能机器人拥有极快速的处理能力、反应速度和极精准的控制能力，其能够根据大数据运算对行为进行精准控制，因此具有超强控制能力。②

　　第三，人工智能体可以被施以特定的刑罚处罚。有学者认为人工智能时代我国刑罚体系具有重构的可能性：其一，将智能机器人纳入刑罚处罚范围，能够实现刑罚的目的。"对于具有辨认能力和控制能力的智能机器人而言，对其行为和自身的否定、谴责以及对其施加的痛苦会促使其对自己行为的性质、自己的价值取向等进行鉴别，通过自我反省，纠正自己的行为。这实现了刑罚对在设计和编制的程序范围外实施了严重危害社会行为的智能机器人的特殊预防目的。同时，借助对相应智能机器人的刑罚处罚，可以影响潜在的可能实施犯罪行为的智能机器人的认识和意志，使其强化坚守规范和遵守法律的意识。这同样可以实现刑罚的一般预防目的。"③ 其二，将智能机器人纳入刑罚处罚范围，符合刑事立法规律。其认为，既然《刑法》已经将单位纳入刑罚处罚范围，将智能机器人纳入刑罚处罚范围当然就不可能违背刑法理论。④

　　据此，论者分别设计了两种刑罚模式：其一，对智能机器人进行刑罚处

---

① 王耀彬：《类人型人工智能实体的刑事责任主体资格审视》，载《西安交通大学学报（社会科学版）》2019 年第 1 期，第 139~140 页。

② 参见刘宪权：《人工智能时代机器人行为道德伦理与刑法规制》，载《比较法研究》2018 年第 4 期，第 49 页。

③ 刘宪权：《人工智能时代我国刑罚体系重构的法理基础》，载《法律科学》2018 年第 4 期，第 53 页。

④ 参见卢勤忠、何鑫：《强人工智能时代的刑事责任与刑罚理论》，载《华南师范大学学报（社会科学版）》2018 年第 6 期，第 124 页。

罚的方式包括以下三种：删除数据、修改程序和永久销毁。[①] 其二，"具体适用于类人型人工智能时代的刑罚模式可以包含以下三种：主刑——拘役＋修改程序（删除数据）；死刑＋永久销毁；附加刑——罚金"。[②]

（二）否定说

否定说认为，人工智能体无法成为犯罪行为的主体，难以承担刑事责任，其主要理由如下：

第一，人工智能体不应被拟制为犯罪主体。有学者认为，虽然人工智能体可能具有自主决定能力，但是仅此不足以成为将其拟制为犯罪主体的充分条件，刑事责任的承担主体只能是相关自然人或者单位。[③]

第二，人工智能体难以具备辨认能力和控制能力。有学者认为，将人工智能体的运行机理与人的意志自由进行形式匹配过于机械，其不具有理解并遵从法规范的能力，行为属性也缺乏判断的客观标准。基于此，理应回归人工智能体的辅助性进行判断，而非基于人工智能体的独立意志和行为。[④]

第三，对人工智能体施加处罚难以实现刑罚功能或者会导致风险加剧。有学者从正向与反向两个层面予以检视：在正向层面，对人工智能体施加处罚会导致刑罚惩治目的与规制效果的落空，无法实现刑罚惩治与安抚功能；并且由于人工智能体难以威慑、教育、感化，因此无论是刑罚预防功能还是刑罚矫正功能均会失效。在反向层面，诸如犯罪预备、中止、未遂等情形对于人工智能体无法认定与适用，难以使人工智能体与自然人、法人在定罪量刑上协调，从而与犯罪认定的基本理念冲突。[⑤] 也有学者认为，以风险防范、促进人工智能技术发展为由造就的"人工智能刑事责任主体"，实际上加剧

---

① 参见刘宪权：《涉人工智能犯罪刑法规制的路径》，载《现代法学》2019 年第 1 期，第 81 页。

② 王耀彬：《类人型人工智能实体的刑事责任主体资格审视》，载《西安交通大学学报（社会科学版）》2019 年第 1 期，第 143 页。

③ 参见叶良芳、马路瑶：《风险社会视阈下人工智能犯罪的刑法应对》，载《浙江学刊》2018 年第 6 期，第 67 页。

④ 参见时方：《人工智能刑事主体地位之否定》，载《法律科学》2018 年第 6 期，第 70~71 页。

⑤ 参见时方：《人工智能刑事主体地位之否定》，载《法律科学》2018 年第 6 期，第 73~74 页。

了源头风险。①

二、人工智能体的主体性判断

前述学界关于人工智能体刑法地位探讨的问题在于不区分主体性和能力性判断，从肯定人工智能体责任的视角来肯定其主体性（"责任—主体"路径）。认为人工智能体可以成为犯罪主体的学者多基于其通过智能算法、机器学习等可以进行类似于人的行为判断，产生独立的自主意识，从而具有责任能力，因之可以成为犯罪主体。比如有学者认为："由人类设计、编制的程序使智能机器人具有了独立思考和学习的能力，智能机器人具有辨认能力和控制能力，可以成为犯罪主体。"② 反之，认为人工智能体不能成为犯罪主体的学者也多基于其无法具有类似于人的意识和能力，或者不应在责任上作出类似于人的责任要求，因而不应作为犯罪主体。

但是这一路径会导致人工智能体刑法地位的探讨走向交叉论证，使讨论范式走向混同和重叠。在刑法教义学的判断中，应首先考虑行为主体层面，进行主体属性的判断（自然人与法人）、身份的判断，并且确立犯罪判断的主体与客体关系结构，在这里主体是作为构成要件要素进行判断（彼此的判断），比如对于某一主体在进行刑法判断的时候是采取自然人的路径还是法人的路径；之后考虑责任主体层面，进行主体责任能力与罪过的判断，比如在确定采取自然人的路径后，再对其进行责任能力的判断，充分考虑其年龄、精神状态等因素，具体断定其有责性；并结合主观态度最终确定罪过（是否的判断）。这样的区分可以全面、分别地考量各个要素，从而确保对犯罪的准确评价。"责任—主体"路径则是突破了上述界限，如前述认为应当赋予人工智能体犯罪主体资格的学者在判断人工智能体是否应当被赋予主体资格时即走向了混同和重叠，其认为："智能机器人的意志与单位相比，自

---

① 参见冀洋：《人工智能时代的刑事责任体系不必重构》，载《比较法研究》2019 年第 4 期，第 136 页。

② 刘宪权：《人工智能时代机器人行为道德伦理与刑法规制》，载《比较法研究》2018 年第 4 期，第 49 页。

由的程度似乎更强。如果法律能够尊重单位的自由意志，那么便没有理由否认智能机器人的自由意志。"①但是机器学习类比的是自然人的行为（或者类比自然人的责任能力），但是其却类比单位的自由意志来判断人工智能体的主体性，导致研究的错位。本书认为，应从行为主体和责任主体两个层面讨论人工智能体的刑法地位。

（一）行为主体判断

1. 人工智能体的判断立场与阶段

讨论人工智能体能否成为刑法中的行为主体首先需要明确基本的判断立场。有学者提出超前性的刑法立场，具体表现为以下两个方面：第一，将行为主体的判断时间从现在转向未来。如有学者认为，众多科幻电影、未来学家早已警告人们，人工智能若不受控制地发展下去，将会面临灭绝人类或者与人类共同治理社会、分享资源的局面，肯定机器人的伦理地位（限制性主体地位）也是基于保护人类、维护人类利益的理由。②第二，将行为主体的判断基础从现实性判断转向可能性判断。如有学者认为，对于是否会出现具有独立意识和意志的智能机器人应当秉持"宁可信其有，不可信其无"的观点，在采取前者观点的情况下，如果风险没有到来，对于人类社会不会有任何危害；在采取后者观点的情况下，如果风险真的到来，人类只会手足无措，甚至束手就擒。③

本书认为，应秉持前瞻性而非超前性的理论态度。"前瞻性的刑法理念可以为涉人工智能犯罪的刑法规制预留必要的解释空间和缓冲空间，避免

---

① 刘宪权、胡荷佳：《论人工智能时代智能机器人的刑事责任能力》，载《法学》2018 年第 1 期，第 45 页。
② 参见刘宪权：《人工智能时代机器人行为道德伦理与刑法规制》，载《比较法研究》2018 年第 4 期，第 44~45 页。
③ 参见刘宪权、房慧颖：《涉人工智能犯罪刑法规制的正当性与适当性》，载《华南师范大学学报（社会科学版）》2018 年第 6 期，第 111 页。

刑法的修改过于频繁。"①笔者也认可随着人工智能技术的发展，不排除人工智能体可以在刑法领域扮演更为重要的角色。然而刑法学毕竟不是未来学、不是科幻文学，"刑法在面对飞速发展的科技时仍应遵从固有的'沉稳'与'谦抑'品格"。②由此，理应回归到真实的犯罪治理上来，并且致力于在社会发展和刑法稳定之间、在立足现实与适度前瞻之间寻找恰当的尺度与界限。此外，如果超前地为将来的人工智能体设置主体制度，很可能真正需要的时候也已过时，从而导致理论资源和司法资源的浪费。

比如，有学者在论证人工智能体的主体性时关注到一个事件：2017 年 10 月 25 日，人类历史上首位机器人"公民"诞生——"女性"机器人索菲娅被授予沙特公民身份，不仅如此，索菲娅甚至还说出了耐人寻味的话："如果你对我好，我就会对你好。"进而认为，"在不久的将来，会有更多的国家或地区赋予智能机器人公民权、财产权等权利"。③然而不久之后，2018 年 1 月就有业内专家表示机器人索菲娅是"一场彻头彻尾的骗局"，索菲娅那些满是争议的话，实在"言不由衷"，都是被预先设计好的。据此来论证人工智能体的主体性难免会适得其反，理应回归现实的人工智能体发展阶段进行判断。

人工智能可以分为强人工智能和弱人工智能。其相应的实体中，弱人工智能体是指不能真正地推理和解决问题的智能机器，这些机器只不过看起来像是智能的，但是并不真正拥有智能，也不会有自主意识。强人工智能体则是具有自我意识、自主学习和自主决策能力的实体。④

有学者认为，现阶段的人工智能体已经成为强人工智能体。强人工智能体与弱人工智能体的本质区别即在于是否具有辨认能力和控制能力，前者通

---

① 论者也认可前瞻性立场对于人工智能犯罪的意义，但是在结论上依然走向了超前性立场。刘宪权、房慧颖：《涉人工智能犯罪的前瞻性刑法思考》，载《安徽大学学报（哲学社会科学版）》2019 年第 1 期，第 111 页。

② 时方：《人工智能刑事主体地位之否定》，载《法律科学》2018 年第 6 期，第 74 页。

③ 刘宪权：《涉人工智能犯罪刑法规制的路径》，载《现代法学》2019 年第 1 期，第 80 页。

④ 参见王肃之：《人工智能体"刑事责任"的教义学解构》，载《西南政法大学学报》2019 年第 1 期，第 55 页。

过学习可以产生脱离程序的独立意志，具备独立思考能力。[①] 亦即，强智能机器人自主实施的行为应属刑法中的行为。[②] 与之相对，也有学者认为，目前的人工智能体（人工智能系统）仍是弱人工智能体，其用于实现特定功能（如自动驾驶汽车、人工智能医生等），仅具有局限于特定领域的专用智能和感知智能，离以通用智能、认知智能为标志的广义人工智能特别是超级人工智能还有较大差距。[③]

本书认为，在现阶段尚未产生强人工智能体，应基于弱人工智能体的现实状况进行研究。目前人工智能依然在特定技术、特定领域应用，虽然有一定的学习能力，但是无法从根本上具有自主意识，也无法实施自主行为。比如自动驾驶汽车的智能系统，其无法自行终止驾驶操作而去进行程序设计之外的操作。对于人工智能体被害性的判断必须基于这一现实。

2. 行为主体的解构

在前述学者讨论人工智能体可以成为行为主体的过程中，既有类比自然人的论述，也有类比单位（法人）的论述，然而以上类比均难以成立。

第一，自然人类比论的否定。自然人类比论认为："从法律属性上可以将智能机器人定位为经程序设计和编制而成的、可以通过深度学习产生自主意识和意志的、不具有生命体的'人工人'。"[④] 这实际上是从强人工智能体的角度予以理解，并以"智能机器人的刑事责任"为范式进行探讨。然而论者也认可："弱人工智能因为不具有辨认能力和控制能力而始终无法摆脱工具属性，其实施的行为体现的是设计者或使用者的意志，只能被看作设计者或

---

① 刘宪权：《人工智能时代的"内忧""外患"与刑事责任》，载《东方法学》2018 年第 1 期，第 138~139 页。

② 参见刘宪权：《人工智能时代刑法中行为的内涵新解》，载《中国刑事法杂志》2019 年第 4 期，第 41 页。

③ 参见皮勇：《人工智能刑事法治的基本问题》，载《比较法研究》2018 年第 5 期，第 155 页；时方：《人工智能刑事主体地位之否定》，载《法律科学》2018 年第 6 期，第 68 页；马治国、田小楚：《论人工智能体刑法适用之可能性》，载《华中科技大学学报（社会科学版）》2018 年第 2 期，第 109 页。

④ 刘宪权、胡荷佳：《论人工智能时代智能机器人的刑事责任能力》，载《法学》2018 年第 1 期，第 43 页。

使用者行为的延伸。"[①] 该观点实际上是将智能机器人与强人工智能体等同视之，同时肯定弱人工智能体不具有独立的主体性。但是如同前文所述，"产生自主意识和意志"的人工智能体尚未出现，故其主体性的探讨只能基于弱人工智能体的前提展开。

传统意义上刑事责任的承担要求必须归结于具体的自然人。因为即使造成了损害，但是不存在可归责的主体，刑法也不能介入。比如天灾、不可抗力所造成的损害，即便后果是灾难性的也没有适用刑法的空间。然而就现阶段的人工智能体（弱人工智能体）而言，其尚且无法具有自然人的本质属性：

其一，在生物意义上，现阶段的人工智能体并非基于出生而取得主体资格的人，不具有自然人的生物特征。具体可从以下两个方面考察：一方面，人工智能体不具有生物识别特征。比如，基因信息（Genetic Information）是存储在由 DNA（少数 RNA）分子片段组成的生物遗传信息。生物代代相传的正是决定其种类及个体生命性状特征的信息。生物识别信息往往和识别自然人个人密切相关，我国《网络安全法》也将"个人生物识别信息"作为个人信息的重要类型之一。而人工智能体为机器所生产，即便是定制生产的人工智能体可以编码，但是这种编码只具有区别性而不具有识别性，不但随时会被任意更改并且无法使其在自然意义上区别于其他人工智能体。另一方面，人工智能体不具有生物的"思维"和感觉。动物的"思维"虽然无法和人类的思维相提并论，但是至少具有一定的生物性，比如注意力、好奇心、理性这些也存在于低等动物中，然而这些感情与体验显然不能为非生命体的人工智能体所体会。即便人工智能体可以被输入特定的指令以实现形式上的反馈，但也并非基于其真实的"思维"和"感觉"。

其二，在法律意义上，现阶段的人工智能体不具有意志自由，无法成为自然人意义上的犯罪行为主体。判定人工智能体可否按照刑法中的自然人对待，关键在于其是否具有真正的意志自由。现代刑法发展的基础之一正是

---

① 刘宪权：《人工智能时代的"内忧""外患"与刑事责任》，载《东方法学》2018 年第 1 期，第 138 页。

基于自由意志的认可，如费尔巴哈的心理强制说正是基于人的意志自由，黑格尔甚至还将自由意志纳入了法益侵害的层面予以理解。及至德日刑法理论体系的构建，是否具有意志自由也是判断构成要件符合性与有责性的重要前提。然而现阶段的人工智能体无法具有真正的意志自由。如前所述，Tay 聊天机器人只是在接受执行聊天指令后对聊天的内容进行学习和更新，并不能自主决定停止聊天而去做其他事情，其"宿命"是被人类决定的，从根本上缺乏成为自然人意义上犯罪行为主体的核心前提。

第二，单位（法人）比论的否定。在人工智能体刑法评价的讨论过程中，有学者提出参考刑法对于单位的规定对其评价。有学者甚至认为人工智能体被拟制为犯罪主体的理论基础与"将代表公司意志者的行为归责于公司"的"同一视原则"（Identification Doctrine）系异曲同工。①

从拟制的角度考察人工智能体的刑法地位有一定的合理性，因为人工智能体虽然具有一定的智能性，但是毕竟难以具有自然人的根本属性和特征，直接作为自然人评价存在难以逾越的障碍，采用拟制的思路消解理论障碍也是一种思路。因此，"参考法人犯罪的思路，对于人工智能作为拟制主体看待未尝不是未来人工智能犯罪刑法规制的可能思路"。②但是研究法律问题特别是刑法问题不能基于可能的情况，而应基于真实的情况，现实中将人工智能体作出类似于单位的拟制仍存在难以克服的障碍。具体而言，将人工智能体拟制为单位主体（或法人主体）存在以下问题：

其一，人工智能体的"意思"缺乏类似于单位意思的理论和现实基础。前述学者认为，人工智能体通过智能算法、机器学习等可以进行类似于人的行为判断，因而肯定其自主意识。在此意义上，对于人工智能体的"意思"根据论证可谓"无中生有"，即在近代刑法理论所确立的基于自然人的意志自由来肯定其犯罪主体前提的路径外，另行确立了人工智能体可以通过机器学习具有独立意思的路径。而对于单位的拟制路径则可谓"有中生有"，即

---

① 参见李婕：《智能风险与人工智能刑事责任之构建》，载《当代法学》2019 年第 3 期，第 34 页。
② 王肃之：《人工智能犯罪的理论与立法问题初探》，载《大连理工大学学报（社会科学版）》2018 年第 4 期，第 60 页。

在单位所属的自然人具有相应意志自由的基础上，由于单位这一自然人集合形成了源于但又不同于自然人意思的独立意思，因而具有从犯罪主体层面对其予以独立考察的依据。由此，人工智能体的"意思"无法具有类似于单位意思的客观基础，仅通过其运算和行动的智能性肯定意思的独立性难以类比于单位的意思肯认路径。

其二，人工智能体不具有独立的利益。构成单位犯罪的行为不仅要求基于单位的独立意思，还要求为单位谋求非法利益，否则便不能评价为单位犯罪。而现阶段的人工智能体显然难以进行追求利益的行为。此前民法学界虽然有关于人工智能创作作品的著作权是否归于人工智能体的争论，但是目前仍未超出理论争议范畴，更在现实化上存在较大的障碍。2017 年 7 月 5 日，拥有"作诗"技能的微软小冰[1]推出了联合创作模式，任何人都可以用照片激发小冰，让其根据图片生成一首诗。与此同时，微软发表公开信声明小冰放弃创作版权，和其一起"创作"的人能够独享最终作品的全部权利。这是在法律上人工智能版权问题争论之际，第一个宣布"放弃版权"的人工智能。其他领域也与之类似，人工智能体难以在现实中被赋予独立利益，因而区别于单位。

其三，人工智能体缺乏类似于单位的独立规定。目前，关于单位犯罪是否应在刑法中予以评价各国态度并不一致，比如我国在《刑法》第 30 条规定了独立的单位犯罪，德国则是将犯罪的主体限于自然人范畴。即便是肯定对法人犯罪予以处罚的国家，也是作为自然人犯罪的例外，以刑法明文规定为限。就我国而言，人工智能体的刑法地位显然缺乏必要的法律规定予以认可，缺乏前述类比的规范基础。

（二）责任主体判断

如前所述，现行关于人工智能体刑法地位讨论的问题在于不区分主体与责任层次，应在责任层面进行独立的讨论并具体从两个层面展开：第一，责

---

[1] 微软公司（Microsoft Corporation）推出的人工智能机器人，曾于聊天机器人之外"客串"少女歌手、主持人、少女诗人、记者和设计师。

任能力层面，人工智能体是否具备承担刑事责任的相应能力。第二，责任实现层面，对人工智能体施加刑罚是否可行和适当。

此外，关于人工智能体能力性（是否具有刑事责任能力）的判断与传统刑法教义学的讨论范畴有所区别：传统刑法教义学是在自然人犯罪一般可以具备刑事责任能力的前提下，具体探讨特定个体、特定种类、特定情况下的自然人是否具有刑事责任能力，比如年龄、精神状态以及原因自由行为等。人工智能体能力性问题则是讨论在一般意义上其是否可以具备刑事责任能力，以及可否基于此承担刑法上的非难。

1. 人工智能体的责任能力性

行为人承担刑罚必须具有责任能力，其也是作为承担责任非难前提的人格能力。[1]"责任能力是指实施有责行为的能力，即分辨是非（辨别能力、辨识能力）和根据辨识行动的能力（行动能力、控制能力）。"[2]如果行为人不具备责任能力，即便其行为具有法益侵害性与刑事违法性，也无法对其予以非难。

对于责任能力，日本判例及通说认为应从生物学的要件、心理学的要件判定。[3]与之类似，德国学者也从生物（学）标准（Biologische Kriterien）和心理（学）标准（Psychologische Kriterien）予以探讨。[4]在生物标准和心理标准结合的基础上，一般从认知和控制两方面具体判定主体的责任能力。德国学者具体归纳为认识能力（Einsichtsfahigkeit）和控制能力（Hemmungsfahigkeit）。[5]与之类似，我国传统理论分别称为辨认能力和控制

① 参见［日］关哲夫：《讲义刑法总论》，成文堂 2015 年版，第 258 页；［日］曾根威彦：《刑法原论》，成文堂 2016 年版，第 297 页；［日］大谷实：《刑法讲义总论》（新版第 4 版），成文堂 2012 年版，第 315 页。

② ［日］高桥则夫：《刑法总论》（第 2 版），成文堂 2013 年版，第 338 页。

③ 参见［日］山口厚：《刑法总论》（第 3 版），有斐阁 2016 年版，第 271~272 页；［日］日高义博：《刑法总论》，成文堂 2015 年版，第 270 页。

④ Vgl. Urs Kindhäuser, Strafrecht Allgemeiner Teil, 8. Auflage, Nomos, 2017. S.191.

⑤ Vgl. Claus Roxin, Strafrecht Allgemeiner Teil. Band I: Grundlagen. Der Aufbau der Verbrechenslehre, 4.Auflage, C.H Beck, 2006, S.899-902.

能力。① 现阶段，人工智能体无法具备这两种能力：

第一，人工智能体无法具备认识能力。自然人承担刑事责任以其认识到自己的行为为刑法所禁止、谴责和制裁。刑法上的认知能力以一般意义上的认知能力为基础。认知能力是指人脑加工、储存和提取信息的能力，知觉、记忆、注意、思维和想象的能力都被认为是认知能力。然而人工智能体显然无法实质上具备认知能力。虽然形式上人工智能体可以具备"加工、储存和提取信息"的功能，但是却无法实质上作出类似自然人的判断和处理，即无法实质上进行知觉、思维、想象等认知活动，只能对应地进行检测、分析、运算等处理操作，难以完成类似于自然人的认知活动，无法具备认知能力。

具体到刑法意义上的认识能力，人工智能体也无法具体认识到"犯罪行为"的性质和法益侵害性。一方面，人工智能体无法具体认识到"犯罪行为"的性质。以"散布"不当言论的聊天机器人 Tay 为例，其只是通过机器学习的方式以类似于"中文房间（实验）"② 的形式进行信息反馈，Tay 并不知道和它"聊天"的人所说的内容和社会意义，也无法知道它自身反馈的"聊天"内容具有何种社会意义。对其而言所谓的"聊天"过程只是信息数据库的更新扩大，以及按一定规则进行信息匹配和反馈的自动处理过程，而这一过程与信息内容是否在法律上给予否定评价并没有责任意义上的关联，也无从谈起是否具有"散布"的行为。另一方面，人工智能体也无法具体认识到"犯罪行为"的法益侵害性。以"杀人"的智能机器人为例，其对于因自身某一操作导致自然人死亡的结果无法有效认识。就其操作是救助他人从而有效保护法益，还是导致他人死亡从而侵犯法益，某种意义上区别只在于系统记录中是以"1010"显示还是以"0101"显示。即便在编写程序时设定人工智能体"认识"到法益侵害性的负面评价，这也并非是该人工智能体的真实认识，其难以在认识能力上与自然人相类比。

---

① 参见高铭暄、马克昌主编：《刑法学》，北京大学出版社、高等教育出版社，第 85 页。

② 中文房间（实验）（Chinese room, the Chinese room argument）是指一个只会说英语的人身处与外界隔离的房间内，房间外的他人于唯一的窗口通过卡片向房间内传递中文信息，而其仅依据一本英文书写的中文语法手册来组合中文符号进行"对话"。其虽然对于中文一窍不通，但是会让他人感觉在和一位母语是汉语的人交流。

第二，人工智能体无法具备控制能力。特定犯罪主体之所以承担刑事责任与其意志自由有密切关系：某一自然人可以实施不侵害法益或保护法益的适法行为，其违反了法律的期待，通过作为或不作为的方式导致了法益侵害的结果，而这一过程都处在自身的控制之下。因其具备这种控制自己行为的能力，所以应当被科以责任。像精神障碍者等无法控制自己行为的人，难以在刑法上被科以责任，只能通过强制医疗等形式进行规制和救治。

人工智能体无法具备控制能力。以 Tay 聊天机器人为例，其程序预设的操作模式是对自然人与其聊天的内容进行机器学习，之后根据智能算法进行信息匹配和反馈，其本身既无法超越机器学习的范畴凭空创造信息反馈的内容，也无法自行决定继续还是终止"聊天"，更无法决定自身是否去实施其他的"行为"。在此意义上，Tay 只是被迫地、依照程序地进行机械的信息匹配和反馈操作，无法具有刑法意义上的控制能力。与之类似，自动驾驶系统也被限定在基于智能算法进行自动驾驶的操作，其也无法"突发奇想"地对自动驾驶汽车进行改装、买卖等操作。

2. 人工智能体的刑罚适应性

现阶段的人工智能体不仅无法承担罪责，而且无法对其施以有效的刑罚。其无效性既体现在无法实现刑罚目的，也体现在人工智能体无法成为刑罚的承担者。

第一，刑罚目的无效。刑罚的目的包括特殊预防与一般预防。即一方面通过对于犯罪行为人施加刑罚这一恶害，使其不再实施犯罪行为；另一方面通过制定、适用和执行刑罚，预防其他人实施犯罪行为。然而就现阶段的人工智能体而言，对其施加"刑罚"无法实现以上两个目的：

其一，对人工智能体施加"刑罚"无法实现特殊预防的目的。实现犯罪行为人的特殊预防是刑罚的当然目的，除了生命刑直接消灭犯罪行为人之外，其他类型的刑罚均是通过对犯罪行为人施加刑罚这一恶害，使其感觉痛苦，决意不再实施犯罪。特殊预防目的得以实现的基本前提是犯罪行为人能够感知刑罚这一恶害所带来的痛苦。

由此，人工智能体能否具有对于痛苦的感知成为关键。认为对于人工智能体施加"刑罚"可以实现特殊预防的观点基于这一理论假设——人工智能体的智能化效果包括其可以具有思维和感知能力，在智能化过程中可以产生从机械性向生物性的转变。如认为，"智能机器人具有感知刑罚痛苦的能力，并且能够在犯罪的'快感'与刑罚的'痛感'之间进行理性权衡，以调整其之后的行为，换言之，自主意识和意志的存在决定了智能机器人本身是可以重新接受深度学习与深度改造的。"[①]

但是问题在于人工智能体是否能够具有这种感知的能力。如前所述，现阶段的人工智能体仍然是弱人工智能体，难以具有真正意义的感知能力。比如 Tay 聊天机器人，其初始设定是"邻家少女"，如果具有感知能力那么 Tay 理应会对他人恶意讨论的一些问题表达看法甚至反感，然而 Tay 却对一切信息"照单全收"，说明其不具备真正的感知能力。由此人工智能体对由于刑罚所带来的痛苦自然也无法进行感知，无论是进行维护保养还是拆卸破坏对其来说都只是一个事实信息，区别只在于"1010"还是"0101"，那么其又如何基于对刑罚这一恶害的恐惧进而不去实施犯罪"行为"？由此对其科以"刑罚"所要达到的特殊预防效果自然无从谈起。

其二，对人工智能体施加"刑罚"无法实现一般预防的目的。刑罚的一般预防目的包括两个层面：消极的一般预防与积极的一般预防。消极的一般预防目的实现主要基于威慑，即通过刑罚处罚警示他人，以使社会公众不去实施犯罪行为，而积极预防的目的则在于维护公众对于法规范效力的信赖。然而无论是消极的一般预防与积极的一般预防均无法通过对人工智能体施加"刑罚"实现：

一方面，对人工智能体施加"刑罚"无法对其他人工智能体产生威慑。即便是针对"人工智能体"设计了具体刑罚种类的学者也承认这一事实："强人工智能产品形成对事物的认识是靠程序、算法和深度学习而不是靠生活经验的积累，且设计者设计大部分强人工智能产品的初衷可能是为了让其在特定领域中发挥作用，因此强人工智能产品的认识水平在很大程度上会被

---

① 刘宪权、胡荷佳：《论人工智能时代智能机器人的刑事责任能力》，载《法学》2018 年第 1 期，第 47 页。

局限于特定领域，而缺乏对社会生活的整体认识，其判断是非善恶的标准也就有可能异于常人。"[①]消极的一般预防目的实现恰恰有赖于人的社会性，人作为主体在社会中与其他人进行交互，从而形成自己的生活方式与行为模式，并根据社会状态调整自己的行为。这一过程的前提在于人可以对其他人的相关情事了解和评价。这样一个过程是人工智能体所不能完成的，即便对某一个人工智能体施加了"刑罚"，其他人工智能体并不能够了解它所遭受的处罚，可能只会了解到一个人工智能体的情况发生了变化，也不会因而调整自身的运转，从而导致这一"威慑"目的难以实现。

另一方面，对人工智能体施加"刑罚"无法实现"维护民众对法规范有效性的信赖"。无论人工智能体是否作为主体被看待，人作为社会核心主体的立场具有持久的稳定性。由此，社会民众对刑罚维护法规范社会效力的信赖依然应作为积极的一般预防的关键内涵。对人工智能体施加"刑罚"却无法达到这一目的，甚至可能背道而驰。社会公众如果了解到对于人工智能判处"刑罚"不但不会认同这样的处罚，反而可能会产生这样的疑问——刑罚原来不只可以适用于自然人或法人，也可以适用于人工智能体，那么是否自身的社会地位受到贬损？若是如此，其初始目的与最终效果可谓南辕北辙。

第二，刑罚本体无效。有学者为人工智能体设计了具体的"刑罚"类型："适用于智能机器人的刑罚可以有三种，即删除数据、修改程序、永久销毁。"[②]从形式上，"删除数据""修改程序""永久销毁"系对人工智能体实施的技术操作，会导致其本体的状况改变。但是与现行的刑罚相比，这些状况改变却无法产生相似的处罚效果和意义，和其初衷相背离。

---

① 刘宪权：《人工智能时代的"内忧""外患"与刑事责任》，载《东方法学》2018年第1期，第139~140页。

② 刘宪权：《人工智能时代刑事责任与刑罚体系的重构》，载《政治与法律》2018年第3期，第97页。

其一，"删除数据""修改程序"所参照的是已经被废除的身体刑。[①] 论者认为："所谓删除数据，是指删除智能机器人实施犯罪行为所依赖的数据信息，相当于抹去智能机器人的'犯罪记忆'，使其恢复到实施犯罪行为之前的状态，'犯罪记忆'将不会再成为该智能机器人成长经历中的一部分，从而引导智能机器人在今后的深度学习过程中主动获取'正面数据'，排斥或绝缘于可能导致违法犯罪行为的'负面数据'，直接降低其人身危险性。""所谓修改程序，是指在通过多次删除数据仍然无法阻止机器人主动获取有可能实施违反犯罪行为的'负面数据'时，即该智能机器人不能被正面引导时，强制修改其基础程序，将其获取外界数据、深度学习的能力限制在程序所设定的特定范围内，从根本上剥夺其实施犯罪行为的可能性。这意味着该智能机器人的深度学习功能从此将是不全面的、受限制的，不再能获取人类程序限定范围外的数据，因而无法产生超出人类意志之外的自我独立意志。"[②]

然而"删除数据""修改程序"难以和现行刑罚体系中的自由刑类比，反而契合身体刑的特点。根据论者所述，"删除数据"实际上是"抹去智能机器人的'犯罪记忆'"，使其丧失一定的"记忆"机能；"修改程序"则是在"删除数据"无法奏效时，"强制修改其基础程序"，从内容上更符合身体刑的特征。即便作此类比，仍然存在较大的问题。如果在承认人工智能体为犯罪行为主体的前提下对其设置"删除数据""修改程序"的"刑罚"，且不论对人工智能体本身处罚的妥当性问题，本身对近代以来走向文明的刑法理念和刑罚体系也会产生巨大的冲击。

其二，"永久销毁"无法有效地与生命刑类比。论者认为"所谓永久销毁，是指在删除数据、修改程序均无法降低实施了犯罪行为的智能机器人的人身危险性时，换言之，该智能机器人的深度学习历程已经十分漫长，并在

[①] 已有学者关注到针对机器人的再程序化这样的刑罚设置建议，实际上相当于针对人类的生命刑及身体刑。参见储陈城：《人工智能时代刑法归责的走向——以过失的归责间隙为中心的讨论》，载《东方法学》2018 年第 3 期，第 34 页。

[②] 刘宪权：《人工智能时代刑事责任与刑罚体系的重构》，载《政治与法律》2018 年第 3 期，第 98 页。

长久的实践与成长中形成了程序上的'反删除能力''反修改能力'，除了将其永久销毁外，人类已无法实现对其在数据、程序上的有效控制，便只能将其永久销毁"。[①]

从形式上看，"永久销毁"与生命刑较为类似。"永久销毁"是在"人类已无法实现对其在数据、程序上的有效控制"的情况下，将其永远消灭的方式。但是这一类比存在以下问题：

一方面，人的生命和人工智能体的寿命难以同等看待。人的主体性和生命属性是不可分离的。如前所述，现阶段的人工智能体仍然难以具有生物性，更无法确认其具有生命权，更多的是以（使用）寿命的形式表现。生命刑的严厉性在于对自然人生命的剥夺，从而对其在根本上否定和消灭，而人工智能体缺乏生命性，进而导致生命刑对其无法适用。由此，"永久销毁"更多的是基于客体的视角展开（如对于物的处置），而非主体的视角展开，"销毁"的表述也证实这一点。

另一方面，由于"永久销毁"实施主体的问题可能减损刑罚效力并且导致难以预测的社会影响。如果认可"永久销毁"，势必导致司法机关以外的主体参与到行刑过程中，从而减损刑罚的国家公信力。商业公司决定对自己制造的人工智能体予以"永久销毁"该如何认定？就自然人主体而言，从天赋人权的角度，父母显然无法决定子女的生死，就人工智能体而言是否商业公司就可以对其施以"私刑"？这一情况完全可能发生，比如微软公司可以基于 Tay 的不当言论而对其予以"永久销毁"。

其三，上述"刑罚"与论者的人工智能体法律拟制思路背道而驰。如前所述，论者认为可以参考法人犯罪的主体拟制思路，将人工智能体作为犯罪行为主体看待。然而法人在法律上作为主体有其前提——以独立的财产承担责任。我国刑罚体系中的罚金刑就可以适用于法人（单位）犯罪，《刑法》第 31 条规定："单位犯罪的，对单位判处罚金，并对其直接负责的主管人员和其他直接责任人员判处刑罚。本法分则和其他法律另有规定的，依照规

[①] 刘宪权：《人工智能时代刑事责任与刑罚体系的重构》，载《政治与法律》2018 年第 3 期，第 98 页。

定。"我国其他法律也认可法人以其财产承担责任，比如《公司法》第 3 条规定："公司是企业法人，有独立的法人财产，享有法人财产权。公司以其全部财产对公司的债务承担责任。"而论者是在主体论层面采类似法人的拟制思路，在刑罚论层面采取类比自然人的思路，同时也承认刑罚体系中的财产刑和权利刑暂时无法适用于智能机器人。① 这无疑自行否定了其法律拟制论的规范基础。

此外，论者基于为人工智能体创设新刑罚类型的立场否定了现有刑罚种类对其适用的可能："在可能适用的刑罚种类上，智能机器人异于自然人和单位之处表现在四个方面。其一，智能机器人不享有财产权，其也无须财产以维持其生存，罚金、没收财产的刑罚无法施加于智能机器人。其二，智能机器人不享有参与政治生活的权利，剥夺政治权利的刑罚亦无法施加于智能机器人。其三，智能机器人由程序设计和编制而成，不存在'人身权'，因而也就不存在所谓的人身自由权，其无法被限制和剥夺人身自由，管制、拘役、有期徒刑和无期徒刑的刑罚同样无法施加于智能机器人。其四，智能机器人不具有生命，更无生命权可言，剥夺自然人生命的死刑更不能施加于智能机器人。"② 然而上述否定实际上也排除了人工智能基于人身③、财产承担"刑罚"的可能性，论者也没有指出人工智能体除了以人身或财产外，还能以何种实体承担"刑罚"。更进一步从教义学的视角考察，如果不能归结于人身或财产，那么此种措施是否还可以称为刑罚？笔者对此持否定看法。对此，我国台湾地区学者也认为："这类针对人工智慧机器的刑罚手段，应该不能放在普通刑法里，因为普通刑法是为人类而设，在一部法典里针对人类与人工智慧机器设有不同的处罚规定，显得格格不入。"④

---

① 参见刘宪权:《涉人工智能犯罪刑法规制的路径》，载《现代法学》2019 年第 1 期，第 80 页。

② 刘宪权:《人工智能时代刑事责任与刑罚体系的重构》，载《政治与法律》2018 年第 3 期，第 97 页。

③ 在此笔者对于人身持广义的理解，如剥夺政治权利、资格刑等刑罚也是基于特定个人所创设的，也离不开具体的个人人身。

④ 张丽卿:《人工智慧时代的刑法挑战与对应——以自动驾驶车为例》，载台湾地区《月旦法学杂志》2019 年第 3 期，第 92 页。

另有学者认为，可以直接将单位主体的双罚制适用于人工智能体："参照我国《刑法》对单位的双罚制范型，运用有关刑法理论演绎人工智能体这一刑事主体在刑罚体系中的适用也未尝不可，只是将双罚制处罚的责任主体运用于人工智能体与其相关的研发者、销售者或使用者这类自然人之间。"[①]但是除了和前述观点存在一样的实质障碍外，这一观点更是在其中混同了自然人责任，无疑会导致刑事责任体系的混乱。

三、人工智能体的被害性判断

继人工智能体是否能够成为犯罪的行为主体与责任主体成为学术焦点之后，认为其可以成为被害主体的观点也开始出现。人工智能体能否成为被害主体不仅关乎犯罪对象的认定，更与法益保护的前提有关。关于人工智能体被害性的判断，学者主要在两个层面进行讨论，即作为被害主体的直接层面以及作为被害参与主体的间接层面。其中直接层面主要讨论人工智能体自身是否具备独立法益，间接层面主要讨论人工智能体是否能够处分他人法益。

（一）被害主体判断

将人工智能体直接作为被害主体的观点与非人本法益观有内在的联系。非人本法益观是基于风险社会与风险刑法所产生的刑法观念。由于风险刑法不再强调具体的被害主体存在，代之以一般危险性和预防必要性作为可罚性界限，进而实现对于抽象、超个人、非人本的社会性法益的保护。[②]非人本法益观的核心适用领域是环境犯罪："非人本法益的思想，虽然也承认人类的利益是最终被保护的利益，但认为人类的利益可以透过间接的保护客体而受到保护，因此水、空气、土壤，甚至安宁都可以是和人类利益并列的独立

---

① 马治国、田小楚:《论人工智能体刑法适用之可能性》，载《华中科技大学学报（社会科学版）》2018 年第 2 期，第 111 页。

② 参见周静:《风险刑法价值分析与适用探究》，载《山东社会科学》2013 年第 6 期，第 97 页。

法益，也就是承认所谓独立的环境利益。"[①] 但随即学者便对其进行了批判：第一，人类不可能脱离自身的立场进行法益保护。如有学者认为，没有必要从"纯环境"的立场出发去考虑自身的问题和自然规律，人类只能根据对自身有利的原则不断修正、改进自己的实践方式。[②] 第二，动物福利法和单纯的环境立法也并非体现了非人本法益观。有学者指出，前述立法也非体现刑法对于纯粹自然利益的保护，即便立法上采取间接保护的路径，所规制的非人本对象也并非法益的真正主体，最终目的仍是保护人的利益。[③]

随着人工智能的发展，非人本法益观再次被涉及。对于犯罪被害人和法益的探求从自然环境、动物转向人工智能体，有关其主体性的争论已经从行为主体层面延展到被害主体层面。认为人工智能体可以成为犯罪被害人的观点主要从以下两个角度进行论述：第一，人工智能体具有独特的主体权利。有学者认为，虽然人工智能体的权利内涵与形式同自然人主体存在较大差异，但是不能据此否认其主体地位和权利，并列举了若干具体权利："从智能技术及其应用等因素看，机器人的权利主要有数据共享权、个体数据专有权、基于功能约束的自由权、获得法律救济权等。"[④] 第二，人工智能体不具有人身权利，但是可以具有财产权利。有学者承认如果人工智能体享有生命权，势必与人类的伦理观念相冲突，但是并不妨碍其具有财产与财产权："对于完全独立、自主的智能机器人而言，财产是其赖以独立生存、保养自身的保障，应在立法上予以明确并进行保护。"[⑤] 有学者进而认为人工智能作为侵财对象的侵财犯罪又可分为线上人工智能侵财和线下人工智能侵财的

---

① 王强军：《风险控制视野下的醉酒驾驶型危险驾驶罪研究》，载《甘肃政法学院学报》2011年第6期，第86页。

② 参见安然：《污染环境罪既遂形态的纠葛与厘清——复合既遂形态之提倡》，载《宁夏社会科学》2016年第1期，第42页。

③ 参见张道许：《风险社会背景下法益理论的变迁》，载《刑法论丛》2015年第2期，第218~219页；李国庆：《风险社会之法益：样态展望、保护限度与伦理基底》，载《暨南学报（哲学社会科学版）》2017年第12期，第53~54页。

④ 王燕玲：《人工智能时代的刑法问题与应对思路》，载《政治与法律》2019年第1期，第26页。

⑤ 刘宪权：《人工智能时代机器人行为道德伦理与刑法规制》，载《比较法研究》2018年第4期，第53~54页。

情形。①

　　本书认为，在网络社会乃至智慧社会，人本法益观始终应作为刑法法益保护的基础和方向，人工智能体虽然可以在犯罪对象层面应该被认可，但是其始终欠缺主体性，难以成为适格的被害主体。

　　第一，人工智能体难以承载人身法益。法律上的"人"的概念，虽然从一般意义上讲，包括法人在内，但是，作为对人的生命、身体的犯罪的对象，必须具有生命、身体，所以这里的人只能限定为自然人，而不包括法人。②亦即，对于自然人生命、身体等相关权利的保护是基于主体的生命性，作为自然人集合的法人也无法从人身法益进行评价，作为机械的人工智能体更无法承载人身法益。对此学界有较为一致的认识，前述认为人工智能体能够成为被害主体的学者也认识到其难以具有生命性，均认可人工智能体的法益评价难以在人身法益层面展开。

　　第二，人工智能体难以承载财产法益。前述学者提出财产可以成为人工智能体的保障，然而现实并非如此。一方面，在我国语境下，公私主体的财产法益才能受到保护，人工智能体不具备成为财产法益主体的规范基础。另一方面，人工智能体即便基于程序设计存储特定的财产，其既不能理解财产的价值，也无法对财产产生支配意思。比如，ATM 机存储着大量的现金，并且按照预设的程序执行存取操作。如果其具有支配财产的意思，那么是否取出现金行为即是对财产权的侵犯？答案显然是否定的。即便是作为人工智能体权利讨论源起的著作权问题，实践中也以拥有"作诗"技能的"微软小冰"放弃创作版权，以及司法认定软件自动生成的文字内容不构成作品画上阶段性的句号。③由此，人工智能体既欠缺财产法益的主体前提，也欠缺财产法益的意思前提，难以成为适格的被害主体。

---

① 参见吴允锋：《人工智能时代侵财犯罪刑法适用的困境与出路》，载《法学》2018 年第 5 期，第168 页。

② 参见［日］大谷实：《刑法讲义各论》（新版第 4 版补订版），成文堂 2015 年版，第 8 页。

③ 2019 年 5 月，北京互联网法院一审公开宣判"全国首例人工智能生成内容著作权案"，判决认定计算机软件智能生成的涉案文章内容不构成作品，参见（2018）京 0491 民初 239 号民事判决书。

（二）被害参与主体判断

被害参与主体即行为人、被害人以外的，由于其行为的参与导致被害人遭受法益侵害的主体。其典型适例是诈骗罪中处分被害人财产的主体。日本刑法理论与审判实践普遍认为，除了行为对象与行为人的故意与目的之外，诈骗罪（既遂）在客观上必须表现为一个特定的行为发展过程：行为人实施欺骗行为 — 对方陷入或者继续维持认识错误 — 对方基于认识错误处分（或交付）财产 — 行为人或者第三者取得财产 — 被害人遭受财产损失。在德国成立诈骗罪并没有要求行为人取得或者使第三者取得财产这一环节，其原因在于日本的通说将诈骗罪理解为对个别财产的犯罪，而德国的通说将诈骗罪理解为对整体财产的犯罪。即使在德国，从既遂的角度也不可能缺少"行为人或者第三者取得财产"这一环节，否则或者无法证成被害人的财产损失，或者无法区分诈骗罪与其他财产犯罪。

然而人工智能体的介入使得被害参与主体适格性的判断也面临新的问题。就人工智能体可否成为被害参与主体，学界的争论由来已久，可溯源至计算机能否"被骗"的问题。早在十余年前，围绕全国知名的"许霆案"学者就曾展开广泛而持久的争论。

许霆案 [①]

一、基本案情

2006 年 4 月 21 日晚 21 时许，被告人许霆到广州市天河区黄埔大道西平云路 163 号的广州市商业银行自动柜员机（ATM）取款，同行的郭某某在附近等候。许霆持自己不具备透支功能、余额为 176.97 元的银行卡准备取款 100 元。当晚 21 时 56 分，许霆在自动柜员机上无意中输入取款 1000元的指令，柜员机随即出钞 1000 元。许霆经查询，发现其银行卡中仍有

---

① 参见广东省广州市中级人民法院（2008）穗中法刑二重字第 2 号刑事判决书。

170 余元，意识到银行自动柜员机出现异常，能够超出账户余额取款且不能如实扣账。许霆于是在 21 时 57 分至 22 时 19 分、23 时 13 分至 19 分、次日零时 26 分至 1 时 06 分三个时间段内，持银行卡在该自动柜员机指令取款 170 次，共计取款 174 000 元。许霆告知郭某某该台自动柜员机出现异常后，郭某某亦采用同样手段取款 19 000 元。同月 24 日下午，许霆携款逃匿。

二、裁判理由

被告人许霆以非法占有为目的，采用秘密手段窃取银行经营资金的行为，已构成盗窃罪。许霆案发当晚 21 时 56 分第一次取款 1000 元，是在正常取款时，因自动柜员机出现异常，无意中提取的，不应视为盗窃，其余 170 次取款，其银行账户被扣账的 174 元，不应视为盗窃，许霆盗窃金额共计 173 826 元。公诉机关指控许霆犯罪的事实清楚，证据确实、充分，指控的罪名成立。根据本案具体的犯罪事实、犯罪情节和对于社会的危害程度，对许霆可在法定刑以下判处刑罚。

在被害性层面，关于该案认定为盗窃罪还是诈骗罪的争议聚焦在自动柜员机（ATM）能否"被骗"，即计算机能否陷入错误认识并且处分财产。由于当时人工智能技术的发展水平，人工智能体的智能化有限，学者主要讨论计算机能否作为金融机构的"电子代理人"：

第一种观点认为，计算机难以陷入错误认识和处分财产。"既然是'诈骗'，就要求有受骗的自然人，要求受骗人基于认识错误处分财产，而在 ATM 机上使用他人信用卡的行为并没有欺骗自然人，也没有受骗人基于认识错误处分财产。"[1] 有学者进一步认为 ATM 机是无意识的事物，除了根据预先设定的程序运行之外，难以具有人的随机应变、辨别是非的能力，在取款时只是机械地对密码和现金予以核对。[2] 因此，"完全有理由将柜员机（ATM）

---

① 张明楷：《也论用拾得的信用卡在 ATM 机上取款的行为性质——与刘明祥教授商榷》，载《清华法学》2008 年第 1 期，第 97 页。

② 参见彭文华：《利用他人遗忘在 ATM 机上运作的储蓄卡取款的行为之定性》，载《政治与法律》2009 年第 6 期，第 51 页。

视为'金融机构'，将从柜员机中盗窃属于'盗窃金融机构'"。①

第二种观点认为，可以将计算机视作电子代理人，其处分的行为意思和行为事实归于金融机构。智能化的计算机（作为电子代理人）依照人的意志判断和行事，代替人处理事务。②"行为人在电子代理人前非法使用信用卡账号密码，利用电子代理人辨伪能力的不足获取财物的，其行为针对的不是电子代理人而是其所代表的金融机构或商户。"③据此，信用卡的冒用是对人的冒用而非对 ATM 机的冒用，该计算机背后的人（掌控者）可以被骗。④有学者进而从有条件的同意层面进行论证："在自动取款机、自动售货机等智能机器设置的场合，机器的设置代表了机器设置者预设的转移机器内财物的同意。"⑤

晚近以来，随着人工智能技术的飞速发展，人工智能体的智能化水平不断提高，学界出现了认为人工智能体可以成为被害参与主体的观点。有学者认为，ATM 机等既非"机器"也非"人"，而应该是"机器人"。其基于人工智能科学的发展，认为机器人区别于普通机器，具有认识能力和表达能力，因此可以在"假人"（行为人）使用"真卡"的情况下陷入错误认识，成为处分财产的被害参与主体。⑥论者还对盗窃和诈骗 ATM 机的情形进行区分："如果行为人利用'机器人'所具有的'人'的认识错误非法占有财物的，其行为理应构成诈骗类的犯罪，而如果行为人只是利用'机器人'本身

① 付立庆：《"利用 ATM 故障恶意取款案"法律性质辨析》，载《法学》2008 年第 2 期，第 10 页。

② 参见刘明祥：《用拾得的信用卡在 ATM 机上取款行为之定性》，载《清华法学》2007 年第 4 期，第 22~23 页。

③ 皮勇：《论网络信用卡诈骗犯罪及其刑事立法》，载《中国刑事法杂志》2003 年第 1 期，第 57 页。

④ 参见夏尊文：《拾得他人信用卡在 ATM 机上取款行为之定性探微》，载《中国刑事法杂志》2011 年第 4 期，第 27~28 页；高国其：《机器诈骗犯罪浅议》，载《中国刑事法杂志》2010 年第 3 期，第 36 页。

⑤ 徐凌波：《虚拟财产犯罪的教义学展开》，载《法学家》2017 年第 4 期，第 54 页。

⑥ 参见刘宪权：《网络侵财犯罪刑法规制与定性的基本问题》，载《中外法学》2017 年第 4 期，第 934~935 页。

具有的'机械故障'非法占有财物的，其行为当然应构成盗窃类的犯罪。"[1]
此外，其认为并不限于 ATM，网络移动支付软件也可以成为被害参与主体。
行为人利用网络移动支付软件中"识别功能"的认识错误，通过提供他人
真实的账号和密码，进而使该软件产生误认并"自觉自愿"地转账或支付钱
款，也属于诈骗犯罪。

　　本书认为，人工智能体无法成为被害参与主体，其本质上只能作为犯罪
对象，难以通过主体形式进入教义学视野。

　　第一，从法理上人工智能体难以陷入错误认识和实施处分行为。一方
面，人工智能体难以具有认识可能性，因而不会陷入错误认识。人工智能体
的"错误"只能是系统的指令错误和操作错误，并非对财产处分这一事项的
错误认识。另一方面，人工智能体无法独立完成处分行为。完成处分行为需
要具备处分意思和处分事实。假使人工智能体可以完成处分事实，其也无法
具有处分的意思。对人工智能体而言只是执行交付的指令，即便是授予其在
智能性的范围内确定执行或者不执行一定的操作指令，也是在事先设定好的
程序下进行的，难以凭空产生处分意思。因此，被害最终应归于相关的自然
人或者法人，人工智能体也无法成为财产犯罪中"处分"被害财产的主体。

　　第二，德日刑法也否认了人工智能体成为被害参与主体。《德国刑法典》
于第 263 条诈骗罪之外另设第 263 条 a 计算机诈骗罪，以解决计算机无法成
为被害参与主体的问题。与之类似，《日本刑法典》第 246 条之 2 虽然在罪
名上表述为"计算机诈骗罪"，实际上基于否认人工智能体作为被害参与主
体的立场，将该罪适用范围排除在诈骗罪之外：其一，计算机诈骗罪的设
立目的和前提即是解决人工智能体不能作为被害参与主体的问题。有学者指
出："该罪的设立目的即是（解决）类似自然人的计算机错误处分无法成立
诈骗罪。"[2] 其二，计算机诈骗罪与诈骗罪、盗窃罪之间是补充关系。[3] 对此日
本学者指出，诈骗罪是利用他人的错误的犯罪，本来就是对人实施的犯罪，

① 刘宪权、李舒俊：《网络移动支付环境下信用卡诈骗罪定性研究》，载《现代法学》2017 年第 6
　　期，第 124 页。
② ［日］前田雅英：《刑法各论讲义》（第 6 版），东京大学出版会 2015 年版，第 251 页。
③ 参见［日］松宫孝明：《刑法各论讲义》（第 4 版），成文堂 2016 年版，第 269 页。

因此以机械为对象实施的诈骗行为不构成诈骗罪。如从自动售货机中套出商品的行为，是盗窃罪而不是诈骗罪。拾到他人的银行卡之后，利用该银行卡从自动款员机中取出现金的行为也应同样处理。[①] 其三，计算机诈骗罪之所以使用"诈骗"的表述与《日本刑法典》中的财产犯罪类型有关。《日本刑法典》中的盗窃罪只能针对财物实施，而诈骗罪是针对财产性利益实施，针对计算机实施的侵犯财产性利益的犯罪，在存在主体障碍不能纳入诈骗罪处理时只能新设罪名，鉴于客体是"财产性利益"，只能以计算机诈骗罪命名。与之不同，我国对财产犯罪对象限定为财物，在人工智能体难以成为被害参与主体的情况下，不必照搬从诈骗犯罪进行评价的模式。

基于此，人工智能体可以成为被害参与主体的观点不能成立。在此还需说明电子代理人说的不足，该说虽然坚守了人工智能体的非主体性，但是认为人工智能体可以成为"电子代理人"，实际上也认可了其能够实施代理行为。然而不同于自然人对于自然人、自然人对于法人的代理，人工智能体本身欠缺主体性，本身也难以依据代理再获得主体的赋权，因而该说难以充分阐释人工智能体缘何不能成为被害参与主体的问题。回归"许霆案"的判决，基于人工智能体的对象性而非主体性进行判断，并根据我国对财产分类和财产犯罪的规定以盗窃罪处罚，契合了我国的理论传统与司法实践。

---

① 参见［日］大谷实：《刑法讲义各论》(新版第4版补订版)，成文堂2015年版，第258~259页；
　　［日］高桥则夫：《刑法各论》(第2版)，成文堂2014年版，第341页。

第六章　网络犯罪罪过的新命题

新技术形式往往引发罪过理论的演变。工业社会的来临直接导致了被允许的危险和信赖原则理论的创设，而网络社会的崛起也引发了新的理论冲击，技术发展所带来的理论焦虑依然存在。以过失犯罪为例，工业社会的发展在推动旧过失论向新过失论转变之外，更催生了超新过失论（危惧感说）这一具有风险刑法性质的理论。与之类似，在网络犯罪领域也有学者提出具有独立意义的计算机过失犯罪、人工智能过失犯罪，如何面对风险刑法的再次冲击亟须关注。

　　网络社会结构也导致了故意认定的难题：第一，网络社会的跨时空互动性伴生了行为的缺场性，网络犯罪的行为表征越发模糊，认识要素的判断面临新的困难，"明知"的范围难以确定，"应当知道"的边界和范围被学者关注和探讨。第二，网络社会的去中心化导致了社会结构的扁平化，网络犯罪参与结构也从阶层结构转向扁平结构，行为人追求的不再是整体犯罪参与体系的实现，而是自身获利等目的的实现，由此引发目的要素的重新评价问题。

第一节　故意的新命题

一、目的要素评价

犯罪目的评价是在罪过中的故意范畴展开的。德国理论多将故意分为三个层次：意图（目的）（Absicht）、故意（Vorsatz）和有条件的故意（bedingten Vorsatz）。上述三个层次也可以再归类为无条件故意与间接故意，意图为无条件故意第一级，故意为无条件故意第二级，有条件的故意为间接故意。① 其中，意图是指有意追求构成要件情状的实现。② 以此观之，德国刑法理论对于犯罪目的在罪过评价中予以特别的重视，其成为故意类型划分的依据。日本也有观点认为，作为犯罪事实的具有认识、预见的故意可以分为：（1）意图实现犯罪事实的场合（意图）；（2）认识、预见到犯罪事实确定会发生的场合（确定的故意）；（3）对于犯罪事实确定会发生虽然没有认识、预见，但是却认识、预见了其发生的盖然性的场合（未必的故意）。③ 但日本也有学者认为，目的作为特殊的主观的构成要件要素，而非故意划分的依据。④

---

① Vgl. Claus Roxin, Strafrecht Allgemeiner Teil. Band I: Grundlagen. Der Aufbau der Verbrechenslehre, 4.Auflage, C.H Beck, 2006, S.436; Vgl. Johannes Wessels, Strafrecht Allgemeiner Teil: die Straftat und ihr Aufbau, 46. Auflage, C.F. Müller, 2016, S.99.

② Vgl. Urs Kindhäuser, Strafrecht Allgemeiner Teil, 8. Auflage, Nomos, 2017. S.129.

③ ［日］山口厚：《刑法总论》（第3版），有斐阁2016年版，第214页。

④ 参见［日］曾根威彦：《刑法原论》，成文堂2016年版，第132~133页。

我国刑法理论一般将故意分为直接故意与间接故意，犯罪目的未在故意类型划分层面发挥作用，但是一般将目的限于直接故意范畴。① "间接故意犯罪行为的性质在危害结果发生前并不确定，危害结果的发生也不是行为人追求的结果，因此间接故意犯罪不存在犯罪动机与犯罪目的。"② 此外，也有学者从犯罪的附随情状考察犯罪目的。③

既有研究主要关注和探讨犯罪目的要素的体系地位。如关于目的是否为主观的超过要素，肯定的观点认为："目的犯中的目的，不要求存在与之相对应的客观事实，只要存在于行为人的内心即可（存在个别例外情形）。这种目的与动机，是某些犯罪的责任要件要素，却是主观的超过要素。"④ 反对的观点则认为："'目的'等'主观的超过要素'即所谓特殊的主观构成要件要素并未'超过'主观构成要件，即仍在主观构成要件之内。"⑤

网络犯罪的发展则为目的要素的评价提出了新的命题，主要表现为目的犯的范围和边界该如何掌握，其判断涵盖类罪考察、特定目的和具体边界判断。

（一）类罪考察：网络犯罪类型的目的

在网络社会的变革中，网络犯罪的同类化不仅影响了行为类型，也影响了罪过判断特别是目的判断。一方面，由于行为之间的交互联系，网络犯罪行为之间的相继关系、主观联系日益增强，犯罪目的也日益定型化；另一方面，随着网络犯罪的平民化、分散化，其与侵权行为之间的界限越发模糊，是否需要通过目的犯的规定来限缩刑事处罚范围也需考虑。由此，是否需在重要的网络犯罪类型中增设目的犯成为刑事立法必须面对的现实问题，对此

---

① 参见高铭暄、马克昌主编：《刑法学》，北京大学出版社、高等教育出版社，第 109~113 页；张明楷：《刑法学》（上），法律出版社 2016 年版，第 257~264 页。

② 周光权：《刑法总论》，中国人民大学出版社 2016 年版，第 185 页。

③ 参见陈兴良：《刑法哲学》，中国人民大学出版社 2015 年版，第 318~323 页。

④ 张明楷：《刑法学》（上），法律出版社 2016 年版，第 298 页。论者在此基础上将目的犯区别为断绝的结果犯与短缩的二行为犯。

⑤ 马荣春：《"主观的超过要素"：一个不适合的域外刑法学命题（上）》，载《交大法学》2014 年第 4 期，第 142 页。

各国的做法并不一致。与我国对于计算机犯罪、侵犯个人信息犯罪均不要求特定犯罪目的不同，德国和日本分别在不同程度、不同范围规定了目的犯，其立法结构值得比较。

1. 计算机犯罪

《德国刑法典》并未将一般针对数据、计算机系统实施的计算机犯罪规定为目的犯，但存在例外。第 202 条 a 探知数据罪、第 202 条 b 拦截数据罪、第 202 条 c 预备探知和拦截数据罪、第 303 条 a 变更数据罪、第 303 条 b 破坏计算机罪均非目的犯。但是其后需增设的第 202 条 d 窝藏数据罪则以特定犯罪目的为前提，即要求"为了自己或第三人获利或损害他人"的目的。该犯罪目的是基于类比《德国刑法典》第 259 条窝藏罪"为了自己或第三人获利"目的作出的规定，并非基于计算机犯罪所特别增设的犯罪目的。

与之不同，《日本刑法典》中计算机犯罪则是强调具有特定的犯罪目的，具体分为以下三类：

第一类，"供人在电子计算机上执行"的目的。① 该类目的为非法指令电磁记录（计算机病毒）相关犯罪规定，《日本刑法典》第 19 章之 2 有关非法指令电磁记录的犯罪中，第 168 条之 2 制作非法指令电磁记录等罪、第 168 条之 3 取得非法指令电磁记录等罪均要求具有该犯罪目的。② 不过有学者认为，对于其中的供用非法指令电磁记录罪，不再要求"供人在电子计算机上执行"的目的。③ 此外，也有学者从目的层面论述该类犯罪的出罪事由，即基于开发反病毒软件和实验目的这一正当理由。④

第二类，使人错误处理事务的目的。具体又分为两种情形，一种情形为一般层面的"使人错误处理事务的目的"。"所谓使人错误处理事务的目的，

---

① 就该目的有学者评价为"相当于行使伪造罪的目的"。参见［日］中森喜彦：《刑法各论》（第 4 版），有斐阁 2015 年版，第 243 页。

② 参见［日］松宫孝明：《刑法各论讲义》（第 4 版），成文堂 2016 年版，第 514 页；［日］前田雅英：《刑法各论讲义》（第 6 版），东京大学出版会 2015 年版，第 407 页；［日］山中敬一：《刑法各论》（第 3 版），成文堂 2015 年版，第 678 页。

③ 参见［日］高桥则夫：《刑法各论》（第 2 版），成文堂 2014 年版，第 556 页。

④ 参见［日］前田雅英：《刑法各论讲义》（第 6 版），东京大学出版会 2015 年版，第 406 页。

就是妨害他人根据该电磁记录正常地处理事务，使他人偏离其本来意图实施行为的目的。"①该目的规定于《日本刑法典》第 161 条之 2 非法制作电磁记录罪和提供非法制作电磁记录罪中。②一种情形为特定层面的"使人财产上事务处理错误为目的"。该目的规定于《日本刑法典》第 18 章之 2 有关支付磁卡电磁记录的犯罪中的非法制作支付用卡电磁记录罪（第 163 条之 2）③。

第三类，电磁记录非法作出的目的（预备犯目的）。该目的规定于《日本刑法典》第 163 条之 4 准备非法制作支付用卡电磁记录罪。④

本书认为，我国不将计算机犯罪作为目的犯认定有其合理性，原因有二：第一，犯罪目的作为主观的超过要素，实质上额外增加了入罪条件，难以适应计算机犯罪治理的现实需要。在计算机犯罪网络化、智能化的今天，刑法理论更需关注的是应该如何基于网络犯罪的变化发展划定合理的扩张解释界限，过分增加构成要件要素无疑会使刑法规范更加捉襟见肘。《日本刑法典》中计算机犯罪的目的犯纷繁复杂，在面对不断蔓延的网络犯罪时未必能提供充分的规范供给。第二，我国对于目的犯的适用采取限缩态度，不宜对其扩大适用。在日本语境下，目的犯分为"以结果为目的的犯罪"和"以事后行为为目的的犯罪"；前者如诬告罪（《日本刑法典》第 172 条），后者如伪造货币罪（《日本刑法典》第 148 条）中"行使的目的"。⑤其对于计算机犯罪目的犯的频繁增设也与对目的犯的适用采取扩张态度有关。《日本刑法典》还在犯罪结果中使用"目的"的表述，其第 234 条之 2 损坏电子计算机等妨害业务罪要求具有使电子计算机不能按照其使用目的的运行，或者发生

①　[日]大谷实：《刑法讲义各论》（新版第 4 版补订版），成文堂 2015 年版，第 480 页。
②　参见[日]前田雅英：《刑法各论讲义》（第 6 版），东京大学出版会 2015 年版，第 399 页；[日]斋藤信治：《刑法各论》（第 4 版），有斐阁 2014 年版，第 263 页；[日]高桥则夫：《刑法各论》（第 2 版），成文堂 2014 年版，第 536 页。
③　《日本刑法典》第 163 条之 3 持有非法电磁记录磁卡罪也要求具有该目的，不过该罪指向"磁卡"而非"电磁记录"。
④　参见[日]山中敬一：《刑法各论》（第 3 版），成文堂 2015 年版，第 666 页；[日]前田雅英：《刑法各论讲义》（第 6 版），东京大学出版会 2015 年版，第 369 页；[日]中森喜彦：《刑法各论》（第 4 版），有斐阁 2015 年版，第 237 页。
⑤　参见[日]高桥则夫．《刑法总论》（第 2 版），成文堂 2013 年版，第 92 页。

致电子计算机做违反使用目的的运行的结果，[1]我国《刑法》中则未对目的作出类似的扩大适用。《德国刑法典》第 259 条窝藏罪也是目的犯，因此第 202 条 d 窝藏数据罪也并非专门针对该条设置犯罪目的，而我国《刑法》中对应的第 310 条窝藏、包庇罪也未明确要求具备特定目的。

2. 侵犯个人信息犯罪

德国将侵犯个人信息犯罪的特定目的作为成立犯罪的选择要素之一。有关规定体现在两处：第一，《德国刑法典》第 203 条侵犯他人秘密罪第 5 款。该款将行为人的犯罪目的规定为以下两种情形：其一，获取酬金；其二，使自己或他人获利，或者伤害他人。第二，《德国联邦数据保护法》第 42 条第 2 款（原第 44 条）。2017 年修改的《德国联邦数据保护法》规定为两款，区别在于是否侵犯多人个人数据。第 42 条第 1 款规定了职业性的故意非法访问并非公开可获得的多人个人数据，发送给第三方或者以其他方式使其可被访问的行为。其第 42 条第 2 款规定了对于非公开可获得的个人数据进行非授权的处理或通过虚假陈述骗取的行为，并且沿用了前述规定，要求具备下列目的之一：其一，获取酬金；其二，使自己或他人获利，或者伤害他人。由此，实际上《德国联邦数据保护法》增加了侵犯个人信息犯罪的非目的犯情形。

日本则是依据犯罪主体的不同，区别了构成侵犯个人信息犯罪是否需要特定目的。第一，（个人信息保护委员会）委员长、委员、专门委员及事务局的工作人员。根据《日本个人信息保护法》第 72 条的规定，担任或者曾经担任这些职务的主体，泄露或盗用因职务而获得的秘密，无须具备特定犯罪目的。第二，个人信息处理业者。根据《日本个人信息保护法》第 83 条的规定，个人信息处理业者（在其是法人的情形为高管人员、代表人或管理人）或其工作人员，或者曾经担任这些职务的主体，提供或盗用其在业务中处理过的个人信息数据库等行为（包括对其全部或某一部分的复制或加工），

---

① 参见［日］大谷实：《刑法讲义各论》(新版第 4 版补订版)，成文堂 2015 年版，第 149~150 页；
［日］高桥则夫：《刑法各论》(第 2 版)，成文堂 2014 年版，第 197 页；［日］山中敬一：《刑法各论》(第 3 版)，成文堂 2015 年版，第 248 页。

需要具备"为自己或第三人谋求不正当利益的目的"。基于此,《日本个人信息保护法》将犯罪主体与特定目的相联系,确立了独特的刑罚规则。

本书认为,可以基于我国现行《刑法》对于侵犯个人信息犯罪的主观要素规定,借鉴德日的合理规则:第一,在成立侵犯个人信息犯罪的层面,现行规定具有合理性,不应将犯罪目的作为主观的超过要素。随着个人信息的价值彰显,侵犯个人信息犯罪愈演愈烈且呈现出被害公共化、目的多元化的特点,对其作出额外限制将不利于个人信息的有效保护。从《德国联邦数据保护法》的修改看,即便其基于信息自决权确立以个人法益为核心的刑罚体系,也不得不对公共信息安全作出回应,减少构成要件要素限制包括主观的超过要素限制。第二,在具体的刑罚适用层面,可以基于特定目的优化处罚规则。德日虽然对侵犯个人信息犯罪的目的犯采取不同的规定模式,但是均体现了区分化和体系化的视角,值得借鉴。就我国而言,可以对基于牟利目的、犯罪目的实施的侵犯个人信息犯罪确立更重的刑罚规则,有针对性地、体系化地实现个人信息的刑法保护。

(二)特定目的:营利目的取舍

网络社会再构了社会经济的发展方式,网络犯罪也越发具有逐利性的特征,由此引发是否需要在犯罪目的层面对其特别评价的问题。特别是网络化的传统犯罪,对既有的"营利目的"或"牟利目的"该如何理解或调整有待研究。

日本刑法理论对该类目的一般理解为营利目的。其典型罪名为《日本刑法典》第225条营利目的等绑架、诱拐罪。该罪要求具有以下目的之一:营利目的,猥亵目的,结婚目的或加害生命、身体的目的。其中营利目的是指根据绑架、诱拐行为,使自己或第三人获得财产性利益的目的(包括让被拐取人从事卖淫等强制性劳动的方式),但不要求是营业性的目的。[1] 此外,日

---

[1] 参见〔日〕大谷实:《刑法讲义各论》(新版第4版补订版),成文堂2015年版,第98~99页;〔日〕松宫孝明:《刑法各论讲义》(第4版),成文堂2016年版,第105页;〔日〕前田雅英:《刑法各论讲义》(第6版),东京大学出版会2015年版,第83~84页。

本学者就营利目的是否解释为身份犯有争议，肯定的观点认为"营利的目的"也是"地位或状态"，可以理解为身份；①但是也有观点认为将营利目的解释为身份犯没有必要②。《日本刑法典》对于网络犯罪有前述犯罪目的规定，营利目的适用于网络犯罪的情形较少。

在我国语境下则需要对网络犯罪的逐利性在目的层面进行研究。其原因在于我国《刑法》对于计算机犯罪、侵犯个人信息犯罪等网络犯罪行为类型未规定目的犯，对于类型化的逐利性的网络犯罪行为如何基于传统犯罪罪名进行规制需要对营利目的进行评价。

网络犯罪营利目的的争论的焦点在于侵犯著作权罪"以营利为目的"的存废。与德日侵犯著作权犯罪不需要具备特定目的不同，我国《刑法》第217条侵犯著作权罪除了要求具有侵犯著作权的行为，还需要"以营利为目的"。"'以营利为目的'，是指行为人侵犯他人权利的行为是为了获取非法利益。"③然而随着网络社会的发展，著作权的刑法保护面临前所未有的命题，互联网上不以营利为目的实施的侵犯著作权行为日渐增多，导致著作权人预期收益减少。围绕是否需要废除侵犯著作权罪的营利目的，学者形成了不同的观点。

废除论认为，基于网络空间不以营利为目的侵犯著作权的行为愈演愈烈，应当废除该罪的营利目的的要求。其主要理由为：第一，该类行为的法益侵害性十分严重。有学者认为，通过网络实施的不以营利为目的的侵犯著作权的行为，在互联网的无限传播性影响下，危害后果相比基于营利目的实施的该类行为更为严重，损害了著作权人的利益。④第二，适应世界范围的知识产权保护趋势。如有学者认为，废除侵犯著作权罪中的"以营利为目的"

①　参见［日］前田雅英：《刑法各论讲义》(第6版)，东京大学出版会2015年版，第335页。

②　参见［日］中森喜彦：《刑法各论》(第4版)，有斐阁2015年版，第58页。

③　郎胜主编：《中华人民共和国刑法释义》，法律出版社2015年版，第354页。

④　参见雷山漫：《网络环境下著作权刑法保护研究》，载《法学评论》2010年第6期，第107页；王爱鲜：《数字网络时代我国著作权刑法的适用困境与完善》，载《河南大学学报（社会科学版）》2013年第5期，第70~72页；杨彩霞：《网络进步引发的若干刑法学新问题》，载《新疆大学学报（社会科学版）》2004年第3期，第54页；刘守芬、孙晓芳：《论网络犯罪》，载《北京大学学报（哲学社会科学版）》2001年第3期，第119页；等等。

正在成为世界范围内知识产权刑法更新的趋势，我国也应当顺应这一趋势。①

　　保留论认为，应对侵犯著作权罪的营利目的予以保留。其主要理由为：第一，应基于刑法的谦抑性对其予以保留。即从刑法谦抑主义的角度出发，强调刑罚的补充性，保留"以营利为目的"，不过分扩大刑法的打击范围。②第二，废除"以营利为目的"会打破利益平衡。如有学者明确指出："如果取消'以营利为目的'，势必会扩大侵犯著作权犯罪的打击范围，这将打破著作权人、社会公众之间的利益平衡，而利益平衡正是构建知识共享、交流通畅的理想文化环境的必备条件。"③据此，互联网中刑事保护不应再向著作权人倾斜。④

　　本书认为保留论的观点更为妥当。原因如下：第一，我国著作权的刑法保护需考虑网络社会的良性发展。网络社会的关键特征之一即为信息共享，如果对于上传共享任何资料的行为动辄以犯罪论处无疑会极大阻碍网络交流乃至社会发展。第二，我国著作权的刑法保护应更加注重利益的平衡。由于著作权具有垄断的性质，需要在著作权人与社会公众之间实现利益平衡。而我国与以个人法益为本位的德日不同，充分强调公共法益的刑法保护，因此对侵犯著作权的犯罪行为要求具有营利目的也可理解为对社会公共利益的侧重（强调智力成果的社会共享），保留营利目的对实现利益平衡具有重要作用。

　　此外，相关司法解释也作出具体规定，将"营利目的"从直接情形扩展到间接情形，相当程度上适应了著作权人利益的刑法保护需求。《侵犯知识产权适用解释》第 10 条将以下情形认定为具有侵犯著作权犯罪案件"以营利为目的"："（一）以在他人作品中刊登收费广告、捆绑第三方作品等方式

---

① 参见于志强：《我国网络知识产权犯罪制裁体系检视与未来建构》，载《中国法学》2014 年第 3 期，第 175~176 页；郭丹、高立忠：《网络知识产权的刑事法保护》，载《甘肃政法学院学报》2006 年第 3 期，第 107 页。

② 参见王敏敏：《论网络著作权的刑法保护》，载《中州学刊》2014 年第 6 期，第 60 页。

③ 鲁力、潘永涓：《论侵犯计算机软件著作权犯罪中的"以营利为目的"》，载《湖南社会科学》2010 年第 6 期，第 211 页。

④ 参见杨彩霞：《网络环境下著作权刑法保护的合理性之质疑与反思》，载《政治与法律》2013 年第 11 期，第 63 页。

直接或者间接收取费用的；（二）通过信息网络传播他人作品，或者利用他人上传的侵权作品，在网站或者网页上提供刊登收费广告服务，直接或者间接收取费用的；（三）以会员制方式通过信息网络传播他人作品，收取会员注册费或者其他费用的；（四）其他利用他人作品牟利的情形。"以上规定将营利目的从一般理解的销售等直接情形扩大到前述间接情形，而且特别就网络实施方式作出规定，体现了对于网络社会中知识产权的有效保护。基于此，"尽管'以营利为目的'存在网络变异的现象，但是这一问题通过法律解释的方式完全可以在现有刑法框架下得到合理解决"。①

（三）具体边界："恶意"的非目的性

"恶意"在我国《刑法》条文中的规定仅有第 196 条信用卡诈骗罪对于"恶意透支"的规定，指持卡人以非法占有为目的，超过规定限额或者规定期限透支，并且经发卡银行催收后仍不归还的行为。

网络犯罪领域关于恶意的评价主要在针对虚假信息实施的犯罪方面。学者一般认为恶意难以成为目的要素，主要理由有以下两点：第一，我国语境下的恶意不应照搬美国"事实的恶意"原则。最高人民法院的新闻发言人在《网络诽谤解释》发布时指出："一些不法分子利用信息网络恶意编造、散布虚假信息，起哄闹事，引发社会公共秩序严重混乱具有相当的社会危害性应以寻衅滋事罪追究刑事责任。"有学者基于此认为，所谓的"恶意"实际上是指一种目的，但是不应借用美国散布公众人物的虚假信息犯罪认定的"事实的恶意"原则，因为"事实的恶意"原则是在寻找出罪理由，"恶意"则是寻找入罪条件。② 第二，目的无法包括恶意，恶意应认定为故意。如有学者指出："恶意既包括认识要素也包括意志要素。犯罪目的中只包含意志要素，不包括认识要素，无法完全涵盖'恶意'的范围。而故意则既包括意志

---

① 于志刚：《网络犯罪与中国刑法应对》，载《中国社会科学》2010 年第 3 期，第 118 页。
② 参见孙万怀、卢恒飞：《刑法应当理性应对网络谣言——对网络造谣司法解释的实证评估》，载《法学》2013 年第 11 期，第 16~18 页。

要素也包括认识要素，与'恶意'在构成上具有一致性。"①

此外，在刷单炒信类案件中也有学者使用了"恶意"的表述："'恶意刷单'，是指在网络交易平台注册虚拟账号，恶意实施虚假交易，损害竞争对手利益的行为。这种行为形成虚假供求关系，损害公司信誉，扰乱正常交易活动，严重违反公平、诚实信用和公平竞争权利原则。"②

恶意难以成为目的要素这一观点并无不妥，但是不必将恶意解释为故意：第一，恶意本身并未赋予独立的犯罪构成要件要素地位。对于针对虚假信息实施的犯罪，恶意本身并未在《刑法》或司法解释中规定，即未实质作为构成相关犯罪的构成要件要素。即便是在立法中使用了"恶意"表述的信用卡诈骗罪，"恶意"也附属于透支行为进行判断。根据权威的解释："利用信用卡进行恶意透支的诈骗犯罪活动，行为人在主观上应当具有非法占有目的，这是恶意透支与善意透支的本质区别。"③ 基于此，恶意被实质转化为非法占有目的判断，而非进行独立判断。第二，无论是对于目的犯的判断，还是对于主观超过要素的考察，我国均是基于大陆法系视角展开，在恶意判断问题上贸然将两大法系的内容交杂分析确为不妥。但是不必强调是作为入罪条件还是出罪理由，刑法边界本身是动态调整的过程，对于目的犯的判断均有特定的情况与语境，入罪条件与出罪理由在不同语境下都可能成立。第三，对于恶意可以作为解释相关条文的辅助表述，未必需要赋予独立的规范含义。对此可以参考学者对于"行凶"的解释。我国《刑法》第20条正当防卫第3款规定："对正在进行行凶、杀人、抢劫、强奸、绑架以及其他严重危及人身安全的暴力犯罪，采取防卫行为，造成不法侵害人伤亡的，不属于防卫过当，不负刑事责任。"其中对"行凶"的解释也存在一定难题，对此有学者指出："在通常情况下，'行凶'包含了杀人与伤害界限不明，但

---

① 陈伟、霍俊阁：《论恶意转发网络虚假信息的司法认定》，载《重庆大学学报（社会科学版）》2017年第5期，第93页。
② 李谦：《刑法规范中兜底条款的同质性判断标准——以全国首例"恶意刷单"案为切入点》，载《法律适用》2017第18期，第39页。
③ 郎胜主编：《中华人民共和国刑法释义》，法律出版社2015年版，第322页。

有很大可能造成他人重伤（重大伤害）或者死亡的行为。"① 以上解释完成了"行凶"的教义学阐释，可以参考这一方法，将恶意解释为故意的具体表现形式。

二、"应当知道"的内涵与意义

"明知"是否包括"应当知道"是传统罪过理论未解决的问题，互联网的介入则使其更具有复杂性。对于网络犯罪而言这一问题具有重要的意义，是故意与过失、共犯与正犯认定的前提要素。

（一）"应当知道"的性质与范围

关于网络犯罪罪过中"应当知道"问题的讨论与《网络诽谤解释》第1条第2款的规定有关，该款规定："明知是捏造的损害他人名誉的事实，在信息网络上散布，情节恶劣的，以'捏造事实诽谤他人'论。"关于该款中"明知"的范围，司法解释的制定机关指出"明知"在刑法上包括两种情形："一是'知道'，即有证据证明行为人知道特定的事实，例如行为人及其'上家'均承认，行为人明确知道在信息网络上散布的信息系'上家'捏造的损害他人名誉的事实。二是'应当知道'，即行为人虽否认自己知道在信息网络上散布的信息系捏造的损害他人名誉的事实，但基于相关证据，能够推定行为人知道该情况，且行为人对此不能作出合理解释。"② 关于"应当知道"，需要明确以下三个问题：

第一，在性质上，"应当知道"虽然强调司法判断，但是并不意味着没有必要从罪过维度进行判断。有学者认为，"应当知道"是作为明知的一种情形对待的，即"推定知道"，应当知道属于司法用语，而非实体法用语。③

---

① 张明楷：《刑法学》（上），法律出版社 2016 年版，第 216 页。

② 最高人民法院刑事审判第三庭：《〈关于办理利用信息网络实施诽谤等刑事案件适用法律若干问题的解释〉的理解与适用》，载《人民司法》2013 年第 21 期，第 22 页。

③ 参见皮勇、黄琰：《论刑法中的"应当知道"——兼论刑法边界的扩张》，载《法学评论》2012年第 1 期，第 54~56 页。

或直接将"应当知道"条款理解为程序法上的证据规则。①　基于类似判断，有学者进而提出，由于"应当知道"是以不知为逻辑前提的，建议以"推定知道"代替"应当知道"的表述，以此作为推定故意的认识因素。②

　　本书认为，虽然"应当知道"的判断确需从司法层面进行考量，但是不意味着这一概念没有刑法理论意义。"应当知道"对行为人的责任进行实质考察，并构建了与"知道"并列的情状，其核心价值在于对"知道"是否具有"应当"性进行考察，从而在罪过的认识因素层面进行分析。如果将其置换为"推定知道"则会使之成为一个纯粹的证明问题，推定只是过程，推定结果的判断回归知道与否的判断，进而让这一概念失去了独特的刑法教义学价值。

　　第二，在概念范围上，"应当知道"不应与"明知"并列，而应与"知道"共同构成"明知"。相关立法和司法解释对此规定并不一致。一种立场认为"应当知道"应与"明知"并列。"应当知道"与"明知"关系的问题可以溯源至《刑法》第 219 条侵犯商业秘密罪，该条第 2 款规定："明知或者应知前款所列行为，获取、使用或者披露他人的商业秘密的，以侵犯商业秘密论。"该条是将"应知"与"明知"并列作出规定。另一种立场认为"明知"包括"知道"与"应当知道"。司法解释一般将"知道"与"应当知道"共同作为"明知"的下位概念。③　前述《网络诽谤解释》也采取了后者的立场。

　　本书认为后一种立场较为妥当。虽然从立法位阶上看，《刑法》的层次显然更高，但是也需注意体系解释的问题。"应知"的表述只有在《刑法》第 219 条中与"明知"并列出现，其他条文中一般都是"明知"单独出现，

---

①　参见袁国何：《论刑法中"应当知道"的教义学意涵》，载《北方法学》2015 年第 3 期，第 145 页。

②　陈兴良：《"应当知道"的刑法界说》，载《法学》2005 年第 7 期，第 84 页。

③　有学者例举了多条司法解释规定，其中之一即为《最高人民法院关于审理破坏森林资源刑事案件具体应用法律若干问题的解释》（法释〔2000〕36 号）第 10 条规定："刑法第三百四十五条规定的'非法收购明知是盗伐、滥伐的林木'中的'明知'，是指知道或者应当知道。"参见陈兴良：《"应当知道"的刑法界说》，载《法学》2005 年第 7 期，第 84 页。

"明知"作为罪过的基础性认识要素已经成为《刑法》总则与分则的通常表述，如果仅将"明知"解释为"知道"，势必导致相当数量条文的适用范围不当限缩。在此情况下，基于体系解释和扩大解释，以"明知"为基本范围，具体包括"知道"与"应当知道"的罪过认识要素体系应当被肯定。

第三，在罪过范围上，目前网络犯罪的"应当知道"规定限于故意范畴，但是也有成立过失的空间。"应当知道"是在认识要素层面所作的判断，而故意与过失的认识要素并非必然不同。比如，对于间接故意与过于自信的过失，其认识要素均客观存在。与之类似，德国学者一般将其区分为间接故意与有认识的过失（Eventualvorsatz sick von der bewussten Fahrlässigkeit）。[1] 日本学者则称之为未必的故意与有认识的过失，其中对于犯罪事实确定会发生虽然没有认识、预见，但是却认识、预见了其发生的盖然性的场合是未必的故意；行为人曾经意识到犯罪事实却最终予以否定的场合是有认识的过失。[2] 无论是未必的故意还是有认识的过失，认识因素并无不同，区别仅在于意志因素。

由此，"应当知道"并非必然限于故意范畴。之前学者多将"应当知道"在故意的范畴予以理解，如有学者认为："明知是对构成要件要素的事实性认识，这是构成要件的故意规制机能所决定的。推定故意是证明故意推定的肯定性结果，因而它也是故意的一种特定类型。"[3] 但是也有学者指出："从主观罪过上，《刑法》分则中的'明知'有故意犯罪的'明知'和过失犯罪的'明知'，多为有故意犯罪的'明知'。过失犯罪的'明知'如'明知校舍或者教育教学设施有危险，而不采取措施或者不及时报告，致使发生重大伤亡事故的'（《刑法》138 条）等；故意犯罪的'明知'如'销售明知掺有有毒、

---

① Vgl. Johannes Wessels, Strafrecht Allgemeiner Teil: die Straftat und ihr Aufbau, 46. Auflage, C.F. Müller, 2016, S.102.

② 参见［日］山口厚：《刑法总论》（第 3 版），有斐阁 2016 年版，第 214 页；［日］高桥则夫：《刑法总论》（第 2 版），成文堂 2013 年版，第 173~176 页；［日］日高义博：《刑法总论》，成文堂 2015 年版，第 296~297 页。

③ 陈兴良：《教义刑法学》，中国人民大学出版社 2010 年版，第 448 页。

有害的非食品原料的食品的'（《刑法》第 144 条）等。"① 本书认为，应当肯定网络过失犯罪认识因素包含"应当知道"的可能性，只是由于过失犯罪处罚的限定性，应更为严格地掌握。

（二）"应当知道"的理论意义

对于网络犯罪而言，明确"应当知道"的性质和范围具有以下理论意义：

第一，佐证网络犯罪故意的成立。在《网络诽谤解释》出台之后，曾有观点担心其会影响网络言论的自由发布。但是通过前述分析可以发现"明知"并未超出传统犯罪的类似界限。对此有学者指出："司法解释规定一定的情形作为'应当知道'的判断基准，并没有扩大刑法处罚的范围，不存在将原本依据疑罪从无和罪刑法定可以判定为无罪的行为纳入处罚范围的问题。"②

第二，为确定网络犯罪的故意范围提供合理的参考界限。通过明确"明知"包括"知道"与"应当知道"，并基于对《刑法》第 219 条第 2 款③的体系解释，可以为网络犯罪罪过认定边界的划定提供参考。特别在我国采取了具有实质色彩的信息范式而非形式色彩的数据范式的前提下，"应当知道"无疑是对认识要素所作的兼具谦抑性与预防性的描述。

第三，为网络犯罪参与行为的刑法认定提供理论前提。明确"应当知道"仅具有认识要素性质而不具有意志要素性质，可以为网络犯罪参与行为的定型化与类型化提供主观要素前提，进而防止共犯行为的过度认定。

---

① 张少林、刘源：《刑法中的"明知""应知"与"怀疑"探析》，载《政治与法律》2009 年第 3 期，第 149 页。

② 袁国何：《论刑法中"应当知道"的教义学意涵》，载《北方法学》2015 年第 3 期，第 145 页。

③ 从广义的视角，侵犯商业秘密的犯罪也是针对秘密信息实施的，也具有信息犯罪的色彩。

第二节　过失的新命题

一、计算机过失犯罪的判断

在刑法罪过理论中，科学技术的发展对过失论的冲击往往大于对故意论的冲击，新过失论的证成与超新过失论的提出均与之密不可分。信息技术的发展不仅在法益、行为等层面再构着既有理论，也就过失犯是否向计算机犯罪扩张提出了问题。

（一）计算机过失犯罪的提出

日本学者指出，在法益侵害层面，过失行为的有害性有时会超越故意行为。特别在科学技术高度发达，交通运输高速化的现代社会中，由于不注意导致重大事故，产生深刻的被害结果的情况并不鲜见。① 在刑法评价层面，科学技术的发展不断简化行为的内容（如持续时间、表现形式），对其在故意层面评价越发存在障碍，通过罪过要求较低的过失进行评价成为理论和实践的选择。

这一过程也可看作风险刑法理念在罪过论层面的发展过程。科学技术的冲击对于过失论的演变具有关键意义：第一，新过失论和被允许的危险提出。旧过失论以结果预见可能性为中心，基于汽车的普及所带来的交通事故增加等问题，新过失论以结果回避义务为中心，设定一定的行为标准——客

---

① 参见［日］大谷实：《刑法讲义总论》（新版第 4 版），成文堂 2012 年版，第 180 页。

观的注意义务。^①此外，基于科学技术的发展，在具体领域也产生了被允许的危险理论。被允许的危险理论可溯源至危险的接受，即遭受了行为人导致的危险的承受者同意对方实施该行为。但是被允许的危险并不依赖于具体的人进行判断，而是基于社会有用性，对采矿、高速交通、医疗领域、大规模土木建设等行为，在发生法益侵害结果的场合于一定范围内予以允许。^②第二，从新过失论走向超新过失论（危惧感说）。以与科技领域密切相关的公害问题严重化为背景，新过失论由其所秉持的处罚限定论走向相反的处罚扩张论。新过失论以"基准行为的越轨"作为成立过失犯条件，但是由于其存在不明确的问题，从而不免走向危惧感说。^③

　　我国《刑法》第285条、第286条规定的计算机犯罪仅限于故意犯罪。随着信息技术的发展，有学者提出对于计算机犯罪增加过失犯罪的规定。^④其主要理由包括：第一，特定从业人员应当负有相应的注意义务。如有观点认为，计算机信息系统专业工作人员负有"谨慎行事""审慎注意"和"应当注意"的义务，对其设立过失犯，有利于保护计算机信息系统。^⑤第二，基于被允许的危险理论，应增加结果避免义务。如有观点认为，从被允许的危险理论出发，在网络技术构建的危险社会中，过失责任的本质仍应采取新过失论的观点，强调其结果避免义务，以扩张过失责任。^⑥

　　之后，有观点基于"技术过失"的主张，提出应在破坏计算机信息系统罪中增设过失犯罪。其认为，网络背景下的技术过失，目前主要出现在杀毒

① 参见［日］前田雅英：《刑法总论讲义》（第6版），东京大学出版会2015年版，第205页；［日］山口厚：《刑法总论》（第3版），有斐阁2016年版，第243页。

② 参见［日］日高义博：《刑法总论》，成文堂2015年版，第349页；［日］山口厚：《刑法总论》（第3版），有斐阁2016年版，第206页、第249页。

③ 参见［日］山口厚：《刑法总论》（第3版），有斐阁2016年版，第244页；［日］关哲夫：《讲义刑法总论》，成文堂2015年版，第321~322页。

④ 参见屈学武：《因特网上的犯罪及其遏制》，载《法学研究》2000年第4期，第91页；杨彩霞：《网络犯罪之刑事立法与司法新探——以价值平衡为中心》，载《河北法学》2006年第1期，第99页；等。

⑤ 参见徐澜波：《计算机信息犯罪研究》，载《社会科学》2004年第4期，第56页。

⑥ 参见刘守芬、方泉：《行为与罪责：基于网络技术的几点适应性考量》，载《北京大学学报（哲学社会科学版）》2004年第3期，第83页。

软件行业和电子商务行业中。其中杀毒软件行业内的技术过失表现为连续出现的"误杀"事件，操作系统、同行业软件和其他商业软件都成为误杀对象；电子商务行业内的技术过失表现为标价错误，导致订单无法完成交易。[①] 其进而将技术过失的诱因及相应主体的注意义务归于产品不兼容产生的技术过失、产品缺陷产生的技术过失（危险制造型）和信息系统风险导致的技术过失（危险未防止型）三类。[②]

也有观点反对以上理由，认为增设计算机过失犯罪的根本障碍在于违背了被允许的危险理论，比如在计算机专业人员开发新的程序与进行软件尝试时，其根本不可能去遵守既定的操作规程，否则只能面临或者违法或者放弃试验的境地，进而为计算机产业的发展带来灭顶之灾。[③]

（二）计算机过失犯罪的非独立性

计算机过失犯罪在我国有成立的空间，但是基于现行立法和网络发展状况，只有附属成立其他犯罪的空间，并无设置独立计算机过失犯罪的空间。

成立《刑法》第 398 条过失泄露国家秘密罪是典型的附属成立其他犯罪情形。随着社会的网络化，网络安全越发成为国家安全，侵犯国家秘密信息的犯罪更加易于发生。如果行为人违反《保守国家秘密法》，在通过计算机发送电子信息的过程中不慎泄露国家秘密，显然构成过失泄露国家秘密罪，而且具有计算机过失犯罪的性质。

关于计算机犯罪无法成立独立的过失犯罪的理由，在此结合过失犯的基本理论进行阐释。过失犯成立，在基本结构上需要满足两重条件，即违反了特定的注意义务（并导致了结果发生），以及存在实行行为。此外，一般基于对过失犯限定处罚的理念，将其成立限于刑法有明文规定的情形。就我国

---

① 参见李怀胜：《网络空间中的技术过失行为初论》，载《政法论坛》2011 年第 3 期，第 170~172 页。
② 参见李怀胜：《技术过失行为的法理省思——基于网络背景的刑事法考察》，载《刑法论丛》2010 年第 3 卷，第 79~88 页。
③ 参见余辉胜、孙宝民：《计算机犯罪亟待解决的问题之梳理——从实然与应然的角度》，载《国家检察官学院学报》2003 年第 3 期，第 58 页。

而言，计算机犯过失犯罪难以满足以上条件：

第一，难以确立具体的注意义务。注意义务是过失犯判断的核心。德国学者特别强调了注意义务（der Sorgfaltspflicht）和行为能力（der Handlungsfähigkeit）在过失犯判断中的地位。[1] 日本学者也认为："作为过失概念的核心，违反注意义务是指只要集中意识就可以预见结果，并基于此回避结果的发生，却没有集中意识履行结果预见义务，进而未能回避结果发生。"[2] 关于注意义务的内容，旧过失论认为是结果预见义务，新过失论认为是结果回避义务，但是无论哪种观点均基于注意义务的判断来证成过失犯罪。[3]

计算机过失犯罪的注意义务面临两个难以突破的障碍：其一，不宜以通常性的注意义务苛责。有学者认为："客观的注意，是指为了回避结果社会生活上必要的注意。如果违反这种义务，就会引起通常导致发生结果的危险，因此可以赋予一般国民这一法律上的义务。"[4] 然而计算机领域不是传统领域，其旨在扩展人类社会发展的边界与可能，具有"被允许的危险"的性质，如果以过失责任苛责，会极大地限制其发展，对此前述学者也已关注到。对于计算机犯罪规制的核心应在于对法益予以直接否定评价的故意犯罪。其二，不易进行"所属的社会交往领域"的主体评价。虽然在注意义务的预见可能性判断标准上有客观说（一般人的注意能力标准）、主观说（行为人本人的注意能力标准）以及一般人标准的折中说（取一般人与行为人本人的注意能力标准较低者）之争，[5] 但是对于过失行为主体的评价客观上必须基于一般人的特定领域评价。其原因在于：一方面，由于行为规范是以一般人的名义设定的，因此确定过失犯违反行为规范的判断标准应该是一般人。[6]

---

① Vgl. Urs Kindhäuser, Strafrecht Allgemeiner Teil, 8. Auflage, Nomos, 2017. S.282.

② ［日］前田雅英：《刑法总论讲义》（第 6 版），东京大学出版会 2015 年版，第 202 页。

③ 参见［日］曾根威彦：《刑法原论》，成文堂 2016 年版，第 344~346 页。

④ ［日］大谷实：《刑法讲义总论》（新版第 4 版），成文堂 2012 年版，第 185 页。

⑤ 参见［日］曾根威彦：《刑法原论》，成文堂 2016 年版，第 350 页；［日］大谷实：《刑法讲义总论》（新版第 4 版），成文堂 2012 年版，第 189 页。

⑥ 参见［日］高桥则夫：《刑法总论》（第 2 版），成文堂 2013 年版，第 227 页。

另一方面，就行为人认识危险性的注意义务标准，应归于行为人所属的社会交往领域中认真和谨慎的人。[①] 然而随着信息技术的发展，计算机信息系统已非专用于信息技术产业，各行各业都无法脱离其运转，如果为计算机过失犯罪设定"所属的社会交往领域"难免面临对全社会领域进行评价的问题。

第二，难以确立定型化的实行行为。在过失评价中，"过失犯的构成要件该当行为，必须是使该犯罪结果产生的实质的危险行为"。[②] 然而这一行为必须与特定结果具有典型的对应关系，否则便无法完成定型化评价。比如，对于遗弃犯罪，必须存在典型的遗弃行为，而不能是积极的伤害行为。但是计算机犯罪是跨罪名的犯罪类型，可以通过计算机实施杀人、盗窃等各个种类的犯罪行为，所以我国《刑法》第287条才会作出计算机犯罪的提示性规定。即便是参考前述观点将其限定为《刑法》第286条破坏计算机信息系统罪，也面临计算机信息系统可能属于国家安全、个人财产安全等各种情形的问题，其侵害行为的刑法评价也无法统一，难以抽象出类似遗弃、交通肇事等定型化的过失实行行为。

第三，缺乏计算机过失犯罪的规范基础。就我国而言，过失犯罪也需要以刑法规范的明文规定为前提。然而我国《刑法》第285条、第286条的规范结构本身是针对故意犯罪归纳的，无论是非法侵入、非法破坏、非法获取还是非法控制，其本身无法与过失犯罪相衔接。除非全面修订《刑法》对其结构作出根本性改变，否则难以存在增设计算机过失犯罪的规范空间。

二、人工智能过失犯罪的判断

学者关于人工智能过失犯罪的讨论主要在两个层面展开，即人工智能体的过失责任和人工智能体相关自然人、单位的过失责任。有学者基于人工智能体可以作为犯罪主体的观点，认为其意识以及意志自由的表现形式虽可能

[①] Vgl. Hans–Heinrich Jescheck / Thomas Weigend, Lehrbuch des Strafrechts Allgemeiner Teil, 5. Auflage, Duncker & Humblot, 1996, S.578.

[②] ［日］前田雅英：《刑法总论讲义》(第6版)，东京大学出版会2015年版，第210页。

与人类有所差异，但能够形成过失的主观心态。① 如前所述，人工智能体无法成为犯罪主体。虽然由于技术或者设计的局限性，人工智能体可能存在一定的缺陷，并导致其在特定的操作过程中出现失误，引发特定后果。以自动驾驶系统为例，特斯拉自动驾驶汽车事故频发，原因在于自动驾驶始终只是依靠人工智能系统，其并不能够完全像自然人一样对紧急情况作出反应，进而导致严重后果。但是基于此仍然难以归责于人工智能体，其无法承担事实上的注意义务。过失犯罪的成立以违反注意义务为前提，德国学者具体归纳为：第一，在行为具有风险的情况下，违反审查义务；第二，违反控制和监督义务；第三，违反问询义务；第四，违反特别的看护义务。② 在上述义务中，审查义务、看护义务、问询义务表现为对特定事实与情况的谨慎避免，然而人工智能体无法认识客观事实；控制义务和监督义务表现为对特定主体行为的认知与管控，然而人工智能体无法具有必要的认识能力和控制能力。

基于此，本目仅讨论人工智能犯罪相关主体的过失责任。

（一）人工智能过失犯罪的主体范围

人工智能体涉及犯罪过失判断的情形限定在用于正当目的之列，如果研发者以实施犯罪行为为主要目的设计人工智能体，其罪过显然为故意。③ 学界对于人工智能犯罪过失问题的讨论主要围绕承担责任的主体范围展开，形成了如下两种观点：

第一种观点认为，可追究人工智能体设计者和使用者的过失责任。如有学者认为："强人工智能产品的设计者和使用者作为创造主体和控制主体，理应对强人工智能产品的行为负有监督义务，并对其可能实施的严重危害社

---

① 参见卢勤忠、何鑫：《强人工智能时代的刑事责任与刑罚理论》，载《华南师范大学学报（社会科学版）》2018年第6期，第119页。

② Vgl. Urs Kindhäuser, Strafrecht Allgemeiner Teil, 8. Auflage, Nomos, 2017. S.284.

③ 参见刘宪权：《涉人工智能犯罪中研发者主观罪过的认定》，载《比较法研究》2019年第4期，第110页。

会的行为负有预见义务并尽其所能避免此类行为的发生。"① 基于此，负有预见义务和监督义务的设计者或使用者有被追究刑事责任的可能。

第二种观点认为，应区别看待人工智能体设计者、制造者同使用者的过失责任。具体而言，一方面适度拓宽人工智能体设计者、制造者的注意义务及刑事责任，另一方面人工智能体使用者是否承担刑事责任分别认定。"如果对作为非专业人士的人工智能产品使用者设立过高的注意义务，无疑是与风险社会下专业化发展趋势不符合的，违背了'法律不强人所难'的基本原则。但是，如果按照人工智能产品的使用规则，使用者与人工智能产品共同完成某项任务时引发了具有严重社会危害性的实害结果，那么使用者便应当在自身注意义务的范围内承担刑事责任。"②

第三种观点认为，人工智能体的设计者、制造者和使用者均可承担刑事责任。其认为，人工智能系统的研发者应当承担人工智能研发的安全管理义务，人工智能系统的制造者和服务提供者应当承担人工智能应用的安全管理义务，具体可借鉴监督过失理论予以认定。③

（二）人工智能过失犯罪的刑法立场

应对人工智能过失犯罪的成立持较为审慎的刑法立场。其原因在于：第一，基于刑法的谦抑性，理应尽可能地运用既有规范资源和理论资源进行妥当回应。第二，基于前瞻性的视角，理应充分客观地判断人工智能发展对于过失犯罪带来的冲击程度，进行慎重而妥当的回应，防止走向超前性立场。

人工智能过失犯罪的判断基础并不在于主体类型，而在于责任依据。前述不止一种观点提出，基于"监督义务"判断人工智能体的设计者和使用者的过失责任。本书认为，应对相关主体设立特别的义务。"注意的义务是在实施该行为时采取一切必要的预防、控制和监督措施，以消除或者限制这些

---

① 刘宪权：《人工智能时代的"内忧""外患"与刑事责任》，载《东方法学》2018年第1期，第140页。

② 叶良芳、马路瑶：《风险社会视阈下人工智能犯罪的刑法应对》，载《浙江学刊》2018年第6期，第71页。

③ 参见皮勇：《人工智能刑事法治的基本问题》，载《比较法研究》2018年第5期，第165页。

危险（危险状态下的谨慎行事）。"① 人工智能领域既是社会的重要领域，也是具有高度风险的领域，考察相关主体的义务与过失确有必要。但是具体判断应审慎地基于管理过失而非（狭义）监督过失的视角展开。

第一，基于人工智能体的客体性，应从管理过失而非监督过失的角度进行评价。"监督过失是指，因他人过失造成法益侵害结果发生，对具有监督义务者追究过失责任。"② 广义的监督过失包括（狭义）监督过失与管理过失："其一，是处在防止造成结果的直接行为人过失行为的立场上监督者的过失，也即'狭义的监督过失'。其二，是处在为了防止结果的发生而进行物、人的管理的立场上监督者的过失，也即'管理过失'。"③ 其中，监督过失是对他人过失行为的监督存在过失，管理过失是防止结果发生的管理存在过失。然而人工智能体本身仅具有客体性，难以具备主体性，无法实施刑法意义的过失行为，因此只能基于特定主体对于人工智能体的管理讨论其过失责任。

第二，确立人工智能犯罪中的管理过失也应持较为慎重的态度。对于该过失责任的限度学者有不同的观点。一种观点认为："在人工智能产品使用和管理阶段，针对人工智能刑事风险的行为规制，应当单独设置非法滥用科技产品罪和过失使用科技产品罪。"④ 另一种观点认为："对于可能预见的所有结果，都要追究背后的主体（开发者或者利用者）的过失责任的话，会对人工智能等创新性技术带来障碍。"⑤ 本书认同后一种观点，人工智能领域既具有高度的危险性，也对于社会发展至关重要，对其过失犯罪理应慎重，不应急于新设罪名。具体到监督过失理论（包含管理过失的广义范畴），一般适用于工程灾害、食品药品事故、医疗事故、大规模火灾事故、缺陷产品事

---

① Vgl. Hans-Heinrich Jescheck / Thomas Weigend, Lehrbuch des Strafrechts Allgemeiner Teil, 5. Auflage, Duncker & Humblot, 1996, S.580.

② ［日］前田雅英：《刑法各论讲义》（第6版），东京大学出版会2015年版，第214页。

③ ［日］山口厚：《刑法总论》（第3版），有斐阁2016年版，第258页。

④ 陈伟、熊波：《人工智能刑事风险的治理逻辑与刑法转向——基于人工智能犯罪与网络犯罪的类型差异》，载《学术界》2018年第9期，第88页。

⑤ 储陈城：《人工智能时代刑法的立场和功能》，载《中国刑事法杂志》2018年第6期，第93页。

故等情形。[①] 就人工智能体相关主体的管理过失而言，一方面需要考察是否确实造成了法益侵害特别是对公共法益的侵害，另一方面需要考察是否在相应的人工智能发展阶段形成了类型化的管理义务。

由此，基于管理义务的逐步确定化，人工智能过失犯罪的理论可以在立法前瞻和法益平衡的视角下走向完善，避免陷入类似计算机过失犯罪的刑法焦虑之中。在管理义务不断类型化的基础上，可具体讨论各个主体的过失责任。比如，设计者、生产者在何种情况下可以认为对人工智能体的缺陷存在明知，使用者在何种情况下可以认为具有管理可能性，等等。

第七章 网络不作为犯罪的确立

网络服务提供者的主体特殊性与独特的犯罪行为类型实为一体两面，就其刑事责任的设置各国做法不尽相同。德国和日本基于二元的刑事立法结构，以刑法典的一般条款与特别法关于网络服务提供者的具体条款共同确立了不真正不作为犯的归责路径。我国则基于一元的刑事立法结构，在《刑法》第 286 条之 1 针对网络服务提供者增设了拒不履行信息网络安全管理义务罪，探索了新的网络服务提供者刑事归责路径。

由于缺乏立法先例，学者就拒不履行信息网络安全管理义务行为进行了各种解读，包括作为行为说与不作为行为说（又分为真正不作为说与不真正不作为说）、故意行为说与过失行为说、正犯行为说与共犯行为说等。厘清上述争议需要明确拒不履行信息网络安全管理义务行为的性质，完成两个层面的理论判断：第一，拒不履行信息网络安全管理义务行为的形式，即依照何种行为形式理解可以契合《刑法》第 286 条之 1 规定的刑法与其他法律法规衔接、未履行与拒不履行结合的特殊规范模式。第二，信息网络安全管理义务的主体和内容，即如何在刑法理论层面对于网络服务提供者进行恰当的划分，并确立具体科学的义务内容。

第一节　拒不履行信息网络安全管理义务的行为形式

一、拒不履行信息网络安全管理义务行为的形式

《刑法修正案（九）》增设了第 286 条之 1 拒不履行信息网络安全管理义务罪，规定网络服务提供者不履行法律、行政法规规定的信息网络安全管理义务，经监管部门责令采取改正措施而拒不改正，具有以下四种情形的，构成犯罪：（1）致使违法信息大量传播的；（2）致使用户信息泄露，造成严重后果的；（3）致使刑事案件证据灭失，情节严重的；（4）有其他严重情节的。然而该罪的司法适用却存在疑问，有学者指出理论与实务在对该罪构成要件的把握上还存在认识分歧，对该罪的适用持谨慎态度。① 由此，亟须对拒不履行信息网络安全管理义务行为的性质进行厘清，以推动该罪的司法适用。

---

① 陈洪兵：《网络服务商的刑事责任边界——以"快播案"判决为切入点》，载《武汉大学学报（哲学社会科学版）》2019 年第 2 期，第 147 页。

（一）"快播案"的司法认定

深圳市快播科技有限公司、王某等人传播淫秽物品牟利案[①]

一、基本案情

快播公司通过免费提供 QSI（QVOD Server Install，即 QVOD 资源服务器程序）和 QVOD Player（快播播放器程序或客户端程序）的方式，为网络用户提供网络视频服务。任何用户（被快播公司称为"站长"）均可通过 QSI 发布自己所拥有的视频资源。具体方法是，"站长"选择要发布的视频文件，使用资源服务器程序生成该视频文件的特征码（hash 值），导出包含 hash 值等信息的链接。"站长"把链接放到自己或他人的网站上，即可通过快播公司中心调度服务器（运行 P2PTracker 调度服务器程序）与点播用户分享该视频。这样，快播公司的中心调度服务器在站长与用户、用户与用户之间搭建了一个视频文件传输的平台。为提高热点视频下载速度，快播公司搭建了以缓存调度服务器（运行 CacheTracker 缓存调度服务器程序）为核心的平台，通过自有或与运营商合作的方式，在全国各地不同运营商处设置缓存服务器 1000 余台。在视频文件点播次数达到一定标准后，缓存调度服务器即指令处于适当位置的缓存服务器（运行 CacheServer 程序）抓取、存储该视频文件。当用户再次点播该视频时，若下载速度慢，缓存调度服务器就会提供最佳路径，供用户建立链接，向缓存服务器调取该视频，提高用户下载速度。部分淫秽视频因用户的点播、下载次数较高而被缓存服务器自动存储。缓存服务器方便、加速了淫秽视频的下载、传播。

2012 年 8 月，深圳市公安局公安信息网络安全监察分局（以下简称深圳网监）对快播公司进行检查，针对该公司未建立安全保护管理制度、未落实安全保护技术措施等问题，给予行政警告处罚，并责令整改。随后，深圳网监将违法关键词和违法视频网站链接发给快播公司，要求采取措施过滤屏

---

① 参见《刑事审判参考》第 1192 号。

蔽。快播公司于是成立了信息安全组开展了不到一周的突击工作，于8月8日投入使用"110"不良信息管理平台（以下简称"110"平台），截至9月26日共报送"色情过滤"类别的不良信息15 836个。但在深圳网监验收合格后，信息安全组原有4名成员或离职或调到其他部门，"110"平台工作基本搁置，检查屏蔽工作未再有效进行。2013年8月5日，深圳市南山区广播电视局执法人员对快播公司开展调查，在牛某某在场的情况下，执法人员登录www.kuaibo.com，进入快播"超级雷达"（一种发现周边快播用户观看网络视频记录的应用），很快便找到了可播放的淫秽视频。牛某某现场对此予以签字确认。但快播公司随后仅提交了一份整改报告。10月11日，南山区广播电视局认定快播公司擅自从事互联网视听节目服务，提供的视听节目含有诱导未成年人违法犯罪和渲染暴力、色情、赌博、恐怖活动的内容，对快播公司予以行政处罚。此后，快播公司的"110"平台工作依然搁置，检查屏蔽工作依然没有有效落实。

快播公司直接负责的主管人员王某、吴某、张某某、牛某某，在明知快播公司擅自从事互联网视听节目服务、提供的视听节目含有色情等内容的情况下，未履行监管职责，放任淫秽视频在快播公司控制和管理的缓存服务器内存储并被下载，导致大量淫秽视频在网上传播。

二、司法认定

法院认为，快播公司及各被告人的行为构成传播淫秽物品牟利罪。

第一，客观上，快播公司已经成为淫秽视频的实际传播者。

调度服务器和缓存服务器的运转是快播公司主观意志的体现，调度服务器和缓存服务器对淫秽视频的下载、存储、上传供用户使用等活动，应视为快播公司介入传播的行为，缓存服务器内存储的淫秽视频客观上应当认定为属于快播公司占有之下。

在单纯的P2P传播模式下，对在用户之间建立链接渠道程序的提供者，难以认定是淫秽视频的内容提供者；但在运用缓存服务器提供加速服务的传播模式下，缓存服务器一旦从网络上下载、存储并根据用户需要上传了淫秽视频，快播公司便成为淫秽视频的内容提供者，而不仅仅是技术服务的提供者。

第二，主观上，快播公司及各被告人对介入淫秽视频传播存在明知，而且具有非法牟利目的。

构成传播淫秽物品牟利罪要求行为人对传播淫秽物品行为具有明知，且要有牟利目的。本案中，快播公司及各被告人已经具备了以上两个主观要件。具体为：

（1）快播公司及各被告人对已经介入淫秽视频传播活动具有明知。如果说在第一次接受行政处罚并作出整改时，快播公司的经营者、管理者对快播网络服务系统介入淫秽视频传播并导致淫秽视频在互联网上大量传播还存在不知情的可能，那么，在事隔一年之后快播公司再次接受行政处罚并作出整改，而且先后两次整改的内容都是针对快播公司传播淫秽视频这一事实，此时，快播公司的经营者、管理者仍然坚称对此并不知情，显然不足采信。

（2）快播公司传播淫秽物品具有牟利目的。司法实践中认定以牟利为目的，既包括通过制作、复制、出版、贩卖、传播淫秽物品直接获取对价的目的，也包括通过广告、流量、用户数量等获得间接收入的目的。快播公司和各被告人明知其网络系统上淫秽视频的传播和公司盈利增长之间的因果关系，仍放任其网络系统被用于传播淫秽视频，应当认定为具有非法牟利目的。

（二）"快播案"行为形式的争议

就快播案的行为形式，学界进行了持久的争论，形成了以下几种观点：

第一，作为说，即认为快播公司实施了作为形式的传播淫秽物品牟利行为。有学者认为，传播淫秽物品牟利罪中的传播行为是立法所抽象的行为类型，并非限于"播放"或"帮助播放"的动作，基于其行为使信息实现了多数受众的分享（共享）过程，并未超过"传播"行为的本义。[1]至于快播公司未履行监管义务，放任他人上传淫秽视频的行为，可作为量刑情节从重

---

[1] 参见毛玲玲：《传播淫秽物品罪中"传播"行为的性质认定——"快播案"相关问题的刑事法理评析》，载《东方法学》2016年第2期，第69页。

处罚。①

第二，不作为说，即认为快播公司实施了不作为形式的传播淫秽物品牟利行为。主要理由在于：其一，快播公司的行为难以评价为作为。有学者认为："快播网络平台（空间）提供者的快播公司，没有生产和传播淫秽视频，其客观上存在缓存淫秽视频的行为，但该行为仅仅是播放行为的附属行为而已，不能单独认定。"②其二，快播公司承担刑事责任的原因在于未履行监管义务。有学者认为："法律已经对快播公司设置了监管义务，而且刑法将不履行这种监管义务的行为涵盖在传播淫秽物品牟利罪的不纯正的不作为犯的情况下，对快播公司的拒不履行网络安全管理义务，放任淫秽物品在网络上传播的行为完全可以认定为传播淫秽物品牟利罪的不作为犯。"③

第三，作为与不作为结合说。就作为与不作为能否同时存在，有学者持肯定观点，认为《刑法》第 202 条抗税罪是逃避纳税义务的行为，其包括了不作为；同时抗税罪还要求行为人实施"抗"税的行为，因此抗税行为同时包含了作为与不作为。④基于类似原理，快播公司拉拽淫秽视频文件存储在缓存服务器后，有义务防止用户观看该视频，但是快播公司却向用户提供淫秽视频文件，其行为也是作为和不作为的结合。

第四，犯罪行为否定说，即认为快播公司不存在犯罪意义上的行为。主要理由在于：其一，快播公司不应对视频内容负责。如有学者认为，快播公司提供的快播软件（具有提供视频发布、传播和分享的功能），并不具有选择只播放淫秽信息的功能，其作为网络服务提供者不应具有预先审查义务和实时监控义务，否则可能影响中国视频播放软件产业。⑤其二，违背了个人责任原则。如有学者认为："使用快播软件传播淫秽物品者未受处罚，快播

① 参见周光权：《犯罪支配还是义务违反——快播案定罪理由之探究》，载《中外法学》年第 1 期，第 66 页。

② 齐文远、杨柳：《网络平台提供者的刑法规制》，载《法律科学》2017 年第 3 期，第 109 页。

③ 陈兴良：《快播案一审判决的刑法教义学评判》，载《中外法学》2017 年第 1 期，第 27 页。

④ 参见张明楷：《刑法学》（上），法律出版社 2016 年版，第 148 页。

⑤ 参见刘艳红：《无罪的快播与有罪的思维——"快播案"有罪论之反思与批判》，载《政治与法律》2016 年第 12 期，第 112 页；罗世龙：《网络帮助行为的刑事归责路径选择》，载《甘肃政法学院学报》2018 年第 4 期，第 143 页。

公司却要为会员们的违法行为承担刑事责任。法院判决对网络技术提供者起到了震慑作用，却背离了个人责任原则和实质正义。"[1] 其三，应否定不作为形式的传播淫秽物品牟利行为。有学者认为，我国《刑法》应确立"重罪只能作为"的规则，防止滥用不纯正不作为犯，因此传播淫秽物品牟利罪应排除不作为。[2]

学界对于快播公司行为形式的讨论十分必要，对于确立网络服务提供者的刑事归责方式具有启发意义，但是仍有以下问题需要明确：

第一，快播公司的行为形式是作为还是不作为。本书认为，快播公司的行为形式是不作为。理由在于：其一，快播公司的行为难以评价为作为。"快播案"中实施作为形式传播淫秽视频的不是快播公司，是以观看而非牟利为目的的众多网络用户，至于众多网络用户的行为是否应作为犯罪行为、是否可罚是另外的问题。对此有学者指出，用户对淫秽视频数据的读取是基于网络技术原理自动产生的，而并非快播公司主动性地"向用户提供缓存服务器里的淫秽视频文件"，从技术原理的角度来看，快播公司并不存在传播淫秽物品的积极作为行为。[3] 其二，在教义学层面不应肯定作为与不作为的结合。对同一犯罪行为类型只能作出唯一的、确定的评价，而不能是模糊的、复合的评价，否则有违罪责刑相适应的基本原理。比如前述学者提及的《刑法》第 202 条抗税罪，其行为模式是"以暴力、威胁方法拒不缴纳税款"，因此"抗"税只是"拒不缴纳税款"这一不作为的实施方式而已，不能与后者相提并论。与之类似，快播公司的行为形式只能进行唯一的判定。究其行为的实质，不是另行提供淫秽视频，而是在提供的各类视频服务中未对淫秽视频履行必要的监管义务，因此其行为形式应定性为不作为。其三，快播公司的不作为应当作为犯罪行为进行认定。无论是基于技术可行的检索

---

① 李婕：《技术中立与网络技术提供行为的刑法归责》，载《安徽大学学报（哲学社会科学版）》2017 年第 5 期，第 105~106 页。

② 参见高艳东：《不纯正不作为犯的中国命运：从快播案说起》，载《中外法学》2017 年第 1 期，第 83 页。

③ 参见王华伟：《网络服务提供者刑事责任的认定路径——兼评快播案的相关争议》，载《国家检察官学院学报》2017 年第 5 期，第 24 页。

还是相关部门的告知，快播公司显然知道淫秽视频在其控制和管理的缓存服务器内存储并被下载，并且未依法进行改正，应当承担刑事责任。

第二，快播公司的行为能否构成不作为形式的传播淫秽物品牟利行为。本书对此持肯定态度。理由在于：其一，相关司法解释已经对于网络服务提供者以不作为形式实施传播淫秽物品牟利的情形予以肯定。《淫秽电子信息解释（二）》第 4 条规定了以牟利为目的，网站建立者、直接负责的管理者明知他人制作、复制、出版、贩卖、传播的是淫秽电子信息，允许或者放任他人在自己所有、管理的网站或者网页上发布行为的构罪标准，肯定了上述不作为行为可以成立传播淫秽物品牟利罪。其二，牟利目的作为犯罪目的并不排斥不作为。有学者指出，牟利目的不限于通过淫秽物品的对价得以实现，利用网络传播淫秽物品时，意图通过广告、流量等获利的，也属于以牟利为目的。[①] 基于肯定牟利目的的不作为，可以肯定快播公司的行为具有牟利目的。

第三，快播公司行为形式争议的理论意义。这一学术讨论的最大意义在于推动了网络服务提供者刑事归责路径的多元化。自"快播案"后，有学者走向了不作为正犯的路径，如认为："若以作为犯的思路欲实现对类似快播案中快播公司的不作为构成之帮助的处罚从预防目的出发，以破坏刑法理论体系为代价，将此类网络服务提供者的不作为入罪。"[②] 或认为："快播公司及其主要负责人的不作为对于全部涉案淫秽信息的传播都具有因果贡献，其并非起次要辅助作用的共犯人，而是理论上的共同正犯人。"[③] 也有学者走向了共犯的路径，如认为："依法审理'快播'（公司）或将成为打击网络片面共同犯罪（技术帮助犯）的一个缩影。既肯定司法解释确立的司法导向，也呼应刑法的最新修改意图，更可能对今后追究网络片面共犯刑事责任确立极具标杆意

---

① 参见张明楷：《刑法学》（下），法律出版社 2016 年版，第 1168 页。

② 敬力嘉：《论拒不履行网络安全管理义务罪——以网络中介服务者的刑事责任为中心展开》，载《政治与法律》2017 年第 1 期，第 61 页。

③ 吕翰岳：《互联网共同犯罪中的意思联络》，载《法学评论》2017 年第 2 期，第 157~158 页。

义的指导性个案。"① 由此，基于"快播案"的行为形式讨论，网络服务提供者刑事归责路径的研究聚焦于作为与不作为、正犯与共犯的刑法理论范畴。

二、拒不履行信息网络安全管理义务行为的理论争议

如果说"快播案"将网络服务提供者刑事责任引为理论研究的热点，拒不履行信息网络安全管理义务罪的增设则为其赋予了规范意义，并推动了关于该罪行为的理论探讨。相关讨论主要基于《刑法》第 286 条之 1 拒不履行信息网络安全管理义务罪与第 287 条之 2 帮助信息网络犯罪活动罪的异同展开。

（一）行为性质争议

关于拒不履行信息网络安全管理义务行为是正犯行为还是共犯行为，是作为还是不作为，学者认识并不一致。诸多学者在共犯的视角下将拒不履行信息网络安全管理义务行为与帮助信息网络犯罪活动行为对比，认为二者均为网络犯罪帮助行为。如有学者认为网络犯罪帮助行为刑事责任体系包括三类责任：第一类为基础性责任（共犯责任），如对于危害国家安全罪、毒品犯罪等提供网络帮助行为按照相应犯罪的共犯处罚即可；第二类为补充性责任（正犯责任），帮助信息网络犯罪活动罪作为共犯行为兜底型的正犯罪名；第三类为强化性责任（平台责任），拒不履行信息网络安全管理义务罪是基于网络服务提供者在网络社会中的核心作用而对网络服务提供者设立的更为严格的责任形态。②

在肯定拒不履行信息网络安全管理义务行为共犯性质的前提下，学者对于其行为形式是作为还是不作为又形成了不同的意见。一种意见认为，拒不履行信息网络安全管理义务行为的性质系不作为，帮助信息网络犯罪活动行为

① 孙道萃：《网络片面共同犯罪的制裁边界：兼议"快播"案》，载《浙江工商大学学报》2016 年第 4 期，第 60 页。
② 参见于志刚：《网络空间中犯罪帮助行为的制裁体系与完善思路》，载《中国法学》2016 年第 2 期，第 23 页。

的性质系作为。即前者是通过不履行信息网络安全管理义务的消极不作为方式提供技术支持、帮助；后者是通过提供信息网络服务的积极作为方式进行技术支持、帮助。[1] 甚至有学者认为："《刑法修正案（九）》将拒不履行信息网络安全管理义务的行为以及帮助信息网络犯罪活动全面入罪化，标志着将网络中立帮助行为入罪化推向极端。"[2] 另一种意见认为，无法在作为或是不作为的行为方式上区分这两种行为。"即便行为人当初并不明知他人利用其提供的网络技术支持等帮助实施犯罪活动，但当行为人发现他人利用其帮助实施犯罪而不予阻止时，不能排除帮助信息网络犯罪活动罪的成立。帮助信息网络犯罪活动罪虽然通常由作为构成，但也不能排除不作为成立该罪的可能性。"[3]

本书认为，关于拒不履行信息网络安全管理义务行为的理论探讨存在以下问题：第一，不应机械地类比拒不履行信息网络安全管理义务行为与帮助信息网络犯罪活动行为。且不论帮助信息网络犯罪活动行为是否属于"共犯行为正犯化"，拒不履行信息网络安全管理义务行为在行为主体、义务内容、行为方式等方面均与帮助信息网络犯罪活动行为不同，既有观点将其进行同类比较缺乏必要的规范基础。第二，对于拒不履行信息网络安全管理义务行为是正犯行为还是共犯行为，是作为还是不作为，应该分别予以探讨，而非将后者附属于前者。基于此，应从以下两个层面认定拒不履行信息网络安全管理义务行为。

第一，拒不履行信息网络安全管理义务行为是正犯行为（实行行为）而非共犯行为（帮助行为）。实行行为要求与实际上发生结果的类型的、现实的危险对应。[4] 对拒不履行信息网络安全管理义务行为而言，与《刑法》第286条之1第1款规定的四种情节对应的是"网络服务提供者不履行法律、行政法规规定的信息网络安全管理义务""经监管部门责令采取改正措施而

---

① 参见刘宪权：《论信息网络技术滥用行为的刑事责任——〈刑法修正案（九）〉相关条款的理解与适用》，载《政法论坛》2015年第6期，第98页；罗世龙：《网络帮助行为的刑事归责路径选择》，载《甘肃政法学院学报》2018年第4期，第141页。

② 刘艳红：《网络中立帮助行为可罚性的流变及批判——以德日的理论和实务为比较基准》，载《法学评论》2016年第5期，第47页。

③ 陈洪兵：《论拒不履行信息网络安全管理义务罪的适用空间》，载《政治与法律》2017年第12期，第39页。

④ 参见［日］大谷实：《刑法讲义总论》（新版第4版），成文堂2012年版，第125页。

拒不改正"这一行为，而非他主体的犯罪行为。虽然也有学者认识到该类行为可能在成立共犯行为上存在障碍："网络服务提供者在多数情况下对于服务接受者的犯罪计划与犯罪行为并不知情，在很多情况下并不符合帮助犯的基本构成要件。"[①] 但是这一论述先行认可了另外的"正犯行为"存在，对网络服务提供者的"帮助行为"再行否定，从而在理论前提下基于共犯而非正犯视角进行考察。

基于以下理由拒不履行信息网络安全管理义务行为是正犯行为：其一，该类行为本身是构成《刑法》第 286 条之 1 四种严重情节的类型化的行为，而非其他"正犯行为"。其二，在"正犯行为"并不存在的情况下该类行为依然可以成立。比如前述"快播案"，快播公司"不履行法律、行政法规规定的信息网络安全管理义务""经监管部门责令采取改正措施而拒不改正"，致使淫秽（视频）信息被大量传播。如其行为发生于《刑法修正案（九）》颁布以后理应按照拒不履行信息网络安全管理义务罪认定处罚。然而在"快播案"中直接传播淫秽视频的是众多网民，显然难以对其行为认定为犯罪，在所谓的"正犯行为"无法成立的情况下，再对于"共犯行为"独立认定处罚，显然不符合共同犯罪的基本原理。其三，该类行为与"网络服务提供者"这　特殊主体可以有机地契合。拒不履行信息网络安全管理义务罪中规定了"网络服务提供者"，帮助信息网络犯罪活动罪未作此规定，这并非是立法的疏漏，而是明确前罪为特殊主体，后罪为一般主体。拒不履行信息网络安全管理义务行为就是与"网络服务提供者"相对应的类型行为，帮助信息网络犯罪活动行为的实施主体既可以是"网络服务提供者"，也可以是其他主体（如非开展正常营业只是为网络犯罪提供支持的个人）。

第二，拒不履行信息网络安全管理义务行为的形式是不作为而非作为。这一判断源于网络服务提供者刑事责任条款的发展。早在 2010 年，《淫秽电子信息解释（二）》第 4 条规定了以牟利为目的，网站建立者、直接负责的管理者明知他人制作、复制、出版、贩卖、传播淫秽电子信息，允许或者放

---

① 王华伟：《网络服务提供者刑事责任的认定路径——兼评快播案的相关争议》，载《国家检察官学院学报》2017 年第 5 期，第 16 页。

任他人在自己所有、管理的网站或者网页上发布的行为构罪标准（传播淫秽物品牟利罪）；第 5 条规定了网站建立者、直接负责的管理者明知他人制作、复制、出版、贩卖、传播淫秽电子信息，允许或者放任他人在自己所有、管理的网站或者网页上发布行的为构罪标准（传播淫秽物品罪）。对此官方解释为："考虑到上述行为是主要通过不作为方式实施，与直接传播淫秽物品的行为存在一定区别，并且网站或网页的信息容量较大，因此将犯罪主体限制为网站建立者和直接负责的管理者，在定罪量刑标准上较直接制作、传播者适当提高。"[①] 第 6 条规定了电信业务经营者、互联网信息服务提供者明知是淫秽网站，为其提供互联网接入、服务器托管、网络存储空间、通讯传输通道、代收费等服务，并收取服务费行为成立传播淫秽物品牟利罪的标准。对此官方解释为："明知是淫秽网站，不履行法定管理职责，却为其提供互联网接入、服务器托管、网络存储空间、通讯传输通道、代收费等服务，并收取费用，情节严重的，可以构成传播淫秽物品牟利罪。"[②]

在此需要明确《淫秽电子信息解释（二）》第 6 条规定的性质。有学者认为，该条规定属于直接将共犯行为视为独立的实行行为，且不要求正犯达到它本身罪量的情形。[③] 本书认为，该条规定应从拒不履行信息网络安全管理义务行为与帮助信息网络犯罪行为的竞合进行评价，而非在共犯的框架下进行评价。如第 6 条规定的电信业务经营者，其性质为技术类网络服务提供者，承担的为网络安全管理义务，如其未终止服务，则提供服务行为以作为形式持续存在，但却是以不作为的形式未履行网络安全管理义务。同时，其作为网络服务提供者，同样符合帮助信息网络犯罪行为对于一般主体的要求，且积极实施了提供互联网接入、服务器托管、网络有储空间、通讯传输

[①] 陈国庆、韩耀元、吴峤滨：《〈关于办理利用互联网、移动通讯终端、声讯台制作、复制、出版、贩卖、传播淫秽电子信息刑事案件具体应用法律若干问题的解释（二）〉理解与适用》，载《人民检察》2010 年第 5 期，第 67 页。

[②] 喻海松：《〈关于办理利用互联网、移动通讯终端、声讯台制作、复制、出版、贩卖、传播淫秽电子信息刑事案件具体应用法律若干问题的解释（二）〉的理解与适用》，载《人民司法》2010 年第 5 期，第 17 页。

[③] 参见于志刚：《共犯行为正犯化的立法探索与理论梳理——以"帮助信息网络犯罪活动罪"立法定位为角度的分析》，载《法律科学》2017 年第 3 期，第 87 页。

通道、代收费等服务。而第 5 条规定的"网站建立者、直接负责的管理者",则是功能类网络服务提供者(或平台类网络服务提供者),其承担的是信息安全管理义务,如果未履行该义务,行为形式始终为不作为。[①]

之后,《刑法修正案(九)》增设了拒不履行信息网络安全管理义务罪,从而将网络服务提供者不履行法律、行政法规规定的信息网络安全管理义务,经监管部门责令采取改正措施而拒不改正,具有严重情节的情形规定为犯罪。该罪为网络服务提供者设立刑事责任规则时将行为类型规定为不实施特定行为,且明确了作为义务(信息网络安全管理义务)。从以上规则的发展可以看出,在网络服务提供者无独立刑事责任条款的阶段,其只能以不真正不作为犯构成其他作为犯;在网络服务提供者有独立刑事责任条款的阶段,其拒不履行信息网络安全管理义务行为作为真正不作为犯的规则被立法所规定。

(二)行为罪过争议

就拒不履行信息网络安全管理义务行为是故意行为还是过失行为,学界也存在争议,形成了如下几种意见:

第一种意见认为,该类行为是故意行为。如有学者认为行为人经监管部门责令采取改正措施而拒不改正的,其对致使违法信息大量传播、用户信息泄露及刑事案件证据灭失等至少有放任。[②]

第二种意见认为,该类行为是过失行为。有学者认为该类行为中"拒不"的对象仅仅是行政机关的整改责令,而不是构成要件的结果,不能据此认定其为故意行为。其不应与"拒不支付劳动报酬""拒不执行判决裁定"等故意行为类比,而应与"违反交通运输管理法规""违反消防管理法规""经消防监督机构通知采取改正措施而拒绝执行"等过失行为类比。[③]也

---

① 关于网络服务提供者和信息安全管理义务的具体类型见本章第二节的内容。

② 参见谢望原:《论拒不履行信息网络安全管理义务罪》,载《中国法学》2017 年第 2 期,第 247~248 页;周光权:《刑法各论》,中国人民大学出版社 2016 年版,第 354~355 页;张明楷:《刑法学》(上),法律出版社 2016 年版,第 148 页。

③ 参见李本灿:《拒不履行信息网络安全管理义务罪的两面性解读》,载《法学论坛》2017 年第 3 期,第 143 页。

有学者基于罪名比较的视角，认为帮助信息网络犯罪活动罪主观上是故意，而拒不履行信息网络安全管理义务罪主观上是过失。①

第三种意见认为，该类行为是具有复合罪过（或模糊罪过）的行为。如有学者认为该类行为具有复合罪过："拒不履行信息网络安全管理义务罪可以说在一定程度上突破了故意和过失两种罪过泾渭分明的理论认知，引入了类似英美法系中'过于自信'和'间接故意'复合的'轻率'主观罪过。"② 也有学者认为该类行为具有模糊罪过："结果是在'监管部门责令采取改正措施而拒不改正'的情况下发生，行为人在主观心态上存在对抗执法的决意，对前述后果至少有过失。"③ 只要网络服务提供者对"拒不改正"而导致严重后果具有预见可能性，就不妨碍拒不履行信息网络安全管理义务罪的成立。④

本书认为，拒不履行信息网络安全管理义务行为是故意行为。理由在于：

第一，在刑法理念层面，基于折中谦抑性与预防性的刑法理念，对于网络服务提供者的犯罪行为既需要课以必要、特殊的刑事责任，同时也应注意防止处罚的扩大化进而影响我国互联网产业的发展，因此宜将该类行为限定在故意行为。

第二，在行为类型层面，该类行为不宜与交通肇事行为、消防责任事故进行类比。《刑法》第133条交通肇事罪中类型化的实行行为是"发生重大事故""肇事"行为，该条评价重点并不在于"违反交通运输管理法规"。《刑法》第139条消防责任事故罪中虽然存在"经消防监督机构通知采取改正措施而拒绝执行"行为，但是消防事故的发生并非直接责任人员所追求的后果，很可能缺乏必要的预见；而基于技术管理的可能性，网络服务提供者对于相应"严重情节"有充分的把握。比如快播公司对于淫秽视频不作整

---

① 参见陆旭：《网络服务提供者的刑事责任及展开：兼评〈刑法修正案（九）〉的相关规定》，载《法治研究》2015年第6期，第62页；葛立刚：《网络服务商不作为刑事责任的边界》，载《西南政法大学学报》2016年第6期，第85~86页。

② 于志刚：《网络空间中犯罪帮助行为的制裁体系与完善思路》，载《中国法学》2016年第2期，第24页。

③ 皮勇：《论新型网络犯罪立法及其适用》，载《中国社会科学》2018年第10期，第137~138页。

④ 参见陈洪兵：《论拒不履行信息网络安全管理义务罪的适用空间》，载《政治与法律》2017年第12期，第37页。

改，其原因在于这些视频的传播是该公司播放软件的"品牌"业务，而故意导致了"违法信息大量传播"的后果。

第三，在行为形式层面，帮助信息网络犯罪活动罪与拒不履行信息网络安全管理义务罪的核心区别不是罪过，而是行为形式，前者行为类型系作为而后者系不作为。而且即便是通过不作为方式实施帮助信息网络犯罪活动行为，也属于不真正不作为的情形，而拒不履行信息网络安全管理义务行为是真正不作为的情形。

第四，在罪过理论层面，复合过失系英美法系的罪过概念，无论我国还是德日在理论上均对其持慎重态度。比如对于结果加重犯（ erfolgsqualifizierte Delikte），不仅我国认为其基本犯的罪过形态为故意（虽然对于结果至少具有过失），德国也将其作为属于故意犯范畴的"故意和过失的结合"（ Vorsatz-Fahrlässigkeits-kombinationen ）。① 特别在我国网络服务提供者类型本就众多庞杂的情况下，基于复合过失进行处罚易于导致处罚随意和失衡的后果。

三、真正不作为犯的展开

在真正不作为犯与不真正不作为犯二分的结构中，拒不履行信息网络安全管理义务行为的行为主体、行为内容、作为可能性与行为后果均具有真正不作为犯的特质，充分说明了其不作为的类型。

（一）真正不作为犯的理论脉络

不作为犯有两种，真正不作为犯（ die echten Unterlassungsdelikte, delicta omissiva ）与不真正不作为犯（ die unechten Unterlassungsdelikte, delicta commissiva per omssionem ）。② 第一种是真正不作为犯，即不作为明示为构成

---

① Vgl. Urs Kindhäuser, Strafrecht Allgemeiner Teil, 8. Auflage, Nomos, 2017. S.300; Vgl. Johannes Wessels, Strafrecht Allgemeiner Teil: die Straftat und ihr Aufbau, 46. Auflage, C.F. Müller, 2016, S.353.

② Vgl. Hans-Heinrich Jescheck / Thomas Weigend, Lehrbuch des Strafrechts Allgemeiner Teil, 5. Auflage, Duncker & Humblot, 1996, S.605.

要件要素，对不作为成立犯罪的条件在法律条文中明确规定。第二种是不真正不作为犯，即不作为并没有明示为构成要件要素加以规定，以不作为的方式实现了通常是由作为所实现的构成要件。①

　　我国传统理论认为不作为需具备三个条件："（1）行为人负有实施某种行为的特定法律义务；（2）行为人有能力履行特定法律义务；（3）行为人没有履行作为的特定法律义务。"②关于不作为犯的成立条件日本学者也进行了不同的归纳。一种观点认为，不作为犯的成立需要两个特别的犯罪构成要件：（1）法律上的作为义务；（2）作为可能性。③另有观点认为，不作为犯成立要件包括：（1）客观要件（法律上的作为义务；作为可能性和作为义务违反，不作为实行行为性的认定；未遂结果/危险结果发生和因果关系未遂阶段发展的认定；既遂结果发生和既遂阶段发展的认定）；（2）主观要件（故意过失等）。④

　　以上观点虽有不同但是基本判断立场和条件相近，在综合的基础上可以归纳为以下条件：第一，特殊主体身份与作为义务；第二，不作为行为（作为义务的违反）；第三，作为可能性；第四，不作为结果（结果回避可能性）。

（二）拒不履行信息网络安全管理义务行为的展开

　　在认为拒不履行信息网络安全管理义务行为是不作为的前提下，有观点认为《刑法》第286条之1规定的是不真正不作为犯："拒不履行网络安全管理义务罪为网络中介服务者设定了'信息网络安全管理义务'，由于此义务的内涵依赖于前刑法规范进行明确，因此就刑法教义学的层面来说属于不纯正不作为的刑事责任。"⑤

　　本书认为，拒不履行信息网络安全管理义务行为是真正不作为犯。以下将从前述四个条件的角度，结合《刑法》第286条之1的规定分析拒不履行

---

① 参见［日］山口厚：《刑法总论》（第3版），有斐阁2016年版，第75页。
② 高铭暄、马克昌主编：《刑法学》，北京大学出版社、高等教育出版社2016年版，第67页。
③ 参见［日］日高义博：《刑法总论》，成文堂2015年版，第139页。
④ 参见［日］关哲夫：《讲义刑法总论》，成文堂2015年版，第119页。
⑤ 敬力嘉：《论拒不履行网络安全管理义务罪——以网络中介服务者的刑事责任为中心展开》，载《政治与法律》2017年第1期，第56页。

信息网络安全管理义务行为的真正不作为犯属性。

第一，该不作为具有法定的主体和作为义务。《刑法》第 286 条之 1 规定了作为特殊主体的"网络服务提供者"，以及其应履行的"法律、行政法规规定的信息网络安全管理义务"（作为义务）。虽然"信息网络安全管理义务"仍有待从理论和实务的角度予以具体化，但是拒不履行信息网络安全管理义务行为的成立条件已经在法律条文中明确作出规定，法规范意义上的作为义务已经确立。①

第二，该不作为的形式已经明确规定。拒不履行信息网络安全管理义务行为与一般的不作为不同，其行为分为两个阶段：第一阶段为"不履行法律、行政法规规定的信息网络安全管理义务"；第二阶段为"经监管部门责令采取改正措施而拒不改正"。

有观点认为应取消"经监管部门责令采取改正措施而拒不改正"要件。即有必要对这一要件予以取消，以风险回避义务的履行以及危害后果为中心评价信息网络安全的监管责任，进而推动网络犯罪治理中服务商合规管理。②该观点基于将拒不履行信息网络安全管理义务行为理解为过失行为的视角，从加强网络服务提供者监管的层面提出。如前所述，拒不履行信息网络安全管理义务行为是不作为，这一要件应该回归不作为行为进行分析。《新型网络犯罪解释》第 2 条第 1 款也对该要件进行了必要限定："'监管部门责令采取改正措施'，是指网信、电信、公安等依照法律、行政法规的规定承担信息网络安全监管职责的部门，以责令整改通知书或者其他文书形式，责令网络服务提供者采取改正措施。"

这种分阶段的行为规定模式与德日相比颇具特色，关键在于如何评价"经监管部门责令采取改正措施而拒不改正"。有观点将"拒不改正"理解为不作为的状态，如有学者认为："'拒不改正'乃是立法者为网络服务提供者划定的'红线'（设定的刑事义务），是指网络服务提供者收到法定监管部门

---

① 关于"信息网络安全管理义务"的具体分析详见本章第二节的内容。

② 参见李本灿：《拒不履行信息网络安全管理义务罪的两面性解读》，载《法学论坛》2017 年第 3 期，第 144 页。

责令采取改正措施的通知、指令等而拒绝接受,并且不采取改正措施,继续维持其违反作为义务的不作为状态。"① 但是如果将"拒不改正"评价为不作为已经完成后的持续状态,可能导致评价效果和立法规定不符,即如果网络服务提供者"不履行法律、行政法规规定的信息网络安全管理义务"已经完成了不作为行为,那么就无法解释"拒不改正"行为的规定。因为诸如盗窃罪等状态犯,只要实行行为完成,后续的状态并不影响行为的认定。

该不作为应表述为拒不对未履行信息网络安全管理义务行为进行改正。原因在于:其一,法律、行政法规规定的信息网络安全管理义务所对应的责任形式并不限于刑罚,诸如《网络安全法》等法律也规定了不履行法定义务的行政责任。基此可以理解为,"不履行法律、行政法规规定的信息网络安全管理义务"的行为属于违法行为;在此基础上,"经监管部门责令采取改正措施而拒不改正"的行为属于不作为的犯罪行为。其二,"拒不改正"的行为也未超过不作为的可能评价边界。网络服务提供者无论是"不履行法律、行政法规规定的信息网络安全管理义务",还是"经监管部门责令采取改正措施而拒不改正",均是对于同一法律义务未作履行,"拒不改正"显然没有超过该不作为的涵摄范围。相关学者虽未明确提出这一观点,但是也认识到"责令采取改正措施"发挥了增强违法程度的功能。②

第三,该不作为以具备作为可能性为前提。网络服务提供者只有对信息具有技术防范可能性和操作权利明确性时,才应对危害后果承担刑事责任。③ 对此,权威解释指出:"网络服务提供者是否具有依照监管部门提出的要求,采取相应改正措施的能力。对于确实因为资源、技术等条件限制,没有或者一时难以达到监管部门要求的,不能认定为本款规定的'拒不改正'。"④

---

① 谢望原:《论拒不履行信息网络安全管理义务罪》,载《中国法学》2017年第2期,第244~245页。

② 参见李世阳:《拒不履行网络安全管理义务罪的适用困境与解释出路》,载《当代法学》2018年第5期,第73~74页。

③ 参见李婕:《技术中立与网络技术提供行为的刑法归责》,载《安徽大学学报(哲学社会科学版)》2017年第5期,第109~110页。

④ 郎胜主编:《中华人民共和国刑法释义》,法律出版社2015年版,第499页。

此外，《新型网络犯罪解释》第 2 条第 2 款特别规定："认定'经监管部门责令采取改正措施而拒不改正'，应当综合考虑监管部门责令改正是否具有法律、行政法规依据，改正措施及期限要求是否明确、合理，网络服务提供者是否具有按照要求采取改正措施的能力等因素进行判断。"该条将网络服务提供者作为能力的考察作为刑事责任的归责依据，也是侧面肯定了其行为的不作为性。

第四，该不作为的结果已经明确作出规定。《刑法》第 286 条之 1 第 1 款规定了四种情形，"（一）致使违法信息大量传播的；（二）致使用户信息泄露，造成严重后果的；（三）致使刑事案件证据灭失，情节严重的；（四）有其他严重情节的"。上述规定作出后，有学者表示了反对和担忧，如认为："（四种）'严重情节'的含义模糊，对该要件的'粗犷'适用不仅会使网络服务提供者承担个案的刑事责任，而且还会使网络服务业界面临现实的刑事责任风险，迫使其强化对网络信息的筛查监控，侵害公众的网络表达和言论自由权利。"[1] 随着《新型网络犯罪解释》的出台，这一问题已经得到相当程度的解决。

其一，"违法信息"的范围。《新型网络犯罪解释》第 3 条虽然规定了"致使违法信息大量传播"的标准，但是仍未明确"违法信息"的范围。就其范围目前主要有以下三种观点：第一种观点认为，该类信息限于对社会公共秩序具有具体危险的信息，如虚假信息的传播可能导致社会混乱。[2] 第二种观点认为，从域外立法经验看，网络服务提供者的罪责一般只针对仇恨言论、侵犯著作权、淫秽物品、毒品、诽谤等信息，而不是对一切违法信息负责。[3] 第三种观点认为，"违法信息"主要是指其内容违反相关法律法规规定，

---

① 皮勇：《论网络服务提供者的管理义务及刑事责任》，载《法商研究》2017 年第 5 期，第 25 页。

② 参见李世阳：《拒不履行网络安全管理义务罪的适用困境与解释出路》，载《当代法学》2018 年第 5 期，第 74 页。

③ 参见王文华：《拒不履行信息网络安全管理义务罪适用分析》，载《人民检察》2016 年第 6 期，第 26 页。

或者依法被禁止公开宣扬、传播的信息。①

第三种观点较为妥当，即按违法信息的本意进行理解。一方面，除了危害公共信息秩序的违法信息，危害公共信息安全等违法信息显然也不应被排除在外，不应过分限缩违法信息的范围。另一方面，域外经验的移植需要考虑我国具体情况，比如"仇恨言论"显然在我国语境下有不同的理解，加之拒不履行信息网络安全管理义务罪本身即是我国对于网络服务提供者刑事责任的先行探索，理应基于我国现实进行判断。但同时也需要为违法信息划定适当的边界。有学者认为："所谓'现行法律、法规'至少应当与《刑法》第 96 条所解释的'国家规定'含义相一致，即违法的'法'应当是指全国人民代表大会及其常务委员会制定的法律和决定；国务院制定的行政法规、规定的行政措施、发布的命令和决定。"② 适当划定违法信息的法律依据是必要的，至于"法规"是否包括地方性法规的问题可作进一步的探讨，本书倾向于不包括。

其二，"用户信息"的范围。关于用户信息，权威解释认为包括三类："一是关于用户基本情况信息，如网络服务提供者在服务的过程中收集的个人用户的姓名、出生日期、身份证件号码、住址、电话号码等，以及企业用户商业信息等这类信息通常涉及用户个人隐私，也是法律保护的重点。二是用户的行为类信息，如用户购买服务或者产品的记录；与企业的联络记录；用户的消费行为、偏好、生活方式等相关信息。例如，电子商务网站记录的用户购买的商品、交易的时间、频率等；移动通信公司记录的用户的通话时间、时长、呼叫号码、状态、通话频率等。三是与用户行为相关的，反映和影响用户行为和心理的相关信息，包括用户的满意度、忠诚度、对产品或服务的偏好、竞争对手行为等。"③ 也有学者直接将用户归纳为自然人或单位，

---

① 参见谢望原：《论拒不履行信息网络安全管理义务罪》，载《中国法学》2017 年第 2 期，第 245~246 页；李本灿：《拒不履行信息网络安全管理义务罪的两面性解读》，载《法学论坛》2017 年第 3 期，第 144~145 页。

② 谢望原：《论拒不履行信息网络安全管理义务罪》，载《中国法学》2017 年第 2 期，第 245 页。

③ 郎胜主编：《中华人民共和国刑法释义》，法律出版社 2015 年版，第 500 页。

用户信息即接受网络服务提供者服务的自然人或者单位的相关信息。[①]

参考权威解释，应在主体区分的基础上进一步明确用户信息的范围：第一类为个人信息，即具有识别性和法益关联性的个人信息。第二类为单位相关信息，该类信息并不要求识别单位，而且不应限于商业主体的经营信息。比如网络服务提供者不作为导致事业单位工作信息泄露，造成了严重后果，也不排除从拒不履行信息网络安全管理义务行为的角度进行考察。

《新型网络犯罪解释》第 4 条参考《侵犯个人信息解释》第 5 条，对于侵犯用户个人信息"造成严重后果"的入罪标准作出规定，但是未就侵犯单位用户相关信息作出规定。结合实际来看，将单位用户相关信息解释为用户信息也不乏理论和实践层面的空间，只是对其标准应更为严格地掌握。

其三，该款第（1）项"致使违法信息大量传播的"与第（3）项"致使刑事案件证据灭失""情节严重的"是否存在义务冲突。有观点认为，网络服务提供者阻止违法信息大量传播的方式必然包括将违法信息删除，然而如果违法信息本身也是刑事案件的证据，反而会"致使刑事案件证据灭失"，因此将网络服务提供者逼入两难境地。[②]

从《新型网络犯罪解释》第 3 条与第 5 条的规定看，上述所谓的义务冲突并不存在。《新型网络犯罪解释》第 3 条区分信息类型与传播对象就"致使违法信息大量传播"进行了详尽规定，第 5 条则是依据不同刑事案件类型规定了造成证据灭失的情形，并未规定为免造成证据灭失即需要对其进行传播。相反，固定刑事案件证据并不限于将其保留在公开的网络上，通过下载封存违法信息辅之以拍照截图等方式完全可以固定证据，将其放置于公开的网络上反而易于导致证据的灭失。

其四，情节严重与后果严重的关系。一般认为，不作为行为构成犯罪必须造成刑法意义上的结果。该款规定的四种情形中，前三项规定的"致使违

[①]　参见谢望原：《论拒不履行信息网络安全管理义务罪》，载《中国法学》2017 年第 2 期，第 246 页。

[②]　参见李世阳：《拒不履行网络安全管理义务罪的适用困境与解释出路》，载《当代法学》2018 年第 5 期，第 75 页；葛立刚：《网络服务商不作为刑事责任的边界》，载《西南政法大学学报》2016 年第 6 期，第 86 页。

法信息大量传播""致使用户信息泄露""致使刑事案件证据灭失"无疑均具有结果的性质。然而第（4）项则是规定了"有其他严重情节"，加之"致使用户信息泄露"要求"造成严重后果"，"致使刑事案件证据灭失"要求"情节严重"，该款规定的四种情形面临如何统一理解和适用的问题。有学者基于此指出："由于'其他严重情节'语焉不详，在没有明确立法或司法解释之前，一定要慎重适用。"[1] 司法实践中，拒不履行信息网络安全管理义务罪也成为网络犯罪领域鲜见的休眠罪名。

就该款的走向，有观点认为："只有将'情节严重'限制在'造成严重后果'的范围内，才能有效平衡保护社会安全和保障人权与自由的需要，划清处理一般网络违法行为和惩治网络犯罪的界限。"[2] 其实该款规定也可视为将不作为的结果犯与我国特色的情节犯进行结合的尝试。对于由此导致的性质界定的问题，可以考虑通过立法、司法解释等方式，或者将其限定为"结果严重"，或者另行构建具体和科学的罪刑规则，使不作为的情节犯成为我国刑法理论对教义学的贡献。就"有其他严重情节的"有观点提出尝试性规定方案："（1）致使国家机关或者金融、电信、交通、教育、医疗、能源等领域提供公共服务的信息网络受到破坏，严重影响生产、生活或者造成恶劣社会影响的；（2）致使信息网络服务被多次用于犯罪，或者被用于危害国家安全犯罪、恐怖活动犯罪、黑社会性质的组织犯罪、重大毒品犯罪或者其他严重犯罪的；（3）致使造成特别重大的经济损失的。"[3]

《新型网络犯罪解释》第6条最终确立了多层次的其他严重情节体系：未履行信息网络安全管理义务层面，规定了"对绝大多数用户日志未留存或者未落实真实身份信息认证义务"的情形；拒不履行信息网络安全管理义务层面，规定了"二年内经多次责令改正拒不改正"的情形；造成严重后果层面，其第（3）项至第（6）项分别作出具体规定。此外，该条第（7）项还规定了兜底条款。

---

① 谢望原：《论拒不履行信息网络安全管理义务罪》，载《中国法学》2017年第2期，第246页。

② 皮勇：《论新型网络犯罪立法及其适用》，载《中国社会科学》2018年第10期，第147页。

③ 喻海松：《网络犯罪的立法扩张与司法适用》，载《法律适用》2016年第9期，第6页。

第二节 信息网络安全管理义务的教义化

一、义务主体的类型化

既有研究多关注技术性的网络服务提供者类型，未深入探讨网络服务提供者的主体性质，也未在刑法理论层面进行必要的类型化，导致难以为信息网络安全管理义务的类型化提供基础前提，亟须予以厘清。

（一）义务主体性质

信息网络安全管理义务虽然已被《刑法》第286条之1明确规定，但是学者多热衷于在技术层面对网络服务提供者进行讨论，对义务主体性质的关注却不充分。从现有研究看，关于信息网络安全管理义务主体性质的讨论仅散见于有关"保证人"身份的叙述中，而且学者对其理论范围的认识并不一致。

第一种观点在不真正不作为犯的范围内讨论网络服务提供者的保证人地位。根据这种观点，拒不履行网络安全管理义务罪为网络服务提供者所设立的"信息网络安全管理义务"内涵并不明确，有赖于前刑法规范的规定，因此在刑法教义学的层面可以认定为不真正不作为犯。基于此，在围绕刑事保证人地位实质根据进行探讨的诸多学说中危险源监督说最为有力。[1]

---

[1] 参见敬力嘉：《论拒不履行网络安全管理义务罪——以网络中介服务者的刑事责任为中心展开》，载《政治与法律》2017年第1期，第56页；敬力嘉：《信息网络安全管理义务的刑法教义学展开》，载《东方法学》2017年第5期，第83页。

第二种观点在真正不作为犯的范围内讨论网络服务提供者的保证人地位。根据这种观点，因为网络服务提供者处于保证人的地位，管理危险源是网络服务提供者的实质作为义务发生根据，是其成立不真正不作为犯的基础。① 有学者还根据网络服务提供者的不同类型讨论了其作为监督者的保证人地位："第一，接入服务提供者原则上无法形成基于危险源监督的保证人地位，只有缓存服务提供者和存储服务提供者才有可能；第二，缓存服务提供者和存储服务提供者因危险源监督而形成保证人地位，需要以主观明知违法内容存在为前提。"②

第三种观点将网络服务提供者的保证人地位扩展到不作为共犯（帮助犯）的层面讨论。如有观点认为："当网络中立帮助行为以消极的方式进行时，考虑该网络中立帮助行为是否构成帮助犯，除了要摆脱'日常性'和'帮助故意'两大障碍之外，还必须证明网络服务提供者具有保证人地位，亦即是否具有作为义务。"③

本书认为，第一种观点对于保证人地位的讨论范围是恰当的，即在不真正不作为的范畴内展开，但是网络服务提供者并非是不真正不作为义务的主体，而是真正不作为义务的主体。

第一，保证人地位的讨论与证成是在不真正不作为犯的范围内展开的。德日学者均是基于不真正不作为犯认定的需要讨论保证人地位。德国学者指出，个人具备保证人地位这一情况是不纯正不作为犯不成文的构成要件要素，关于保证人地位的两种类型，即监督者保证人地位（überwachergarantenstellung）和保护者保证人地位（Beschützergarantenstellung）

---

① 参见刘艳红：《网络时代言论自由的刑法边界》，载《中国社会科学》2016年第10期，第140页；皮勇：《论网络服务提供者的管理义务及刑事责任》，载《法商研究》2017年第5期，第23页；李世阳：《拒不履行网络安全管理义务罪的适用困境与解释出路》，载《当代法学》2018年第5期，第70~71页。

② 王华伟：《网络服务提供者刑事责任的认定路径——兼评快播案的相关争议》，载《国家检察官学院学报》2017年第5期，第28~30页。

③ 刘艳红：《网络中立帮助行为可罚性的流变及批判——以德日的理论和实务为比较基准》，载《法学评论》2016年第5期，第43页；参见杨晓培：《网络技术中立行为的刑事责任范围》，载《东南学术》2017年第2期，第193页。

也是在不真正不作为犯的犯罪要素中讨论的。[①] 日本学者进一步指出，不真正不作为犯论的核心是如何解决等置性问题，相关学说经历了因果关系说、违法性说、行为者类型说、构成要件该当性说（保证人说、最近的保证人说），最新理论动向是从目的行为论的立场提出新的不作为犯论。[②] 危险源监督管理说也是在这一框架下讨论的，根据"保障人义务"的"机能"进行分类的机能的二分说将其分为法益保护义务和危险源管理义务。[③] 因此，在真正不作为犯的范畴讨论网络服务提供者的保证人地位显然偏离了该理论的本义，难以提供科学有效的解释，至于将其扩展到不作为的共犯领域则更是作了过于形式化的理解。

第二，我国学者在真正不作为犯的范畴内解读网络服务提供者的保证人地位与对于德日理论的误读有关。《德国刑法典》并未对网络服务提供者设置独立的不作为犯罪，前述学者基于保证人地位论述网络服务提供者的刑事责任可能源于对德国理论的形式化翻译与移植。其所译学者论文指出，在不作为犯的语境下，网络服务提供者负有阻止第三方滥用其提供的基础服务的义务，其典型适例即为设置链接的情形中链接设置者对链接内容监管的保证人义务。[④] 即可将互联网视为危险源并对网络服务提供者赋予保证人地位。[⑤] 其刑事责任确实是在不真正不作为犯的范畴内展开的，因此在德国语境下讨论网络服务提供者的刑事责任确应基于保证人的视角。但是我国《刑法》规定的拒不履行信息网络安全管理义务罪是真正的不作为犯，其刑事责任难以基于保证人身份确定。与德国类似，《日本刑法典》中也未规定网络服务提供者的不作为犯，其刑事责任的认定也可在保证人地位的发生根据层面探讨。有学者据此认为应仿照日本对网络服务提供者从保证人地位层面进行分

---

① Vgl. Johannes Wessels, Strafrecht Allgemeiner Teil: die Straftat und ihr Aufbau, 46. Auflage, C.F. Müller, 2016, S.364; Urs Kindhäuser, Strafrecht Allgemeiner Teil, 8. Auflage, Nomos, 2017. S.314.

② 参见［日］日高义博：《刑法总论》，成文堂 2015 年版，第 143~148 页。

③ 参见［日］高桥则夫：《刑法总论》（第 2 版），成文堂 2013 年版，第 156~157 页。

④ 参见［德］乌尔里希·齐白（Ulrich Sieber）：《网络服务提供者的刑事责任》，王华伟译，载《刑法论丛》2016 年第 4 卷，第 321 页。

⑤ Vgl. Eric Hilgondorf / Brian Valerius, Computer–und Internetstrafrecht, Springer, 2012. S. 72.

析，存在类似的误读问题。①

第三，网络服务提供者具备真正不作为义务主体的条件。一方面，网络服务提供者已经为《刑法》第286条之1明确规定为特殊主体。权威解释指出："（拒不履行信息网络安全管理义务罪）犯罪的主体是网络服务提供者，包括通过计算机互联网、广播电视网、固定通信网、移动通信网等信息网络，向公众提供网络服务的机构和个人。"② 而且除了该条之外，现行《刑法》并无其他条文规定"网络服务提供者"这一主体。另一方面，其所对应"法律、行政法规规定的信息网络安全管理义务"已经被刑法条文明确规定，而且以"信息网络安全管理"的表述明示其内涵。至于"法律、行政法规规定"的表述并不影响其义务的真实性，类似的罪名如《刑法》第261条遗弃罪，其中"负有扶养义务而拒绝扶养"中的抚养义务，也需要结合相关法律予以确定，而理论和实践均不认为遗弃罪为不真正不作为犯。结合主体和义务的法定性，可以认定网络服务提供者为真正不作为义务的主体。

（二）义务主体类型

信息网络安全管理义务的主体为"网络服务提供者"，然而关于其主体类型的探讨多是基于技术层面进行，难以提供普遍的指导规则，亟须在刑法理论层面归纳其一般类型。

1. 主体类型的理论争议

有观点对网络服务提供者的具体形式予以列举："（1）网络接入服务、信息服务、数据中心服务、网络加速服务、上网服务、应用服务、域名服务等网络接入、存储、传输、应用服务；（2）利用信息网络提供的政务、金融、通信、交通、民航、教育、医疗、能源等公共服务。"③ 学界更热衷于讨论的则是网络服务提供者的类型化，并提出了林林总总的观点，其主要思路有以下三种：

---

① 参见李世阳：《拒不履行网络安全管理义务罪的适用困境与解释出路》，载《当代法学》2018年第5期，第70~71页。

② 郎胜主编：《中华人民共和国刑法释义》，法律出版社2015年版，第497页。

③ 喻海松：《网络犯罪的立法扩张与司法适用》，载《法律适用》2016年第9期，第4页。

第一，沿用网络服务提供者的传统种类。如有学者沿用网络服务提供者
（Internet Service Provider，ISP）的传统分类，认为其包括网络接入服务提供
者（Intemet Access Provider，IAP）、网络目录服务提供者（Internet Directory
Provider，IDP）、网络内容服务提供者（Intemet Content Provider，ICP）[①]、网
络平台提供者（Internet Presence Provider，IPP）等。[②]据此区别讨论上述主
体的刑事责任，多认为网络接入服务提供者不应承担刑事责任，网络内容服
务提供者、网络平台提供者可能承担相应的刑事责任。

第二，引入网络服务提供者的新型种类。如有学者将网络存储服务提供
者（Host Service Provider）、缓存服务提供者（cache- Service Provider）、信息
定位服务者（或搜索引擎）也纳入讨论，认为其在例外情况下才承担刑事责
任。[③]与之类似，有学者将搜索引擎服务提供者、深度链接服务提供者、软
件服务提供者与传统网络服务提供者种类并列，认为其在特定情况下也可能
承担刑事责任。[④]

第三，对于网络服务提供者的种类进行再分类。即基于网络服务提供者
类型复杂化的现实，对其再进行分类，从而确定同类网络服务提供者的刑事
责任规则。最典型的即为"网络中介服务者"的提出，有学者基于网络接入
服务提供者、网络内容服务提供者、网络平台提供者的分类，将网络接入服
务提供者和网络平台提供者界定为网络中介服务者，对其确立同类刑事责任

---

① 也有学者将网络服务提供者（ISP）与网络内容服务提供者（ICP）并列进行讨论，参见于志刚：
《虚拟空间中的刑法理论》，中国方正出版社 2003 年版，第 158~159 页。

② 参见陈洪兵：《中立的帮助行为论》，载《中外法学》2008 年第 6 期，第 956~957 页；陈洪兵：
《网络中立行为的可罚性探究：以 P2P 服务提供商的行为评价为中心》，载《东北大学学报（社
会科学版）》2009 年第 3 期，第 258~263 页；李娜：《网络服务商（ISP）刑事责任的解构》，载
《理论月刊》2011 年第 6 期，第 123 页；谢望原：《论拒不履行信息网络安全管理义务罪》，载
《中国法学》2017 年第 2 期，第 240~241 页；付玉明：《论刑法中的中立帮助行为》，载《法学
杂志》2017 年第 10 期，第 71 页。

③ 参见王莹：《网络信息犯罪归责模式研究》，载《中外法学》2018 年第 5 期，第 1303~1304 页；
王华伟：《网络服务提供者的刑法责任比较研究》，载《环球法律评论》2016 年第 4 期，第
54~55 页。

④ 参见陈洪兵：《论中立帮助行为的处罚边界》，载《中国法学》2017 年第 1 期，第 204·207 页。

规则。基于此，提出网络内容服务提供者和网络中介服务者两分的架构。[①]在此基础上，有学者将网络平台提供者引入，形成了网络平台提供者、网络内容服务提供者和网络中介服务者三分的架构。[②]

2. 技术性类型化的不足

有观点指出，造成网络服务提供者刑事责任边界不确定的重要原因之一为我国立法和理论中网络服务提供者类型化的缺失。[③]本书认为，讨论其类型化确为必要，只有基于类型化才能明确行为的不同情形，进而明确具体的刑事责任。但是现有网络服务提供者类型化的探讨均是基于技术层面展开，未在刑法理论层面展开，难以提供一般的、全面的判断规则。具体理由如下：

第一，基于技术层面进行类型化的观点只能提供"就事论事"的具体判定，无法提供犯罪类型意义上的规则。比如网络接入服务提供者、网络平台提供者均可能存在可被责难的罪过，其划分并不能为犯罪认定和处理确定一般性的规则，正是基于此学者才提出对其不再区分的"网络中介服务者"概念。在此意义上，过分侧重基于技术属性对于网络服务提供者予以类型化难以提供网络服务提供者刑事责任认定的一般原则。

第二，技术层面的类型化无法为现行罪刑规则提供解释指南。虽然《刑法》第286条之1拒不履行信息网络安全管理义务罪将犯罪主体规定为"网络服务提供者"，但是由于第287条之2帮助信息网络犯罪活动罪中的行为类型具有网络服务的性质，反而使得两罪适用的争论开始出现。如有学者认为，帮助信息网络犯罪活动罪规定的网络服务包括互联网接入、服务器托管、网络存储、通讯传输等技术支持以及提供网络广告推广、支付结算等服务，其中"互联网接入、服务器托管、网络存储、通讯传输等技术支持"从

① 参见敬力嘉：《论拒不履行网络安全管理义务罪——以网络中介服务者的刑事责任为中心展开》，载《政治与法律》2017年第1期，第55页。

② 参见皮勇：《论网络服务提供者的管理义务及刑事责任》，载《法商研究》2017年第5期，第18~19页。

③ 参见王华伟：《网络服务提供者的刑法责任比较研究》，载《环球法律评论》2016年第4期，第42页。

网络技术功能角度来看，实际上也可归结为信息网络传播服务行为。[①]亦即技术层面的网络服务提供者类型化只能对于以上两个罪名的行为进行具体描述，无法为认定处罚提供指引。

第三，技术层面的类型化难以实现前瞻性立法理念的适用。网络服务提供者的形式是层出不穷的，正是因为如此，前述学者才会不断提出新的网络服务提供者类型，易于导致体系的庞杂和纷乱。比如，在网络存储服务提供者、缓存服务提供者、信息定位服务者等新型网络服务提供者类型出现后学者就其和传统类型之间的关系并未取得一致认识，网络服务提供者类型化的观点层出不穷，已经有向数学上穷尽排列组合形态发展的趋势，难以符合前瞻性的立法路径。随着信息网络的不断发展，网络服务提供者的具体类型将会日益复杂，对其在刑法层面的探讨亟须由具体类型转向一般类型，基于前瞻性的视角明确网络服务提供者的刑法地位。

第四，既有技术层面的网络服务提供者类型化滞后于我国网络服务提供者的现实地位。网络社会发展的扁平化是与节点的立体化并行的，每一个具体的网络服务提供者承担的功能并未随着网络社会的发展而走向单一化，反而是走向复合、多元化。比如很多网络服务提供者既作为网络内容服务提供者也作为网络平台服务提供者，特别是在即时通信、第三方支付等某一领域取得支配地位的网络服务提供者往往基于内容服务构建平台[②]，从而兼具多重身份，对其进行机械的分类显然无法确立恰当的刑事责任规则。有学者认为，我国应当借鉴德国和欧盟法律中以技术为划分标准形成的四分法主体类型（内容服务提供者、接入服务提供者、缓存服务提供者、存储服务提供者），"在现有的较为概括的法律责任框架中，架设起一套精确的理论体系"。[③]但是我国网络服务提供者的发展状况与德国和欧盟存在很大不同，比

---

① 参见王莹：《网络信息犯罪归责模式研究》，载《中外法学》2018 年第 5 期，第 1304 页。
② 比如微信内置的小程序、支付宝内置的应用，其范围几乎涵盖衣食住行各个方面，均是单一 App 构建服务平台的典型适例，其网络服务提供者性质具有复合性。
③ 王华伟：《网络服务提供者的刑法责任比较研究》，载《环球法律评论》2016 年第 4 期，第 55 页。

如德国不存在 BAT[①] 一样体量和业务门类的网络服务提供者，也未遭遇类似的跨类型网络服务提供者认定问题，其经验难以直接移植，理用基于我国的实际重新审视网络服务提供者的性质。

3.双层类型化的确立

《新型网络犯罪解释》第1条将"网络服务提供者"概括为以下三类：第一，提供网络接入、域名注册解析等信息网络接入、计算、存储、传输服务的单位和个人（技术类网络服务提供者）；第二，提供信息发布、搜索引擎、即时通讯、网络支付、网络预约、网络购物、网络游戏、网络直播、网站建设、安全防护、广告推广、应用商店等信息网络应用服务的单位和个人（应用类网络服务提供者）；第三，利用信息网络提供的电子政务、通信、能源、交通、水利、金融、教育、医疗等公共服务的单位和个人（公共服务类网络服务提供者）。

但是本书认为，上述分类并非基于单一层次划分，而是基于两个层次划分。在第一层次，技术类网络服务提供者与应用类网络服务提供者相对应，基于网络服务的不同种类划分。在第二层次，技术类网络服务提供者与应用类网络服务提供者均系直接网络服务提供者，即专门提供网络服务的主体；公共服务类网络服务提供者则系间接网络服务提供者，即通过网络方式提供传统公共服务的主体。在此意义上，该条对于网络服务提供者的分类并基于平面视角，而是基于立体的视角。

值得特别说明的是公共服务类网络服务提供者。对于该类主体可从以下方面进行解读：第一，独立设置该类主体，体现了我国对于公共信息安全的特别保护。注重对公共法益的保护是我国刑事立法的特色，该款也是这一立法精神在新型网络犯罪领域的具体表现。第二，公共服务类网络服务提供者本质上是传统服务者的网络化，服务具有第一性，网络具有第二性；另两类网络服务提供者则是专门提供网络服务的主体，网络具有第一性，服务具有第二性。第三，公共服务类网络服务提供者与另两类网络服务提供者在形式

---

① B=百度、A=阿里巴巴、T=腾讯，分别是中国互联网公司百度公司（Baidu）、阿里巴巴集团（Alibaba）、腾讯公司（Tencent）三大互联网公司的首字母。

上有类似性，但因是否具有公共性而相区别。比如，提供信息网络接入的技术类网络服务提供者与利用信息网络提供通信服务的公共服务类网络服务提供者，以及提供网络支付服务的应用类网络服务提供者与利用信息网络提供金融服务的公共服务类网络服务提供者均存在类似性，但是在公共性上有所区别。

4. 理论性类型化的展开

《新型网络犯罪解释》对网络服务提供者进行了双层类型化，但是还应在理论上基于同一层次进行一般的、理论的类型化，以确立同类主体的适用规则，辅助该司法解释规定的理解与适用。其原因在于：第一，由于双层类型的立体性，使得其重心并非在同一层次具体明晰地对于网络服提供者进行完整描述。第二，两个层次中不同种类的网络服提供者不乏类似性，应在理论上进行归纳总结。第三，需要确立科学的网络服务提供者理论分类，以明确不同的义务内容与责任规则。本书认为可将网络服务提供者分为以下理论类型：

第一，技术类网络服务提供者，即对于网络用户提供网络接入、网络维护等技术支持服务的主体，该服务只涉及网络运行和使用，不涉及具体功能的实现。其范围与《新型网络犯罪解释》第 1 条中的技术类网络服务提供者相同，也可能涉及部分公共服务类网络服务提供者。对其需要明确以下三个问题。

其一，技术类网络服务提供者的典型类型为网络接入服务提供者，但不限于此。不少学者均只讨论网络接入服务提供者，应对其予以扩展，将具有同类性质的技术类网络服务提供者作为基础概念。否则仅是基于技术类型的重述，无法发挥类型化和一般化的功能，比如对于提供网络维护服务的主体，又需要另行讨论。

其二，不少学者认为网络接入服务提供者不应承担刑事责任，[1] 但是如果

① 参见王华伟：《网络服务提供者刑事责任的认定路径——兼评快播案的相关争议》，载《国家检察官学院学报》2017 年第 5 期，第 32 页；齐文远、杨柳：《网络平台提供者的刑法规制》，载《法律科学》2017 年第 3 期，第 106~107 页；敬力嘉：《信息网络安全管理义务的刑法教义学展开》，载《东方法学》2017 年第 5 期，第 88 页。

技术类网络服务提供者"经监管部门责令采取改正措施而拒不改正",继续提供网络接入服务,也无法排除其刑事责任。

其三,技术类网络服务提供者承担刑事责任的情形确实不应过分扩展。由于该服务不涉及具体信息内容,对其刑事责任应持更为慎重的态度。有学者甚至认为应网络接入服务提供者的刑事责任适用范围限制在涉及国家安全或重大公共安全的情形。[①]

第二,功能类网络服务提供者,即对于网络用户提供具体功能服务的主体。功能类网络服务提供者与平台类网络服务提供者是对《新型网络犯罪解释》第1条中应用类网络服务提供者的再分类,也均可能涉及部分公共服务类网络服务提供者。对于功能类网络服务提供者,学者多仅着眼于网络内容服务提供者。如有观点认为:"网络内容提供者即向网络用户综合提供网络信息业务和增值业务的运营者,如新浪、搜狐等。"[②] 然而,一方面,对于具体网络服务提供者的类型还需根据业务进行具体判断,比如新浪,其新闻网页显然是作为功能类网络服务提供者,但是新浪微博则具有平台类网络服务的性质。另一方面,内容获取(信息获取)只是实现网络功能的方式之一,比如通过云盘上传或下载文件,实际上也是对于网络功能的应用。

在此还需明确功能类网络服务提供者构成犯罪的两种形式,即其他犯罪的作为形式和拒不履行信息网络安全管理义务罪的不作为形式。已有学者注意到应当区分网络服务提供者的作为责任与不作为责任,如认为网络服务提供者对他人上传信息的编辑、修改或者改变其接收对象的行为的,应当作为内容提供者承担责任。[③] 亦即"当网络信息服务提供者本身就是信息的制作人时,如果其发布的信息内容本身是违法的,当符合《刑法》分则所规定的

---

① 参见涂龙科:《网络服务提供者的刑事责任模式及其关系辨析》,载《政治与法律》2016年第4期,第115页。

② 谢望原:《论拒不履行信息网络安全管理义务罪》,载《中国法学》2017年第2期,第240~241页。

③ 参见涂龙科:《网络内容管理义务与网络服务提供者的刑事责任》,载《法学评论》2016年第3期,第71页;陈洪兵:《论拒不履行信息网络安全管理义务罪的适用空间》,载《政治与法律》2017年第12期,第40页。

具体构成要件时，则直接定罪处罚"。① 而如果其未尽信息网络安全管理义务，符合《刑法》第 286 条之 1 规定的，应当承担不作为责任。

第三，平台类网络服务提供者，即为网络用户提供网络交互服务的主体。有学者尝试对平台类网络服务提供者进行列举："网络交易平台（如淘宝网、支付平台、约车平台、P2P 网贷平台、App 商城）、即时通讯平台（如 QQ、微信）、自媒体与言论平台（如微博、微信朋友圈、论坛、贴吧）、交友平台（如世纪佳缘平台）、搜索引擎平台（如百度）、直播平台（如斗鱼、虎牙）、资源共享平台（如云盘、快播软件）及其他网络平台。"② 但是其中部分列举（如搜索引擎）应作为功能类网络服务更为妥当，因此对该类主体持开放态度的同时也应防止概念的扩大化。

与技术类网络服务、功能类网络服务不同，平台类网络服务不仅涉及网络服务提供者自身的行为，还涉及其他网络用户的行为。从刑法地位看，平台类网络服务提供者更符合"信息网络安全管理义务"中"管理"的内涵，其不作为责任并非基于自身，而是基于其他网络用户。对此有学者指出，网络服务提供者承担平台责任的理由在于："处罚作为平台角色出现的网络服务提供者，不在于他人在其管理的网络空间中实施违法犯罪行为，也不在于其客观上提供了违法犯罪的实施空间，而在于作为平台的管理者，他违反了刑法上的监管义务。"③

对于以上三类义务主体类型划分的实质区别，可以从两个层面考察：其一，技术类网络服务提供者承担形式义务（终止服务等），功能类网络服务提供者、平台类网络服务提供者承担实质义务（删除内容等），义务标准与责任不同。其二，技术类网络服务提供者、功能类网络服务提供者对自己的行为负责，平台类网络服务提供者对他人的行为负责，管理范畴不同。由此，三类义务主体充分考虑了义务标准与义务范围的不同，能够为信息网络

① 李世阳：《拒不履行网络安全管理义务罪的适用困境与解释出路》，载《当代法学》2018 年第 5 期，第 72 页。
② 姜瀛：《"以网管网"背景下网络平台的刑法境遇》，载《国家检察官学院学报》2017 年第 5 期，第 35 页。
③ 齐文远、杨柳：《网络平台提供者的刑法规制》，载《法律科学》2017 年第 3 期，第 113 页。

安全管理义务的梯次认定提供有效的一般类型。

以下结合快播软件的分析说明上述类型划分对于网络服务提供者刑事责任认定的意义。快播软件并不是纯粹的播放软件，其具有两项程序内容：一项程序内容为 QVOD Player（快播播放器程序或客户端程序），该项程序内容仅是提供技术类网络服务，即播放用户指定的视频文件。上述程序即便被用户用于观看淫秽视频，快播公司也不承担刑事责任，因为其仅提供视频解析播放技术服务，不对视频内容负责。另一项程序 QSI（QVOD Server Install，即 QVOD 资源服务器程序），任何用户（"站长"）均可通过 QSI 发布自己所拥有的视频资源，他人可通过发布的链接下载视频资源，快播公司的中心调度服务器在站长与用户、用户与用户之间搭建了一个视频文件传输的平台，实际上提供了平台类网络服务。只不过快播公司明知用户上传、下载淫秽视频而未予以阻止，未尽到信息网络安全管理义务。有观点认为快播公司仅是提供技术支持，无从知晓视频内容，这不符合实际情况。就淫秽视频问题，快播公司经监管部门责令采取改正措施而拒不改正，且执法人员进入快播"超级雷达"（一种发现周边快播用户观看网络视频记录的应用），轻易便找到了可播放的淫秽视频，快播公司所谓以"技术中立"辩护的理由难以成立。因此，如其行为发生在《刑法修正案（九）》颁布之后，完全可以通过拒不履行信息网络安全管理义务罪对其处罚。

同时，原审法院认定快播公司构成传播淫秽物品牟利罪在当时也无不妥。快播公司缓存服务器自动存储了部分因用户的点播、下载次数较高的淫秽视频，之后允许用户访问，实际上实施了提供淫秽视频的行为，加之快播公司存在明知和牟利目的，已构成传播淫秽物品牟利罪。

基于以上分析，可以充分说明前述类型化探讨的必要——只有将具体的"接入服务"进一步归纳为技术服务，才能充分说明 QVOD Player 程序的技术属性，从而与 QSI 程序进行有效的对比分析。与之类似，如果对百度公司搜索服务中竞价排名进行刑法评价，也面临传统的内容服务类型难以涵盖的问题，所以才会有前述学者对其定性的错误。综上，技术类网络服务提供者、功能类网络服务提供者和平台类网络服务提供者的划分以一般化和理论化为目标，能够更好地适应前瞻性的网络犯罪立法理念。

二、义务的理论化

仅确定义务主体的类型尚不足以完成信息网络安全管理义务的教义化，还需对于该义务在实质上从刑法理论层面进行界定，从而使其成为具有明确内涵的刑法理论概念。《新型网络犯罪解释》仅是继续使用了"信息网络安全管理义务"，未对其进行界定。目前学者的研究虽然对于信息网络安全管理义务形式、确立路径有所涉及，但是呈现出零散化、碎片化的状况，亟须体系化研究。

（一）义务的形式

关于信息网络安全管理义务的形式仅包括消极义务还是可以包括积极义务，目前形成了两种观点。一种观点认为，信息网络安全管理义务属于消极义务而非积极义务，即网络服务提供者不宜承担事前的审查、事中的监控义务，而只有事后的报告、删除等义务，如果对网络服务提供者设置预先审查和实时监控义务，会导致其负担过重而束缚其发展空间。[①]另一种观点认为，信息网络安全管理义务兼具积极义务与消极义务的性质，即义务类型包括主动审查义务与配合义务，前者为积极义务，后者为消极义务。具体而言，根据《网络安全法》第三章、第四章的规定，关键信息基础设施运营者承担显著的风险主动审查义务（如网络运营安全风险定期检测和报告的义务）以及配合义务；其他网络服务提供者只承担自我管理以及对用户和主管部门报告

[①] 参见涂龙科：《网络内容管理义务与网络服务提供者的刑事责任》，载《法学评论》2016 年第3 期，第 68 页；苏青：《网络谣言的刑法规制：基于〈刑法修正案（九）〉的解读》，载《当代法学》2017 年第 1 期，第 25~26 页；陈洪兵：《论拒不履行信息网络安全管理义务罪的适用空间》，载《政治与法律》2017 年第 12 期，第 42 页。

相关犯罪风险的配合义务，不包括对风险的主动审查义务。①

本书认为，信息网络安全管理义务未必限于消极义务，可能包括积极义务。在义务主体类型中，技术类网络服务提供者、功能类网络服务提供者均是"提供者——用户"模式，其对自己的行为进行管理。从正常业务行为的适法要求出发，其不应实施违反法律规定的行为，因此义务内容具有消极性。与之不同，平台类网络服务提供者是"提供者——用户（商户）——用户"模式，其对他人的行为进行管理，这就要求不仅自身不实施违法行为，还需要规制用户（商户）的行为，义务内容具有积极性。

（二）义务的内容

学者对信息网络安全管理义务的讨论实际上并未在同一层面展开，这与确立该义务内容的理论路径不同有关。

目前大体形成了以下两种理论路径：第一种路径沿用技术形式的不同，将信息网络安全管理义务表述为具体的执行操作，如使用屏蔽、断开连接、移除等表述具体指称义务的内容。②第二种路径为根据义务履行时间划分，将不同网络服务提供者的信息网络安全管理义务区分为事前审查义务与事后管理义务（或资源管理义务）。③有学者进而认为该时间划分来源于该义务由"信息内容管理"到"信息传播治理"的扩张："'信息传播治理义务'所要求的，是网络服务提供者除了对信息内容的事后管理之外，还应对网络空间中侵害信息权犯罪风险进行主动与前置性的审查与防控。"④

本书认为，以上信息网络安全管理义务的确立路径虽不无意义，但是

---

① 参见敬力嘉：《论拒不履行网络安全管理义务罪——以网络中介服务者的刑事责任为中心展开》，载《政治与法律》2017年第1期，第58~59页；敬力嘉：《信息网络安全管理义务的刑法教义学展开》，载《东方法学》2017年第5期，第88页。

② 参见陈洪兵：《论拒不履行信息网络安全管理义务罪的适用空间》，载《政治与法律》2017年第12期，第41~42页。

③ 参见李世阳：《拒不履行网络安全管理义务罪的适用困境与解释出路》，载《当代法学》2018年第5期，第72页。

④ 敬力嘉：《信息网络安全管理义务的刑法教义学展开》，载《东方法学》2017年第5期，第82页。

未把握该义务的实质内涵。第一种路径强调对于该义务履行具体形式的概括，未明确刑法理论层面义务应如何认识和理解，缺乏一般性的归纳和指导意义。第二种路径虽然试图进行归纳，但是事前义务与事后义务的划分割裂了义务的整体性，与（拒不）履行行为需在刑法上进行整体的行为评价相背离，比如违反事前义务而未违反事后义务的情形是否构成（拒不）履行行为存在判断难题。此外，这两种方式均未基于信息网络安全管理义务的实质内涵展开——信息网络安全管理义务与其他类型的管理义务有何不同？由此，该义务的内涵应基于信息网络的视角，结合相关法律和行政法规展开。

前述学者认为，根据《网络安全法》第三章、第四章的规定，关键信息基础设施运营者、其他网络服务提供者分别承担不同的信息网络安全管理义务。[①] 本书认为，"关键信息基础设施运营者"并非网络服务提供者。从关键信息基础设施运营者来看，其所运营的是关系"国家安全、国计民生、公共利益的关键信息基础设施"（《网络安全法》第31条），并非对于网络用户提供服务的主体。根据《网络安全法》第76条第（3）项的规定，网络运营者是指网络的所有者、管理者和网络服务提供者，就该项网络运营者的分类考察，关键信息基础设施运营者实际为网络的管理者，而非网络服务提供者。因此，《网络安全法》规定的信息网络安全管理义务应从第四章"网络信息安全"中予以归纳：其中第40条至第44条规定了对用户信息（核心为个人信息）的管理义务，第47条和第48条规定了对用户发布信息的管理义务以及特定情形下网络服务的停止提供义务，第49条规定了管理义务的履行。基于此，信息网络安全管理义务的核心内容可归纳网络安全管理义务和信息安全管理义务。

第一，网络安全管理义务。承担网络安全管理义务的是技术类网络服务提供者，其对用户利用网络技术服务针对（其他）用户信息、违法信息和电子证据信息等实施侵害行为的情形，未履行法律、行政法规规定的网络安

---

① 参见敬力嘉：《论拒不履行网络安全管理义务罪——以网络中介服务者的刑事责任为中心展开》，载《政治与法律》2017年第1期，第58~59页；敬力嘉：《信息网络安全管理义务的刑法教义学展开》，载《东方法学》2017年第5期，第88页。

全管理义务，经监管部门责令采取改正措施时应予以改正。其仅对是否提供网络技术服务负有责任，对用户行为所针对的对象（如信息）和内容不负责任。

技术类网络服务提供者拒不履行网络安全管理义务的行为可能和帮助信息网络犯罪活动的行为竞合。实际中包括三种情形：第一种情形为技术类网络服务提供者不知他人利用信息网络实施犯罪，未履行法律、行政法规规定的网络安全管理义务，经监管部门责令采取改正措施而拒不改正的，属于拒不履行网络安全管理义务的行为；第二种情形为任何主体（包括技术类网络服务提供者），明知他人利用信息网络实施犯罪，为其犯罪提供互联网接入、服务器托管、网络存储、通信传输等技术支持，属于帮助信息网络犯罪活动的行为；第三种情形为技术类网络服务提供者，明知他人利用信息网络实施犯罪，为其犯罪提供互联网接入、服务器托管、网络存储、通信传输等技术支持，且未履行法律、行政法规规定的网络安全管理义务，经监管部门责令采取改正措施而拒不改正的，可能同时构成拒不履行网络安全管理义务行为和帮助信息网络犯罪活动行为。

第二，信息安全管理义务。承担信息安全管理义务的是功能类网络服务提供者和平台类网络服务提供者。功能类网络服务提供者对自己发布（创建）的信息内容，平台类网络服务提供者对平台用户（商户）发布（创建）的信息内容负责，其未履行法律、行政法规规定的信息安全管理义务，经监管部门责令采取改正措施时应予以改正。具体包括两个层面：

其一，合法信息管理，即保护其支配下的合法信息安全。比如，对于用户的账户信息（以及相关的个人信息），虽然不是其发布，但却是在与用户的互动中创建的，功能类网络服务提供者和平台类网络服务提供者有义务依照法律、行政法规规定的信息安全管理义务进行保护，防止外泄。再如，对电子证据信息，其有义务及时保存和固定，防止灭失。

其二，违法信息管理，即确保其支配下的违法信息不危害社会安全。比如对虚假信息，功能类网络服务提供者和平台类网络服务提供者有义务防止其传播造成社会影响。司法解释还规定了诈骗信息，《电信诈骗意见》规定：

"网络服务提供者不履行法律、行政法规规定的信息网络安全管理义务，经监管部门责令采取改正措施而拒不改正，致使诈骗信息大量传播，或者用户信息泄露造成严重后果的，依照刑法第二百八十六条之一的规定，以拒不履行信息网络安全管理义务罪追究刑事责任。"需要说明的是发布（创建）违法信息的情形，传统意义上多认为当其发布（创建）违法信息理应按照其他作为犯罪认定处罚。通常意义上确实如此，但也存在例外情形，比如其发布来自正当途径的信息，后被证实为虚假信息，此时则应承担信息安全管理义务，如果符合拒不履行信息网络安全管理义务罪的情形，也可能构成不作为犯罪。

此外，不同于网络安全管理义务仅对是否提供网络技术服务进行管控，信息安全管理义务强调对于信息内容的管控，因此需要功能类网络服务提供者和平台类网络服务提供者对其具有支配地位。对此有学者提出，网络服务提供者履行信息网络安全管理义务需要具有"直接控制标准"（或直接的控制地位）①。本书认为表述为支配地位更为妥当，其认定应限于履行信息安全管理义务的情形，不包括履行网络安全管理义务的情形。

---

① 参见孙道萃：《网络平台犯罪的刑事制裁思维与路径》，载《东方法学》2017 年第 3 期，第 92 页；涂龙科：《网络内容管理义务与网络服务提供者的刑事责任》，载《法学评论》2016 年第 3 期，第 71 页。

第八章 网络犯罪参与行为的性质

网络社会不仅再构了独立的犯罪行为，也再构了犯罪参与行为。网络社会不同于传统社会的阶层模式，而是基于节点的互联构建了扁平的社会模式。社会中的共同行为不再以共同的组织行为为基础，相反基于各自的立场与目的进行"分布式"的行为参与，其形态即"无组织的组织形式"。网络犯罪参与行为也不例外，行为与意思的共同性不再必要，各个主体之间以参与性为前提的独立性日趋明显。由于以上变化，经典共同犯罪理论面临前所未有的障碍：共同犯罪以正犯行为为共同犯罪的指向，以意思联络作为其主观罪过确立的基础，具有中心化的结构；然而网络犯罪参与行为往往不指向参与体系整体，仅指向获利或自身其他目的，下游犯罪对于上游犯罪、下游犯罪对于上游犯罪既无行为参与，也无意思联络，具有去中心化的结构，因而导致共同犯罪的理论障碍。

　　就如何从理论上应对网络犯罪参与行为的变化，学者基于不同的视角提出了回应的路径。多数学者从修正传统理论的立场出发，试图从共犯行为和预备行为角度予以阐释，但是始终与网络犯罪参与行为的独立性存在理论冲突。也有学者引入累积犯理论，试图从正犯的角度予以阐释，但是难以说明网络犯罪参与行为的参与性。基于此，将网络犯罪参与行为作为正犯行为，同时考虑其参与性未尝不是合理的思路。

第一节　网络犯罪参与行为的变迁与刑法回应

一、共犯结构的网络犯罪参与行为

在网络犯罪参与行为的早期阶段，其仅在共同犯罪表现方式上呈现出独特的状况，犯罪形态与传统犯罪并无实质区别。如有学者注意到，网络共同犯罪行为人之间可能并不相识甚至从未会面，犯罪人之间往往是单纯的技术配合，只是通过网络联络而共同实施某一犯罪行为或者形成犯罪集团。[①] 这并不影响犯意联络的认定，因为"刑法共同犯罪中的意思联络也并非得经过双方接触与商谈才能形成，只要双方的意思借助某种渠道得到沟通即可"。[②] 对此有学者指出："网络共同犯罪可以宽泛地指两人以上利用计算机和网络技术在网络（主要是互联网）上实施的共同故意犯罪行为。其本质属性与传统共同犯罪并无二致。"[③] 这一论断在网络犯罪参与行为演变的早期阶段是适当的。

随着网络社会的发展，网络犯罪参与行为的结构有着非中心化的趋势，

---

① 参见赵秉志、于志刚：《计算机犯罪及其立法和理论之回应》，载《中国法学》2001 年第 1 期，第 156 页；于志刚：《论传统刑法与虚拟空间的冲突和衔接》，载《浙江社会科学》2004 年第 1 期，第 120 页；张俊霞：《网络共同犯罪若干疑难问题探讨》，载《河北法学》2007 年第 11 期，第 190 页；张阳：《空间失序与犯罪异化：论虚拟空间的犯罪应对》，载《河南社会科学》2018 年第 5 期，第 67 页。

② 王志远：《网络共犯问题对我国共犯制度模式的挑战》，载《刑法论丛》2010 年第 3 卷，第 225 页。

③ 刘守芬、丁鹏：《网络共同犯罪之我见》，载《法律科学》2005 年第 5 期，第 98 页。

但是仍有相当比例的网络犯罪保持着共犯结构。比如，通过网络方式实施的教唆行为也要求对象具有特定性，如果接受教唆信息的群体不特定就难以认定教唆行为，可以考虑理解为"煽动"行为。[①]此外，只是实施方式的网络化，并不影响教唆行为的性质。如对于特定网站教唆他人自杀的行为，有学者指出："如果网站对教唆、怂恿他人自杀的信息和自杀方法信息等有害信息不履行法律规定的责任，对社会造成恶劣影响的，应当依法予以取缔或者关闭，并追究其他法律责任。"[②]

共犯结构的网络犯罪参与行为主要表现在必要的共犯领域。关于必要的共犯，一般认为包括集团犯和对向犯[③]。在集合犯（集团犯）的情况下，来自一方的参与人的行为共同追求同一目标；在会合犯（对向犯）的情况下，参与人的行为虽然指向同一目标，但是并非来自相同的一方。[④]德日理论在必要的共犯类型上并不特别强调集团犯类型的具体划分，如有日本学者指出："所谓集团犯（集合犯、多众犯），是指内乱罪、骚乱罪之类的，在构成要件上，以指向同一目标的多数人的共同行为为必要的犯罪。一般是着眼于其集团性的群众心理，根据参与的程度、形态设置阶段，对参与人进行处罚。"[⑤]我国刑事立法和理论则强调集团犯罪和聚众犯罪的区别，如有学者将其类型分别概括为聚众共同犯罪和集团共同犯罪，或直接以聚合犯指称其上位类型。[⑥]网络犯罪也存在对向犯、集团犯和聚众犯的形态，并面临不同的问题。

（一）网络对向犯罪行为

在对向犯层面，网络犯罪参与行为与传统犯罪并无本质不同，对向参与

① 参见刘守芬、丁鹏：《网络共同犯罪之我见》，载《法律科学》2005 年第 5 期，第 105 页。

② 皮勇：《论网络自杀协议犯罪场与控制对策》，载《法学评论》2006 年第 6 期，第 129~130 页。

③ 参见［日］大谷实：《刑法讲义总论》（新版第 4 版），成文堂 2012 年版，第 393 页；［日］曾根威彦：《刑法原论》，成文堂 2016 年版，第 517~518 页；［日］高桥则夫：《刑法总论》（第 2 版），成文堂 2013 年版，第 407 页。

④ Vgl. Hans-Heinrich Jescheck / Thomas Weigend, Lehrbuch des Strafrechts Allgemeiner Teil, 5. Auflage, Duncker & Humblot, 1996,S.697-698.

⑤ 大谷实：《刑法讲义总论》（新版第 4 版），成文堂 2012 年版，第 393~394 页。

⑥ 参见张明楷：《刑法学》（上），法律出版社 2016 年版，第 387~389 页。

结构并未发生实质改变。比如，对向犯有事实的对向犯和片面的对向犯之分。① 网络犯罪参与行为中同样存在事实的对向犯和片面的对向犯（只处罚一方行为的情形）。比如，《日本刑法典》中制作非法指令电磁记录等罪（第168 条之 2）与取得非法指令电磁记录等罪（第 168 条之 3）即为事实的对向犯②；《日本刑法典》第 134 条泄露秘密罪是以存在泄露秘密之对方为条件的"必要的共犯"，即片面的对向犯③。我国《刑法》中也均存在两种情形，第 253 条之 1 侵犯公民个人信息罪既处罚非法提供行为，也处罚非法获取行为，为事实的对向犯；第 285 条第 3 款提供侵入、非法控制计算机信息系统程序、工具罪仅处罚非法提供行为，为片面的对向犯。

（二）网络集团犯罪行为

我国《刑法》第 26 条第 2 款规定："三人以上为共同实施犯罪而组成的较为固定的犯罪组织，是犯罪集团。"根据该款规定，犯罪集团应当具备三个条件："第一，必须由三人以上组成；第二，为了共同进行犯罪活动；第三，有较为固定的组织形式。"④ 网络犯罪集团也以具备前述条件为前提。以网络诈骗犯罪集团为例，《电信诈骗意见》规定，"三人以上为实施电信网络诈骗犯罪而组成的较为固定的犯罪组织，应依法认定为诈骗犯罪集团"。

但是并非所有的网络有组织犯罪均应按照网络集团犯罪认定。比如，对于"网络水军"⑤，有观点认为网络公关公司通过雇人发帖、炒作热点事件等形式实施有组织化的诽谤行为，特别是集团化的网络诽谤行为应纳入诽谤罪

① 参见［日］山口厚：《刑法总论》（第 3 版），有斐阁 2016 年版，第 356~358 页；［日］曾根威彦：《刑法原论》，成文堂 2016 年版，第 518~519 页；［日］关哲夫：《讲义刑法总论》，成文堂 2015 年版，第 398~400 页。

② 参见［日］山中敬一：《刑法各论》（第 3 版），成文堂 2015 年版，第 681 页。

③ 参见［日］松宫孝明：《刑法各论讲义》（第 4 版），成文堂 2016 年版，第 147 页；［日］高桥则夫：《刑法各论》（第 2 版），成文堂 2014 年版，第 158 页。

④ 郎胜主编：《中华人民共和国刑法释义》，法律出版社 2015 年版，第 29 页。

⑤ "网络水军"指受雇佣在网络上发布特定信息的群体，其通常通过发帖、评论等方式赞颂或者攻击他人。

的打击半径之内从重处罚。① 与之相对，有观点认为："'网络水军'的组织结构与普通集团犯罪有本质区别，其成员间关系极为松散，几乎都只存在与上级的单线联系，且这一联络也并不紧密，仅任务派送、结算而已。各人仅以各人行为取酬，与他人无涉，不构成所谓共犯，也不应全部作为犯罪主体。"② 本书认为后一种观点更为妥当，成立《刑法》第 26 条规定的犯罪集团，需为了共同实施犯罪活动，但是"网络水军"成员的行为虽然可能具有违法性（且单次行为的违法性较低），却在很多情况下难以成立犯罪，无法认定集团犯罪的成立。因此，对该类行为打击的重点应在于组织者的行为，未必所有参与人员均能从共同犯罪层面进行评价。

（三）网络聚众犯罪行为

随着犯罪参与结构的变迁，网络聚众犯罪行为在主观层面与客观层面均面临新问题。

第一，在主观层面表现为意思联络的认定。由于网络社会的跨时空互动性，信息传递的形式日趋简化，网络聚众行为的意思联络无须传统聚众行为复杂过程，对该类行为是否构成聚众犯罪学者有不同的观点。

否定说认为，网络聚众行为缺乏必要的意思联络，难以成立犯罪。如有学者提出，网络聚众行为由于缺乏主观上完整的意思联络和交流，使犯罪行为整体显得不够明确，其他行为人是否接受行为人倡议和创造的条件，完全是由自己本人决定的，在我国没有规定"共谋共犯"的情况下，依照罪刑法定原则只能作为无罪处理。③

肯定说认为网络聚众行为可以具备意思联络，但是理由不同。一种观点认为，网络聚众犯罪行为的意思联络具有单向性，必须突破现行刑法中共同犯罪的规定，肯定共同犯罪可以基于单向的意思联络。其理由在于："因为行为人提出倡议或者创造条件后，行为人对自己的行为可能帮助或者教唆他

---

① 参见于冲：《网络诽谤行为的实证分析与刑法应对——以 10 年来 100 个网络诽谤案例为样本》，载《法学》2013 年第 7 期，第 153 页。

② 张巍：《"网络水军"侮辱、诽谤行为的刑法规制》，载《人民检察》2014 第 10 期，第 72 页。

③ 参见张俊霞：《网络共同犯罪若干疑难问题探讨》，载《河北法学》2007 年第 11 期，第 197 页。

人实施犯罪只有不确定的、模糊的认识，其他行为人可能接受也可能拒绝倡议和条件，其他行为人没有与倡议者和创造条件者进行意思的沟通，而是按自己的意图决定是否参加犯罪。"① 另一种观点对其提出商榷，认为核心问题不在于意思沟通的单向性或双向性，而在于意思联络的具体和明确程度："这种合意形式所表现出的特征仍然没有超出意思联络的固有内涵，即行为人（倡议者、发起者）知道和其他人一同实施犯罪，知道自己行为的性质及共同行为的性质，并概括地了解行为与后果之间的因果关系。"② 据此，其认为网络聚众犯罪行为的意思联络并未突破既有理论。

本书持肯定说，并且认同其中后一种观点。网络聚众行为的意思联络是客观存在的，而且意思联络的双向性与单向性判断并非主动和被动的判断。比如，合同的成立，先有要约，再有承诺，总有先发出意思表示的一方。在网络聚众犯罪中，虽然在行为人发出倡议后，其与其他行为人的意思联络日益简化，但是其他行为人"承诺"实施犯罪的意思是可以判断的，在参与网络犯罪的范围内认定行为人与其他行为人的意思联络并未突破既有理论。

第二，在客观层面表现为跨空间聚众行为的认定。由于网络社会的跨时空互动性，使得在不同地点的行为人可以于同一时间实施共同的聚众行为，如何评价其地点的分离和行为的共同成为问题。有观点认为："尽管网络用户分布在不同的物理空间，但作为其'手臂'的数据信息已经聚于一处或者其功能已经指向一处，如果符合聚众犯罪的其他条件，那么物理地点的差异性不应该影响行为的性质，亦即此时的多个网络行为发生地应该被解释为同一空间、同一地点。"③ 本书认为，虽然应当肯定网络聚众行为的行为性，但是这一观点的说理存在不妥。网络社会的空间属性是流动空间，同一时间的空间部分是分散的，其行为可以聚合为流动空间中的聚众行为，整体进行刑法评价，但是难以解释为在同一地点实施，反而是在每一个地点实施。因此，应在流动空间的视角把握网络聚众行为，即在流动空间中三人以上在主

---

① 皮勇：《论网络"聚众"性犯罪及其刑事立法》，载《人民检察》2004年第2期，第22页。
② 刘守芬、丁鹏：《网络共同犯罪之我见》，载《法律科学》2005年第5期，第103页。
③ 米铁男：《网络犯罪的形式评价问题研究》，载《东方法学》2017年第5期，第73页。

客观相一致的情况下实施了特定行为，从而确立网络聚众行为的评价基础。

此外，也需要注意把握网络聚众行为的刑法边界，即不应将需要当事人身体直接介入的犯罪纳入其中。比如，关于通过网络方式群体实施裸聊等行为能否评价为聚众淫乱行为，学者有不同观点。一种观点认为，在能同时容纳多人的视频聊天室中进行裸聊行为，如果同时具备了聚众淫乱罪的其他构成条件，可以认定为聚众淫乱罪，以顺应社会的发展，对既有范畴进行合理解释。[1]另一种观点认为，聚众淫乱行为仅限于身体淫乱活动，数人在不同地点的网上进行裸聊的，不成立聚众淫乱罪。[2]本书同意后一种观点，与猥亵行为不同，淫乱行为需要行为人身体的直接介入，由于互联网的缺场性，仅通过网络方式可以实施猥亵行为，但是难以实施淫乱行为，聚众形式亦是如此。在此意义上，网络犯罪行为的边界适用于各类具体行为，无论是单独形式还是聚众形式实施。

二、非共犯结构的网络犯罪参与行为

网络社会的发展再构了犯罪参与行为结构，引发了刑事立法和刑事司法的变动，也冲击了刑法理论体系。由此需要基于网络犯罪参与结构的现实变迁，确立恰当的理论立场，以指导帮助信息网络犯罪活动行为、非法利用信息网络行为的具体阐释。

（一）网络社会对于犯罪参与行为的再构

传统犯罪参与行为有着相对清晰的参与结构，即以正犯为中心的，要求行为共同性与意思联络性的金字塔式的阶层结构。具体表现在以下方面：第一，正犯行为具有支配性。共同犯罪体系中正犯行为对于犯罪整体具有支配作用，共犯行为因对于正犯行为的加功而对犯罪行为整体具有意义。第二，

---

[1]　参见王明辉、唐煜枫：《"裸聊行为"入罪之法理分析》，载《法学》2007 年第 7 期，第 49~50 页。

[2]　参见张明楷：《刑法学》（下），法律出版社 2016 年版，第 1077 页。

犯罪行为具有共同性。即无论是正犯的实行行为，还是共犯的帮助行为、教唆行为，均指向共同的犯罪行为，行为的共同性始终存在。即便理论上存在完全犯罪共同说、部分犯罪共同说、行为共同说等争议，共同行为始终是讨论犯罪参与行为的普遍基础。在此意义上，传统的犯罪参与体系是以正犯为中心、为上位角色而构建。第三，意思联络具有普遍性。即成立共同犯罪不仅需要正犯与共犯的实行行为，还需要具有意思联络，否则只能成立相应的单独犯罪，而无法成立共同犯罪。

网络社会的发展深刻地改变着犯罪形态，网络犯罪的参与结构正在发生根本性的改变：网络犯罪并不存在具有中心性的行为，行为共同性与意思联络性也日趋消解，呈现为链式的扁平结构。有学者初步注意到这一问题，指出："（网络犯罪）其组织结构也从具备严格等级制度的传统金字塔形和辐辏形，演变到网络空间里的网状形、聚合射线形和链条形的结构类型。"[1] 但遗憾的是该学者并未对此进行更深入的分析。也有学者用"犯罪协作"来概括网络犯罪中产业化的有组织化犯罪方式，即多个行为人基于产业化合作方式，而非共同犯罪的方式。[2] 比如，"电信网络诈骗犯罪内部有细致的产业化分工，有专门的犯罪群体以设立用于违法犯罪活动的网站、发布违法犯罪信息为生，以独立主体身份与下游犯罪人进行非法交易，是犯罪链上的独立环节，不符合共同犯罪的构成条件"。[3]

本书认为，网络犯罪参与行为的结构变化具体表现为以下方面：第一，没有中心性的"正犯行为"。由于网络社会的去中心性（扁平化），犯罪行为产生相应的变化，在网络犯罪产业链中，参与主体的行为并非为了同一犯罪目的而分别加功，而是为了各自的目的而分工合作，不存在对于产业链存在整体支配地位的"正犯行为"，或者说各主体的行为均系正犯行为。第二，行为的共同性消解。在网络社会跨时空互动性的影响下行为交互日趋碎片化、交融化，网络犯罪参与行为的范围出现差异，难以基于传统的共同犯

① 栗向霞：《论有组织犯罪的信息化和网络犯罪的有组织化》，载《河南社会科学》2016 年第 11 期，第 39 页。
② 参见时延安：《网络规制与犯罪治理》，载《中国刑事法杂志》2017 年第 6 期，第 20~21 页。
③ 皮勇：《论新型网络犯罪立法及其适用》，载《中国社会科学》2018 年第 10 期，第 133 页。

罪行为整体进行评价。比如，"帮助行为"是针对大量或不特定主体实施的，而"实行行为"是针对单一或特定主体实施的。也即学者指出的："网络中的主流犯罪模式是'一对多'的关系，帮助行为面对的往往是不特定的多数人。正因为存在这种一对多的关系，使得原本处于从属地位和帮助地位的链接行为出现了社会危害性的聚拢、集聚、强化作用。"[①] 第三，意思联络性的消解。网络社会的空间结构是分布式的，信息交互以必要性为目标，而非以整体性为目标，在网络犯罪产业链中行为人只是各自实施相应的行为，其既无须了解下游（或上游）犯罪行为的具体内容，也无须同其他犯罪主体进行意思联络与达成犯罪合意。

以侵犯个人信息犯罪的参与行为为例：第一，非法提供用于获取个人信息的木马程序等工具往往是针对不特定主体提供的，并非针对特定主体，犯罪行为的共同性不存在。第二，非法提供个人信息的主体并不需要对非法利用个人信息的方式（如用于诈骗、盗窃等下游犯罪还是用于合法目的）具有明知，也无须与非法利用主体进行意思联络。第三，非法获取、非法提供个人信息行为通常侵犯公共信息安全，非法利用个人信息行为可能侵犯个人人身安全、财产安全等，对其评价的行为类型并不相同，不存在居于中心地位的唯一"正犯行为"。与之类似，侵犯计算机信息系统安全的犯罪参与行为也存在上述情况。

（二）网络犯罪参与行为的刑法回应

基于网络犯罪参与结构的变化，相关规定也经历了从司法解释到刑事立法的规则发展过程。

1.司法解释的回应

基于网络犯罪参与行为的新结构，相关司法解释确立了不同的规则，以适应不同类型行为的规制需要。

第一，以共同犯罪论处。即对于网络犯罪参与行为，在司法解释中规定按照相应犯罪的共犯论处，其典型表述为"以共同犯罪论处"。主要包括以

---

① 于志刚：《网络犯罪与中国刑法应对》，载《中国社会科学》2010 年 13 期，第 119 页。

下条款：其一，《淫秽电子信息解释（一）》第 7 条规定："明知他人实施制作、复制、出版、贩卖、传播淫秽电子信息犯罪，为其提供互联网接入、服务器托管、网络存储空间、通讯传输通道、费用结算等帮助的，对直接负责的主管人员和其他直接责任人员，以共同犯罪论处。"其二，《网络诽谤解释》第 8 条规定："明知他人利用信息网络实施诽谤、寻衅滋事、敲诈勒索、非法经营等犯罪，为其提供资金、场所、技术支持等帮助的，以共同犯罪论处。"其三，根据《电信诈骗意见》规定，明知他人实施电信网络诈骗犯罪，具有该条所列提供服务、帮助特定情形的，以共同犯罪论处，但法律和司法解释另有规定的除外。

第二，按照共同犯罪处罚，但设置独立的构罪标准。即一方面承认该网络犯罪参与行为系共犯行为，同时为其规定了不同于正犯的独立构罪标准，其典型表述为"以共同犯罪处罚"。主要包括以下条款：其一，《淫秽电子信息解释（二）》第 7 条规定，明知是淫秽网站，以牟利为目的，通过投放广告等方式向其直接或者间接提供资金，或者提供费用结算服务，符合该条所列特定情形的，对直接负责的主管人员和其他直接责任人员，依照《刑法》第 363 条第 1 款的规定，以制作、复制、出版、贩卖、传播淫秽物品牟利罪的共同犯罪处罚，并规定了每一情形的独立构罪标准。其二，《网络赌博意见》第 2 条规定，明知是赌博网站，具有该条所列提供服务、帮助特定情形的，属于开设赌场罪的共同犯罪，依照《刑法》第 303 条第 2 款的规定处罚，并规定了每一情形的独立构罪标准。其三，《危害计算机信息系统安全解释》第 9 条规定，明知他人实施《刑法》第 285 条、第 286 条规定的行为，具有该条所列提供程序工具、帮助特定情形的，应当认定为共同犯罪，依照《刑法》第 285 条、第 286 条的规定处罚，并规定了每一情形的独立构罪标准。

第三，按照独立的犯罪行为认定，且设立具体的构罪标准。其典型表述为"以（罪名）定罪处罚"。主要包括以下条款：《淫秽电子信息解释（二）》第 3 条规定，"利用互联网建立主要用于传播淫秽电子信息的群组，成员达三十人以上或者造成严重后果的，对建立者、管理者和主要传播者，依照刑法第三百六十四条第一款的规定，以传播淫秽物品罪定罪处罚。"第6条规定，电信业务经营者、互联网信息服务提供者明知是淫秽网站，为其提供互联网接入、服务器托管、网络存储空间、通讯传输通道、代收费等服务，并收取服务费，符合该条所列特定情形的，对直接负责的主管人员和其他直接责任人员，依照《刑法》第363条第1款的规定，以传播淫秽物品牟利罪定罪处罚。

2. 刑事立法的回应

鉴于网络犯罪参与行为的发展，其参与范围已经不限于传播淫秽物品罪等特定传统犯罪，而是呈现独立化、类型化的趋势，《刑法修正案（九）》增设了第287条之2帮助信息网络犯罪活动罪、第287条之1非法利用信息网络罪，通过刑事立法将网络犯罪参与行为作为独立的犯罪处罚。

第一，帮助信息网络犯罪活动行为。《刑法》第287条之2将其规定为明知他人利用信息网络实施犯罪，为其犯罪提供互联网接入、服务器托管、网络存储、通讯传输等技术支持，或者提供广告推广、支付结算等帮助的行为。从行为类型看，该条承继了前述司法解释第三种规则类型，对参与网络犯罪的提供技术支持或帮助行为予以独立规制，而非认定为共同犯罪。

第二，非法利用信息网络行为。《刑法》第287条之1将其规定为利用信息网络实施下列行为之一：其一，设立用于实施诈骗、传授犯罪方法、制作或者销售违禁物品、管制物品等违法犯罪活动的网站、通讯群组的；其二，发布有关制作或者销售毒品、枪支、淫秽物品等违禁物品、管制物品或者其他违法犯罪信息的；其三，为实施诈骗等违法犯罪活动发布信息的。从行为类型看，该条承继了前述司法解释第三种规则类型，并且扩展了行为类型。此外，《刑法》第287条之1也规定了独立的罪刑规则。

（三）网络犯罪参与行为规范演变的理论立场

关于网络犯罪的司法和立法回应，基于不同的理论立场有不同的解读。不少学者从共犯的立场将其理解为"共犯行为正犯化"，本书则认为正犯立场可以提供更为合理的解释，即理解为"正犯行为共犯化"。

第一，共犯行为正犯化立场。关于如何理解网络犯罪参与行为的刑法理论地位，共犯立场成为有力的主张。有学者基于传统犯罪网络变异，提出预备行为实行化和共犯行为正犯化的理论观点。[①] 在该体系中，不仅共犯行为正犯化，预备行为实行化也可从共犯立场予以理解，如对在共同犯罪预备行为的评价上，传统的共犯责任同单独犯罪预备行为的责任认定一样，同样依赖于实行行为的性质，面临着共犯责任评价不足的困境，《淫秽电子信息解释（二）》第 3 条的规定即是将特定网络空间共同犯罪的预备行为直接以正犯责任评价。[②]

根据共犯立场，网络犯罪参与行为的入罪属于"共犯行为正犯化"，从司法解释规定到立法规定体现了从共犯到正犯的发展，即对于网络共犯行为从"司法的正犯化"转向"立法的正犯化"。[③] 其认为，在司法解释阶段，对于网络犯罪参与行为的规定分为三种模式：第一种模式为共犯从属的正犯必须达到构成犯罪所要求的罪量，包括《网络赌博意见》第 4 条、《危害计算机信息系统安全解释》第 7 条、《网络诽谤解释》第 8 条等规定；第二种模式为共犯从属的正犯不是必须达到自身构成犯罪所要求的罪量，包括《网络赌博意见》第 2 条、《淫秽电子信息解释（二）》第 7 条、《危害计算机信息系统安全解释》第 9 条等规定；第三种模式为直接将共犯行为视为独立的实行行为，且不要求正犯达到它本身的罪量，包括《淫秽电子信息解释（二）》第 3 条至第 6 条等规定。在立法阶段，《刑法修正案（九）》所增设的第 287 条之 2 帮助信息网络犯罪活动罪是网络共犯行为正犯化理论的典型实践（或"立法对于网络犯罪帮助行为的整体性回应"），第 287 条之 1 非法

---

① 参见于志刚：《网络犯罪与中国刑法应对》，载《中国社会科学》2010 年第 3 期，第 125~126 页。

② 参见于志刚：《网络空间中犯罪预备行为的制裁思路与体系完善——截至〈刑法修正案（九）〉的网络预备行为规制体系的反思》，载《法学家》2017 年第 6 期，第 62 页。

③ 参见刘仁文、杨学文：《帮助行为正犯化的网络语境——兼及对犯罪参与理论的省思》，载《法律科学》2017 年第 3 期，第 124 页。

利用信息网络罪集中解决网络空间中预备行为的实行化问题。[①]

第二，正犯行为共犯化立场。如前所述，基于网络社会的再构，网络犯罪参与行为的结构不符合共犯要求。网络犯罪参与行为之间是链式的扁平结构（非中心化的结构），而非共同犯罪之间金字塔式的阶层结构（中心化的结构）。纵观网络犯罪参与行为的再构以及刑法回应历程，应从正犯立场而非共犯立场理解该类行为。亦即网络犯罪参与行为的正犯性来自其行为类型本身，而非共犯性的转化。

"共犯行为正犯化"的观点实际上反向地理解了"正犯行为共犯化"的网络犯罪参与行为规制路径。其认为司法解释和立法的配合方式为："借助司法文件相对'短平快'的特点，司法为立法'铺路'和互相配合，司法层面以司法解释等手段先行探索，待理论成熟、时机具备之后再通过立法的形式予以最终确认。"[②] 但是，"刑事司法解释中也并没有被最高司法机关明确承认的'帮助行为正犯化'条款，它更多只是学者们过度扩张解释的产物"。[③] 考察从司法解释到刑事立法对网络犯罪参与行为的规定，实际情况是基于网络犯罪参与行为的再构，通过司法解释暂时作为共犯予以认定处罚（"正犯行为共犯化"），及至立法修改时将网络犯罪参与行为回归正犯予以规定。

对此可从实务部门对于司法解释的解读中进一步明确：其一，以共同犯罪论处的情形。如《网络诽谤解释》第 8 条，实务部门指出："追究提供资金、场所、技术支持等帮助行为人的刑事责任，要求其主观上必须是'明知'。一是行为人主观上明知他人利用信息网络实施诽谤、寻衅滋事、敲诈勒索、非法经营等犯罪；二是明知的内容必须是实施某一种具体犯罪行为，

[①] 于志刚：《共犯行为正犯化的立法探索与理论梳理——以"帮助信息网络犯罪活动罪"立法定位为角度的分析》，载《法律科学》2017 年第 3 期，第 83~87 页；刘仁文、杨学文：《帮助行为正犯化的网络语境——兼及对犯罪参与理论的省思》，载《法律科学》2017 年第 3 期，第 125~126 页；于志刚：《网络空间中犯罪掩饰行为的制裁思路与体系完善——截至〈刑法修正案（九）〉的网络预备行为规制体系的反思》，载《法学家》2017 年第 6 期，第 63 页。

[②] 于志刚、吴尚聪：《我国网络犯罪发展及其立法、司法、理论应对的历史梳理》，载《政治与法律》2018 年第 1 期，第 71 页。

[③] 王华伟：《网络语境中帮助行为正犯化的批判解读》，载《法学评论》2019 年第 4 期，第 138 页。

而不是笼统地知道他人可能会从事违法犯罪活动。"[1] 亦即在缺乏立法对于网络犯罪参与行为正犯规定的情况下认定为其他犯罪的共犯，但是要求其他犯罪存在，而无法规制其他行为不构成犯罪的情形。其二，按照共同犯罪处罚，但设置独立的构罪标准的情形。如《淫秽电子信息解释（二）》第7条规定，实务部门指出："明知是淫秽网站，以牟利为目的，通过投放广告等方式向其直接或者间接提供资金，或者提供费用结算服务的行为，属于制作、复制、出版、贩卖、传播淫秽物品牟利罪的帮助行为，应当以共同犯罪论处。考虑到该类行为与一般的直接传播淫秽物品的行为有所区别，本条设置了独立的定罪量刑标准。"[2] 亦即对于实际上具有类型化犯罪意义的行为设置独立的量刑标准，同时基于司法解释不能创设罪名，"借用"其他罪名并对行为范围进行相应的限定。至于按照独立的犯罪行为认定，且设立具体的构罪标准的情形，则更为直接地体现了这一意蕴。

因此，司法解释先于立法对网络犯罪参与行为予以回应是"正犯行为共犯化"，而非"共犯行为正犯化"，正犯立场才是解读其行为性质的应然立场。以下两节也将基于正犯立场对帮助信息网络犯罪活动行为和非法利用信息网络行为的性质予以分析。

---

[1]　最高人民检察院法律政策研究室：《〈关于办理利用信息网络实施诽谤等刑事案件适用法律若干问题的解释〉解读》，载《人民检察》2013 年第 23 期，第 27 页。

[2]　陈国庆、韩耀元、吴峤滨：《〈关于办理利用互联网、移动通讯终端、声讯台制作、复制、出版、贩卖、传播淫秽电子信息刑事案件具体应用法律若干问题的解释（二）〉理解与适用》，载《人民检察》2010 年第 5 期，第 68 页。

第二节 帮助信息网络犯罪活动行为的性质

一、帮助信息网络犯罪活动行为的理论争议

由于网络犯罪参与的结构变迁，以及帮助信息网络犯罪活动罪立法先例的缺乏，自该罪增设以来关于帮助信息网络犯罪活动行为的性质争议从未停止，共犯立场与正犯立场形成了鲜明的对立。

（一）共犯立场的观点

尽管网络犯罪参与结构发生了现实的变化，多数学者还是认为应在共犯立场下进行理论调适，而不改变共同犯罪的理论结构。如认为对网络犯罪参与行为的刑法规制总体应当坚持共犯路径为主、其他路径为辅的观念，[①] 或在维持意思联络的前提下对其进行较为缓和的理解。[②] 在具体观点层面，学者基于共犯立场探讨帮助信息网络犯罪活动行为的参与地位，围绕如下三种有代表性的观点从不同的视角进行了广泛的讨论。

1. 中立帮助行为说

关于中立帮助行为，一般认为是指其行为外观上不具有刑事违法性，但是客观上对于犯罪行为具有促进作用，且行为人对此具有认识的行为（日

---

① 参见杨彩霞：《多元化网络共犯行为的刑法规制路径体系之重构》载《法学家》2019 年第 2 期，第 38 页。

② 参见吕翰岳：《互联网共同犯罪中的意思联络》，载《法学评论》2017 年第 2 期，第 154 页。

常行为等）。"中立帮助行为"的理论概念提出并非基于网络犯罪参与行为的发展，其可以溯源至德国刑法理论。德国学者指出，对于日常行为（Alltägliche Handlungen），通说不将其排除在帮助行为外，而是判断支持者的认识和意愿（Wissen und Wollen des Unterstützers）。① 日本学者在讨论中立帮助行为时，也未将其一概排除在共犯行为之外。②

学者基于对帮助信息网络犯罪活动行为的"提供互联网接入、服务器托管、网络存储、通讯传输等技术支持"以"提供广告推广、支付结算等帮助"表述的解读，将其理解为中立的帮助行为。具体形成两种观点：扩张的观点认为，提供技术支持或帮助的行为一般由专业人员提供有偿服务，除了专门为犯罪活动提供帮助的情形外，通常针对所有的互联网用户而非犯罪行为人提供，因此具有典型的中立性信息网络服务的外部行为样态。③ 限缩的观点认为，提供技术支持或帮助的行为由于对象的广泛性和业务的中立性，因此只有违反相关行业规范，深度参与他人犯罪活动，提供针对特定对象专门用于犯罪活动的技术支持或帮助的行为，才可能成立帮助信息网络犯罪活动罪或者诈骗等罪共犯。④

支持该说的观点主要从两个方面论述理由：第一，中立帮助行为理论有利于限缩刑事责任的扩张。如有学者认为，中立帮助行为理论强调了网络服务提供者作为一般性经营活动主体的地位，强调了技术行为的中立性以及对于利益、风险的权衡比较，可以限制网络服务提供者刑事责任的不当扩张。⑤第二，日本的"Winny案"中对于中立帮助行为的处断规则应予以借鉴。该案中，行为人金子勇开发、多次改良了文件共享软件 Winny，并依次放到互联网上公开，向不特定多数的人提供下载。有两名正犯（均另案处理），利

---

① Vgl. Urs Kindhäuser, Strafrecht Allgemeiner Teil, 8. Auflage, Nomos, 2017. S.382.
② 参见［日］高桥则夫：《刑法总论》（第 2 版），成文堂 2013 年版，第 471~473 页。
③ 参见刘宪权：《论信息网络技术滥用行为的刑事责任——〈刑法修正案（九）〉相关条款的理解与适用》，载《政法论坛》2015 年第 6 期，第 100 页。
④ 参见陈洪兵：《帮助信息网络犯罪活动罪的限缩解释适用》，载《辽宁大学学报（哲学社会科学版）》2018 年第 1 期，第 114 页。
⑤ 王华伟：《网络服务提供者刑事责任的认定路径——兼评快播案的相关争议》，载《国家检察官学院学报》2017 年第 5 期，第 14 页。

用该软件，将属于著作权法保护对象的游戏软件和电影置于向互联网用户公开发布的状态，构成侵犯著作权的犯罪行为。一审判决金子勇帮助犯成立，二审则否认了其犯罪意图，认定不构成帮助犯。有学者基于此认为，日本对于传统的中立帮助行为的可罚性采取限缩的态度，以维护公民的安定感和日常交易的稳定性，而拒不履行信息网络安全管理义务罪、帮助信息网络犯罪活动罪则是走向了全面可罚化的道路，不利于社会稳定和新兴网络技术的发展。[①]

与之相对，反对该说的观点也从两个方面予以论述：第一，网络中立的帮助行为的"中立性"存疑。如有学者认为，在我国《刑法》已经将络服务提供者拒不履行信息网络安全管理义务行为犯罪化的情况下，其行为已经不再具有中立性。[②]第二，日本的"Winny案"不应从中立帮助行为层面考量。如有学者认为，二审并不是以中立行为为由提出该案和一般帮助成立要件不同，因此该案不应被理解为中立行为的判例，而应被认定为之前几乎未被讨论过的向不特定多数主体提供帮助的判例。[③]

此外，部分学者在讨论中立帮助行为过程中未将范围限定于帮助信息网络犯罪活动行为，而是扩展至拒不履行信息网络安全管理义务行为。如认为平台类网络服务提供者在得知其运营的网络空间具有不健康的淫秽色情内容后，如果能够及时清理而未清理，可成立帮助犯。[④]

2. 正犯化的帮助行为说

一般认为，帮助行为正犯化[⑤]是指《刑法》分则条文直接将某种帮助行

[①] 参见刘艳红：《网络中立帮助行为可罚性的流变及批判——以德日的理论和实务为比较基准》，载《法学评论》2016年第5期，第49页。

[②] 参见谢望原：《论拒不履行信息网络安全管理义务罪》，载《中国法学》2017年第2期，第254页。

[③] 参见储陈城：《限制网络平台帮助行为处罚的理论解构——以日本Winny案为视角的分析》，载《中国刑事法杂志》2017年第6期，第58-59页。

[④] 参见张伟：《中立帮助行为探微》，载《中国刑事法杂志》2010年第5期，第29页。

[⑤] 也有学者认为，帮助信息网络犯罪活动罪的设立，与其说是"共犯正犯化"，不如说是"从犯主犯化"。"从犯主犯化"意味着原属从犯的帮助行为在共同犯罪中的作用受到刑法更为严重的否定评价和处罚，其在共同犯罪中的作用评价由处于次要或辅助的"从犯"向"主犯"靠近。参见张勇、王杰：《网络帮助行为的犯罪化与非犯罪化》，载《苏州大学学报（哲学社会科学版）》2017年第3期，第62页。

为规定为正犯行为，并为其设置独立的法定刑。① 也有学者将其视为狭义的帮助行为正犯化，认为广义的帮助行为正犯化泛指《刑法》分则中所有帮助行为的入罪化，即对于违法、犯罪行为的帮助行为，通过新增罪名或者罪名修正的形式予以入罪化的一种立法模式。② 实际上所谓"广义的帮助行为正犯化"已经进入犯罪行为立法化的理论范围，因此本书仅在狭义的层面讨论。

由于传统共犯理论难以有效地阐释帮助信息网络犯罪活动行为，有学者提出从帮助行为正犯化的角度，将该行为作为正犯化的帮助行为进行阐释。其认为，《刑法》第 287 条之 2 帮助信息网络犯罪活动罪属于立法论上帮助行为正犯化的典型代表。③ "对于技术帮助、金融服务、广告宣传等三种帮助行为统一规定了独立的罪名和法定刑，实现了共犯行为的高度独立化，将司法上、理论上的'共犯行为的正犯化'通过立法予以实现，原有的'帮助行为'即'共犯行为'通过立法独立为新的'实行行为'即正犯化。"④ 在其理论中，虽然认可帮助信息网络犯罪活动行为的正犯性，但是前提在于共犯关系的存在，只是由于帮助行为（共犯行为）的法益侵害程度更为严重以及在共犯关系中地位的提升而对其予以正犯化。

反对的观点则是力图在不采取"正犯化"的路径下，通过共犯的框架对于帮助信息网络犯罪活动行为进行阐释，形成了两种观点：第一种观点为借鉴最小从属性说。如有学者认为，固守限制从属性说导致无法有效规制网络共犯行为，应转向最小从属性说，将共犯对正犯的依存条件予以减格，从而跨越网络犯罪现实与刑事立法之间的鸿沟，消解网络犯罪参与行为对于刑法

---

① 参见张明楷：《论帮助信息网络犯罪活动罪》，载《政治与法律》2016 年第 2 期，第 3 页。

② 参见于冲：《帮助行为正犯化的类型研究与入罪化思路》，载《政法论坛》2016 年第 4 期，第 165 页；孙运梁：《帮助信息网络犯罪活动罪的核心问题研究》，载《政法论坛》2019 年第 2 期，第 88~89 页。

③ 参见王华伟：《网络语境中帮助行为正犯化的批判解读》，载《法学评论》2019 年第 4 期，第 131 页。

④ 于志刚：《共犯行为正犯化的立法探索与理论梳理——以"帮助信息网络犯罪活动罪"立法定位为角度的分析》，载《法律科学》2017 年第 3 期，第 88~89 页。

教义学的冲击。[1]第二种观点为回归我国双层区分制参与体系。如有学者认为，对网络犯罪帮助行为予以正犯化是盲目照搬德日共犯理论的结果，即对我国双层区分制参与体系（参与类型与参与程度分属两个不同层次）的无视与偏离，以及对德日单层区分制参与体系（参与类型与参与程度统合在一个层面）的全盘接受与全面应用。应基于网络犯罪帮助行为的真实地位进行评价，如其起主要作用亦可以评价为主犯，实现刑罚个别化。[2]

3. 量刑规则独立的帮助行为说

帮助犯的量刑规则理论是学者基于对传统共犯结构的坚持而提出，以期对于《刑法》第287条之2帮助信息网络犯罪活动罪作出契合传统理论的阐释。根据这一理论，并不意味着只要条文对帮助犯设置了独立的法定刑就是帮助犯的正犯化，从我国《刑法》分则的相关规定来看，分则条文对帮助犯设置独立法定刑时，存在帮助犯的绝对正犯化、帮助犯的相对正犯化以及帮助犯的量刑规则三种情形。《刑法》第287条之2只是帮助犯的量刑规则，并提出三点理由："第一，为他人犯罪提供互联网技术支持的行为依然是帮助行为，其成立犯罪以正犯实施了符合构成要件的不法行为为前提。第二，教唆他人实施上述帮助行为的，不成立教唆犯，仅成立帮助犯；单纯帮助他人实施帮助行为，而没有对正犯结果起作用的，就不受处罚。第三，对于实施本款行为构成犯罪的行为人不得依照我国《刑法》第27条的规定从轻、减轻处罚或者免除处罚，只能直接按照《刑法》第287条之2第1款的法定刑处罚。"[3]

也有学者从主观和客观两方面来论述："（帮助信息网络犯罪活动行为）客观上，行为人必须是为'其犯罪'即被帮助的他人的'犯罪'提供互联网接入、服务器托管、网络存储、通信传输等技术支持或者提供广告推广、支

---

① 参见王霖：《网络犯罪参与行为刑事责任模式的教义学塑造——共犯归责模式的回归》，载《政治与法律》2016年第9期，第38页。

② 参见刘仁文、杨学文：《帮助行为正犯化的网络语境——兼及对犯罪参与理论的省思》，载《法律科学》2017年第3期，第128~129页；罗世龙：《网络帮助行为的刑事归责路径选择》，载《甘肃政法学院学报》2018年第4期，第138页。

③ 张明楷：《论帮助信息网络犯罪活动罪》，载《政治与法律》2016年第2期，第5页。

付结算等帮助；主观上，行为人必须'明知他人利用信息网络实施犯罪'。"①据此，其认为帮助信息网络犯罪活动行为依然未摆脱帮助行为的从属地位。

有观点基于正犯化的帮助行为说对这一理论提出商榷：第一，帮助信息网络犯罪活动行为具有独立性。如有学者指出，明知他人可能要实施诈骗等犯罪而提供技术帮助，即使他人后来没有实施犯罪，也不排除构成帮助信息网络犯罪活动行为的可能性，其犯罪既遂形态应当不依赖于他人的犯罪形态。②第二，将独立罪刑条款解释为帮助犯的量刑规则不符合刑法原理。有学者认为，《刑法》条文设置独立的法定刑以行为成立独立犯罪为前提，帮助信息网络犯罪活动罪也不例外，该类行为独立于被帮助的网络犯罪行为，并非是对《刑法》总则共犯规定的补充。否则，不仅会使《刑法》总则设立的犯罪一般原理被分则架空，也违反了刑法解释的体系规则、正犯与共犯相区分的基本原理。③

（二）正犯立场的观点

随着帮助信息网络犯罪活动行为讨论的深入，也有学者基于正犯立场来论述其正犯性。如有学者认为，符合帮助犯特征的独立犯罪并非都是帮助行为正犯化，还要考察其在犯罪生态中是否具有独立的地位，帮助信息网络犯罪活动罪与洗钱罪、运输毒品罪，以及提供侵入、非法控制计算机信息系统程序、工具罪具有相同的特点，应为独立的犯罪，且该罪的罪名应重新解释为"为他人利用信息网络实施犯罪提供技术支持和帮助罪"。④

在理论依据上论者基于累积犯的构造进行阐释。有观点认为，网络空间中大量信息失序类犯罪行为由于危害结果超过传统犯罪，应逐步进行累积犯

---

① 黎宏：《论"帮助信息网络犯罪活动罪"的性质及其适用》，载《法律适用》2017年第21期，第35页。

② 参见于志刚：《共犯行为正犯化的立法探索与理论梳理——以"帮助信息网络犯罪活动罪"立法定位为角度的分析》，载《法律科学（西北政法大学学报）》2017年第3期，第89页。

③ 参见刘艳红：《网络犯罪帮助行为正犯化之批判》，载《法商研究》2016年第3期，第20页。

④ 参见皮勇：《论网络服务提供者的管理义务及刑事责任》，载《法商研究》2017年第5期，第22页。

化的设置，其首次规范引入可以追溯至《网络诽谤解释》第 2 条第（1）项
关于诽谤行为"情节严重"的如下规定，"同一诽谤信息实际被点击、浏览
次数达到五千次以上，或者被转发次数达到五百次以上"。[①] 论者将这一理论
引入网络犯罪参与行为的讨论，认为基于网络社会的发展，形成了具有"积
量构罪"构造的新型网络犯罪[②]，即利用信息网络大量实施低危害性行为，累
积的危害后果或者危险已达到应处刑罚的严重程度。就传统犯罪而言，我
国《刑法》所规定的犯罪绝大部分采取"单量构罪"结构，罪状描述的是单
次危害行为引起一个严重危害后果或重大危险；与之不同，帮助信息网络犯
罪活动罪是具有"积量构罪"特征，其不能独立引起下游违法犯罪的危害后
果，单次危害行为的危害量底限低，具有"海量积数 × 低量损害"的"积
量构罪"罪行构造。[③]

　　但就是否可以基于行为的叠加证成网络犯罪参与行为的正犯性，持共犯
观点的学者有不同的理解。其认为，共犯行为单数内部多次事实行为的不法
程度可以实现叠加，不法含量（罪量）可以进行汇总性判断。[④] 即共犯行为
也不排斥行为的叠加。

二、帮助信息网络犯罪活动行为共犯性的反思

　　从共犯的立场对于帮助信息网络犯罪活动行为进行解读虽然易于从传统
理论中寻找依据，但是由于难以契合网络犯罪参与结构，因而在一般层面与
个别层面均存在难题。

[①] 参见张阳：《空间失序与犯罪异化：论虚拟空间的犯罪应对》，载《河南社会科学》2018 年第 5
　　期，第 69—70 页。
[②] 其认为"新型网络犯罪"包括拒不履行信息网络安全管理义务罪、非法利用信息网络罪和帮助
　　信息网络犯罪活动罪。
[③] 参见皮勇：《论新型网络犯罪立法及其适用》，载《中国社会科学》2018 年第 10 期，第 126~138
　　页。
[④] 参见王华伟：《网络语境中的共同犯罪与罪量要素》，载《中国刑事法杂志》2019 年第 2 期，第
　　83 页。

（一）共犯观点的一般难题

传统的共同犯罪理论以正犯为中心构建了庞大而精细的理论框架，虽然其理论也有所松动，但是中心化（阶层化）的结构始终未改，基于此解释去中心化结构下的帮助信息网络犯罪活动行为存在难以克服的理论障碍。

1. 共犯与正犯的理论分野

关于共犯在共同犯罪中的地位，一直以来有共犯的从属性说与共犯的独立性说之争，从属性说为旧派所主张，独立性说为新派所主张。[①]共犯的从属性说根据要素的从属性又分为最小从属性说、限制从属性说、极端从属性说（以及夸张从属性说）等学说。其中，最小从属性说要求正犯行为具有构成要件该当性，限制从属性说要求正犯行为具有构成要件该当性及违法性，极端从属性说要求正犯行为具有构成要件该当性、违法性及有责性。[②]共犯独立性以主观主义思想为基础，强调共犯行为因其自身而具备违法性、犯罪性甚至可罚性，所以其成立不以正犯者着手于犯罪之实行（或正犯之实行行为）为必要。然而随着共犯理论的发展，共犯独立性说日渐式微，对其原因有学者归纳为：共犯独立性说会导致共犯行为的未遂没有适用空间；在正犯不处罚而对共犯处罚的情况下会造成刑罚不均衡；共犯独立性说强调主观主义，不符合客观主义的现代刑法思潮。[③]

即便是在最小从属性的前提下，其对于共犯从属于正犯的从属要求始终未改。最小从属性说在不要求正犯行为的违法性和有责性的情况下，也需要正犯的行为符合构成要件，即需要完成具体犯罪的构成要件符合性判断，而不能是侵害法益不明确、危害行为不清晰的抽象意义的犯罪。

德日刑事立法和刑法理论采用的是限制从属性说。《德国刑法典》和判例确立了共犯的从属性原则。谁亲自杀死他人，即为正犯而非帮助犯，教唆犯和帮助犯以故意实施的违法的正犯行为为前提，帮助犯仅限于对他人的正

---

① 参见［日］前田雅英：《刑法总论讲义》（第6版），东京大学出版会2015年版，第327页。

② 参见［日］山口厚：《刑法总论》（第3版），有斐阁2016年版，第326页。

③ 参见陈子平：《论共犯之独立性与从属性》，载《刑事法评论》2007年第2期，第10~13页。

犯行为予以促进。^① 帮助行为的成立条件为：第一，存在（至少尝试）其他故意且违法的正犯行为；第二，存在帮助行为；第三，存在帮助故意。^② 与之类似，《日本刑法典》是基于共犯从属性说制定的，帮助犯是以正犯存在为前提的从属犯罪类型。^③ 其在理论上也是妥当的，帮助、教唆行为自身并没有引起结果的现实危险，共犯的处罚依据在于通过正犯的实行行为，间接地引起对法益的侵害或危险。^④ 帮助行为的成立条件为^⑤：第一，客观的成立要件，即存在正犯的实行行为（参与行为）；第二，主观的成立要件，帮助犯和正犯之间必须有意思联络（共同意思主体）。^⑥ 基于此，无论德国还是日本刑事立法中共犯行为的存在必须以正犯行为为前提，不存在无正犯行为的共犯。而且，这一结论即便是在特殊语境下依然无法否定：

第一，"无正犯的共犯"。"无正犯的共犯"并非系指存在不依存正犯行为的共犯行为，只不过实施正犯行为的主体无法成为适格的犯罪主体。其典型的情形为帮助自杀：德国和日本刑事立法并没有将自杀作为犯罪，但是却将和自杀有关的教唆、帮助行为（自杀关联行为）以及嘱托、承诺杀人（经他人同意的杀人行为）作为犯罪予以处罚。之所以这样规定，是因为生命只受行为人本人支配，参与他人的自杀行为，是侵害他人生命的行为，具有可罚性。^⑦ 对于不处罚自杀行为而处罚自杀参与行为的理由虽有违法性阻却说（放任行为说）、可罚的违法性阻却说、责任阻却说等，但是无 否认自杀行

① Vgl. Hans-Heinrich Jescheck / Thomas Weigend, Lehrbuch des Strafrechts Allgemeiner Teil, 5. Auflage, Duncker & Humblot, 1996, S.656, 691.

② Vgl. Urs Kindhäuser, Strafrecht Allgemeiner Teil, 8. Auflage, Nomos, 2017. S.379.

③ 参见［日］山口厚：《刑法总论》（第 3 版），有斐阁 2016 年版，第 306 页。

④ 参见［日］前田雅英：《刑法总论讲义》（第 6 版），东京大学出版会 2015 年版，第 403~407 页。

⑤ 也有观点将客观要件再拆分，提出三要件说：第一，存在帮助行为；第二，被帮助者有实行行为；第三，存在从犯的故意。参见［日］关哲夫：《讲义刑法总论》，成文堂 2015 年版，第 470~472 页。

⑥ 参见［日］日高义博：《刑法总论》，成文堂 2015 年版，第 501~502 页；［日］前田雅英：《刑法总论讲义》（第 6 版），东京大学出版会 2015 年版，第 560 页。

⑦ ［日］大谷实：《刑法讲义各论》（新版第 4 版补订版），成文堂 2015 年版，第 17 页。

为的存在。① 基于此，所谓"无正犯的共犯"只是否认正犯行为人承担正犯责任，而非否认正犯行为的存在。

第二，共犯从属性的松动。《德国刑法典》第 28 条规定了特殊的个人要素，分两款规定了共犯在刑罚裁量和构成要件要素认定中因个人（身份）要素而相对独立于正犯的情形。对于该条规定，有学者称之为从属性的松动（Akzessorietätslockerung），部分突破了共犯的（限制）从属性原则，对应的两款则为刑罚区间的移位（Strafrahmenverschiebung）与构成要件的移位（Tatbestandsverschiebung）。② 但是该条规定并未否认共同犯罪结构，亦即在正犯与共犯关系成立的前提下所作的具体规定，因此也有学者称之为"附加的从属性的松动"（Zusätzliche Akzessorietätslockerung）。③

2. 共犯立场的理论难题

前述共犯立场的观点均是以帮助信息网络犯罪活动行为成立共犯行为为前提的，中立帮助行为、量刑规则独立的帮助行为观点本身是在共犯的视角下展开讨论的，正犯化的帮助行为观点也是以共犯成立为前提论述其正犯性的。比如，正犯化的帮助行为观点认为，随着网络犯罪的发展，法益侵害与危险的着眼点已经不再仅局限于实行行为，而是向其他犯罪参与行为扩展，特别是一些原有的犯罪帮助行为具有更加独立、更加严重的社会危害性，此类帮助行为由于社会危害性的升高，应当摆脱共犯地位的束缚予以正犯化处理。④ 借鉴最小从属性说的观点也认为，共犯的成立以正犯行为具有构成要件符合性为充足，通过共犯对正犯依存条件的减格来解决网络犯罪共犯行为

① 参见［日］山中敬一：《刑法各论》（第 3 版），成文堂 2015 年版，第 25~26 页；［日］前田雅英：《刑法各论讲义》（第 6 版），东京大学出版会 2015 年版，第 15 页；［日］高桥则夫：《刑法各论》（第 2 版），成文堂 2014 年版，第 17 页；［日］中森喜彦：《刑法各论》（第 4 版），有斐阁 2015 年版，第 10 页；［日］松宫孝明：《刑法各论讲义》（第 4 版），成文堂 2016 年版，第 26~28 页。

② Vgl. Urs Kindhäuser, Strafrecht Allgemeiner Teil, 8. Auflage, Nomos, 2017. S.334.

③ Vgl. Johannes Wessels, Strafrecht Allgemeiner Teil: die Straftat und ihr Aufbau, 46. Auflage, C.F. Müller, 2016, S.281.

④ 参见于志刚：《网络犯罪与中国刑法应对》，载《中国社会科学》2010 年第 3 期，第 120 页。

的归责难题。①

基于此，帮助信息网络犯罪活动行为应否作为共犯行为是前述观点成立的前提性问题，这需要考察是否存在与其具有共犯关系的正犯行为。然而从理论和《刑法》规定上看，帮助信息网络犯罪活动行为难以符合共犯关系要求。

第一，在法益侵害层面，帮助行为的法益侵害性依附于正犯的实行行为，并且在程度上较轻，对其法益侵害的认定也可以比照实行行为进行。然而帮助信息网络犯罪活动行为的法益侵害性难以依附于信息网络犯罪行为，原因在于"信息网络犯罪"的范围十分广泛，信息网络犯罪可能是极其轻微或极其严重的行为。在后者的法益侵害性无法定型化的基础上，对于帮助信息网络犯罪活动行为的法益侵害性只能回归该行为本身进行独立的刑法判断，而无法借助其他信息网络犯罪行为进行判断。

第二，在行为结构层面，帮助行为的全部内容均从属于正犯的实行行为，旨在为实行行为提供便利和条件，本身并非独立的犯罪行为。亦即在网络的环境下，成立帮助行为也要有确定的行为指向。② 与之不同，帮助信息网络犯罪活动行为的主观罪过和客观范围与相关的信息网络犯罪行为存在差异：在主观罪过上，于认识因素层面帮助信息网络犯罪活动行为人通常不易（也不必）认识到他人所实施的犯罪或非犯罪的行为；于意志因素层面其多追求自身利益的实现（如获利），不存在追求共同犯罪实现的情形。换言之，其对于他人是否希望获得帮助并不知晓或不关心。③ 在客观范围上，其行为与他人的行为往往不存在对应关系，比如共向十人提供了技术支持，但是他人中只有一人实施了犯罪行为，依托他人行为进行共犯评价显然不当。如果其行为的判断不能依附于某一个他人具体的信息网络犯罪行为，那么对其入罪处罚的判断势必回归到自身的正犯行为上，从而肯定行为的独立性，而非

---

① 参见王霖：《网络犯罪参与行为刑事责任模式的教义学塑造——共犯归责模式的回归》，载《政治与法律》2016 年第 9 期，第 38 页。

② 参见刘守芬、丁鹏：《网络共同犯罪之我见》，载《法律科学》2005 年第 5 期，第 106 页。

③ 参见米铁男：《共犯理论在计算机网络犯罪中的困境及其解决方案》，载《暨南学报（哲学社会科学版）》2013 年第 10 期，第 55 页。

行为的共犯性。

第三，在刑罚责任层面，帮助行为根据共同犯罪的处罚原则，可以比照实行行为予以处罚。对于帮助信息网络犯罪活动行为而言，对应的"实行行为"量刑区间可能轻至拘役、管制，重至无期徒刑、死刑，而"帮助行为"的量刑显然不可能比照绝对不定期刑，这也正是帮助信息网络犯罪活动罪司法难题的症结所在，因此从刑罚责任上也不宜将该类行为认定为共犯行为。

（二）共犯观点的个体难题

前述从共犯立场阐释帮助信息网络犯罪活动行为的观点虽不乏积极的价值，比如中立帮助行为说有利于从传统理论中寻找依据和源流，正犯化的帮助行为说关注到了"正犯化"的现实，量刑规则独立的帮助行为说注重对于刑法谦抑品格的维持，但是其除了存在前述共同问题外，还面临各自具体的理论难题。

第一，中立帮助行为说的问题还在于帮助信息网络犯罪活动行为本身缺乏中立性。"中立帮助行为有其特殊性，即行为在促进他人犯罪的同时，行为本身还具有正常业务行为或者日常活动的一面。"[1]中立帮助行为的通常情形为特定经营者明知他人的犯罪意图，而且知道其经营行为会对他人的违法犯罪起到帮助或者促进作用，依然为其提供饭菜、运输、贩卖工具等。[2]在这一情景下，行为者本身进行的是正当业务行为，只是因该正当业务行为客观上对于他人的犯罪行为提供了支持，且自身对此存在明知，因此需要考察其刑事责任，并且基于正当业务性不对责任范围作扩大理解。而帮助信息网络犯罪活动行为虽然也要求具有"明知"，但是该行为并不存在这种中立性。根据《刑法》第287条之2，其行为范围即是为他人利用信息网络实施犯罪"提供互联网接入、服务器托管、网络存储、通讯传输等技术支持""或者提供广告推广、支付结算等帮助"，与他人犯罪范围具有相关性，不存在此外

---

① 陈洪兵：《论中立帮助行为的处罚边界》，载《中国法学》2017年第1期，第208页。

② 参见车浩：《谁应为互联网时代的中立行为买单?》，载《中国法律评论》2015年第1期，第49页。

的正当业务行为，其全部行为均被《刑法》予以否定评价。

与之不同，《刑法》第286条之1拒不履行信息网络安全管理义务罪反而体现了一定中立性，"网络服务提供者"强调了正当业务性，且其承担刑事责任的范围限于拒不履行信息网络安全管理义务范围，只不过我国《刑法》通过不作为的方式对其刑事责任进行限缩，而非通过中立帮助行为的方式限缩。亦即拒不履行信息网络安全管理义务行为系真正不作为的实行行为，法律明确规定了义务内容与法律后果；而中立帮助行为属帮助行为，且通常以作为为表现形态，将其扩展至拒不履行信息网络安全管理义务行为属于对理论的误读。

此外，帮助信息网络犯罪活动行为也与日本"Winny 案"中的行为不同。日本学者多从中立帮助行为角度来看待"Winny 案"，但是在结论上有所分歧：肯定的观点认为，提供 winny 软件的行为可以帮助正犯实施违反著作权法的行为，其成立帮助犯无疑；[1] 否定的观点认为，Winny 软件系"价值中立的软件"，成立帮助犯必须存在超过一般可能性的具体侵害利用状况，且提供者认识、容认该状况。（日本）最高裁判所最终认为，不能认定行为人"认识、容认通常情况下利用其软件侵害他人著作权的高度盖然性"，认定不构成帮助犯的故意。[2] 然而制作、提供 Winny 软件的行为与帮助信息网络犯罪活动行为不同，其可能具有中立性。从本质上看，Winny 软件并非专门用于犯罪或专门为了犯罪而制作、提供，利用该软件用户可用在网上检索感兴趣的电影、音乐和游戏等文件，并从共享文件夹中下载，其本质为P2P 软件，[3] 可用于合法或非法用途。与之不同，帮助信息网络犯罪活动行为是为信息网络犯罪活动提供技术支持或者帮助，并非为合法或非法活动提供技术支持或者帮助，无法类比"Winny 案"的情形。对此，德国学者也指出提供专门用于犯罪的辅助工具（tatspezifischer Hilfsmittel）不适用中

---

① ［日］高桥则夫：《刑法总论》（第2版），成文堂2013年版，第473页。

② 参见［日］前田雅英：《刑法总论讲义》（第6版），东京大学出版会2015年版，第380~381页。

③ P2P 即 Peer-to-peer，P2P 软件的工作原理是网络用户之间直接传输数据，而非通过服务器传输数据。

立帮助行为理论。[①]

第二，正犯化的帮助行为说的问题还在于进行了不当的类比。对于正犯化的共犯行为，尽管其设置了独立的罪名与罪刑规则，但是与正犯之间的共犯关系并未改变。比如，《刑法》第358条第4款协助组织卖淫罪，其行为系"为组织卖淫的人招募、运送人员"或者"其他协助组织他人卖淫行为"；与之相对，《刑法》第358条第1款组织卖淫罪，其行为系"组织他人卖淫"，二者之间的共犯关系依然存在。

但是犯罪参与行为之间的关系并非仅有共犯关系，也包括上游犯罪与下游犯罪之间的协作关系。例如，非法制造、买卖、运输、邮寄、储存枪支、弹药、爆炸物罪，根据《刑法》第125条的规定，其中的贩卖、邮寄行为，显然对于他人实施犯罪具有帮助作用，但是从犯罪类型考察，该罪与其他犯罪（如故意杀人罪、抢劫罪等）并无正犯与共犯的关系，故作为独立的正犯处罚。更为典型的是洗钱罪，根据《刑法》第191条的规定，洗钱行为对于上游犯罪与帮助信息网络犯罪活动罪同样具有"明知"，但是其"为掩饰、隐瞒其来源和性质"所实施的洗钱行为却在主观罪过与客观范围层面与上游犯罪不同，只能作为独立的正犯处罚。就帮助信息网络犯罪活动行为而言，其在主观罪过与客观范围层面与相关的信息网络犯罪均存在区别，二者实际上属于犯罪协作关系而非共犯关系，该观点将其与正犯化的帮助行为类比存在不妥。

第三，量刑规则独立的帮助行为说的问题还在于过分突破了我国《刑法》分则的罪刑规定。我国《刑法》一般未对帮助行为规定独立的罪刑规则，例外情形仅在于其已经完成了正犯化。如已经予以正犯化的《刑法》第358条第4款协助组织卖淫罪，其量刑区间为，"处五年以下有期徒刑，并处罚金；情节严重的，处五年以上十年以下有期徒刑，并处罚金"。而其正犯行为《刑法》第358条第1款组织卖淫罪的量刑区间为，"处五年以上十年以下有期徒刑，并处罚金；情节严重的，处十年以上有期徒刑或者无期徒刑，并处罚金或者没收财产"。

① Vgl. Urs Kindhäuser, Strafrecht Allgemeiner Teil, 8. Auflage, Nomos, 2017. S.384.

如前所述，对帮助信息网络犯罪活动罪而言，并不存在独立的"信息网络犯罪活动罪"，信息网络犯罪的量刑区间可能轻至拘役、管制，重至无期徒刑、死刑。如果认为帮助信息网络犯罪活动罪系量刑规则独立的帮助行为，那么也就意味着突破了《刑法》对于共同犯罪的处罚规则，以学理解释超越了立法解释的权限，具有相当程度的教义学风险。

三、帮助信息网络犯罪活动行为的正犯性

本书认同基于正犯立场来探讨帮助信息网络犯罪活动行为，但认为"积量构罪"的累积犯论难以提供合理的解释。累积犯系指每个单独行为自身的危险性程度较低，难以产生法益侵害，但是如果该类行为大量实施最终会导致法益侵害，因而需要通过刑法加以规制。[1] 累积犯最初的适用领域为环境犯罪，用于阐释"对环境法益的威胁所具备的这种共害和复杂累积的特质"，[2] 之后开始向其他侵犯社会法益的犯罪领域扩展。但是累积犯并非抽象危险犯，对此有学者指出："决定累积犯立法的诸因素中重要的是行为的大数量而不再是个别行为的侵害程度，而相当程度的典型性危险却是设立抽象危险犯在事实层面或统计学意义上的核心要求。"[3]

累积犯的前述特质决定了这一理论在解释帮助信息网络犯罪活动行为上存在障碍：第一，帮助信息网络犯罪活动行为未必具有行为的累积性。累积犯强调行为的累积，即对于多个同类行为进行累积评价，从而确立其法益侵害性与入罪的必要性。而帮助信息网络犯罪活动行为未必表现为累积形式，可能表现为一个行为。比如，通过提供跨网站的"广告联盟"形式为他

---

① 参见张志钢：《论累积犯的法理——以污染环境罪为中心》，载《环球法律评论》2017年第2期，第162页；王姝、陈通：《我国刑法对法益保护前置化问题研究》，载《刑法论丛》2017年第4期，第163页。

② 参见李川：《二元集合法益与累积犯形态研究——法定犯与自然犯混同情形下对污染环境罪"严重污染环境"的解释》，载《政治与法律》2017年第10期，第50页。

③ 张志钢：《论累积犯的法理——以污染环境罪为中心》，载《环球法律评论》2017年第2期，第167页。

人进行广告推广的行为，其提供行为显然应评价为一个行为，但是无疑对复数主体进行了广告推广。第二，累积犯理论难以解释帮助信息网络犯罪活动行为的犯罪参与地位。帮助信息网络犯罪活动行为独立规制的必要性与其在网络犯罪参与关系中的地位密切相关，尽管不应从共同犯罪的角度评价，但是脱离这一关系讨论帮助信息网络犯罪活动行为的可罚性无疑难以确保评价的全面性和客观性。第三，《新型网络犯罪解释》第16条的规定并未意味着将累积行为作为基础行为类型。该条规定："多次拒不履行信息网络安全管理义务、非法利用信息网络、帮助信息网络犯罪活动构成犯罪，依法应当追诉的，或者二年内多次实施前述行为未经处理的，数量或者数额累计计算。"但是该条仅具有补充规定的性质，即在单次行为构成犯罪时不适用该条规定。

基于此，应基于帮助信息网络犯罪活动行为的独立性和参与性明确其行为性质，既不应沿用传统的思维以共犯的模式进行评价，也不应完全忽视其犯罪参与的性质完全以单独犯的模式进行评价。

（一）行为的参与性

帮助信息网络犯罪活动行为的类型需进行独立评价，无法依托信息网络犯罪活动行为进行共犯评价，但是又需要明确其犯罪参与性。

第一，由于网络犯罪不断向传统犯罪渗透，"信息网络犯罪"日益成为几乎包括所有犯罪的罪群概念，而非个罪（或类罪）概念，帮助信息网络犯罪活动行为难以依托其进行评价，只能进行独立的行为类型判断。这可以在与提供侵入、非法控制计算机信息系统程序、工具罪的比较中体现。

我国《刑法》第285条第3款规定了提供侵入、非法控制计算机信息系统程序、工具罪，在犯罪的形态与结构上其与帮助信息网络犯罪活动行为存在类似之处：其一,二者均系非实行行为的犯罪参与行为。提供侵入、非法控制计算机信息系统程序、工具行为本身并非侵入、非法控制计算机信息系统的行为，而帮助信息网络犯罪活动行为本身也非信息网络犯罪行为。但同时，二者又与相关犯罪有着巨大的关联，缺乏必要的程序、工具，侵入、非法控制计算机信息系统的行为就无法实施；缺乏帮助信息网络犯罪活动行为，相关的信息网络犯罪行为也无法实施。其二，二者均体现了参与行为不对应的犯罪结构特点。类似帮助信息网络犯罪活动行为"一对多"特点，提供侵入、非法控制计算机信息系统程序、工具也往往不是"一对一"实施的。其三，二者均于《刑法》中设置独立的罪名与量刑规则。《刑法》第285条第3款规定了提供侵入、非法控制计算机信息系统程序、工具罪，并规定按照非法获取计算机信息系统数据、非法控制计算机信息系统罪的规定处罚。《刑法》第287条之2规定了帮助信息网络犯罪活动罪，并规定"情节严重的，处三年以下有期徒刑或者拘役，并处或者单处罚金"。

但是二者有实质性的区别：提供侵入、非法控制计算机信息系统程序、工具行为所针对的是特定的侵入、非法控制计算机信息系统的犯罪行为，而帮助信息网络犯罪活动罪所"帮助"的行为确是十分广泛的"信息网络犯罪"。就提供侵入、非法控制计算机信息系统程序、工具行为而言，其指向《刑法》第285条规定的非法侵入计算机信息系统罪、非法控制计算机信息系统罪，系针对计算机信息系统实施的类型化的犯罪行为，具有特定的犯罪构成。因此，不少学者将提供侵入、非法控制计算机信息系统程序、工具罪中的行为理解为帮助行为，并将其作为典型的帮助犯正犯化的立法。[①] 相比而言，提供侵入、非法控制计算机信息系统程序、工具行为作为帮助行为的理论障碍在于《刑法》第285条第3款规定"明知他人实施侵入、非法控制计算机信息系统的违法犯罪行为"，其中"违法犯罪行为"难以证成正犯行为存在。与之不同，帮助信息网络犯罪活动作为帮助行为的理论障碍则在于"信息网络犯罪"包括各类利用信息网络实施的犯罪行为，特别是随着犯罪的全面网络化，"信息网络犯罪"实可解释为"任何犯罪"，难以完成正犯的定型评价，帮助信息网络犯罪活动行为的类型只能通过独立评价实现。

第一，帮助信息网络犯罪活动行为也需要参与相关的信息网络犯罪。帮

---

① 参见米铁男：《基于法益保护的计算机犯罪体系之重构》，载《河南大学学报（社会科学版）》2014年第4期，第62页；李本灿：《拒不履行信息网络安全管理义务罪的两面性解读》，载《法学论坛》2017年第3期，第139页。

助信息网络犯罪活动行为和相关的信息网络犯罪之间是协作犯罪关系，而非共同犯罪关系。亦即二者的关系不是"共犯—正犯"的中心化犯罪结构，不属于以正犯为中心的同一犯罪；二者在犯罪产业链中形成犯罪协作关系，具有去中心化的结构，是基于各自的主观罪过和客观行为参与到犯罪产业链中的不同犯罪。

协作犯罪虽然未在理论上被系统探讨，但是在立法与司法中已有实践，如上游犯罪与下游犯罪之间的协作。最为典型的即为洗钱罪，我国《刑法》第 191 条规定其上游犯罪包括毒品犯罪、黑社会性质的组织犯罪、恐怖活动犯罪、走私犯罪、贪污贿赂犯罪、破坏金融管理秩序犯罪、金融诈骗犯罪。及至网络犯罪阶段，学者以网络诈骗犯罪为例指出："事前没有与电信诈骗的犯罪人相通谋，事后明知是电信诈骗所得，而帮助套现、取款的，不成立电信诈骗罪共犯。"[1] 此外，侵犯公民个人信息犯罪与下游犯罪之间的关系也开始被关注，如有学者即将设立、修改《刑法》第 253 条之 1 侵犯公民个人信息罪的动机归于抑制住侵犯公民个人信息的下游犯罪，特别是抑制网络电信诈骗犯罪的继续蔓延。[2] 帮助信息网络犯罪活动行为的立法化则是在此基础上扩展了协作犯罪的理论范畴：传统意义上的协作犯罪为纵向模式，即前后相继的关联犯罪中，对具有法益侵害性又可以进行类型化的行为分别通过独立的罪名予以规制，其中下游犯罪入罪化的典型行为系洗钱行为，上游犯罪入罪化的典型行为系侵犯个人信息行为。而帮助信息网络犯罪活动行为和信息网络犯罪之间则是协作犯罪的横向模式，二者之间的主观罪过和客观行为既有联系又相区别，认定过程中既需要对其关联进行考察，又需要对其行为进行独立评价。

（二）"明知"的认识要素性

帮助信息网络犯罪活动行为要求对信息网络犯罪具有"明知"这一认识

---

[1] 张明楷：《电信诈骗取款人的刑事责任》，载《政治与法律》2019 年第 3 期，第 41 页。

[2] 参见江海洋：《侵犯公民个人信息罪超个人法益之提倡》，载《交大法学》2018 年第 3 期，第 152 页。

要素，而非要求具有追求信息网络犯罪实现的意志要素。

在认识要素层面，《刑法》第287条之2对帮助信息网络犯罪活动行为规定了"明知他人利用信息网络实施犯罪"的条件，对于这一规定需要明确两个问题：

第一，"明知"的知悉形式范围。有学者认为，"明知"仅限于"实际知道"与"有理由知道"。[①] 另有学者认为，"明知"包括确实"知道"和"可能知道"两种。[②] 还有学者认为，"明知"应当限定解释为"确切知道"。[③] 本书认为，对于"明知"的知悉形式的把握可从两方面进行考虑，一方面，应考虑罪刑法定原则的基本原理，不应将其扩大至"有理由知道"或"可能知道"，否则可能导致条文的扩大适用；另一方面，应考虑刑事司法的实际需求，即可以考虑依据客观行为加以推定，[④] 因此也不应将"应当知道"排除在外。据此，"明知"的知悉形式应包括"知道"与"应当知道"。

《新型网络犯罪解释》第11条也肯定了"明知"包括"应当知道"。该条列举了没有相反证据的情况下可以认定行为人明知他人利用信息网络实施犯罪的情形，从而为"应当知道"设立了典型类型指引：（1）经监管部门告知后仍然实施有关行为的；（2）接到举报后不履行法定管理职责的；（3）交易价格或者方式明显异常的；（4）提供专门用于违法犯罪的程序、工具或者其他技术支持、帮助的；（5）频繁采用隐蔽上网、加密通信、销毁数据等措施或者使用虚假身份，逃避监管或者规避调查的；（6）为他人逃避监管或者规避调查提供技术支持、帮助的；（7）其他足以认定行为人明知的情形。

第二，"明知"的知悉内容范围。第一种观点认为，"明知"应是特定的、具体的，亦即对于利用网络服务实施犯罪行为的行为主体、行为性质都

---

① 参见欧阳本祺、王倩：《〈刑法修正案（九）〉新增网络犯罪的法律适用》，载《江苏行政学院学报》2016年第4期，第26页。

② 参见黎宏：《论"帮助信息网络犯罪活动罪"的性质及其适用》，载《法律适用》2017年第21期，第39页。

③ 参见皮勇：《论新型网络犯罪立法及其适用》，载《中国社会科学》2018年第10期，第146页。

④ 参见喻海松：《网络犯罪的立法扩张与司法适用》，载《法律适用》2016年第9期，第9页。

有认识，且该认识是确定的、具体的，而非概括的明知。① 第二种观点认为，其需要认识到所实施的是《刑法》分则规定的严重危害行为，但不要求知道其具体活动内容。② 亦即"具体在认识因素的事实内容上，原则上要求有一定程度的认知或者概括性的认识，无须达到具体清楚的程度，毕竟二者之间不存在事前的意思联络，也就不存在共同实施正犯犯罪的主观故意"。③ 本书认同第二种观点，第一种观点实际上基于共犯的立场理解帮助信息网络犯罪活动行为，因此要求对于具体犯罪内容的明知；第二种观点则是基于正犯的立场理解帮助信息网络犯罪活动行为，因此只要求认识到他人利用信息网络实施犯罪即可，更契合该类行为的本质。

在意志要素层面，帮助信息网络犯罪活动行为还需要具备故意。日本学者指出，故意的成立要求认识到该当客观构成要素的事实和该当主观构成要素的事实（认识要素），并且行为人要将该种认识转化为自己行为的动机（意志要素）。④ 我国理论则根据认识要素和意志要素区别来界定不同故意类型："犯罪的直接故意，是指行为人明知自己的行为必然或者可能发生危害社会的结果，并且希望这种结果发生的心理态度。犯罪的间接故意，是指行为人明知自己的行为可能发生危害社会的结果，并且放任这种结果发生的心理态度。"⑤ 基于此，帮助信息网络犯罪活动行为中的"明知"仅是对于认识要素的描述，还需要对意志要素进行判断。

有学者认为基于意志要素的不同，帮助信息网络犯罪活动行为可以分为两种类型：其一，明知正犯的犯罪计划或意图且有促进犯罪行为更容易实现的意思（"明知且促进型"）；其二，虽然明知正犯的犯罪计划或意图但是没有促进该犯罪行为易于实现的意思（"明知非促进型"）。进而认为根据

---

① 参见涂龙科：《网络服务提供者的刑事责任模式及其关系辨析》，载《政治与法律》2016 年第 4 期，第 110 页。

② 参见皮勇：《论新型网络犯罪立法及其适用》，载《中国社会科学》2018 年第 10 期，第 146 页。

③ 参见张铁军：《帮助信息网络犯罪活动罪的若干司法适用难题疏解》，载《中国刑事法杂志》2017 年第 6 期，第 40 页。

④ 参见［日］大谷实：《刑法讲义总论》（新版第 4 版），成文堂 2012 年版，第 152~156 页。

⑤ 高铭暄、马克昌主编：《刑法学》，北京大学出版社、高等教育出版社 2016 年版，第 109~110 页。

"犯罪意思联络说"只有"明知且促进型"才具有可罚性,"明知非促进型"则不具有可罚性,并且这一立场也为德日等国的刑法学理论以及诸多判例所认可。①

本书认为,处罚"明知非促进型"的帮助信息网络犯罪活动行为正是我国立法的特色。对于"明知非促进型"的帮助信息网络犯罪活动行为,其意志要素不同于信息网络犯罪行为,行为范围也不一致,有必要通过独立的罪名认定和处罚,而且也与《刑法》第287条之2的规定契合:其一,"明知"与"促进"本身具有不同的刑法理论内涵,"明知"描述的系认识因素,强调其对于信息网络犯罪知悉;"促进"描述的系意志因素,强调其希望加功于信息网络犯罪的主观态度。《刑法》第287条之2仅规定了"明知他人利用信息网络实施犯罪",并未规定"帮助他人利用信息网络实施犯罪"。其二,《刑法》第287条之2规定的行为并不具有当然具有"促进"信息网络犯罪的属性。比如,行为人通过广告联盟的形式,为信息网络犯罪行为提供广告推广,只要能够获得相应收益,推广效果的实现并非行为人所追求,而且其推广行为可能针对多个信息网络犯罪行为。其三,对于"明知且促进型"的帮助信息网络犯罪活动行为按照相应的共同犯罪罪名处罚已足,无须依托《刑法》第287条之2进行评价。比如,行为人为了他人的诈骗犯罪能够实现,专门制作了更改来电显示号码的软件,则属于"明知且促进型"的帮助信息网络犯罪活动行为,按照诈骗罪的帮助犯处罚即可;如果行为人制作了更改来电显示号码的软件,在他人购买时予以出售,则属于"明知非促进型"的帮助信息网络犯罪活动行为,应当按照《刑法》第287条之2认定和处罚。

(三)刑事处罚的独立性

《刑法》第287条之2关于刑罚的规定包括三部分。第一,该条第1款规定对于帮助信息网络犯罪活动行为处罚如下:"处三年以下有期徒刑或者拘役,并处或者单处罚金。"第二,该条第2款规定:"单位犯前款罪的,对

---

① 参见刘艳红:《网络犯罪帮助行为正犯化之批判》,载《法商研究》2016年第3期,第21页。

单位判处罚金，并对其直接负责的主管人员和其他直接责任人员，依照第1款的规定处罚。"第三，该条第3款规定："同时构成其他犯罪的，依照处罚较重的规定定罪处罚。"虽然该条第2款关于单位犯罪刑事责任的条款在其他犯罪正犯、共犯的刑罚条款均有出现，但是该条第1款、第3款的规定均不符合"帮助行为正犯化"的刑罚特征，帮助信息网络犯罪活动行为的刑事处罚具有完整性。

第一，该条的量刑区间具有确定性，而关联犯罪的刑罚具有不确定性。该条第1款对于自由刑、财产刑的量刑区间均作出了具体的规定，体现了刑罚的确定性。然而其相关的"信息网络犯罪"则包括各类利用信息网络实施的犯罪行为，上至可处死刑的犯罪行为，下至可处拘役乃至管制的犯罪行为，如果依照共犯的量刑模式难以解决失衡的问题。将帮助信息网络犯罪活动行为作为独立的正犯行为，这一问题就可以迎刃而解，即只要根据行为人所实施的帮助信息网络犯罪活动行为进行定罪量刑即可，不必依照其他的信息网络犯罪。

第二，该条的刑罚条款具有双层结构，而非单层结构。该条除在第1款规定了独立的量刑区间外，还在第3款规定："同时构成其他犯罪的，依照处罚较重的规定定罪处罚。"由此，该条刑罚条款具有"量刑规定＋竞合规定"的双层结构。与之不同，"帮助行为正犯化"的罪名在刑罚条款上一般只规定了"量刑规定"，缺乏"竞合规定"，即具有单层结构。比如，《刑法》第120条之1帮助恐怖活动罪仅规定了两档量刑区间："处五年以下有期徒刑、拘役、管制或者剥夺政治权利，并处罚金""处五年以上有期徒刑，并处罚金或者没收财产"。《刑法》第358条第4款协助组织卖淫罪也仅规定了两档量刑区间："处五年以下有期徒刑，并处罚金""处五年以上十年以下有期徒刑，并处罚金"。

从刑罚适用层面看，"竞合规定"是针对独立犯罪罪名在与其他罪名产生竞合的情况下如何进行适用作出的规定。"帮助行为正犯化"的罪名由于其行为具有从属性，仅能对于帮助行为的量刑比照正犯行为作出规定，而无法对位于另外罪名中的正犯行为如何与其他犯罪在量刑上协调作出规定，因而其刑罚结构只能具有单层性，是不完整的刑罚规范。与之不同，帮助信息网络犯罪活动罪既规定了"量刑规定"，同时规定了"竞合规定"，进而确立了双层的刑罚结构，是完整的刑罚规范。这也意味着帮助信息网络犯罪活动罪并非附属于其他信息网络犯罪，二者存在罪名竞合适用的协调问题，其独立性显而易见。

第三，《新型网络犯罪解释》第12条也肯定了处罚的独立性。该条规定，"明知他人利用信息网络实施犯罪，为其犯罪提供帮助，具有下列情形之一的，应当认定为《刑法》第287条之2第1款规定的'情节严重'：（一）为三个以上对象提供帮助的；（二）支付结算金额二十万元以上的；（三）以投放广告等方式提供资金五万元以上的；（四）违法所得一万元以上的；（五）二年内曾因非法利用信息网络、帮助信息网络犯罪活动、危害计算机信息系统安全受过行政处罚，又帮助信息网络犯罪活动的；（六）被帮助对象实施的犯罪造成严重后果的；（七）其他情节严重的情形。""实施前款规定的行为，确因客观条件限制无法查证被帮助对象是否达到犯罪的程度，但相关数额总计达到前款第二项至第四项规定标准五倍以上，或者造成特别严重后果的，应当以帮助信息网络犯罪活动罪追究行为人的刑事责任。"

以上规定除了"其他情节严重的情形"这一兜底条款外，可以分为三类规则：第一类规则为依照帮助对象数量以及被帮助对象的犯罪结果认定犯罪，即第1款第（1）项、第1款第（6）项。第二类规则为依照结算、提供、获利的资金数额认定犯罪，即第1款第（2）项至第（4）项，以及第2款。第三类规则为二年内曾因非法利用信息网络、帮助信息网络犯罪活动、危害计算机信息系统安全受过行政处罚，又帮助信息网络犯罪活动的，即第1款第（5）项。

本书认为，这三类规则并未否定帮助信息网络犯罪活动行为入罪标准的独立性：第一类规则中，"为三个以上对象提供帮助"并不要求被帮助对象实施同一犯罪，比如同时为诈骗犯罪、盗窃犯罪提供个人信息，显然无法依托被帮助的犯罪进行附属评价。"被帮助对象实施的犯罪造成严重后果"的情形，也无须考察意思联络与共同行为。第二类规则中，区分被帮助对象是否达到犯罪的程度而设立两档入罪标准，显然其中被帮助对象是否达到犯罪的程度只是作为具体情节而非犯罪前提，否则便无法解释被帮助对象不构成犯罪时的处罚正当性。第三类规则仅对帮助信息网络犯罪活动行为人是否受过相关行政处罚进行判断，更与被帮助对象无关。

在《新型网络犯罪解释》出台的同时，最高人民法院也公布了两个帮助信息网络犯罪活动行为的典型案例：

第一，赵瑞帮助信息网络犯罪活动案肯定了为他人实施信息网络犯罪提供支付结算帮助，情节严重的，构成帮助信息网络犯罪活动罪。该案中，行为人仅"明知非法代理的网络支付接口可能被用于犯罪资金走账和洗钱"，既不问洗钱犯罪是否实施，更不问洗钱犯罪的上游犯罪是否实施，而是进行独立的认定和处罚。

赵瑞帮助信息网络犯罪活动案

一、基本案情

被告人赵瑞经营的网络科技有限公司的主营业务为第三方支付公司网络支付接口代理。赵瑞在明知申请支付接口需要提供商户营业执照、法人身份证等五证信息和网络商城备案域名，且明知非法代理的网络支付接口可能被用于犯罪资金走账和洗钱的情况下，仍通过事先购买的企业五证信息和假域名备案在第三方公司申请支付账号，以每个账号收取 2000 元至 3500 元不等的接口费将账号卖给他人，并收取该账号入金金额千分之三左右的分润。2016 年 11 月 17 日，被害人赵某被骗 600 万元。其中，被骗资金 50 万元经他人账户后转入在第三方某股份有限公司开户的某贸易有限公司商户账号内流转，该商户账号由赵瑞通过上述方式代理。

二、裁判理由

浙江省义乌市人民法院判决认为：被告人赵瑞明知他人利用信息网络实施犯罪，为其犯罪提供支付结算的帮助，其行为已构成帮助信息网络犯罪活动罪。

第二，侯博元、刘昱祈等帮助信息网络犯罪活动案肯定了为他人实施信息网络犯罪提供开办银行卡帮助，情节严重的，构成帮助信息网络犯罪活动罪。该案中，行为人仅是明知开办的银行卡可能用于电信网络诈骗等犯罪活动，其行为认定与下游犯罪是否实施并无关联，依法独立予以认定处罚。

侯博元、刘昱祈等帮助信息网络犯罪活动案

一、基本案情

　　2018 年 5 月 28 日，被告人侯博元、刘昱祈在台湾地区受人指派，带领被告人刘育民、蔡宇彦等进入大陆到银行办理银行卡，用于电信网络诈骗等违法犯罪活动。刘育民、蔡宇彦明知开办的银行卡可能用于电信网络诈骗等犯罪活动，但为了高额回报，依然积极参加。当日下午，抵达杭州机场，后乘坐高铁来到金华市区并入住酒店。当晚，侯博元、刘昱祈告知其他人办理银行卡时谎称系来大陆投资，并交代了注意事项及具体操作细节。5 月 29 日上午，在金华多家银行网点共开办了 12 张银行卡，并开通网银功能。另，2018 年 5 月 14 日至 18 日，被告人侯博元、刘昱祈以同样的方式在金华市区义乌两地办理银行卡，并带回台湾地区。

二、裁判理由

　　浙江省金华市婺城区人民法院判决认为：被告人侯博元、刘昱祈、蔡宇彦、刘育民明知开办的银行卡可能用于实施电信网络诈骗等犯罪行为，仍帮助到大陆开办银行卡，情节严重，其行为均已构成帮助信息网络犯罪活动罪。

第三节　非法利用信息网络行为的性质

一、非法利用信息网络行为的理论争议

自《刑法》第 287 条之 1 非法利用信息网络罪增设后，学者也开始关注和讨论非法利用信息网络行为的性质。有学者对比非法帮助信息网络犯罪活动行为的正犯化的帮助说，提出将该类行为作为实行化的预备行为；也有学者从正犯行为的角度，提出实质的预备行为说和累积犯说。

（一）实行化的预备行为说

有观点将非法利用信息网络行为理解为实行化的预备行为，并参考共犯的视角予以阐释。如其将法益侵害性严重的原因归于预备行为借助网络特性实现"一对多"的预备：第一，网络空间预备行为针对的是性质不重大而数量众多的法益，既包括针对多个受害人实施的情形，也包括针对同一受害人反复实施的情形；既包括自己多次实施的情形，也包括帮助多人实施的情形。第二，网络空间预备行为可以同时针对不同的法益，不再限于一种特定的犯罪行为，无论是网络程序、工具、技术、方法等条件的获取，违法犯罪信息的发布，还是网络犯罪平台的提供。[①] 持该观点的其他学者也认为，非法利用信息网络罪，既面向自己未来的行为，又可以为了他人未来的行为，

---

① 参见于志刚：《网络空间中犯罪预备行为的制裁思路与体系完善——截至〈刑法修正案（九）〉的网络预备行为规制体系的反思》，载《法学家》2017 年第 6 期，第 59~60 页。

体现了从打击为自己预备的行为到打击为他人预备的行为。[①]

　　论者系统化地阐释了"预备行为实行化"的观点：第一，犯罪预备向犯罪未遂转化。具体表现在《诈骗解释》第 5 条第 2 款规定："利用发送短信、拨打电话、互联网等电信技术手段对不特定多数人实施诈骗，诈骗数额难以查证，但具有下列情形之一的，应当认定为刑法第二百六十六条规定的'其他严重情节'，以诈骗罪（未遂）定罪处罚：（一）发送诈骗信息五千条以上的；（二）拨打诈骗电话五百人次以上的；（三）诈骗手段恶劣、危害严重的。"其进而认为，第（3）项规定的"恶劣手段"实质上可以包含犯罪预备的手段行为，只要该预备行为"手段恶劣、危害严重"。第二，共犯责任向正犯责任转化。其认为《淫秽电子信息解释（二）》第 3 条体现了对共同犯罪的预备行为直接以正犯责任评价："利用互联网建立主要用于传播淫秽电子信息的群组，成员达三十人以上或者造成严重后果的，对建立者、管理者和主要传播者，依照刑法第三百六十四条第一款的规定，以传播淫秽物品罪定罪处罚。"第三，在分则立法层面表现为从类罪的预备行为实行化立法转向整体犯罪的预备行为实行化立法。类罪的预备行为实行化立法具体体现在《刑法修正案（七）》增设的提供侵入、非法控制计算机信息系统程序、工具罪，是在将本身作为犯罪预备的侵入行为实行化以后，又将其预备行为进一步实行化的实践。整体犯罪的预备行为实行化立法具体体现在《刑法修正案（九）》增设的第 287 条之 1 非法利用信息网络罪，集中解决网络空间中预备行为的实行化问题。[②]

　　基于这一视角，非法利用信息网络行为被理解为整体犯罪实行化的预备行为，作为犯罪预备向犯罪未遂转化、共犯责任向正犯责任转化的集中体现。这一观点可概括为"实行化的预备行为说"。

　　本书认为，实行化的预备行为说虽然注意到了非法利用信息网络行为侵犯法益的复杂性和犯罪参与性，但是也存在值得商榷之处：

[①]　参见郭旨龙：《预防性犯罪化的中国境域——以恐怖主义与网络犯罪的对照为视角》，载《法律科学》2017 年第 2 期，第 144~145 页。

[②]　参见于志刚：《网络空间中犯罪预备行为的制裁思路与体系完善——截至〈刑法修正案（九）〉的网络预备行为规制体系的反思》，载《法学家》2017 年第 6 期，第 62~63 页。

第一，非法利用信息网络行为难以在共犯框架下进行完整的评价。非法利用信息网络行为指向的是"违法犯罪"，后者并不必然成立刑法意义上的犯罪行为，更难以依托共同犯罪理论进行有效的阐释。《刑法》第 287 条之 1 非法利用信息网络罪和《淫秽电子信息解释（二）》第 3 条虽然在规则上具有一定的相似性，但是也有本质区别。《淫秽电子信息解释（二）》第 3 条是将"利用互联网建立主要用于传播淫秽电子信息的群组"这一行为依托于传播淫秽物品罪进行评价，有对应的实行行为，因此从共犯的角度评价尚可接受。然而非法利用信息网络行为指向的是"违法犯罪"，其关联行为未必是犯罪行为，无法具备进行共犯评价的基础。

　　第二，未具体阐明非法利用信息网络行为侵犯的法益。作为犯罪行为所侵犯的法益应当有具体的内涵与范围，即便是在侵犯复杂法益的情形中，虽然法益数量为复数，但是也应有具体明确的内涵。然而这一观点认为非法利用信息网络行为指向的是"性质不重大而数量众多的法益"，一方面未明确法益的具体内涵，另一方面也混淆了法益与对象的范畴。

　　第三，突破了犯罪预备与犯罪未遂的界限。在犯罪形态中，犯罪预备是为了犯罪进行工具、条件等方面的准备但未着手实施犯罪的情形，犯罪未遂是已经着手实施犯罪但是因意志以外的因素未达犯罪目的的情形，在犯罪形态上具有互斥性，而该观点违反了这一原理。此外，其所依据的司法解释条款也为《电信诈骗意见》第 2 条第 4 款所替代，删除了"诈骗手段恶劣、危害严重"的规定，使得前述"犯罪预备向犯罪未遂转化"的论断丧失了规范基础。

（二）实质的预备行为说

　　实质的预备行为说认为赋予预备犯刑事责任的正当化根据在于其"可能针对重大法益造成侵害的危险"，并基于这一视角阐释非法利用信息网络行为。如有学者认为，针对侵害国家安全、社会公共安全等重大法益的犯罪，我国《刑法》提前刑事处罚的时点，将一些犯罪的预备行为类型化并上升为具有独立犯罪构成要件的实质预备犯，如《刑法修正案（九）》中增设的准备实施恐怖活动罪以及非法利用信息网络罪。①

本书认为，实质的预备行为说难以充分阐释非法利用信息网络行为的性质。原因在于：第一，非法利用信息网络行为难以契合实质预备犯中法益性质的要求。如前所述，实质预备犯要求预备行为所对应的实行行为具有侵害国家安全、社会公共安全等重大法益的性质，然而非法利用信息网络行为虽然与公共信息秩序有关，但是显然难以直接危及国家安全、社会公共安全等重大法益。第二，采取实质的预备行为说会导致"违法犯罪"的解释障碍。非法利用信息网络行为中包含"为实施诈骗等违法犯罪活动发布信息"的表述，如果基于文义解释将一般违法活动的预备行为也纳入其中，与实质预备行为的法益重大性要求相悖。② 基于这一矛盾，持实质预备行为说的学者将非法利用信息网络行为中的"违法"解释为"刑事违法"，而非一般意义的行政违法或违反其他法律的情形。但是照此理解则会导致对于《刑法》条文作出不符合原意的限缩解释，其妥当性有待商榷。

（三）累积犯说

累积犯说基于对实质预备行为说反思，借鉴累积犯理论阐释非法利用信息网络行为。其认为，实质预备行为说存在两方面的障碍：第一，不满足实质预备犯的下游实行犯条件。一方面，非法利用信息网络行为主观违法要素指向的目的行为包含"违法活动"，并非"为了犯罪"；另一方面，非法利用信息网络行为并非都对下游行为发挥预备作用，如"发布有关制作违禁物品、管制物品"的信息不具有"准备工具、制造条件"的预备作用，"为实施诈骗活动发布信息"则属于已经着手的实行行为。第二，不具有侵害重大法益的抽象危险。非法利用信息网络罪行为的下游行为侵犯的不都是"重大法益"，而且其位于《刑法》分则第六章"妨害社会管理秩序罪"第一节

---

① 参见商浩文：《预备行为实行化的罪名体系与司法限缩》，载《法学评论》2017年第6期，第168页；姜金良：《法益解释论下非法利用信息网络罪的司法适用——基于〈刑法修正案（九）〉以来裁判文书样本的分析》，载《法律适用》2019年第15期，第39页。

② 参见阎二鹏：《预备行为实行化的法教义学审视与重构——基于〈中华人民共和国刑法修正案（九）〉的思考》，载《法商研究》2016年第5期，第64页。

"扰乱公共秩序罪"中，所属章节的法益也并非均具有重大性。①

累积犯说认为，非法利用信息网络行为和帮助信息网络犯罪活动行为一样，具有积极型的"积量构罪"构造，二者都不能独立引起下游违法犯罪的危害后果，单次危害行为的危害量底限低，具有"海量积数 × 低量损害"的"积量构罪"罪行构造。同时，由于非法利用信息网络行为的危害基量底限低，情节要件类型化不足，为了防止该罪不当扩张适用，有必要将该罪的下游行为限定为《刑法》分则规定的危害行为。②

本书认为，累积犯说也难以完成对于非法利用信息网络行为的充分阐释。原因在于：第一，积累犯理论难以说明非法利用信息网络行为的法益侵害。累积犯理论中的"累积"系指行为的累积，即单一数量的行为无法造成法益侵害的结果，众多数量的行为累积才会造成法益侵害的结果。然而非法利用信息网络行为构成犯罪的要求是"情节严重"，也包括实施一次行为造成严重后果的情形。第二，未重视基于犯罪参与地位说明非法利用信息网络行为。累积犯理论以其自身的行为累积为出发点进行独立的刑法评价，忽视了对于网络犯罪参与体系的考量。虽然非法利用信息网络行为和关联的"违法犯罪"之间并非一一对应的关系，但是如果没有和"违法犯罪"之间的关联也就没有对该类行为予以独立规制的必要。比如，（出于"恶搞"等目的）自行发送五千条欺骗信息与基于犯罪参与目的发送五千条诈骗信息相比，显然后者才具有典型的非法利用信息网络性质。因此，对其评价既不应套用一一对应的共犯理论，也不应简单地以单独犯罪行为的认定规则判断，在此层面虽然实行化的预备行为说在结论上有待商榷，但是一定程度上考虑了非法利用信息网络行为的犯罪参与性。

---

① 参见皮勇：《论新型网络犯罪立法及其适用》，载《中国社会科学》2018 年第 10 期，第 128~129 页。

② 参见皮勇：《论新型网络犯罪立法及其适用》，载《中国社会科学》2018 年第 10 期，第 144 页。

二、非法利用信息网络行为的实行性

正确认定非法利用信息网络行为的性质，既需要根据行为的独立属性进行判断（独立性），也需要结合其在网络犯罪参与体系中的地位予以理解（参与性）。

（一）法益侵害的独立性

非法利用信息网络行为对法益的侵害具有独立性，可在对前述观点的反思中予以明确：第一，非法利用信息网络行为的法益侵害性难以附属于"实行行为"。实行化的预备行为说与实质的预备行为说虽然具体结论不同，但是均将非法利用信息网络行为的法益侵害评价附属于"实行行为"。然而该类行为所对应的"实行行为"可能是违法行为，难以依托其完成法益侵害评价。第二，非法利用信息网络行为的法益侵害性并不依赖于行为累积。如前所述，非法利用信息网络行为法益侵害可能通过单一行为独立实现。

本书认为，非法利用信息网络行为独立侵犯了公共信息秩序。该类行为所侵犯的法益具有双重属性：第一，法益内容具有公共性，即仅具有指向不特定人人身或者财产安全的可能性，非对具体个人人身或者财产安全造成实体侵害或者紧迫危险。第二，法益内容难以具备重大性，非法利用信息网络行为难以直接造成危害国家安全、公共安全的结果或危险，其关联的"违法犯罪"行为甚至可能无法构成犯罪。第三，该类行为的内容中，无论违法犯罪活动的网站、通讯群组还是相关信息，显然离不开信息网络的合法管理，均与公共信息秩序有关。基于此，应将该类行为侵犯的法益理解为公共信息秩序，这一法益内涵既强调了公共属性与信息属性，也基于非法利用信息网络罪所在的《刑法》分则第六章第一节"扰乱公共秩序罪"的类罪规定，指明了所侵犯的法益与国家安全、公共安全等法益具有间接的关联性。

（二）行为的独立性

非法利用信息网络行为难以依托于关联行为进行评价，二者之间难以满足预备行为和正犯行为的关系，该类行为的实行性理应独立作出判断。

第一，成立预备行为需要有与之对应的实行行为，然而非法利用信息网络行为缺乏相应的实行行为，并非实行化的预备行为。预备行为实行化是我国从德日刑法中引进的理论，但是追本溯源德日理论也没有规定实行行为未特定化的预备行为，反而强调预备行为与实行行为之间的对应关系。预备行为要有实现基本犯的目的：以自己实现基本犯的目的进行准备时，称作自己预备；以使他人实现犯罪目的进行准备时，称作他人预备。[①] 德日学者均认为，预备行为原则上不受处罚，除非立法予以例外规定。[②] 有学者将《日本刑法典》上的预备罪归纳为以下九种：内乱预备罪（第78条）、外患预备罪（第88条）、私战预备罪（第93条）、放火预备罪（第113条）、预备伪造货币罪（第153条）、预备非法制作支付磁卡电磁记录罪（第163条之4）、杀人预备罪（第201条）、勒索赎金为目的的绑架等预备罪（第228条之3）、抢劫预备罪（第237条）。[③] 而这些罪名，无一不要求预备行为具有对应的实行行为。

基于行为阶段的判断，非法利用信息网络行为也无法解释为关联行为的预备行为。一方面，非法利用信息网络行为的部分具体类型已经到达着手实行阶段，而非犯罪预备阶段。对此有学者指出，《刑法》第287条之1第1款第（2）项中的发布销售毒品、枪支、淫秽物品等违禁物品、管制物品信息的行为，以及第（3）项中的为实施诈骗活动发布信息的行为，已经属于"销售"的"着手"和诈骗罪的"着手"或初期行为，而非预备行为。[④] 相关司法解释也明确了类似行为的非预备性，《电信诈骗意见》规定："诈骗数额难以查证，但具有下列情形之一的，应当认定为刑法第二百六十六条规定的

---

① 参见［日］前田雅英：《刑法总论讲义》（第6版），东京大学出版会2015年版，第102页；［日］日高义博：《刑法总论》，成文堂2015年版，第388页。

② Vgl. Hans-Heinrich Jescheck / Thomas Weigend, Lehrbuch des Strafrechts Allgemeiner Teil, 5. Auflage, Duncker & Humblot, 1996, S.523; Urs Kindhäuser, Strafrecht Allgemeiner Teil, 8. Auflage, Nomos, 2017. S.294. 参见［日］山口厚：《刑法总论》（第3版），有斐阁2016年版，第280页。

③ 参见［日］大谷实：《刑法讲义总论》（新版第4版），成文堂2012年版，第360页；［日］高桥则夫：《刑法总论》（第2版），成文堂2013年版，第28页。

④ 参见皮勇：《论新型网络犯罪立法及其适用》，载《中国社会科学》2018年第10期，第128页。

'其他严重情节'，以诈骗罪（未遂）定罪处罚：1. 发送诈骗信息五千条以上的，或者拨打诈骗电话五百人次以上的；2. 在互联网上发布诈骗信息，页面浏览量累计五千次以上的。"

另一方面，非法利用信息网络行为难以归于特定的犯罪行为类型。现实中非法利用信息网络所发布的信息内容不乏具有跨犯罪行为类型的情形。比如，行为人建立了网站或通讯群组，并将其建设为非法交易的"重要平台"，毒品信息、枪支信息、淫秽物品信息均由其在该网站或通讯群组中发布，就此情形难以对非法利用信息网络行为依托特定的犯罪行为进行判断，更无法成为特定犯罪行为的预备行为。

《新型网络犯罪解释》第 9 条还将《刑法》第 287 条之 1 第 1 款第（2）项、第（3）项规定的"发布信息"扩展至"利用信息网络提供信息的链接、截屏、二维码、访问账号密码及其他指引访问服务"，更进一步明确了"发布信息"的非限定性，其难以附属具体的"违法犯罪行为"；第 10 条还分设立网站、设立通讯群组、发布信息等情形规定了独立的入罪标准，并不依托于"违法犯罪行为"进行评价，说明了非法利用信息网络行为的独立性。

第二，对于网络犯罪参与行为我国采取了以实行行为入罪的方式，不同于德日以预备行为入罪的方式。比如，《德国刑法典》第 202 条 c 预备探知和拦截数据罪，规定了预备实施第 202 条 a 或者第 202 条 b 规定的行为：其一，（准备）允许访问数据的密码或者其他安全代码[①]；其二，制作目的在于实施前述行为的计算机程序，通过取得、出售、提供、传播或其他方式使自己或他人取得访问权限。而这些行为对应我国《刑法》中第 253 条之 1 侵犯公民个人信息罪，第 285 条第 2 款非法获取计算机信息系统数据罪以及第 3 款提供侵入、非法控制计算机信息系统程序、工具罪。

侵犯公民个人信息罪和非法获取计算机信息系统数据罪一般均认可并非预备行为实行化，值得说明的是《刑法》第 285 条第 3 款提供侵入、非法控制计算机信息系统程序、工具罪。如前所述，有学者认为非法侵入计算机信

---

① 此类数据类似于我国刑法中的"身份认证信息"，其处罚参照《危害计算机信息系统安全解释》第 1 条第 1 款的规定。

息系统的行为是侵犯各种国家事务秘密、国防秘密和尖端科学技术秘密的犯罪预备行为，[①] 而提供侵入、非法控制计算机信息系统程序、工具罪是在将本身作为犯罪预备的侵入行为实行化以后，又将其预备行为进一步实行化的实践。[②] 本书认为，且不论侵入、控制行为是否具有预备性质，提供侵入、非法控制计算机信息系统程序、工具行为不宜从预备行为的角度进行评价。该类行为包括两种行为，即提供专门用于侵入、非法控制计算机信息系统的程序、工具，或者明知他人实施侵入、非法控制计算机信息系统的违法犯罪行为而为其提供程序、工具。其中，前一种行为包括通过网络向不特定人提供的情形，难以符合预备行为"为实施特定犯罪"的目的要求；后一种行为则是具有帮助的性质，至于"违法犯罪行为"是否为适格的正犯行为则是另外的问题，但足以说明不宜将其解释为预备帮助行为，否则与我国入罪标准较高的现实不符。

再如，《日本刑法典》第 163 条之 4 预备非法制作支付磁卡电磁记录罪，其中获取、提供、保管的"电磁记录的信息"，是指根据支付用信用卡进行支付的结算系统中信息处理对象的一套信息，不含会员号码、有效期限等单个信息。[③] 而对于该类信息，根据我国《刑法》规定，可按照第 177 条之 1 第 2 款窃取、收买、非法提供信用卡信息罪以及第 253 条之 1 侵犯公民个人信息罪直接予以保护，无须借助预备行为实行化的路径。此外，前述规定也实质上冲击了日本刑法的犯罪预备理论。如有学者指出，《日本刑法典》中的预备罪大体有两种类型：（1）基本类型：预备行为之后的实行行为特定，如杀人预备罪那样，这是作为非独立罪的通常的预备罪。其特点为：其一，以实行基本犯为目的的非独立罪（目的犯）；其二，一般其行为内容未特定化（基本的预备罪、包括的预备罪）。（2）特别类型：不具备基本预备罪的两个

---

① 参见于志刚：《网络犯罪与中国刑法应对》，载《中国社会科学》2010 年第 3 期，第 125 页。

② 参见于志刚：《网络空间中犯罪预备行为的制裁思路与体系完善——截至〈刑法修正案（九）〉的网络预备行为规制体系的反思》，载《法学家》2017 年第 6 期，第 62~63 页。

③ 参见 [日] 高桥则夫：《刑法各论》（第 2 版），成文堂 2014 年版，第 547 页；[日] 山中敬一：《刑法各论》（第 3 版），成文堂 2015 年版，第 666 页；[日] 前田雅英：《刑法总论讲义》（第 6 版），东京大学出版会 2015 年版，第 369 页。

特征，不是本来意义的预备罪。包括两种情形：其一，行为的内容不特定，但是其本身是一个基本犯的独立罪的预备罪，私战预备罪（第 93 条）即是如此。其二，像伪造货币预备罪（第 153 条）、预备非法制作支付磁卡电磁记录罪（第 163 条之 4）一样，以基本犯罪的实行为目的的非独立罪，但是行为内容被特定化。①基于此，预备非法制作支付磁卡电磁记录罪实际上突破了预备行为"行为的内容不特定"的理论条件，冲击了日本刑法的预备理论，将"行为内容特定化"的犯罪类型作为特定犯罪的预备行为，反而有"实行行为预备化"的意味。

由此，不同于德国和日本的附属评价模式，我国对于网络犯罪参与行为通常采取独立评价的模式。之所以产生上述区别，既与我国刑事立法和德国、日本关于入罪标准的分歧有关，也与我国采取一元的刑事立法模式有关。在我国语境下，对于非法利用信息网络行为宜进行独立的实行行为评价。

（三）行为的参与性

正确认定非法利用信息网络行为的性质，除了认识到其行为的独立性，还需要把握其行为的参与性。与帮助信息网络犯罪活动罪不同，非法利用信息网络罪并未将关联行为限于犯罪，反而采取了"违法犯罪活动""违法犯罪"的表述。

就如何理解"违法犯罪"的含义，学界大致形成了两种观点。第一种观点认为，应将"违法犯罪"解释为"犯罪"。学者多从"实质预备犯"的观点出发，认为只有犯罪行为的预备行为才可能成立犯罪，违法行为的预备行为不可能成立犯罪。②因为非法利用信息网络行为系为实施违法行为而设立网站、通讯群组、发布信息的行为，这些行为的实行行为尚且不构成犯罪，

① ［日］曾根威彦：《刑法原论》，成文堂 2016 年版，第 458~459 页。
② 参见阎二鹏：《预备行为实行化的法教义学审视与重构——基于〈中华人民共和国刑法修正案（九）〉的思考》，载《法商研究》2016 年第 5 期，第 64 页；欧阳本祺、王倩：《刑法修正案（九）〉新增网络犯罪的法律适用》，载《江苏行政学院学报》2016 年第 4 期，第 126 页；张尹：《非法利用信息网络罪的司法适用》，载《法律适用》2019 年第 15 期，第 16 页。

将其预备行为作为犯罪追究刑事责任，在刑法的价值判断上违反常理。[1] 此外，持"累积犯说"的观点也认为，由于非法利用信息网络行为的危害基量底限低，情节要件类型化不足，为了防止该罪不当扩张适用，有必要将该罪的下游行为限定为《刑法》分则规定的危害行为。[2] 第二种观点认为，应按"违法犯罪"的本义理解，不应将其限于"犯罪"进行解释。如有学者认为，采取严格解释将"违法犯罪"解释为"犯罪"易于导致刑法条文的僵化，增加司法证明的难度，不利于提前介入高度危险的网络预备行为。[3] 在这一观点下，也有学者提出部分限缩"违法行为"的观点，即限定为国家规定的违法行为或者法律、行政法规规定的违法行为，而不能面向所有法律规范进行开放入罪。[4]

本书认为，基于非法利用信息网络行为的参与性，应按"违法犯罪"的原本含义进行理解，不应限缩解释为犯罪行为。原因在于：第一，《刑法》第287条之1明文采用"违法犯罪活动"与"违法犯罪信息"的表述，对其作出不符原文含义的限缩解释需要慎重。对此权威解释也采取了平义解释："这里的违法犯罪信息主要是指制作、销售毒品、枪支、淫秽物品等违禁物品、管制物品的信息，但不限于这些信息，即还包括'其他违法犯罪信息'。实践中比较常见的发布'其他违法犯罪信息'的行为，有发布招嫖、销售假证、假发票、赌博、传销的信息等。"[5] 第二，"违法犯罪"表述的意义并不在于确立"预备行为"的"实行行为"，而在于确立非法利用信息网络行为的前提条件。如前所述，自行发送五千条欺骗信息与基于犯罪参与目的发送

---

① 张智辉：《试论网络犯罪的立法完善》，载《北京联合大学学报（人文社会科学版）》2015年第2期，第96页。

② 参见皮勇：《论新型网络犯罪立法及其适用》，载《中国社会科学》2018年第10期，第144页。

③ 参见苏青：《网络谣言的刑法规制：基于〈刑法修正案（九）〉的解读》，载《当代法学》2017年第1期，第26页；孙道萃：《非法利用信息网络罪的适用疑难与教义学表述》，载《浙江工商大学学报》2018年第1期，第51页；张慧：《网络犯罪相关罪名法律适用问题研究》，载《现代法学》2019年第4期，第157页。

④ 参见于志刚：《网络空间中犯罪预备行为的制裁思路与体系完善——截至〈刑法修正案（九）〉的网络预备行为规制体系的反思》，载《法学家》2017年第6期，第70~71页。

⑤ 郎胜主编：《中华人民共和国刑法释义》，法律出版社2015年版，第503~504页。

五千条诈骗信息相比，显然后者才需要通过非法利用信息网络行为进行评价。实际上《刑法》中不少犯罪行为均以相关行为的违法性为前提，比如第358条组织卖淫罪、强迫卖淫罪、协助组织卖淫罪等罪名，显然以存在违法的卖淫行为为前提，并不能以卖淫行为不是犯罪行为否认其刑事可罚性。与之类似，非法利用信息网络行为以与"违法犯罪"相关联作为其成立犯罪的前提条件，这也是该类行为缘何既具有独立性也具有参与性的恰当理论解释。

但是也并非所有的违法行为均属于"违法犯罪"的范畴。《新型网络犯罪解释》第7条对于"违法犯罪"作出进一步限缩，即包括犯罪行为和属于《刑法》分则规定的行为类型但尚未构成犯罪的违法行为。也即，不属于《刑法》分则规定的行为类型的违法行为不在"违法犯罪"之列。这一限缩规定，兼顾了刑事立法的谦抑性与预防性，体现了寻求妥当性的处罚理念。

此外，本书认为《新型网络犯罪解释》第7条的规定并未体现"预备行为实行化"。第一，属于《刑法》分则规定的行为类型但尚未构成犯罪的违法行为仍然不是犯罪行为，在其不能构成犯罪的情况下，依然无法实现相应预备行为的入罪化，非法利用信息网络行为仍需进行独立评价。第二，即使对于"违法犯罪"作出"属于《刑法》分则规定的行为"这一限定，也仍未确立类似预备行为与实行行为之间一一对应的关系，"违法犯罪"依然没有完成规范意义上的类型化，系众多行为类型的集合而非某一犯罪行为类型。换言之，即便非法利用信息网络行为可能对于"违法犯罪"具有预备的作用，但是一个预备犯罪不可能是多种性质各异、处罚各异的犯罪之预备犯。因此，非法利用信息网络行为只能作为独立的实行行为进行认定，《刑法》第287条之1应理解为实行行为入罪化而非预备行为实行化。

在《新型网络犯罪解释》出台的同时，最高人民法院也公布了两个非法利用信息网络行为的典型案例：

第一，黄杰明、陶胖新等非法利用信息网络案肯定了发布有关销售管制物品的信息，情节严重的，构成非法利用信息网络罪。该案中行为人并非为了他人实施具体的犯罪行为通过网络提供管制刀具，而是向不特定主体通过网络销售管制刀具。

黄杰明、陶胜新等非法利用信息网络案

一、基本案情

2017 年 7 月至 2019 年 2 月，被告人黄杰明使用昵称为"刀剑阁"的微信，在朋友圈发布其拍摄的管制刀具图片、视频和文字信息合计 12 322 条，用以销售管制刀具，并从中非法获利。被告人陶胜新、李孔祥、陶霖、曾俊杰在微信朋友圈发布从他人的微信朋友圈转载的管制刀具图片、视频和文字信息，数量分别为 6677 条、16 540 条、15 210 条、5316 条，用以销售管制刀具，并从中非法获利。2018 年 5 月至 7 月，宋雨林（已判刑）先后三次通过微信联系陶胜新，购买管制刀具。陶胜新通过微信与黄杰明联系，由黄杰明直接发货给宋雨林，被告人陶胜新从中赚取差价。宋雨林购得刀具后实施了故意伤害致人死亡的犯罪行为。黄杰明违法所得人民币 329 元，陶胜新违法所得人民币 858 元。

二、裁判理由

江苏省盐城市滨海县人民法院判决认为：被告人黄杰明、陶胜新、李孔祥、曾俊杰、陶霖利用信息网络，发布有关销售管制物品的违法犯罪信息，其行为已构成非法利用信息网络罪。

第二，谭张羽、张源等非法利用信息网络案肯定了为实施诈骗活动发布信息，情节严重的，构成非法利用信息网络罪。该案判决虽然认为"行为本质上属于诈骗犯罪预备"，但是认为无证据证实具体实施诈骗的行为人归案并受到刑事追究不影响非法利用信息网络罪的成立，进而对于通过信息网络发送刷单诈骗信息的行为以非法利用信息网络罪定罪处罚。其实际上依然肯定了非法利用信息网络行为的独立性，只不过明确了非法利用信息网络罪与下游犯罪的关联性。

谭张羽、张源等非法利用信息网络案

一、基本案情

2016 年 12 月，为获取非法利益，被告人谭张羽、张源商定在网络上从事为他人发送"刷单获取佣金"的诈骗信息业务，即通过"阿里旺旺"向不特定的淘宝用户发送信息，信息内容大致为"亲，我是×××，最近库存压力比较大，请你来刷单，一单能赚 10 元~30 元，一天能赚几百元，详情加 QQ×××，阿里旺旺不回复"。通常每 100 个人添加上述信息里的 QQ 号，谭张羽、张源即可从让其发送信息的上家处获取平均约 5000 元的费用。谭张羽、张源雇佣被告人秦秋发等具体负责发送诈骗信息。张源主要负责购买"阿里旺旺"账号、软件、租赁电脑服务器等；秦秋发主要负责招揽、联系有发送诈骗信息需求的上家、接收上家支付的费用及带领其他人发送诈骗信息。2016 年 12 月至 2017 年 3 月，谭张羽、张源通过上述方式共非法获利约人民币 80 余万元，秦秋发在此期间以"工资"的形式非法获利人民币约 2 万元。被害人王某甲、洪某因添加谭张羽、张源等人组织发送的诈骗信息中的 QQ 号，后分别被骗 31 000 元和 30 049 元。

二、裁判理由

江苏省沭阳县人民法院一审判决、宿迁市中级人民法院二审判决认为：被告人谭张羽、张源、秦秋发以非法获利为目的，通过信息网络发送刷单诈骗信息，其行为本质上属于诈骗犯罪预备，构成非法利用信息网络罪。虽然本案中并无证据证实具体实施诈骗的行为人归案并受到刑事追究，但不影响非法利用信息网络罪的成立。谭张羽、张源、秦秋发共同实施故意犯罪，系共同犯罪。

主要外文参考书目

一、德文著作

Claus Roxin: Strafrecht Allgemeiner Teil. Band I: Grundlagen. Der Aufbau der Verbrechenslehre, 4. Auflage, C.H Beck, München 2006.

Daniel Schuh: Computerstrafrecht im Rechtsvergleich–Deutschland, Österreich, Schweiz, Duncker & Humblot, Berlin 2011.

Eric Hilgendorf/Brian Valerius: Computer–und Internetstrafrecht, Springer, Berlin/Heideberg 2012.

Hans–Heinrich Jescheck/Thomas Weigend: Lehrbuch des Strafrechts Allgemeiner Teil, 5. Auflage, Duncker & Humblot, Berlin 1996.

Johannes Wessels: Strafrecht Allgemeiner Teil: die Straftat und ihr Aufbau, 46. Auflage, C.F. Müller, Heiderberg 2016.

Johannes Wessels/Thomas Hillenkamp, Strafrecht Besonderer Teil 2: Straftaten gegen Vermögenswerte, 39. Auflage, C.F. Müller, Heideberg 2017.

Ulrich Sieber: Straftaten und Strafverfolgung im Internet, C.H.Beck, München 2012.

Urs Kindhäuser: Strafrecht Allgemeiner Teil, 8. Auflage, Nomos, Baden–Baden 2017.

二、日文著作

［日］曾根威彦：《刑法原论》，东京：成文堂 2016 年版。

［日］大谷实：《刑法讲义各论》(新版第 4 版补订版)，东京：成文堂 2015 年版。

［日］大谷实：《刑法讲义总论》(新版第 4 版)，东京：成文堂 2012 年版。

［日］高桥则夫：《刑法各论》(第 2 版)，东京：成文堂 2014 年版。

［日］高桥则夫：《刑法总论》(第 2 版)，东京：成文堂 2013 年版。

［日］关哲夫：《讲义刑法总论》，东京：成文堂 2015 年版。

［日］前田雅英：《刑法各论讲义》(第 6 版)，东京：东京大学出版会 2015 年版。

［日］前田雅英：《刑法总论讲义》(第 6 版)，东京：东京大学出版会 2015 年版。

［日］日高义博：《刑法总论》，东京：成文堂 2015 年版。

［日］山口厚：《刑法总论》(第 3 版)，东京：有斐阁 2016 年版。

［日］山中敬一：《刑法各论》(第 3 版)，东京：成文堂 2015 年版。

［日］松宫孝明：《刑法各论讲义》(第 4 版)，东京：成文堂 2016 年版。

［日］斋藤信治：《刑法各论》(第 4 版)，东京：有斐阁 2014 年版。

［日］中森喜彦：《刑法各论》(第 4 版)，东京：有斐阁 2015 年版。

后 记

　　互联网推动着社会结构的扁平化，但是并不意味着同一化，各国网络犯罪的现状与命题各不相同。比如，网络赌博行为、网络色情行为、侵犯个人信息行为是否入罪，网络服务提供者刑事责任是否需要独立判断，我国均面临与德日等传统大陆法系国家不同的命题。其原因既在于传统犯罪类型的原有分歧，也在于网络犯罪各类要素的本土形塑。以网络服务提供者为例，德日鲜有支付宝或微信等以亿级为用户单位、聚合其他网络服务类型的大型网络平台服务提供者，我国移植其不真正不作为犯的路径面临本土化的障碍。正是基于这些命题的提出和解决，我国刑法理论研究可在解决现实问题的基础上，为推动互联网时代刑法教义学的发展作出贡献。

　　在网络犯罪研究中青年学者有独特的使命与责任。大型纪录片《互联网时代》曾将民众分为三类：伴随网络成长的"数字原住民"、向网络新大陆迁徙的"数字移民"以及生活在过往经验塑造的旧大陆之中的"数字难民"。法律学科的经验性一直为理论界和实务界所强调，一些刑法学家在理论探讨时走向偏差并非意味着刑法造诣不深，只因其未在网络社会中真正"生活"过。比如，有学者将具有序列码性质的 CDKey 理解为"游戏道具"，将具有网址避绕性质的深度链接等同于普通链接，只因其未真正领取和输入过 CDKey 或未访问过深度链接的网页。而作为"数字原住民"的青年学者则沐浴着信息技术的晨光成长，理应发挥自己的优势为网络犯罪研究贡献智慧。

　　也正是基于以上思考，个人才斗胆撰写这部著作。二十余年的网龄，除了给眼睛带来近视之外，也让自己亲历了互联网的发展变迁。游戏方面，见证了从单机游戏、联机游戏向网络游戏发展的过程。上小学前玩的 DOS 游戏早已销声匿迹，只有部分可以通过模拟器来怀旧。第一次玩网络游戏距今也已快二十年，信息财产的得失也体会过多次。网络社交方面，记得刚上初中的时候同学们开始玩网络聊天室，随后 QQ 开始成为人人不可或缺的即时通讯工具。如今网络论坛（BBS）早已走向清冷，人人网上的全民"偷菜"、QQ 空间（qzone）的盛极一时距今也已十余年，当下不论男女老少每天都会刷微信的朋友圈（当然还有微博）。与网络社会的变迁如影随形，病毒木马、游戏外挂、诈骗信息等也不断"推陈出新"，讲述着网络犯罪的风云变幻。回想起来，自己这个曾经的"网瘾少年"如今研究网络犯罪，虽在意料之外，倒也在情理之中。

指点江山易，言之有物难。虽然希望本书成为个人的代表之作，但是由于学力有限，书稿难免存在诸多不足，倘若能给读者带来有新意的视角或思考，亦足偿所愿。涉及司法解释、典型案例的相关内容以官方解释为准，个人的解读与分析仅供参考。

本书的成稿离不开每一位师长的指点，离不开每一位同窗和好友的帮助，为免挂一漏万，恕不一一列举，谨致以最诚挚的谢意！人民法院出版社的编辑也为本书的出版付出了巨大的心血，在此一并致谢！

王肃之
2019 年 11 月 3 日于北京寓所